国家社科基金后期资助项目

上古汉语假设句研究

A Study on Hypothetical Sentences in Ancient Chinese

龚波 著

商务印书馆
创于1897 The Commercial Press

2017 年·北京

图书在版编目(CIP)数据

上古汉语假设句研究/龚波著. —北京:商务印书馆,
2017
ISBN 978 - 7 - 100 - 15468 - 0

Ⅰ.①上…　Ⅱ.①龚…　Ⅲ.①古汉语—句法—
研究　Ⅳ.①H141

中国版本图书馆 CIP 数据核字(2017)第 260457 号

上古汉语假设句研究

龚波　著

商 务 印 书 馆 出 版
(北京王府井大街 36 号　邮政编码 100710)
商 务 印 书 馆 发 行
北 京 冠 中 印 刷 厂 印 刷
ISBN　978 - 7 - 100 - 15468 - 0

2017 年 12 月第 1 版　　　开本 787×1092　1/16
2017 年 12 月北京第 1 次印刷　　印张 22½
定价:60.00 元

国家社科基金后期资助项目
出版说明

后期资助项目是国家社科基金设立的一类重要项目,旨在鼓励广大社科研究者潜心治学,支持基础研究多出优秀成果。它是经过严格评审,从接近完成的科研成果中遴选立项的。为扩大后期资助项目的影响,更好地推动学术发展,促进成果转化,全国哲学社会科学规划办公室按照"统一设计、统一标识、统一版式、形成系列"的总体要求,组织出版国家社科基金后期资助项目成果。

全国哲学社会科学规划办公室

目　　录

绪　　论

本书研究上古汉语中的假设句。

关于上古汉语的定义及上下限问题,汉语语言学界并没有达成共识。高本汉(1926)将《诗经》以前的汉语称为太古汉语,将《诗经》以后到东汉的汉语称为上古汉语。王力(1980)的分期中没有太古汉语时期,其上古汉语时期指公元三世纪(五胡乱华)以前。太田辰夫(1988)所划分的上古时期与王力(1980)大致相当,包括商、周、秦、汉。蒋绍愚(2005)将汉语分为古代汉语、近代汉语和现代汉语时期,认为上古汉语即"先秦和西汉的汉语",这与方一新、王云路在编选《中古汉语读本》时将东汉文献选入的出发点大概是一致的,即认为所谓的古代汉语应当分为上古汉语和中古汉语两个时期,上古汉语指西汉以前(包括西汉)的汉语,而东汉应当归入中古时期。从学者们的讨论来看,将西周至秦的这一段时期称为上古时期是没有什么问题的,西周之前的商代和秦以后的汉代是否应当纳入其中则尚存争议。

分期的目的是为了更好地研究。从本书的研究目的来看,将商代和西汉纳入研究范围更有利于系统地考察上古汉语假设句的源流和演变。因此本书说的上古汉语时期包含了商代和西汉这两个有争议的时期。此外,据一些研究中古汉语的语法学家们的研究,东汉时期的汉语与西汉时期相较,已经有了比较大的变化,因而我们将东汉排除在上古时期之外,认为它应当划入到中古时期。

绪论部分介绍全书的研究思路、研究方法和框架结构,共分为两节。第一节主要探讨假设范畴的语义类属、句法形式、标记方式等问题。第二节介绍文章的研究意义、研究现状、研究方法和重点语料等。

第一节　假设性虚拟范畴、假设句和假设标记

1.1　假设性虚拟范畴

1.1.1　范畴

假设句是表达假设性虚拟范畴的语句,是假设性虚拟范畴的语言表现形式。

范畴(category)这个词语来自于希腊文,是一个"来自西洋,路过日本"的意译词,日本人之所以用"范畴"这个词来翻译 category(德语作 kategorie),乃是取义于《尚书·洪范》篇的"洪范九畴"(大法九类)①。古希腊哲学家亚里士多德最早建立了范畴系统,他将范畴分为十类:实体、数量、性质、关系、地点、时间、姿态、状况、活动和遭受。在现代语言学理论中,范畴和范畴化(categorization)是在各种抽象层次上使用的通用术语。在最一般的意义上,范畴化是指将人类经验组织成各种一般概念及相关语言符号的整体过程;在语法领域,范畴化指确立一组用于语言描写的分类单位或特性,它们的基本分布相同,并在语言中始终以一个结构单位出现。有的理论中,范畴一词指类本身,如名词、动词、主语、谓语、名词短语、动词短语等。再具体一些,范畴又指定义这些一般单位的特征。例如与名词有关的性、数、格、可数与不可数性,与动词有关的时、体、态等。这后一种范畴叫作语法范畴(grammatical categories)②。

"语法范畴是和特定的形式标志相联系的语法意义的概括和分类,不同的范畴都各有自己的形式标志。"(徐通锵 1997:43)在印欧系语言的研究中,对各类语法范畴的研究具有特殊的意义和作用,因为印欧系语言的形态发达,各种语法范畴都有自己的形式标志,也就是通常所说的形态变化。通过对各种形态变化的研究,可以认识各种相应的语法范畴,了解它们在句法中的种种表现。

语法范畴是语法意义的概括和分类;语义范畴(semantic categories)则是语义的概括和分类。对于形态不发达的分析型语言来说,语义范畴的研

---

① 参看何九盈(2005),第 160—161 页。
② 参看戴维·克里斯特尔(1997),第 51—52 页。

究显得更为重要。徐通锵(1997:43)指出:"汉语是一种语义型语言,没有印欧系语言那样的形态变化,我们还有没有可能进行语义范畴的研究? 回答自然是肯定的。范畴必须有形式的标志,但这种标志不一定是形态变化;汉语语义范畴的形式标志就是特定的虚字。"

　　在汉语语法研究中最早引入语义范畴概念,并将其自觉运用于语法研究的当推吕叔湘先生。吕叔湘(1942a)提出了汉语中的八个语义范畴并进行了详细的描写和说明①。吕叔湘先生的研究采用从意义内容到语法形式的研究方法,实际上等同于语法手段的"同义词典"。这种研究方法对当时及以后的汉语语法研究都产生了广泛而深远的影响。

　　目前为止,学术界对语义范畴的划分并没有一个统一的标准。在吕叔湘(1942a)的系统中,"假设"不属于"范畴"中的一类,而是属于"关系"中的一类。其实"假设"同样可以归入"范畴"之中。在亚里士多德的系统中,"关系"即属范畴之一类。"假设"也是一种意义的类,也应当是一种"范畴"。吕叔湘先生之所以将"关系"分离出来与"范畴"独立,可能是考虑到"关系"是一个庞杂的范畴,独立讨论有助于研究的深化。

1.1.2　非现实范畴和虚拟范畴

　　假设范畴是非现实(irrealis)范畴的一种。所谓的"非现实",是一个与"现实"对立的范畴。据王晓凌(2009)的介绍,Comrie(1985)以时间为基点对现实与非现实进行区分,认为现实与非现实是一对与时间密切相关的概念,现实指的是已经发生或正在发生的情境,非现实则是现实之外的所有情境。Chafe(1995)则认为现实与非现实的区分与说话者的主观态度有关,他认为现实指的是已经成为事实的客观现实,非现实指的则是通过想象构建出来的主观想法。Mithun(1999)综合了 Comrie 和 Chafe 的观察方法,认为现实与非现实的区别在于前者描述实现了的、一直发生的或实际上正在发生的情境,它可以通过直接的感知来了解,而后者描述的情境纯属思维领域,只能通过想象来获知。可见,现实和非现实可以从不同的角度来区分。但无论从哪一个角度来看,假设范畴都是非现实范畴而不是现实范畴。张雪平(2009)为现代汉语的非现实范畴构建了一个语义分类系统。这个分类系统包括假设、条件、让步、无条件、可能、疑问、可能选择、未来、祈使、祈愿、意愿、义务、否定、惯常、能力等等。

　　假设范畴是虚拟(subjunctive)范畴的一种。在语言学理论中,虚拟范

---

　　① 　这八个语义范畴是:数量、指称、方所、时间、正反·虚实、传信、传疑、行动·感情。

畴的定义不很统一。广义的虚拟可以指任何非现实的动作行为或事件,包括祈使、疑问、可能、条件、假设、意愿、猜疑等。狭义的虚拟可以只指疑问或者不确定的事件,也可以把疑问和祈使排除在外,只指假设的意愿。(钱乃荣 2004)但是,无论对虚拟范畴做广义还是狭义的理解,假设范畴都应包含其中。

综上所述,可以这样来理解非现实、虚拟及假设范畴之间的关系:非现实范畴的外延很广,可以包括假设、条件、让步、可能、疑问、选择、未来、祈使、意愿、义务、否定、惯常、能力、无条件等;虚拟范畴包含于非现实范畴之中,包括愿望、估测、假设、祈使等;虚拟范畴的边界并不十分明确,最广义的虚拟范畴外延与非现实范畴大致相当,指任何非现实的动作行为或者事件,狭义的虚拟范畴则只指假设的意愿;通常情况下,狭义的虚拟范畴将否定、未来、惯常等非现实范畴排除在外,而将假设范畴划入其中。

非现实、虚拟及假设范畴三者之间是包含关系:假设范畴包含于虚拟范畴,虚拟范畴包含于非现实范畴。假设范畴处于最核心的地带,它既是典型的虚拟范畴,也是典型的非现实范畴。它们的关系可以用图 0.1.1 来表示①:

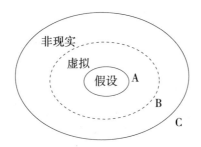

图 0.1.1 假设、虚拟及非现实关系图

本书对虚拟范畴采取比较宽泛的定义,将虚拟范畴划分为愿望性虚拟、估测性虚拟、修辞性虚拟、祈使性虚拟、时制性虚拟、疑问性虚拟和论断性虚拟等几类,并将假设性虚拟范畴归入论断性虚拟范畴中,认为它是论断性虚拟范畴之下的一个子范畴②。可表示如下:

_____

① 图中的椭圆 A、B、C 分别代表假设范畴、虚拟范畴和非现实范畴,虚线表示范畴的边界是模糊的。

② 罗晓英(2006)将虚拟范畴分为假设性虚拟、愿望性虚拟、估测性虚拟、修辞性虚拟四类。我们对虚拟范畴的理解比罗晓英(2006)要宽泛,在罗晓英(2006)所说的四种虚拟范畴之外增加了祈使性虚拟、疑问性虚拟和时制性虚拟三类。我们认为,论断句有一定的虚拟性,可以称之为论断性虚拟。假设性虚拟应当归入到论断性虚拟范畴中。关于假设性虚拟的论断性,请参看本书第五章第一节。

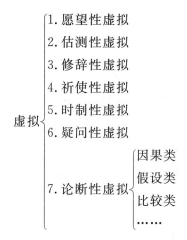

图 0.1.2　虚拟范畴的内部结构

以下分别对各类虚拟范畴做简单介绍。

愿望性虚拟表达说话人的主观愿望。例如①：

（1）子路曰："愿车马衣轻裘与朋友共敝之而无憾。"颜渊曰："愿无伐善，无施劳。"子路曰："愿闻子之志！"子曰："老者安之，朋友信之，少者怀之。"（论·公冶长）

上例中的"车马衣轻裘与朋友共敝之而无憾""无伐善，无施劳""闻子之志""老者安之，朋友信之，少者怀之"等都不是对客观现实的描述而是对主观愿望的描述，具有虚拟性。

估测性虚拟反映人们对事物的可能性的认识。例如：

（2）善不可失，恶不可长，其陈桓公之谓乎！（左·隐6）

（3）十室之邑，必有忠信如丘者焉，不如丘之好学也。（论·公冶长）

以上两例中的"陈桓公之谓"和"有忠信如丘者"都是一种估测。虽然二者在成为现实的可能性上有程度的差别②，但也都属于虚拟。

修辞性虚拟是以比拟或夸张等修辞手法构建非现实的情境。例如：

---

① 引古代文献时出处用简称，文献简称见本章 2.4。现代汉语的语料大多来自北京大学 CCL 语料库，不一一标明出处。对于多个例句，排列顺序一般以论述需要为准，次及时代先后问题。例句序号分节重新编排。

② 这种差别可以用不同的副词来表示，如例（2）的"其"和例（3）的"必"。

（4）若考作室，既底法，厥子乃弗肯堂，矧肯构？（书·大诰）

（5）君不见黄河之水天上来，奔流到海不复回。（李白·将进酒）

（6）白发三千丈，缘愁似个长。（李白·秋浦歌）

例（4）是比拟[1]，是以虚拟的事件来比拟当前事件；例（5）和例（6）是夸张，"黄河之水天上来"与"白发三千丈"都不是事实；比拟和夸张都有明显的虚拟性。

此外还有祈使性虚拟。例如：

（7）主忠信，毋友不如己者。（论·子罕）

（8）凡我同盟，毋蕴年，毋壅利，毋保奸，毋留慝，救灾患，恤祸乱，同好恶，奖王室。（左·襄11）

"友不如己者""蕴年""壅利""保奸""留慝""救灾患""恤祸乱""同好恶""奖王室"都是请求、命令或禁阻的内容，具有虚拟性。

表示将来时的语句也具有虚拟性。例如：

（9）天下之无道也久矣，天将以夫子为木铎。（论·八佾）

（10）诺。吾将问之。（论·述而）

"以夫子为木铎""问之"都是尚未发生的事情，具有虚拟性。此类虚拟与时制相关，可以称之为时制性虚拟。

疑问句也具有虚拟性，可以称之为疑问性虚拟。例如：

（11）使民敬、忠以劝，如之何？（论·为政）

（12）管仲俭乎？（论·八佾）

其中的"使民敬、忠以劝"和"管仲俭"都具有虚拟性。

论断性虚拟是指大多数表示议论的语句都具有虚拟性。议论可以是说明因果、做出假设、表示比较或是对事物性质做出判定等等。例如：

（13）名不正，则言不顺；言不顺，则事不成；事不成，则礼乐不兴；礼

---

① 意思是："就好比一个父亲要盖房子，已经确定了位置与大小，他的儿子却不肯平地基，怎么肯构筑？"参看顾颉刚、刘起釪（2005）第1277—1283页。

乐不兴,则刑罚不中;刑罚不中,则民无所措手足。(论·子路)

(14)且予与其死于臣之手也,无宁死于二三子之手乎?(论·子罕)

(15)不教而杀谓之虐;不戒视成谓之暴;慢令致期谓之贼;犹之与人也,出纳之吝,谓之有司。(论·尧曰)

以上几例都是广义的议论句。例(13)说明因果,"名不正""言不顺""事不成""礼乐不兴""刑罚不中""民无所措手足"层层推进,都是虚拟的情况。这个句子也可以看成是假设句,是假定某些情况并推论在这些假定的情况下会产生怎样的结果;例(14)表示比较,"死于臣之手"与"死于二三子之手"说的都不是事实;例(15)是对事物性质的说明,可以归入广义的判断句,"不教而杀""不戒视成""慢令致期""出纳之吝"都具有虚拟性。

愿望性虚拟、估测性虚拟、修辞性虚拟、祈使性虚拟、时制性虚拟、疑问性虚拟、论断性虚拟七类之间具有密切的关联。它们在"虚拟性"这一点上获得相通之处,互相之间往往可以共用相同的形式标记。如汉语的"如"和"若"既可表示比拟(修辞性虚拟),也可表示假设(论断性虚拟)①;"使"和"令"既可以表示祈使(祈使性虚拟)②,也可表示假设;汉语疑问句(疑问性虚拟)和假设句(论断性虚拟)可以共用相同的形式标记,如"乎""欤""耶(邪)""呢"等等③。

1.1.3　假设性虚拟范畴

假设性虚拟范畴(简称假设范畴)是虚拟范畴中重要的一种,是最典型的虚拟范畴之一。假设是人类的一种普遍思维活动方式,也是一种重要的思维活动方式。凡是尚未实现,未经证实或者绝不可能实现而假定为真的事件或情境都可以纳入假设范畴。根据所假设的条件与现实的关系以及说话人对其实现可能性的判断,一般将假设范畴分为可能假设(possible condition)和违实假设(counterfactual condition)两类(参看 Quirk 等 1985;Comrie1986;罗晓英 2006)④:

---

①　通常认为,表假设的"若"和"如"是由表比拟的"若"和"如"演变而来的。参看周法高(1961)等。

②　"使"和"令"既可表致使也可表假设,通常认为"使"和"令"表假设是由其表致使的用法虚化而来的。参看邵永海(2003)。

③　赵元任(1968)和 Haiman(1978)都曾谈到过现代汉语和其他语言中的疑问与假设共用相同形式标记的问题。

④　Comrie(1986)认为,假设是一个连续统(continuum),这个连续统的内部并没有清晰的界限,不同语言对这个连续统有不同的切分方法,有的分为两类,有的分为三类。

可能假设所提出的条件可能出现,也可能不出现;可能是事实,也可能不是事实。说话人对条件的真实性持中立态度。例如:

> (16)如有复我者,则吾必在汶上矣。(论·雍也)
> (17)如其善而莫之违也,不亦善乎! 如不善而莫之违也,不几乎一言而丧邦乎!(论·子路)

例(16)说的是将来的情况,将来可能会有复我者,也可能不会有;例(17)是一种概括性的议论,"善而莫之违"与"不善而莫之违"都是有可能出现的情况。以上两例都是可能假设。在可能假设中,说话人总是提出一种可能性,以与别的情况做对比,所假设的条件有出现的可能,因而由此条件导致的结果也有出现的可能。此类假设也称为开放条件假设(open codition)、真实条件假设(real condition)、事实条件假设(factual condition)或中立条件假设(neutual condition)。

与可能假设相反,在违实假设中,说话人提出的条件是不可能实现的或明显为虚假的。此类假设又称为封闭条件假设(closed condition)或非真实条件假设(unreal condition)。例如:

> (18)晋师归,范文子后入。武子曰:"无为吾望尔也乎?"对曰:"师有功,国人喜 以逆之,先入,必属耳目焉。"(左·成2)
> (19)吾先君之亟战也,有故。秦、狄、齐、楚皆强,不尽力,子孙将弱。(左·成16)
> (20)先君无乃有罪乎?若有罪,则君列诸会矣。君唯不遗德、刑,以伯诸侯,岂独遗诸敝邑?(左·成16)
> (21)虽微先大夫有之,大夫命侧,侧敢不义?(左·成16)

例(18)中,范文子已"后入",而假设如果"先入"会产生怎样的结果;例(19)中,"吾先君之亟战"已经是事实,说话人故意假设"不尽力"的后果。两例假设所提出的条件都与过去事实相反,因而由假设所产生的结果也不可能出现,它们都是违实假设。例(20)是曹人对晋君说的话,"若有罪,则君列诸会矣。"意思是:"要说我先君有罪,可君王又让他也参加了会盟。"在说话人心目中"若有罪"明显违背事实,因此也是违实假设①;例(21)中,"虽微先

---

① 此句上下文为:"曹人诉于晋曰:'自我先君宣公即世,国人曰:"若之何? 忧犹未弭。"而又讨我寡君,以亡曹国社稷之镇公子,是大泯曹也,先君无乃有罪乎? 若有罪,则君列诸会矣。君唯不遗德、刑,以伯诸侯,岂独遗诸敝邑? 敢私布之。'"

大夫有之"与过去事实相反,也是违实假设[1]。

违实假设的主观性大于可能假设,在某些语言中,两类假设有不同的标记方式(Comrie1986)[2]。一般而言,违实假设是有标记的形式,因此违实假设也被称为有标记假设(marked condition)。在上古汉语中,违实假设与可能假设依靠语境、时间词或副词相区别[3]。

可能假设和违实假设可以与时制(tense)结合,进而区别为过去时可能假设、现在时可能假设和将来时可能假设以及过去时违实假设、现在时违实假设和将来时违实假设。在过去时可能假设、现在时可能假设和将来时可能假设中,所假设的条件如果实现,发生的时间分别是过去、现在和将来;在过去时违实假设、现在时违实假设和将来时违实假设中,所违背的事实也分别发生在过去、现在和将来。在汉语中,这种时间的限制一般靠时间词来体现。例如[4]:

(22)不知道他昨天有没有去电影院,要是他有时间的话,他肯定会去的。

(23)现在可以去电影院吗? 要是可以的话,我现在就去。

(24)现在还不能去电影院,如果明天可以去的话,我就明天去。

(25)昨天他没有去电影院,因为他没有时间,要是他有时间的话,他肯定会去的。

(26)现在不可以去电影院,要是可以的话,我就去。

(27)明天不可以去电影院,要是明天可以去的话,那该多好啊。

例(22)是过去时可能假设,他昨天有可能有时间,也可能没有时间;例(23)是现在时可能假设,现在有可能可以去电影院,也有可能不可以去;例(24)是将来时可能假设,将来有可能可以去,也有可能不可以去;例(25)是过去时违实假设,假设的条件与过去事实相反;例(26)是现在时违实假设,假设的条件与现在事实相反;例(27)是将来时违实假设,假设的条件与将来即将形成的事实相反。这种时制的区别依靠"昨天""现在""明天"等时间词来体现。

---

[1]　意思是:"纵使先大夫子玉无自杀谢罪之事,尔命令我死,我岂敢贪生而自陷于不义?"(杨伯峻《春秋左传注》第890页)

[2]　如英语用时制后移 tense backshifting 的形式来标记违实假设。

[3]　参看本书第五章第三节。

[4]　以下例句是作者自造的。

在汉语中,某些条件引导词只能用于某种类型的假设句中,某些条件引导词多用于某一两种类型而少见于其他类型。如"一旦""即"等一般只能用于将来时可能假设;"诚""必""信"等多用于现在时可能假设,极少用于违实假设。

1.2 假设句和假设构式

1.2.1 假设句的范围

假设句是表达假设性虚拟范畴的语句,是假设性虚拟范畴的语言表现形式①。在给汉语假设句下定义的时候,如何区分因果、条件、让步与假设是一个难题,学术界对此问题也众说纷纭②。我们认为:

1.大部分假设句可以归入广义的因果句,但并非所有的假设句都可以纳入因果句的范畴。很多学者认为,假设关系应当归入广义的因果关系。持此观点的有马建忠(1898)、黎锦熙(1924)、吕叔湘(1942a)、邢福义(2001)等。黎锦熙(1924:218)认为假设句"即假定的原因句"。邢福义(2001)将"如果……就……""只有……才……""只要……就……"等表示假设或条件的关联词语都归入了广义因果句式进行讨论,认为假设和条件实际上都是待实现的原因,属于广义的因果关系。

事实上,假设与"因果""让步""条件"等不是从同一角度划分出来的。"因果""让步""条件"等是从前后分句之间关系角度划分出来的,"假设"是从表达的内容与现实之间的关系角度划分出来的。"假设"表示的是前一分句与客观现实之间的关系,它并不表示两个分句之间的关系。由于在假设之后往往要说出假设的结果,因此,假设句前件之后一般都有表示结果的后件。如果从两个分句关系的角度来考虑,假设句中的大多数确实可以归入广义的因果句。但是,并非所有的假设句都能纳入因果关系中。有一部分假设句分句之间的关系是判断、说明或承接等③,这一部分假设句不能归入因果句。同时,假设句所表示的因果联系往往不是直接的,而是间接的,这种因果联系大多属于"言效"而不是"释因"④。

2.假设关系与条件关系之间具有种种联系。吕叔湘(1942a:407)认为,假设句和条件句未尝不可以分为两类,这完全取决于我们对"条件"二字如

---

① 假设句是表达假设性虚拟范畴的语句,但并非所有表达假设性虚拟范畴的语句都可以看成是假设句。假设句作为一种构式(construction),必须满足一定的形式和语义要求,详下文。

② 王维贤等(1994)对学术界关于此问题的各种观点有较为详细的介绍,请参看。

③ 参看本章1.2.2。

④ 关于"言效"和"释因",请参看本章1.2.2。

何界说。我们既可以把"条件"界定为可能实现的事情；也可以把条件界定为必不可少的前提；还可以把条件当作原因的别名。由于有种种的区分方法，吕叔湘(1942a)索性不去区分，统称为假设。胡裕树(1987:368)则将假设归入条件一并处理："条件关系可以分为三种，一种是假设的条件；一种是特定的条件；还有一种是'无条件'。"与此相反，另一些学者则将假设与条件各自单列，如张志公(1979)，钱乃荣(1990)，黄伯荣、廖序东(1991)，邢福义(2001)等。马林可(1994)对条件句与假设句的区分做了专门的研究，他认为，条件与假设可以从视角、焦点、项目、可能性、关联词语等几个方面进行区别，根据他的论述，可以将二者的区别列表如下：

表 0.1.1　假设与条件

	视角	焦点	项目	可能性	虚拟性	关联词语
假设	由未然因推必然果	关注结果如何	虚拟情况是多项可选	推论结果是一种可能	［＋虚拟］	"如果……就……"等
条件	由必然果推未然因	关注条件能否具备	条件是单项特选	目的结果确定无误	［＋虚拟］或［＋现实］	"只要……就……"等

在马林可(1994)所列的多项区别中，重要的是第一项和最后一项，即视角和关联词语的不同。假设句的视角是由前往后，关注的是在某种虚拟的情况下所能产生的后果；条件句的视角是由后往前，关注的是达到某种状态所需要的条件。在语言运用中，说话人会根据实际表达的需要而选用特定的关联词语，使这种不同的视角和焦点得以凸显。反过来，当我们需要判定假设与条件关系的时候，关联词语就显得特别重要。因为视角和焦点可以因人而异，而关联词语作为某种特定视角和焦点的凝结与固化的标记，可以为我们区分假设与条件提供一个相对客观的标准。

虽然罗列了以上区别，但条件与假设也未必能够区分得干净利落。特别是当句中缺乏关联词语的时候，有些句子既可以分析为条件，也可以分析为假设。例如：

(28)尽大的责任，就得大快乐。

这个句子既可以加上关联词"如果"，使其成为假设关系：

(29)如果尽大的责任，就得大快乐。

也可以加上关联词"只要"，使其成为条件关系：

（30）只要尽大的责任，就得大快乐。

古代汉语中也存在类似的情况。例如：

（31）多行不义，必自毙。（左·隐元）

此例没有使用关联词语，"多行不义"与"必自毙"之间是假设关系还是条件关系可以因理解的不同而不同，如果认为庄公说这话时已经预料到了共叔段必然灭亡的下场，那么此句可以理解为条件句，是由必然果推未然因，关注焦点在于"自毙"之条件"多行不义"是否具备。全句意思是："只要多行不义，最后就一定会失败。"如果认为庄公说这话时只是一种推断，推论共叔段如果"多行不义"将会导致怎样的结果，那么这句话也可以理解为假设，全句意思是："如果多行不义，那么最后一定会失败。"从当时的具体情况来看，似乎理解为条件句更为合适①。

鉴于条件句与假设句之间的种种关联，在研究上古汉语假设句的过程中，本书将条件句也纳入考察的范围。但我们也区分假设与条件，因为毕竟二者之间在视角、焦点、项目、可能性、标记等各方面存在着细微的差别②。

3.让转复句中有一部分表达的是假设性虚拟范畴。吕叔湘（1942a）将让转复句分为容认句和纵予句。容认句和纵予句属于同类，但容认句所承认的是实在的事实，纵予句所承认的是假设的事实。容认句跟因果句相对，而纵予句跟假设句相对。因果句和假设句都是表示"有此因方有此果"，而容认和纵予句是表示"有此因却无此果"或"无此因仍有此果"。现代汉语中，"即使"句被认为是纵予句的代表句式。但"即使"句也有假言与真言的区别，假言"即使"句如：

（32）即使全世界的男人都死光了，我也不会嫁你。
（33）即使你烧成了灰，我也认得你。

真言"即使"句如：

（34）那时，他们很少交谈。即使交谈，也只是工作上的联系，干干巴

---

① 感谢刘子瑜先生为我指出这一点。
② 前人著述中，"假设"和"条件"这两个术语的使用比较混乱，有时候"假设"包括了"条件"，有时候"条件"包括了"假设"。本书对狭义的"假设"和"条件"有较严格的区分。请参看本书第四章第一、二节。

巴,三言两语。(张洁《祖母绿》)

有时候,假言和真言需要借助语境才能判断。例如:

　　(35)即使你是我爸爸,你也不能这样批评我啊。
　　　　ˑˑ

"你是我爸爸"既可以是对既定事实的承认,也可以是虚拟的假设。前者可以换成"虽然",后者则不能①。前者属于容认,而后者属于纵予。

　　纵予句也可以表达假设性的虚拟范畴。与一般的假设句相比,纵予句除了表示主观假定之外,还有转折的意味。从形式标记来看,纵予句的形式标记有一部分(如"即使""即便"等)与假设句标记之间也是有联系的:在历史上,"即"和"使"都可以用作假设的标记;现代汉语常用的容认标记"虽然"中的"虽"在历史发展过程中经历了由兼表容认与纵予向专表容认的发展。

　　由于假设、因果、条件、纵予之间的种种复杂关系,根据研究目的的不同,可以对其进行不同的区分。本书研究的目的在于考察上古汉语中假设性虚拟范畴的表达方式及其演变过程,因此将表达假设性虚拟范畴的纵予句和条件句均纳入考察的范围。这样,本书所讨论的假设句范围比较宽,大致包括三类,即狭义的假设句、狭义的条件句和纵予句②。之所以将这三类都纳入研究的范围,除了因为它们在语义范畴上有相通之处外,在表述功能、句法功能以及标记性等方面,三者也都有相通之处,一并考察有利于发现三者的共性和个性。

1.2.2　假设构式③

　　本书将假设句看成是一种构式(construction)。根据(Goldberg1995,2006,2009),构式语法理论的基本观点可以概括为④:

　　　　1.构式是形式和意义(含功能)的匹配(pair);
　　　　2.构式本身能表示独特的语法意义,自身有独特的语义配置方式(即独特的语义结构关系);

---

　　①　真言"即使"句换成"虽然"以后,语义上会有细微的差别。在真言"即使"句中,"即使"也起着化实为虚的作用。
　　②　由于纵予句的发展有其自身的规律和特点,需要专门研究,本书不做重点考察。
　　③　本小节主要内容又见于龚波(2011a)。
　　④　此据陆俭明(2010:173)。

3.构式的形式、意义都不能从其组成成分或其他构式推知。

假设句通常包括两个部分:假设条件及其结果。在线性序列上,假设条件必须位于假设结果之前①;在假设条件与结果之间,通常都会有语音停顿②。这符合"构式"对形式方面的要求。在意义上,假设句意义的某些方面不能从其构成成分或其他先前已有的构式中得到完全预测。例如假设句的前件表示的是虚拟的事件,具有虚拟性,可是这种虚拟事件可以在形式上跟一般的现实句没有任何区别,即可以采用无标记的形式;假设句的后件也具有虚拟性,但通常都不采用任何表明其虚拟性的标记。假设句前件具有指称性,是对虚拟事件的指称,构成前件的 VP 都是指称化的谓词性结构。这种指称化的谓词性结构可以是有标记的,如英语的假设句前件可以用动词不定式的形式,上古汉语可以用"其 VP""N 之 VP""VP 者"等形式③,但是在大多数情况下,这种指称化的谓词性结构是无标记的,与一般表陈述的 VP 没有形式上的差别。所有这些形式与意义上的不对称现象都说明假设句的意义不能从它的构成成分和先前已有的构式中得到完全的预测。把假设句看成构式,符合构式在形式和意义上的要求。因而假设句也是一个"形式—意义的配对<Fi,Si>",是一种构式。

1.2.2.1 假设构式的形式

从形式上来看,假设构式可以分为一种基本形式和六种变化形式。

基本形式:"Sp,Sa"式④。这是最常见的假设句形式,即前件表示假设的条件,后件表示假设的结果。例如:

(36)$_{Sp}$若以相,$_{Sa}$夫子必反其国。(左·僖23)

(37)$_{Sp}$若欲得志于鲁,$_{Sa}$请止行父而杀之。(左·成16)

(38)$_{Sp}$君若以德绥诸侯,$_{Sa}$谁敢不服?(左·僖4)

(39)$_{Sp}$公子若反晋国,$_{Sa}$则何以报不谷?(左·僖23)

(40)$_{Sp}$先君若从史苏之占,$_{Sa}$吾不及此夫!(左·僖15)

(41)$_{Sp}$使邾子逞其志,$_{Sa}$庶有豸乎!(左·宣17)

---

① 如果假设条件位于结果之后,则不构成假设句,而是一种表示追加说明的说明句。详下文。

② 假设条件和结果之间有时候可以没有语音停顿,即通常所说的紧缩复句,但这是一种特殊的情况。

③ 参看本书第三章第三节。

④ 本书用"Sp"代表假设构式的前件,p 是 protasis(前件)的首字母;用"Sa"代表假设构式的后件,a 是 apodosis(后件)的首字母。

从语气上看，Sa 可以是陈述(例 36、37)、疑问(例 38、39)或感叹(例 40、41)。除了基本形式之外，假设句还有几种变化形式。

变式一："Sp_1，Sp_2，…，Sa"式，即前件包含多个假设条件。例如：

(42)$_{Sp1}$若以大夫之灵，得保首领以没，$_{Sp2}$先君若问与夷，$_{Sa}$其将何辞以对?(左·隐 3)

(43)$_{Sp1}$如水益深，$_{Sp2}$如火益热，$_{Sa}$亦运之而已矣。(孟·梁惠王下)

例(42)"若以大夫之灵，得保首领以没"为前件的第一条件;"先君若问与夷"为前件的第二条件;"其将何辞以对"为后件，表示在前件的两个条件都具备的前提下所产生的结果。例(43)"如水益深""如火益热"是前件的两个并列条件，"亦运之而已矣"是后件。

变式二："Sp，Sa_1，Sa_2，…"式，即后件包含多个结果。例如：

(44)$_{Sp}$若野赐之，$_{Sa1}$是委君贶于草莽也，$_{Sa2}$是寡大夫不得列于诸卿也。$_{Sa3}$不宁唯是，又使围蒙其先君，将不得为寡君老，其蔑以复矣。(左·昭元)

(45)$_{Sp}$不如此，$_{Sa1}$天子不尊，$_{Sa2}$宗庙不安。(史·袁盎晁错列传)

(46)$_{Sp}$必秦国之所生然后可，$_{Sa1}$则是夜光之璧不饰朝廷，$_{Sa2}$犀象之器不为玩好，$_{Sa3}$郑、卫之女不充后宫，$_{Sa4}$而骏良駃騠不实外厩，$_{Sa5}$江南金锡不为用，$_{Sa6}$西蜀丹青不为采。(史·李斯列传)

例(44)中，"若野赐之"为条件，其后均为结果;例(45)中，"不如此"是条件，"天子不尊"与"宗庙不安"都是结果。例(46)中，"必秦国之所生然后可"是条件，其后有六个表示结果的后件。

变式三："Sp_1，Sa_1;Sp_2，Sa_2(Sa_1＝Sp_2)"，即两个假设构式，前一构式的结果是后一构式的条件，两者形式相同。例如：

(47)国君不可以轻，$_{Sp1}$轻$_{Sa1}$则失亲;$_{Sp2}$失亲，$_{Sa2}$患必至。(左·僖 5)

(48)$_{Sp1}$不让，$_{Sa1}$则不和;$_{Sp2}$不和，$_{Sa2}$不可以远征。(左·定 5)

(49)若民，$_{Sp1}$则无恒产，$_{Sa1}$因无恒心。$_{Sp2}$苟无恒心，$_{Sa2}$放辟邪侈，无不为已。(孟·梁惠王上)

例(47)包含了两个假设构式，在第一个假设构式中，"轻"是条件，"则失亲"是结果,这个结果"失亲"又是下一个假设构式的条件,结果是"患必至"。其余类似。

由于 $Sa1=Sp2$,因此可以只出现一次,例如:

(50)$_{Sp1}$苟有益也,$_{Sa1+Sp2}$公子则往,$_{Sa2}$群臣之子敢不负羁绁以从?(左·定8)

(51)$_{Sp1}$弗许,$_{Sa1+Sp2}$楚将许之,以召诸侯,$_{Sa2}$则我失为盟主矣。(左·襄27)

(52)$_{Sp1}$即欲捐之,$_{Sa1+Sp2}$捐之此三人,$_{Sa2}$则楚可破也。(史·留侯世家)

(53)$_{Sp1}$赵若受我,$_{Sa1+Sp2}$秦怒,$_{Sa2}$必攻赵。(史·白起王翦列传)

对于例(50),前人有两种不同的理解。杨伯峻《春秋左传注》认为:"则犹假若,假设连词",他将"苟有益也"和"公子则往"都看成是假设的条件;白兆麟(1998)则认为,"其偏句仅为'苟有益也';而'公子则往'与'群臣之子……'合为正句,分明是从'公子'和'群臣之子'两方来说明其结果","因此其'则'字当释为'就',是与偏句之'苟'字相关联的副词"。他是将"苟有益也"看成假设的条件,而将"公子则往"和"群臣之子……"都看成假设的结果。两位先生说得都有道理,但都还有进一步讨论的余地。我们认为这个句子中"公子则往"既是假设的结果,也是假设的条件,句子可以看成是下面一句的省略形式:

(54)* 苟有益也,公子则往,公子若往,群臣之子敢不负羁绁以从?

"公子往"既是"苟有益也"的结果,也是"群臣公子负羁绁以从"的条件。因此,杨伯峻先生说"公子则往"是假设条件是有道理的,而白兆麟先生说它是假设的结果也是有道理的,只是杨伯峻先生认为"则"相当于"若"则是误解。其余诸例与例(50)类似:例(51)"楚将许之,以召诸侯"既是"弗许"的结果,又是"我失为盟主"的条件;例(52)"捐之此三人"既是"即欲捐之"的结果,又是"楚可破也"的条件;例(53)"秦怒"既是"赵若受我"的结果,又是"必攻赵"的条件。

变式四:"Sp,S_i,Sa",即在条件和结果之间插入一个小句①。例如:

(55)$_{Sp}$若弃书之力,而思鄤之罪,$_{Si}$臣戮余也,$_{Sa}$将归死于尉氏,不敢

---

① 用"S_i"表示。

还矣。(左·襄21)

(56)_{Sp}使宋舍我而赂齐、秦，藉之告楚，我执曹君，而分曹、卫之田以赐宋人，_{si}楚爱曹、卫，_{Sa}必不许也。(左·僖28)

(57)_{Sp}王若卒大命，_{si}太子不在，_{Sa}阳文君子必立为后，太子不得奉宗庙矣。(史·春申君列传)

例(55)"臣戮余也"是个插入的小句，是对情况的说明；例(56)"楚爱曹、卫"是一个插入的小句；例(57)"太子不在"是一个插入的小句，这个小句也可以看成是"阳文君子必立为后，太子不得奉宗庙矣"的条件，但这个条件是现实的条件，不是虚拟的条件。

有时候，在假设条件或结果明显可知的情况下，前件或后件都可以省略。这是一种语用因素造成的省略，由此可以构成两种特殊的构式。

变式五："……，Sa"式，此为省略前件式。例如：

(58)邓侯曰："_{Sa}人将不食吾余。"①(左·庄7)

(59)毋妄言，_{Sa}族矣。(史·项羽本纪)

(60)吾独不得廉颇、李牧时为吾将，_{Sa}吾岂忧匈奴哉！(史·张释之冯唐列传)

例(58)"人将不食吾余"为结果，之前省略了条件；例(59)在"族矣"之前省略了"若妄言"之类的话；例(60)在"吾岂忧匈奴哉"之前省略了"吾若得廉颇、李牧时为将"之类的话。

变式六："Sp，……"式，此为省略后件式。例如：

(61)_{Sp}君若能以玉帛绥晋，不然，则武震以摄威之，孤之愿也。(左·襄11)

(62)丁丑，崔杼立而相之，庆封为左相，盟国人于大宫，曰："_{Sp}所不与崔、庆者——"晏子仰天叹曰："婴所不唯忠于君、利社稷者是与，有如上帝！"(左·襄25)

(63)晏子仰天曰："_{Sp}婴所不(获)唯忠于君利社稷者是从！"不肯盟。(史·齐太公世家)

例(61)在条件"君若能以玉帛绥晋"之后省略了结果；例(62)在"所不与

---

① 杨伯峻注：此句有省略，意谓吾若于此时杀楚生，人将唾弃我。

17

崔、庆者"之后省略了结果①；例(63)与例(62)记述的是同一件事情，《史记》省略了结果"有如上帝"。

1.2.2.2 假设构式前后件之间的语义关系

假设构式前后件之间的语义关系包含了几种不同的类型，可以分为言效②、承接、转折、说明、推论等几类。

言效关系是指前件提出某种情况，后件指出这一情况所能导致的结果。言效关系与因果关系之间有纠葛，大部分言效关系可以归入广义的因果关系，但言效并不等同于因果。言效关系的"因"与"果"之间是间接的联系而不是直接的联系，这与一般的因果关系是有区别的。

假设构式前后件之间的语义关系大部分属于言效。例如：

(64)如有不嗜杀人者，则天下之民皆引领而望之矣。(孟·梁惠王上)

(65)夫仁政必自经界始。经界不正，井地不钧，谷禄不平，是故暴君污吏必慢其经界。(孟·滕文公上)

(66)彼即肆然而为帝，过而为政于天下，则连有蹈东海而死耳，吾不忍为之民也。(史·鲁仲连邹阳列传)

(67)乡使管子幽囚而不出，身死而不反于齐，则亦名不免为辱人贱行矣。(史·鲁仲连邹阳列传)

言效与因果之间有相通之处，因此二者可以使用相同的关联词语。如例(65)中的"是故"通常情况下就是一个表示因果关系的关联词。仔细分析各例不难发现，这些前件所述的条件都不是引起后件结果的直接原因。这在例(66)中可以看得比较清楚，例(66)的"连有蹈东海而死"的直接原因不是"彼即肆然而为帝，过而为政于天下"，而是"不忍为之民"，说话人将这个直接原因用追加说明的方式来表现③；例(67)中的"管子幽囚而不出，身死

---

① 这句有可能是省略，也有可能是说话人的话被晏子打断了，也有可能是《左传》误脱一"死"字，《史记·齐太公世家》记述此为"不与崔庆者死"。这里取前一种说法。

② "言效"一词借自《马氏文通》。

③ 这种追加说明的句子比较容易看出言效关系与因果关系之间的区别来。试比较：

(1)很多运动员喜欢收藏车，我跟他们一样，如果我有了钱，我也要买很多车，因为我喜欢车。

(2)把一杯开水放在空气中，经过相当长时间才冷却。如果用电风扇吹，开水很快变凉。这是因为静止空气不善于散热，而流动的空气能很快散热。

(3)如果你真的这样想，可有麻烦了。因为你的决定建立在幻想之上。

例(1)中，"我也要买很多车"的原因是"我喜欢车"，而不是我有钱；例(2)中，"开水很快变凉"的原因是"静止的空气不善于散热，而流动的空气很快散热"；例(3)中，"有麻烦了"的原因是"你的决定建立在幻想之上"。这些句子中，假设句前件都不是产生某种结果(后件)的原因，而是产生这种结果的前提，前后件之间的语义关系是言效而不是因果。

而不反于齐"也显然不是管子"不免为辱人贱行"的直接原因。

承接关系是指假设构式的前件提出假设,后件表示这一假设继发的动作行为,前后件之间不存在因果关系,而存在时间上的相承关系。例如:

(68)发而不中,不怨胜己者,反求诸己而已矣。(孟·公孙丑上)

(69)人有不为也,而后可以有为。(孟·离娄下)

(70)有不由令者,然后俟之以刑。(荀·议兵)

(71)三十日不还,则请立太子为王,以绝秦望。(史·廉颇蔺相如列传)

(72)则不可,因而刺杀之。(史·刺客列传)

(73)愿收大王余兵击之,击之不胜,乃逃入海,未为晚也。(史·吴王濞列传)

(74)若不足,乃择掌故补中二千石属,文学掌故补郡属,备员。(史·儒林列传)

表承接关系的假设句,后件可以不使用引导词(例68),也可以用"而后"(例69)、"然后"(例70)、"则"(例71)、"而"(例72)、"乃"(例73、74)等表承接关系的连词。

转折类假设句一般称为让转复句,是假设句中比较特殊的一种。例如:

(75)虽使五尺之童适市,莫之或欺。(孟·滕文公上)
(76)比而得禽兽,虽若丘陵,弗为也。(孟·滕文公下)
(77)纵上不杀我,我不愧于心乎?(史·张耳陈余列传)
(78)如有一朝之患,则君子不患矣①。(孟·离娄下)
(79)圣人复起,不易吾言矣。(孟·滕文公下)
(80)微太子言,臣愿谒之②。(史·刺客列传)

表示转折关系的假设句,前件一般由"虽"或"纵"等引导,如例(75)、(76)和(77);也可以用"如"引导,如例(78);也可以不使用引导词,如例(79)和(80)③。

---

① 杨伯峻(1960b:198)释此句为:"即使一旦有意外飞来的祸害,君子也不以为痛苦了。"
② 此句意为:"即使太子您不说话,我也愿意去见(秦王)。"
③ 例(80)中的"微"不是条件引导词,详下文。

说明关系是指前件提出某种假设,后件对所假设情况的性质做出说明或判断。例如:

(81)若大盗礼焉以君之姑姊与其大邑,其次皂牧舆马,其小者衣裳剑带,是赏盗也。(左·襄20)

(82)左右皆曰贤,未可也;诸大夫皆曰贤,未可也。(孟·梁惠王下)

(83)而居尧之宫,逼尧之子,是篡也,非天与也。(孟·万章上)

(84)知而使之,是不仁也;不知而使之,是不智也。(孟·公孙丑下)

(85)王不行,示赵弱且怯也。(史·廉颇蔺相如列传)

(86)即有取者,是商贾之事也,而连不忍为也。(史·鲁仲连邹阳列传)

(87)秦以城求璧而赵不许,曲在赵;赵予璧而秦不予赵城,曲在秦。(史·廉颇蔺相如列传)

表示说明关系的假设句,其特点是句末如果使用语气词,则一般用"也",如例(81)至例(87)。

还有一部分假设句前后件之间是推论关系。例如:

(88)今吾子曰"必寻盟",若可寻也,亦可寒也。(左·哀12)

(89)前日之不受是,则今日之受非也;今日之受是,则前日之不受非也。(孟·公孙丑下)

(90)掩之诚是也,则孝子仁人之掩其亲,亦必有道矣。(孟·滕文公上)

(91)如以利,则枉寻直尺而利,亦可为与?(孟·滕文公下)

(92)天下之言不归杨,则归墨。(孟·滕文公下)

(93)将戕贼杞柳而以为杯棬,则亦将戕贼人以为仁义与?(孟·告子上)

(94)且服奇者志淫,则是邹、鲁无奇行也;俗辟者民易,则是吴、越无秀士也。(史·赵世家)

例(88)中,"可寒"是从"可寻"推论出来的;例(89)中,"今日之受非"是从"前日之不受是"推论出来的;"前日之不受非"是从"今日之受是"推论出来的;例(90)中,"孝子仁人之掩其亲,亦必有道矣"是从"掩之诚是也"推论出来的。其余例类似。

从以上讨论可以看出,假设句前后件之间的语义关系并不单纯,不是"广义因果关系"所能完全涵盖的,即便是其中的大部分能够归入因果关系,这种因果关系与一般的因果关系也是有差别的,确切地说,应当称之为"言效"。

1.2.2.3 假设构式的判定标准

综上所述,假设句作为一种构式,是一个形式与意义的配对。在形式与意义两个方面,假设构式都有自己的特点,即:

(1)形式上,假设句一般由前件和后件两个分句构成,前后件之间一般有语音停顿。

(2)意义上,前件叙述某种虚拟的非现实的情景(事件),后件指明这种虚拟情景(事件)的性质或陈述这种虚拟情景(事件)所能引发的结果、所继发的动作行为或基于这种虚拟情景(事件)所做出的推论。

假设构式的这两个特点可以作为假设构式的判定标准。本书即用这两个标准来判定上古文献中的假设句。但是这两个标准在判定假设构式的过程中所起的作用有轻重之别。假设范畴是一个语义范畴,对假设构式的判定必须以意义标准为主,在这两个标准中,形式标准是次要的,意义标准是主要的。凡是满足意义标准的句子都可以纳入假设构式的范畴;凡是不能满足意义标准的句子即不能纳入假设构式的范畴;当句子满足意义标准而不满足形式标准时,也可以构成一个假设构式,如通常所说的紧缩复句。

需要明确的是,假设构式与所谓的关联词语之间并没有必然的联系。一方面,没有关联词语的句子,只要满足上述条件,仍然可以构成一个假设构式,这种无标记的假设构式在汉语发展史上是不胜枚举的;另一方面,具有关联词语的句子,如果不满足上述条件,仍然不能构成一个假设构式[①]。这从另一方面说明,在判定假设句的过程中,意义标准是主要的,甚至是决定性的,形式标准是次要的。

假设构式与假设句之间并非完全是一一对应的关系:假设构式可以是成句的假设构式,也可以是不成句的假设构式;一个假设句可以只包含一个假设构式,也可以包含不止一个假设构式。例如:

[①] 以古汉语中常用的关联词语"若"为例,"若"引导的句子就不一定是假设句。例如:

(1)若羁也,则君知其出也,而未知其入也,羁将逃也。(左·定元)

(2)无恒产而有恒心者,惟士为能。若民,则无恒产,因无恒心。(孟·梁惠王上)

(3)臣固愚忠,若御史大夫汤,乃诈忠。(史·酷吏列传)

以上诸例都符合判定标准的第一项(形式标准),并且有关联词"若",但是这些句子都不是假设句而是话题句。关于这个问题的详细讨论请参看本书第四章。

(95)德之休明，虽小，重也。其奸回昏乱，虽大，轻也。(左·宣3)

(96)君若不有寡君，虽朝夕辱于敝邑，寡君猜焉。(左·昭3)

(97)苟有益也，公子则往，群臣之子敢不负羁绁以从?(左·定8)

例(95)包含了两个假设句，第一个假设句是"德之休明，虽小，重也"，其中"德之休明"是前件，"虽小，重也"是后件;第二个假设句是"其奸回昏乱，虽大，轻也"，其中"其奸回昏乱"是前件，"虽大，轻也"是后件。这个语段包含了四个假设构式。第一个假设构式的前件是"德之休明"，后件是"虽小，重也";第二个假设构式的前件是"其奸回昏乱"，后件是"虽大，轻也";第三个假设构式的前件是"虽小"，后件是"重也";第四个假设构式的前件是"虽大"，前件是"轻也"。其中第三和第四个假设构式包含于假设句中，不能独立成句①。例(96)与例(95)类似，一个假设句中包含了两个假设构式。例(97)也包含了两个假设构式，第一个假设构式的条件是"苟有益"，结果是"公子则往"，第二个假设构式的前件是"公子则往"，后件是"群臣之子敢不负羁绁以从"。霍盖特(1958)在分析汉语中的"我今天城里有事"这个句子时曾说这个句子的结构犹如中国的套盒，一层套一层。这样的套盒式的结构在假设构式中也是非常常见的。

陆俭明(2004,2008)在讨论构式语法的研究对于汉语研究的意义时指出，构式语法的研究可以避免将构式的语法意义误归到某个虚词身上②。将假设句看成构式，同样可以避免类似的错误。王克仲(1990)指出，以往的训诂学家们认定的可以表示假设的词语(王文称为"假设义类词")，有很多其实并不表示假设，如"自非""今""及""微""适""而""之"等。王文还指出，很多假设义类词的假设语义是受到了"意合法"的影响。赵京战(1994)在王文的基础上概括了三种将非假设义类词错误地归入假设义类词的情况:一是已成事实，不必假设;二是虽有假设，非关本字;三是句无假设，词更无之。但赵文不同意王文所说的某些假设义类词的假设语义是受到了意合法的影响这一说法。

王克仲(1990)所指出的意合法对于假设义类词的形成有一定的作用，这一点是符合语言事实的。一些副词，如"诚""必""信"等，正是由于经常处

---

① 对上古汉语假设句的研究以构式为单位，类似的例子将被统计为四个假设构式。

② 如有人将"SVOV得R"句子(如"小张吃饭吃得饱极了")表示肯定的语法意义归到了"得"字头上。还有人将复句所表示的并列关系、递进关系、让步转折关系或条件关系等语法意义归到复句中的"也"字头上。

22

于假设构式中而逐渐失掉了其表肯定和确认语气的语义,吸收了本来是由构式表达的假设语义,这些词也最终由语气副词发展成了假设义类词①。另一方面,一些虚词,如"其""之""者""所"等,也可以位于假设句的前件中,由于汉语假设句的假设语义经常由构式来承担,后人在分析假设句中的假设语义的来源时,往往错误地将本来由构式表达的假设义加到了这些虚词的身上。但是,由于这些虚词的句法位置与典型的假设性义类词的句法位置很不一致,缺乏发展为假设义类词的句法环境,故很难吸收构式的假设义,把它们看成"假设义类词"是后人的误解。

所以,将假设句看成一种构式,一方面可以发掘某些假设义类词假设语义的来源,即,构式语义的吸收;另一方面还可以使我们避免将句式的意义误加到虚词的身上。这些虚词本身在假设句中是有着其他的语法作用的,它们或是表明前件的指称化倾向,或是表明前件语义上的不自足性,把它们看成假设义类词就掩盖了这些虚词的本来作用。把假设语义归于构式,有利于我们认清这些虚词的真正作用,从而更深刻地认识假设句本身的语义和句法特征。

1.2.3　研究范围

对假设句的研究,可以从逻辑、语义、句法、语用等多方面入手。本书对上古汉语假设句的研究侧重于语义和句法两方面,主要围绕以下几个问题展开:

第一,假设句的语义特征和句法功能;

第二,上古汉语假设句的标记形式及其演变;

第三,上古汉语各类假设标记的语义特征和句法功能;

第四,上古汉语各类假设句标记的来源及其演变;

第五,假设范畴与其他范畴的联系及其在形式上的表现。

此外,本书还将涉及假设句的语气、假设句的否定形式等相关问题。

1.3　假设构式的敏感位置和假设标记

在假设构式中,有几个位置对于构式本身具有特殊的意义,这几个位置是:

1.构式之初;

2.前件之初;

---

① 具体论述请参看本书第三章第二节。

3.前件 VP 及其前后成分；

4.前件之末；

5.后件之初；

6.后件 VP 及其前后成分；

7.后件之末；

8.构式之末。

以上八个位置中，"前件之初"与"构式之初"是重合的，"后件之末"与"构式之末"也是重合的。但这种重合是不完全的，互相重合的二者之间辖域并不一致。"前件之初"的辖域是前件，而"构式之初"的辖域是整个构式；"后件之末"的辖域是后件，而"构式之末"的辖域是整个构式[①]。

这些位置可以用图表示如下（横线"P"代表前件，横线"A"代表后件，","和"。"表示语音停顿）：

图 0.1.3 假设句的敏感位置

假设句的许多语义和句法特征在这些位置中往往可以得到比较显著的表现，我们把这些位置称为假设构式（或假设句）的敏感位置。

假设句作为一种构式，其句法和语义上的特殊性质往往通过一定的词汇或句法形式表现出来。这些反映假设句某方面性质或特征的词汇和句法表现形式可以看成是假设句的标记（mark），简称假设标记。假设标记一般都位于假设构式的敏感位置上。

据 Comrie(1986)的介绍，在世界语言范围内，最常见的假设标记是连词，如汉语的"如果"，英语的"if"，Haya 语的"ká"，Maltese 语的"jekk"和"kieku"等。有的语言用动词的词形变化来标记假设句，如土耳其语、图阿语等。土耳其语"gelirsem"表示"如果我来"的意思，是对当前的假设；"gelsem"表示"如果我当时来"，是对过去的假设。图阿语则依靠在动词词干上附加词尾"mamo"或"hipana"来表示这种区别。某些语言还可以用词序变化的形式来标记假设句。例如德语和英语[②]：

(98) Hätte er das getan, wäre ich glücklich gewesen.

---

① 如果在互相重合的两项中出现虚词作为标记，那么，两类虚词的辖域是不一样的。

② 转引自 Comrie(1986)，两句话的意思是："如果他当初那么做，我本会高兴。"

Had he done that，I would have been happy.

　　欧洲的很多语言，如英语、法语、德语、俄语和拉脱维亚语等都可以借助动词时态的变化来表示假设程度的高低。如英语用时制后移的方式来表示程度较高的假设：表达对现在和将来的假设时，条件小句用过去时；表达对过去的假设时，条件小句用过去完成时。

　　从 Comrie(1986)所举各种语言假设标记的例证来看，假设句的标记所在的位置都没有超出假设构式的八个敏感位置的范围。

　　汉语缺乏严格意义的形态变化，标记假设句主要靠虚词。对于上古汉语而言，通过对上举八个假设构式的敏感位置的考察我们发现，在上古汉语的假设构式中，七个敏感位置上可以有虚词作为标记。考察结果为：

　　1. 构式之初：无；

　　2. 前件之初：若、如等；

　　3. 前件 VP 及其前后成分：之、其、者等；

　　4. 前件之末：矣、也、焉、者、乎、欤（与）、耶（邪）等；

　　5. 后件之初：则、即、乃等；

　　6. 后件 VP 及其前后成分：其；

　　7. 后件之末：矣、也；

　　8. 构式之末：也。

以下举例说明。

1.3.1　前件之初：条件引导词①

条件引导词通常位于前件之初，有修饰限制前件和引出前件的作用。例如：

　　(99)若晋君朝以入，则婢子夕以死。（左·僖15）

　　(100)使宋舍我而赂齐、秦，藉之告楚。我执曹君，而分曹、卫之田以赐宋人。楚爱曹、卫，必不许也。（左·僖28）

　　(101)如有不嗜杀人者，则天下之民皆引领而望之矣。（孟·梁惠王上）

　　(102)令事成归王，事败独身坐耳。（史·张耳陈余列传）

---

　　①　这里所说的"条件引导词""结果引导词""条件煞尾词""结果煞尾词""整句煞尾词"等是句法概念而非词类概念，因而有些词语如"也""矣"等既可以做条件煞尾词也可以做结果煞尾词。这好比名词既可以做主语，也可以做宾语；形容词既可以做状语，也可以做谓语等。

有时候也可以位于前件主语之后。例如：

> (103)君若易之,何辱命焉?(左·僖24)
> (104)我若受秦,秦则宾也。(左·文7)
> (105)王若隐其无罪而就死地,则牛羊何择焉?(孟·梁惠王上)

某些条件引导词的句法位置有限制,如"使""令"一般只位于前件主语之前,不位于主语之后,这种限制与其来源有关。

汉语史上,此类假设标记数量众多,来源复杂。学术界对如何认定此类词语,以及此类词语的词类属性都还没有统一的意见。据王克仲(1990)的统计,仅《经传释词》《词诠》《古书虚字集释》《古汉语虚词》四部著作中,所认定的假设义类词就有 61 个[1]。参照王文的格式,再补充《中国古代语法·造句编(上)》(周法高 1961)和《古汉语语法及其发展》(杨伯峻、何乐士 2001)的研究成果,我们将学者们认定的条件引导词(单音节)列表于下[2]:

表 0.1.2　古汉语中的条件引导词 a

	彼	必	尝	常	诚	当	党	第	而	非	夫	苟	故	果	还	或	及	即
释词						+	+		+			+					+	+
词诠						+		+	+			+						+
集释	+		+	+	+	+			+	+		+	+	+		+	+	+
虚词						+	+		+	+	+							
造句				+	+	+						+		+				+
发展		+												+				

表 0.1.3　古汉语中的条件引导词 b

	假	将	借	藉	今	就	讵	厥	令	乃	其	且	如	若	尚	设	使	适
释词					+	+			+	+	+	+	+	+				+
词诠	+		+	+	+	+		+	+	+	+	+	+	+	+			
集释	+	+			+				+	+	+	+	+	+				+
虚词					+					+	+	+						
造句	+		+	+			+		+	+	+	+	+			+		
发展										+								

---

① 王文所说的假设义类词大致相当于所说的假设标记,其中绝大部分是条件引导词,但也包括"也""者"等条件煞尾词,这里我们只举条件引导词。

② 此三表仅收录单音节词,不收录多音节词。对于多音节词,学者们的意见很不统一,很多著作中的说法也很含糊,或者根本不予考虑。因此本表不收入。六部著作所收录单音节条件引导词共有 54 个。

表 0.1.4　古汉语中的条件引导词 c

	试	虽	所	傥	脱	微	为	乡	向	信	以	因	有	曰	云	允	载	则
释词			+	+		+									+			
词诠			+	+		+	+	+							+		+	
集释	|	|	|			+	+	+			+	+	+	+	+	+	+	
虚词			+	+	+	+	+	+						+				
造句			+	+		+												+
发展			+	+						+	+				+			+

从以上三表可以看出,各家对条件引导词的认定很不统一。王克仲(1990)认为这其中有很多不能看成是假设义类词,如"微""非""即""及""为""云""诚""果""信""苟""允""今""将""其""厥""适""就""傥""脱""而""以""虽""则""因""故""第"等。王文认为,诸家之所以把这些词语归入了假设义类词,是因为将语境义错误地归到了虚词的身上。

我们同意王文的这一观点,本书认定的条件引导词数量远少于以上三表所列(详下文)。并且我们认为,上古汉语的条件引导词表现出很强的时代性和地域性特征。在同一时代、同一地域的文献中,常用的条件引导词数量并不多。

条件引导词具有引出前件、标示假设性虚拟范畴的作用,可以看成是假设标记[①]。本书将探讨上古汉语假设引导词的判断标准、语法功能、语义特征、词类归属、历史演变等问题。

1.3.2　前件之末:条件煞尾词

条件煞尾词施于前件之末,现代汉语中最常见的是"呢""嘛""吧"和"的话"等。例如:

(106)如果你不去呢,我也不去。

(107)如果你不去嘛,我也不去。

(108)如果你不去吧,我也不去。

(109)如果你不去的话,我也不去。

上古汉语中,类似的条件煞尾词有"矣""也""焉""者""乎""欤(与)""耶"

---

① 关于条件引导词的语义特征和句法功能,请参看本书第五章第三节。

（邪）"等①。例如②：

(110)苟志于仁矣，无恶也。（论·里仁）

(111)若子季孙欲其法也，则有周公之籍矣；若欲犯法，则苟而赋，又何访焉。（国·鲁语下）

(112)死者若可作也，吾谁与归？（国·晋语）

(113)若使轻者肆焉，其可。（左·文13）

(114)若不礼焉，则请杀之。（国·晋语）

(115)鲁无君子者，斯焉取斯。（论·公冶长）

(116)故义胜利者，为治世；利克义者，为乱世。（荀·大略）

(117)能以礼让为国乎，何有！不能以礼让为国，如礼何！（论·里仁）

(118)君若将欲霸王举大事乎，则必从其本事矣。（管·霸形）

(119)我之大贤与，于人何所不容？我之不贤与，人将拒我，如之何其拒人也？（论·阳货）

(120)使文王所以见恶于纣者，以其不得人心耶，则虽索人心以解恶可也。（韩非子·难二）

(121)将以为智邪，则愚莫大焉；将以为利邪，则害莫大焉；将以为荣邪，则辱莫大焉；将以为安邪，则危莫大焉。（荀子·荣辱）

条件煞尾词除了具有标示假设句前件在语义上的非完整性功能之外，其使用规律与假设句的语义和句法特征密切相关。因此本书将条件煞尾词看作是假设标记的一类③。本书将探讨上古汉语条件煞尾词的语法功能和语义特征等问题。

---

① 学术界对条件煞尾词"者"的性质的认定尚有分歧。传统训诂学家将其看成是语气词，朱德熙(1982)则认为这个"者"是自指标记。本书仍将此类"者"归入语气词，但我们认为，这个语气词与表自指的"者"关系密切，前者来源于后者。假设句前件末的"者"既起着自指的作用，也起着提顿的作用，既可以看成是自指标记也可以看成是语气词。这正如近现代汉语中的"的话"既可以看成是语气助词，同时又起着指称化的作用。本文在行文过程中，当需要强调"者"的提顿功能时，将其称为"条件煞尾词"；当需要强调"者"的自指功能时，将其与之前的动词性结构合称"VP者"。作为条件煞尾词的"者"与"VP者"中的"者"并非不同的词，它们是一体之两面。

② 很多标点本古文在条件煞尾词"乎""欤(与)""耶(邪)"之后都是加问号而不是逗号。事实上，条件煞尾词"乎""欤(与)""耶(邪)"并不表示疑问而主要起提示和停顿作用(参看本书第三章第五节)，因此本书将这些虚词之后的问号一律改为逗号。以下引例径直改过，不一一注明。

③ 关于条件煞尾词的语义特征和句法功能，请参看本书第五章第三节。

1.3.3 后件之初：结果引导词

结果引导词用于假设句后件之初。现代汉语中的结果引导词主要是"那（那么）"[①]和"就"，上古汉语中主要是"则""即""斯"等。王力（1932）指出："在假设句里，连词'如''苟''若'等字可以不用。在此情形下，往往用'则'字，置于主要句之首。'则'有'然则'之意，上句的假设意义借此'则'字以显。因此，'仁则荣，不仁则辱'等于说'如仁，则荣；如不仁，则辱'。'如用之，则吾先进'也可以省为'用之则吾先进'。"可见，在王力先生的系统里，他也是把后件中的"则"看作假设标记的一类。吕叔湘（1942a:410）说："事实上，很多用'就、便、即、则'的句子，我们不把它们当时间句而把它当假设句看；上面虽无'要是、苟、若'等词，我们只当它是有这些词一般。这类句子里头的'就、便'等字，尤其是'则'字，通常已经承认是条件关系词。"例如[②]：

(122) 木与木相摩则然，金与火相守则流。（庄・外物）

(123) 公徐行即免死，疾行则及祸。（史・项羽本纪）

(124) 先即制人，后则为人所制。（同上）

根据句法位置的差异，结果引导词又可以分为两个小类，一类位于后件主语之前，一类位于后件主语之后。在现代汉语中，这两类差别比较明显，前者如：

(125) 如果你不去，那（那么）我也不去。

后者如：

(126) 如果你不去，我就不去。

二者可以连用，连用时，"那（那么）"位于"就"之前。例如：

(127) 如果你不去，那（那么）我就不去。

[①] "那"与"那么"的用法也有一些区别。如在下面的句子中，"那"不能换成"那么"：

(1) 要是闹出人命来，那可不是闹着玩儿的。

(2) 你如果真的把他杀死了，那可就不好办了。

(3) 你要是这样，那我可不干。

"那"与"那么"在语气上有一些差异。"那么"语气较为舒缓，主要用于论说或推理性的语句中，而"那"的语气比较紧凑，一般用于日常口语中。为讨论方便，将两者记作"那（那么）"。

[②] 转引自吕叔湘（1942a）。

(128)如果大家都同意,那就不去吧。

上古汉语中与"那(那么)"功能大致相当的是"则"和"斯"等。例如:

(129)如有复我者,则吾必在汶上矣。(论·雍也)

(130)举直错诸枉,则民服;举枉错诸直,则民不服。(论·为政)

(131)文献不足故也,足,则吾能征之矣。(论·八佾)

(132)如用之,则吾从先进。(论·先进)

(133)我欲仁,斯仁至矣!(论·述而)

(134)王无罪岁,斯天下之民至焉。(孟·梁惠王上)

与"就"功能大致相当的是"即"和"乃"等。例如:

(135)能用信,信即留;不能用,信终亡耳。(史·淮阴侯列传)

(136)愿收大王余兵击之,击之不胜,乃逃入海,未为晚也。(史·吴王濞列传)

"则"可以位于后件主语之前,相当于"那(那么)",这是"则"最常见的用法;同时"则"也可以位于后件的主语之后,相当于"就"。这种用法相对较少。例如:

(137)君子不重则不威,学则不固。(论·学而)

(138)我若受秦,秦则宾也;不受,寇也。(左·文7)

(139)先君有约言焉。若大国讨,我则死之。(左·宣12)

结果引导词具有在假设句中引出后件的功能,可以看成是假设句的标记①。本书将探讨上古汉语结果引导词的语法功能、语义特征和历史演变等问题。

1.3.4 后件之末:结果煞尾词

结果煞尾词位于后件之末。假设句的后件可以是疑问、陈述、感叹、祈使等语气,表示各类语气的语气词都可以出现在后件之末,如"乎""哉""焉"

---

① 关于结果引导词的语义特征和句法功能,请参看本书第五章第三节。

"矣""也""欤(与)""已"等。例如：

　　(140)如其善而莫之违也,不亦善乎! 如不善而莫之违也,不几乎一言而丧邦乎!(论·子路)

　　(141)且予纵不得大葬,予死于道路乎?(论·子罕)

　　(142)如或知尔,则何以哉?(论·先进)

　　(143)大车无輗,小车无軏,其何以行之哉?(论·为政)

　　(144)子辞,君必辩焉。(左·僖4)

　　(145)无丧而戚,忧必雠焉;无戎而城,雠必保焉。(左·僖5)

　　(146)苟有用我者,期月而已可也。(论·子路)

　　(147)信由己壹,而后功可念也。(左·襄21)

　　(148)如以利,则枉寻直尺而利,亦可为与?(孟·滕文公下)

　　(149)如将戕贼杞柳而以为杯棬,则亦将戕贼人以为仁义与?(孟·告子上)

　　(150)观过,斯知仁矣。(论·里仁)

　　(151)子欲善,而民善矣。(论·颜渊)

　　(152)为国家者,见恶如农夫之务去草焉,芟夷蕴崇之,绝其本根,勿使能殖,则善者信矣。(左·隐6)

　　(153)若有他乐,吾不敢请已。(左·襄29)

　　在这些语气词中,"乎""哉""焉""欤(与)""已"等的用法与通常的用法没有什么两样。这些语气词与假设句的语义或句法特征没有什么关系,它们不应当被看成是假设句的标记。本书将不讨论这些语气词的问题。

　　"也"和"矣"的情况却比较特殊。它们都表示陈述语气,"也"表示论断,"矣"表示叙说(马建忠1898)。在假设句中,它们的用法与通常的用法也没有什么区别。但是,由于"也"和"矣"的对立在于叙说与论断的对立,这种对立严格说来与陈述与疑问、祈使、感叹等的对立不是同一类型的。假设句作为一种论断句,在"也"和"矣"的使用上有严整的规律。探讨假设句中"也"和"矣"的使用规律,特别是"也"和"矣"的辖域问题,对揭示假设句的语义特征具有重要的作用,因此本书将后件之末的"也""矣"纳入考察范围中。我们认为,"矣"的辖域为后件,可以看成是条件煞尾词;"也"的辖域为整句,应当看成是整句煞尾词①。

---

　　①　参看本书第三章第五节。

1.3.5 构式之末:整句煞尾词

假设句的整句煞尾词位于假设句句末。由于假设句句末同时也是后件之末,因而整句煞尾词与结果煞尾词的位置是重叠的。对于这一位置上的语气词,要根据其辖域进行区分。辖域为后件的,是结果煞尾词,辖域为整句的,是整句煞尾。在这个位置上,只有语气词"也"的辖域可以是整句,真正的整句煞尾词只有一个"也"。这是因为假设句是一种论断句,因而可以使用表示论断的语气词"也"。例如:

(154)蔓,难图也。(左·隐元)

(155)君若惠保敝邑,无亢不衷,以奖乱人,孤之望也。(左·昭22)

(156)若华氏知困而致死,楚耻无功而疾战,非吾利也。(左·昭22)

(157)谮人以君侥幸,事若不克,君受其名,不可为也。(左·昭25)

整句煞尾词可以标示假设句的论断性,应当看成是假设句标记之一。我们将在第三章第五节中讨论假设句中的语气词"也"的语气和辖域问题。

1.3.6 前件 VP 及其前后成分:指称化的谓词性结构及副词"其"

上古汉语中,假设句的前件可以由指称化的谓词性结构"N 之 VP"或"其VP"①构成。例如:

(158)尔之许我,我其以璧与珪归俟尔命。尔不许我,我乃屏璧与珪。(书·金縢)

(159)邦之臧,惟汝众;邦之不臧,惟予一人有佚罚。(书·盘庚)

(160)我之大贤与,于人何所不容?我之不贤与,人将拒我,如之何其拒人也?(论·阳货)

(161)其济,君之灵也;不济,则以死继之。(左·僖9)

(162)其如是,孰能御之?(孟·梁惠王上)

指称化的谓词性结构可以显示假设句的某些语义和句法特征,我们也将其作为研究假设句时的考察对象之一。

此外,前件 VP 还可以使用副词"其"②帮助表示假设。例如:

---

① "其VP"是指相当于"N 之 VP"的结构,"其VP"中的"其"相当于"名词+之",下同。

② 这个"其"不同于"其VP"结构中的"其"。"其VP"结构中的"其"是一个指代词,这个"其"是一个副词。前人将这个"其"解释为"将"或"大概"等。本书将上古汉语的副词"其"看成是上古汉语虚拟句的标记,具体论述参看第三章第六节。

(163)王其乎,允受又?（《殷契粹编》,以下简称"粹",1156）

(164)其隹丁冥(娩),(嘉)?其隹庚冥(娩),引吉?（《甲骨文合集》,以下简称"合",14002）

(165)丁酉卜:戊王其田从,亡灾?（合 30287）

(166)贞:王其逐兕,获?（《小屯南地甲骨》,以下简称"屯",2095）

(167)汤其无郼,武其无岐,贤虽十全,不能成功。（吕·慎势）

副词"其"在假设句标记系统中的作用及其历史演变过程也是我们关注的问题。

1.3.7　后件 VP 及其前后成分:副词"其"
上古汉语的虚拟标记"其"也可以用于假设句的后件之中。例如:

(168)贞:今者王勿比望乘伐下危,弗其受佑?（合 6500）

(169)乙卯卜,殻贞:王勿学众茻方,弗其受有又?（《殷墟文字丙编》,以下简称"丙"22）

(170)□勿舞今日,不其雨?（合 20972）

(171)若不获命,其左执鞭、弭,右属櫜、鞬,以与君周旋。（左·僖 23）

(172)吾一妇人,而事二夫,纵弗能死,其又奚言?（左·庄 14）

(173)天若祚大子,其无晋乎!（左·闵元）

(174)若出于东方,观兵于东夷,循海而归,其可也。（左·僖 4）

商代甲骨文中的假设句缺乏其他标记形式,主要靠副词"其"标记。商代以后,伴随着其他假设标记的兴起,副词"其"逐渐衰落,"其"的标记假设的功能也逐步退化,直至汉代在口语中完全消失[①]。

1.3.8　假设标记的类型和时代特征
假设标记可以有广义和狭义的区别。狭义的假设标记只指引出前件的虚词。广义的假设标记不仅包括前件标记,也包括后件标记,不仅包括各种虚词,还可以包括语音停顿、词形变化、时体变化和语序等。各类假设标记都可以反映假设句某一方面的语义或句法特征,对它们进行详细的考察将

---

① 参看本书第三章第六节。

更有利于深化对假设句语义和句法特征的认识。

本书讨论的是广义的假设标记,将所有能够反映假设句某方面的(包括语义和语法等)特征的虚词都纳入假设标记的范畴。这使我们的"标记"一词涵盖的范围超出了通常认定的范围。但是,唯有如此,才能对假设句的各方面特征有更全面的把握。因此,本书将这些虚词一律冠以"标记"之名①。

在上举各类虚词中,位于前件之初的条件引导词是最典型的假设标记(狭义假设标记)。它的句法功能在于引出假设句的前件,语义功能在于标记假设性虚拟范畴。副词"其"的标记功能也比较强,但它是广义的虚拟范畴标记,除了标记假设性虚拟之外,还可以标记愿望性虚拟、祈使性虚拟、疑问性虚拟等范畴②。条件煞尾词与条件引导词不同,除了标记假设句之外,它们有的还可以标记话题或其他的主位成分(张伯江、方梅 1996;徐烈炯、刘丹青 2007),有的还可以标记疑问句(赵元任 1968)。它们之所以能够在假设句中作为前件的标记,并非是因为它们自身能够标记假设性虚拟范畴,而是因为前件在句法功能上与话题或疑问句具有相通之处(赵元任 1968;Haiman1978)。与此相似的是结果引导词,它们除了在假设句中引出后件之外,也可以在表示其他关系的复句中引出后一分句。整句煞尾词、结果煞尾词和指称化标记标记假设句的功能更弱。整句煞尾词"也"标明假设句论断句的属性,还有一定的标记功能。指称化标记标明前件的指称化倾向,结果煞尾词只标明后件的语气,就整个假设句而言,二者的标记功能接近于零。

条件引导词和副词"其"都可以看成是语义范畴的标记。副词"其"标记的是广义虚拟范畴,条件引导词标记的是假设性虚拟范畴。条件煞尾词、结果引导词和整句煞尾词是句式的标记,它们标记的是某种句式。当一个句子只有句式标记而没有范畴标记的时候,我们并不能立即判断句子的语义范畴类属,但我们能判定其句式类属,即,是否为话题句(或句子是否有话题

---

① 这也不违背 Bloomfield 关于标记(记号)的定义。Bloomfield *language*:

凡一种小范围的形类(form-class)决定 phrase 中特殊的功用者,谓之记号(marker)。那么,我们的规定形容词(determining adjective),我们的前置词(preposition),我们的等立连词(co-ordinating conjunction)和我们的附属连词(subordinating conjunction)可认为是记号:他们是小的形类,他们中的任一形式在 phrase 中之出现,多少决定此 phrase 之功用。(第 269 页,此据周法高 1961 第 4 页注)

根据这个定义,本书所谓的"假设标记"完全有被称之为"标记"的资格。因为它们的出现,多少反映了假设句某方面的特征,决定了假设句的功用。

② 参看本书第三章第六节。

化倾向),或是否为广义的因果句、承接句或论断句等。假设句前件有话题化的倾向,因此可以借用话题标记"吧""呢""啊"等。有的假设句可以归入广义的因果句,有的可以归入广义的承接句。因此,它们也可以借用因果句或承接句的标记,如"则""即""而""而后"等。假设句也是一种论断句,因此也可以使用论断句的标记"也"。当某个句子使用了这些句式标记的时候,句子有可能是假设句,也有可能是因果句、承接句或其他类型的论断句。

结果煞尾词和指称化标记只标明假设句某一部分的某一方面的属性,对整个假设句而言,结果煞尾词的标记性很弱。条件煞尾词虽然与结果煞尾词一样,都附于分句之末,但条件煞尾词对于标记假设句的功能却比整句煞尾词要强。因为前件之末也是后件之初,这个位置在假设句中是一个承上启下的位置。对假设句而言,条件煞尾词算是一个比较重要的标记。整句煞尾词"也"可以表明假设句的论断性,但其与条件煞尾词"也"同处于假设句末,二者实在难以区分。在根据假设句的各类标记对假设句进行分类的时候,我们暂且不考虑整句煞尾词。

在汉语发展史上,不同的历史时期所侧重使用的假设标记并不一样。拿上古这个历史阶段来说,商代假设句主要靠副词"其"标记。商代以后,副词"其"逐渐衰落而条件引导词、条件煞尾词、结果引导词等逐渐兴起。本书将由副词"其"标记假设句的标记方式称为假设句的 A 类标记方式;将这种由条件引导词、条件煞尾词、结果引导词等标记假设句的方式称为假设句的 B 类标记方式。从商代到春秋,假设句的发展经历了由 A 类标记方式向 B 类标记方式转换的过程。商代是以 A 类标记方式为主的时期。商代后期到西周时期,B 类标记方式逐渐涌现而 A 类标记方式逐渐缩小了应用的范围。这个时期是由 A 类标记方式向 B 类标记方式转换的过渡时期。春秋以后,B 类标记方式发展成熟而 A 类标记方式逐渐退出历史舞台。

这个标记系统的转换过程可以图示为:

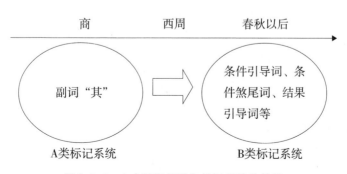

图 0.1.4　上古汉语假设句标记系统的转换

副词"其"与条件引导词等假设标记具有不同的性质,它们分属不同的标记系统。在假设句的 A 类标记系统中,根据副词"其"在假设句中的位置,可以将有标记的假设句分为以下三类:

表 0.1.5　A 类假设标记

	前件	后件
A₁类	＋①	＋
A₂类	＋	－
A₃类	－	＋

在假设句的 B 类标记系统中,根据条件引导词、结果引导词和条件煞尾词这三类假设标记的有无和相互配合情况,可以将有标记的假设句分为以下七类:

表 0.1.6　B 类假设标记

	条件引导词	结果引导词	条件煞尾词
B₁类	＋	＋	＋
B₂类	＋	＋	－
B₃类	＋	－	＋
B₄类	＋	－	－
B₅类	－	＋	＋
B₆类	－	＋	－
B₇类	－	－	＋

我们将没有任何标记的无标记假设句称为 C 类假设句。

此外,在有条件引导词的假设句(B₁ 至 B₄ 类)中,还可以根据条件引导词在句中的位置将其分为三类:第一类条件引导词位于前件主语之前,简称甲类;第二类条件引导词位于主语之后,简称乙类;第三类前件无主语,因此条件引导词的位置无所谓主语前或主语后,简称丙类。

第二节　研究意义和现状

2.1　研究意义

上古汉语假设句的研究具有多方面的意义:

---

① "＋"表示有此类标记,"－"表示无此类标记。

第一,假设性虚拟范畴是人类思维和语言中的重要范畴,是人类认知系统的重要组成部分。通过对这一范畴在语言中的表现形式及其语义和句法属性的研究,可以深化对这一范畴的认识,深化对语言与思维、思维与外部世界等关系的认识,帮助我们深入理解人类语言的本质。

第二,假设性虚拟范畴在各个语言中有不同的表现形式。通过对汉语的研究,可以为多语言的比较和综合研究提供基础,深化对语言共性和个性的认识。

第三,对上古汉语假设句的各个历史阶段的描写和各种假设标记的考察,可以丰富语法化(grammaticalization)理论,可以为语义和语法演变理论提供丰富的素材和历时的证明,为探讨形式和意义之间的关系提供可靠的实例。

2.2　研究现状

目前为止,对汉语假设句的研究主要从以下几个方面进行:

一、假设的定义,假设与条件、因果的关系及假设句的归属问题。此类研究主要见于各类语法通论著作及复句研究的专著。如黎锦熙(1924)、吕叔湘(1942a)、王力(1943)、赵元任(1968)、王维贤(1985)、马林可(1994)、邢福义(2001)、罗晓英(2006)等。假设句的定义及其与因果句、条件句的区分是学者们探讨得比较多的问题。

二、对各个历史时期假设标记的描写。这类研究主要见于各种古代汉语语法研究专著及各种连词研究的专著和论文。其中最为详尽的当属周法高(1961)和杨伯峻、何乐士(2001)。通过他们的研究,我们可以了解到这样一个基本事实:在汉语史上,汉语假设标记不但数量众多,而且类型丰富。此外,涉及此方面的研究成果还有高本汉(1936)、太田辰夫(1958)、管燮初(1981)、柳士镇(1992)、向熹(1993)、吴福祥(1996)、张玉金(2001)、曾晓洁(2004)、吉仕梅(2003)、周守晋(2005)、罗晓英(2006)、于峻嵘(2008)、赵长才(2008)等。

三、对假设标记来源的考察。学者们主要考察了"如""若""假""令""使""如果""假如""要""万一""要是""时""后""的话""的时候"等假设标记的来源。研究成果主要见于太田辰夫(1958)、王力(1982)、王克仲(1990)、马贝加(2002)、江蓝生(2002,2004)、邵永海(2003)、冯春田(2004)、刘丹青(2005)、张丽丽(2006)、席嘉(2006)等。其中江蓝生(2002,2004)两篇文章对假设语助词"时""后"和"的话"的来源进行了深入细致的探讨,是这方面研究的杰出代表。

四、各方言区假设标记的研究。这方面的研究成果比较少,主要见于各方言点语法研究的论文和专著。比较有特色的是钱乃荣(2004)和邢向东(2002,2006)。钱乃荣(2004)指出了上海方言中的陈述语气和虚拟语气在句法形式上的对立,考察了虚拟形式(包括假设句)在老上海话中的种种表现以及新上海话中的变化。邢向东(2002)考察了神木方言中表虚拟的语气词。邢向东(2006)按照意义把虚拟分为愿望、假设、犹豫、纵予四个类型,并考察陕北晋语沿河方言假设性的表达手段及其语法化过程。在历史语言学领域,这一方面的研究成果主要有李立成(1998)和冯春田(2004),他们考察了清代山东方言的假设助词"着"和"可"。

五、汉语与其他语言假设标记的对比研究。这方面的研究主要集中于一个问题,即汉语如何表达反事实假设、汉语有没有反事实假设标记的问题。这个问题曾经在上世纪八九十年代引起了一场激烈的争论。参与讨论的主要是一些西方学者①。国内涉及此方面的论文只有零星的几篇,如陈国华(1988)、蒋严(2000)和徐李洁(2004)。此外,董秀英、徐杰(2009)对假设句的句法操作形式进行跨语言的比较研究,反映了这方面研究的新成果和新动向。

六、假设句及假设标记性质的研究。这方面的研究主要围绕条件句是否可以看成是话题而展开。自 Haiman(1978)之后,国外对于此问题曾有过深入的讨论。国内涉及此问题的论著主要有赵元任(1968)、曹逢甫(1990)、张伯江、方梅(1996)、刘丹青(2005)、和徐烈炯、刘丹青(2007)。

目前为止对假设句的研究主要存在以下问题:

第一,对假设句的语义特征和句法功能缺乏深入的研究和深刻的认识。在这方面主要是借鉴了国外的研究成果,但往往语焉不详。

第二,对各个历史时期假设标记系统的描写缺乏统一的标准。一般语法描写的著作大多只注重假设连词的描写,对于假设助词(条件煞尾词)和结果引导词是否也能标记假设句这个问题,学者们意见并不统一。对三类假设标记之间关系展开讨论的著作则更少。即便单就假设连词而言,确立的标准和收词的范围也很不统一。

第三,对假设标记来源的考察不系统。学者们大多就某一两个假设连词或假设助词的来源进行探讨,并没有将假设标记作为一个系统来探讨各个标记的来源。但是,唯有将假设标记作为一个完整的系统来考察,才能发现假设范畴与其他范畴之间的内在联系,才能发现假设范畴内部的差异和

---

① 关于此次论争的详情请参看邵京(1988)。

共性。

第四,多是共时的平面描写,较少历时的比较研究。对假设标记的历史演变研究也不够全面和深入。

第五,各个方言区假设标记系统的研究还处于起步阶段。现代汉语各个方言区的假设标记系统是否存在差异? 如果存在,这种差异有多大? 它们体现了怎样的共时变异和历时层次? 对这些问题还缺乏深入的研究。

第六,跨语言的比较研究比较缺乏。语言类型学的兴起开阔了语言研究的视野,也为汉语与其他语言的比较研究提供了可资借鉴的框架。将汉语假设句的研究置于人类语言的大背景下来考察,通过汉语与其他语言的比较,更能发现汉语的特点并深化对语言共性的认识和理解。这方面的研究有待加强。

2.3　研究方法

本书采用"从内到外"的研究方法。所谓"从内到外",就是从意义内容到语法形式。徐通锵(1997)认为,这种研究方法是适合汉语特点的。因为汉语是一种语义型语言,句法结构是开放性的。这不同于印欧系语言。印欧系语言的句法结构是封闭性的,句法结构依靠主谓一致关系来控制。汉语缺乏主谓一致关系,因而对汉语的研究应当从语义入手而不是从语形入手。从语义入手的一个重要途径就是考察各种语义范畴及其表达形式。在这方面,前辈学者吕叔湘(1942a)、陈平(1987)和石毓智(1992)等已经做了相关的研究,徐通锵(1997)又从理论上进行了总结。前辈学者的研究成果已经证明了"从内到外"的研究方法是对汉语进行研究的行之有效的方法。

本书研究的程序是:从上古汉语各历时阶段的比较可靠的代表性语料(详下文)中搜罗假设句的用例,在此基础上就假设句的语义特征及句法表现形式及其演变等相关问题展开讨论。由于采用的是"从内到外"的研究方法,对假设句的鉴定采用的是语义标准,很多句子是不是假设句无法从形式上判断,必须结合语境从语义上判断,因此本书所搜集到的某些假设句可能有争议。因为是人工的搜集,也有可能会有遗漏。我们所能做到的就是力求数据的准确,但数据以反映大的趋势为主,同时将一些有争议的例句单独讨论,不强为之解,也不回避问题。

在研究过程中,本书力求做到:

一、共时研究与历时研究相结合;

二、定性研究与定量研究相结合;

三、从意义到形式,形式与意义相结合;

四、事实描写、现象解释与理论探讨相结合。

2.4 重点语料

本书对上古汉语假设句的研究以上古传世文献为基本语料,只有在传世文献缺乏或有严重缺陷的情况下才使用出土文献。这样的材料处理方式是由研究的对象决定的。假设句作为一种论断句,大多出现在议论性的文体或对话中。出土文献由于受书写材料的限制极少有长篇的议论,也很少有对话①。故本书只在考察商代和西周假设句时以出土文献——甲骨文和金文作为重点语料,其余历史时段的考察一般均以对话或议论较多的传世文献为重点语料。

本书所使用的基本语料如下表所列,对各时期语料的详细介绍请见每节的语料概述部分②:

表 0.2.1 重点语料

时段	重点语料
商	甲骨文③ 今文《尚书·商书》(书)5 篇④
西周	金文(《商周青铜器铭文选》西周部分) 今文《尚书·周书》10 篇⑤ 《逸周书》(逸)9 篇⑥。
春秋战国	《左传》(左) 《论语》(论) 《孟子》(孟) 《吕氏春秋》(吕)
西汉	《史记》(史) 《淮南子》(淮) 《说苑》(说)

---

① 汉以后的出土文献如《战国纵横家书》等除外。

② 本书征引语料时书名一般用简称(简称见下表各书名后括号内)。除重点语料外,其他书名及简称为:《国语》(国)、《荀子》(荀)、《韩非子》(韩)、《老子》(老)、庄子(庄)、《管子》(管)、《墨子》(墨)、《孙子兵法》(孙)、《晏子春秋》(晏)、《文子》(文)、《鹖冠子》(鹖)、战国策(策)、《公羊传》(公)、《礼记》(礼)、《水经注》(水)、《颜氏家训》(颜)、《三国志》(三)、《二刻拍案惊奇》(二刻)、《醒世姻缘传》(醒世)、《三侠五义》(三侠)、《儿女英雄传》(儿女)、《红楼梦》(红)。

③ 本书所用甲骨文语料一般从前代著述中搜集。甲骨文、金文篇目及简称随文给出。

④ 这 5 篇是《汤誓》《盘庚》(上、中、下)《高宗肜日》《西伯戡黎》《微子》。

⑤ 这 10 篇是:《大诰》《康诰》《酒诰》《梓材》《召诰》《洛诰》《多士》《多方》《费誓》《吕刑》。

⑥ 这 9 篇是《世俘》《商誓》《皇门》《尝麦》《祭公》《芮良夫》《度邑》《克殷》《作雒》。

第一章　上古汉语的无标记假设句

本章讨论上古汉语中的无标记假设句。在讨论无标记假设句之前,我们首先要对假设标记进行辨析,以明确有标记假设句和无标记假设句的范围。通过对假设标记的辨析还可以探讨假设范畴与其他范畴之间的联系。这是本章第一节的主要内容。本章第二节主要讨论上古汉语的无标记假设句的类别及无标记假设句存在的原因等问题。

第一节　假设标记辨析[①]

本节将对一些前人认为能够表示假设关系的词语进行辨析。参考的著作主要包括王引之《经传释词》、杨树达《词诠》、马建忠《马氏文通》、裴学海《古书虚字集释》、杨伯峻《古汉语虚词》、杨伯峻和何乐士《古汉语语法及其发展》及周法高《中国古代语法(造句编)》等。本书认为,前人释为"犹若也""犹如也""表示假设关系"等的一些词语,其实并不能表示假设关系。假设关系是由构式带来的,与这些词语无关[②]。本节的目的不在于辩驳前人的说法,而在于通过对这些词语的辨析,探讨这些词语被误释的原因,进而分析假设范畴与其他范畴之间的联系以及假设构式在语义和句法方面的某些特征。

1.1　否定词误释

某些否定词经常被误释为"假设连词",或者被误以为"含有假设意味"。这些否定词包括"微""非""自非""讵非""唯毋""不"等。

微、非、自非、讵非、唯毋、不

否定词"微"经常被认为是一个假设连词。杨伯峻、何乐士(2001:953)："微,假设连词,含否定义,表示'如果没有'、'假使不是'(事实上已有或已如此)之意。'微'后多为名词或名词短语。"例如:

(1)微子,则不及此。(左·僖10)

(2)微君之故,胡为乎中露?(诗·邶风·式微)

(3)微禹,吾其鱼乎!(左·昭元)

(4)微夫子之发吾覆也,吾不知天地之大全也。(庄·田子方)

(5)是日,微樊哙奔入营谯让项羽,沛公事几殆。(史·樊郦滕灌列传)

与此类似,"非"有时候也被看成是一个"假设义类词","暗含有假设的意思"(杨伯峻1981)。例如:

(6)众非元后,何戴?后非众,罔与守邦。(书·大禹谟)

(7)非利不动,非得不用,非危不战。(孙·火攻)

(8)孤非周公瑾,不帝矣。(三·吴书·周瑜传)

(9)两岸高山重障,非日中夜半,不见日月。(水·江水)

还有"自非""讵非""唯毋""唯无"等也被看成是"假设连词"或"假设标志"①。例如:

(10)自非圣人,外宁必有内忧,盍释楚以为外惧乎?(左·成16)

(11)自非然者,臣愿得少赐游观之闲,望见颜色。(史·范睢蔡泽列传)

(12)且唯圣人能无外患,又无内忧,讵非圣人,必偏而后可。(国·晋语)

(13)讵非圣人,不有外患,必有内忧,盍姑释荆与郑以为外患乎!(国·晋语)

(14)今唯毋废一时,则百姓饥寒冻馁而死者不可胜数。(墨·非

---

① 也有学者将"自非""讵非"中的"自"和"讵"看成是假设连词,如《词诠》《古汉语虚词》等。

攻中)

　　(15)人君唯毋听寝兵,则群臣宾客莫敢言兵。……人君唯无好金玉财货,必欲得其所好,则必有以易之。(管·立政)

　　其实,否定词"不"也经常用于假设句中,杨伯峻、何乐士(2001:947)就指出:

　　　有些假设句是不用连词的。其假设之意,从文意中可以看出,同时也可找到一些形式上的特点。比如,前句常用"不"表示假设,后句表示结果。如:
　　　a)不杀二子,忧必及君。(左·成12)
　　　b)城不入,臣请完璧归赵。(史·廉颇蔺相如列传)

　　除此以外,像"不然……""不……不……""不……弗……""非……不……"等否定性结构也常常用于假设句中。例如:

　　(16)必速战。不然,将失楚师。(左·桓8)
　　(17)不然,将及。(左·文7)
　　(18)不然,寡君之命使臣,则有辞矣。(左·成2)
　　(19)我,大史也,实掌其祭。不先,国不可得也。(左·闵2)
　　(20)师不兴,孤不归矣。(左·襄26)
　　(21)晋、楚伐郑,自今郑国不四、五年弗得宁矣。(左·襄8)
　　(22)不十年,王弗召也。(左·僖13)
　　(23)非是,君不举矣。(左·庄23)

　　同样表示否定,为什么"非""微""自非""讵非""唯毋"等被看成是"假设连词"或"假设标志",而"不"却仅仅被看成是假设句"形式上的特点",而不被看作是假设标记呢?这样的处理恐怕并不妥当。

　　本书认为,"非""微""自非""讵非""唯毋""不"等其实都只是否定标记而不是假设标记。因为它们位于假设构式中,注释者误将构式表达的假设意义加到了它们身上,而把它们看成假设标记。假设句表达假设性虚拟范畴,否定句表达否定性虚拟范畴,二者在虚拟性这一点上具有相通之处。石毓智(1992)和沈家煊(1999)都将否定句归入非现实句。假设句也是一种非现实句。当否定句的否定是一种对已知事实的否定时,听话人很容易就能够判断出所述条件是一种假设,因此可以不必使用条件引导词。后人在分析这些广义的无标记否定性假设句时,往往会根据自己的语感,将否定词误释为假设连词。

在以上否定词中,与假设句关系最密切的是"微"。王力(1981:22)说:"微,带有假设语气的否定副词,略同于'非',等于说'假如不是'。"在上古汉语中,"微"作为否定词时,绝大多数情况下是用于表示与过去事实相反的假设句中,是对已然存在的否定。在我们所调查的文献《论语》《孟子》《左传》和《史记》中,"微"无一例外都是用于表示与过去事实相反的假设句中。

以往学者之所以将"微"误释为假设连词,是因为"微"经常出现在假设构式中。而"微"之所以经常出现在假设构式中,是与"微"的语义内涵密切相关的。"微"其实是一个动词,意思是"没有"。但它只用于否定已然,不用于表示未然或否定将然。在交际过程中,说话人对于已然存在的否定往往是一种假设,假定一种与既定事实相反的情况并说明这种假定的情况导致的结果。由于"微"的语义内涵与假设构式密切相关,因而常常用于假设句前件中,被误释为假设连词。我们可以把"微"看成是上古汉语中表示对已然存在的否定的专用否定词,但不应当将其看成是一个假设连词。

"微"也并非完全不能用于一般否定。《吕氏春秋》《战国策》和《史记》中都有"微独"一词,其中的"微"作为一个语素,表达的是一般否定的意义:

> (24)民之情贵所不足,贱所有余,故布衣人臣之行,洁白清廉中绳,愈穷愈荣,虽死,天下愈高之,所不足也,然而以理义斲削,神农、黄帝犹有可非,微独舜、汤。(吕·离俗)
> (25)微独赵,诸侯有在者乎?(策·赵策)(史·赵世家)

"微"还可以与表让转的条件引导词"虽"连用。这时,"微"有可能是一般否定,也有可能是对已然存在的否定。不管是哪种情况,"微"都不能归入连词,因为之前已经有了一个表让转的连词"虽"①。例如:

> (26)耻大国之士于中原,又杀其君以重之,子思报父之仇,臣思报君之雠。虽微秦国,天下孰弗患?(国·晋语三)
> (27)夫子承楚国之政,其法刑在民心而藏在王府,上之可以比先王,下之可以训后世,虽微楚国,诸侯莫不誉。(国·楚语上)

---

① 在汉语中,我们还没有见到一个表让转的连词和一个假设连词连用之例。

(28)虽微先大夫有之,大夫命侧,侧敢不义? 侧亡君师,敢忘其死? (左·成16)

例(26)"虽微秦国"意为"即便不是秦国";例(27)"虽微楚国"意为"即便不是楚国";两例都是一般否定;例(28)"虽微先大夫有之"意为"即使先大夫没有这样的事情",是对已然存在的否定。

后世文献中单独使用"微"表一般否定之例则更为普通。例如[1]:

(29)一朝辞汉,曾微恋旧之情。(晋书·列女传论)

(30)增冰为积水所成,积水曾微增冰之凛。(南朝·梁·萧统·《文选》序)

(31)国皆曰杀,虽微可恕之情,毫不加刑,姑用惟轻之典。遂令衰朽,亦与生金。(宋·岳珂·桯史·周益公降官)

总之,"微"不能看成是"假设连词"或"假设义类词",也没有什么"假设意味","微"是一个否定词,多用于对已然存在的否定,它的"假设意味"来自于构式。从句法上看,"微"是一个动词,其后多为名词或名词短语,这个名词或名词短语应当分析为"微"的宾语。

1.2 连词误释

某些假设句前件中的连词如"而""则"等经常被误释为假设连词,认为它们相当于"若"或"如"。

而

王引之《经传释词》云:"而,犹若也。若与如古同声,故而训为如,又训为若。"马建忠(1898:289—290)不同意这个看法,他说:

有谓《左襄二十九》:"且先君而有知也,毋宁夫人,而焉用老臣。"又《昭二十六》:"后世若少惰,陈氏而不亡,则国其国也已。""先君"与"陈氏",皆自为上截所接,"而"字当作"若"字解,且以本文相比,则《襄公二十九年》一节,其前文有"先君若有知也"一句,《昭公二十六年》一节上文"后世若少惰",接云"陈氏而不亡",是"而""若"两字互用之明证。夫

---

① 引自《汉语大词典》。

"而"字解如"若"字之义亦通,然将两上截重读,接以"而"字,其虚神仍在。如云"且先君虽死而或有知也",又如云"陈氏之为陈氏,至后日而仍未亡也",是将余味曲包之字补出,则"而"字仍不失为动静诸字之过递也。而况若而句者,经史往往而有。如执以"而""若"两字互用为解,遇有"而"字而无"若"字处者,又将何以自解也。《论语·述而》云:"富而可求也"句,必将"富"字重顿,而云"富之为富而可求也",则下句"虽"字已跃然矣。《左传·宣公十二年》云:"且君而逃臣,若社稷何。"犹云"且为一国之君而逃臣"云,如是上截顿足,则下截跌进更有力。若惟云"君若逃臣"云云者,则无余音矣。《孟子·万章上》云:"匹夫而有天下者,德必若舜禹,而又有天子荐之者。"此句重在匹夫,故当重顿,犹云"以匹夫之绝无凭藉而能有天下者,则其德必若舜禹"云云。

其后有多人对"而"表假设的用法提出了自己的意见,其中既有赞同者,也有持异议者①。薛凤生(1991)和杨荣祥(2008)令人信服地证明了"名而动"结构中的"而"不能理解为"若"。杨荣祥(2008)指出,连词"而"的基本语法功能是标记"两度陈述",即"而"连接的一定是两个在句法结构中具有述谓功能的成分。在"名而动"结构中,"名"原本是一个判断句的谓语部分,它和"而"后的"动"通过"而"连接构成一个复杂谓语形式,共同对句子的话题性主语加以陈述。同时,杨荣祥(2008)还指出了"名而动"结构的两个重要特征。即:

> 首先,"名而动"结构都出现在评述性语言中,没有出现在客观叙述性语言中的,这说明包含这种结构的句子具有较强的主观性。其次,在上下文中,通常有一个显性的或暗含的与"名"对比的成分,说话人是把"名"作为一个对比焦点提出来的。

我们认为,"名而动"结构的以上两个特征,正是"而"被误释为假设连词的重要原因。假设句是一种论断句,这与"名而动"结构出现在评述性语言中的特征相符合。在论断句中,常使用一些引发议论的虚词,也常使用各种连词表示起承转合等关系,这些虚词没有任何实义,往往被误释。

假设句的另一个重要语义特征对比性又与"名而动"结构的对比性类似,两方面的原因促成了"名而动"中的"而"被误释为"若"。如《经传释词》

---

① 持异议者如王克仲(1990)、薛凤生(1991)、杨荣祥(2008)等。

即说：

> 而，犹若也。……《大戴礼记·卫将军文子》篇："孔子曰：'而商也，其可谓不险也。'""而商也"与《论语》"若由也"同义。

《大戴礼记》之例，王氏并没有引全，原文是："孔子曰：'《诗》云："式夷式已，无小人殆。"而商也，其可谓不险也。'"很显然，这是一个对比句，"而"的作用在于引出另一个对比性的陈述句，以与《诗经》所言相对比。《论语》中的"若由也"出自《先进》篇："闵子侍侧，訚訚如也；子路，行行如也；冉有、子贡，侃侃如也。子乐。'若由也，不得其死然。'"可以看出，这也是一个对比性的语句，将子路与其他人对比，"若"的作用在于引出一个对比性的话题。"而"与"若"都用于具有对比性的论述句中，二者看起来等同，事实上大不一样，认为它们"同义"是不确切的。它们都不是假设连词，用法也有差别①，只是由于位于类似的语境中，才使二者似乎可以互换。

"名而动"结构的对比性与假设句的对比性其实是有差别的，只是这种差别非常细微，故二者往往相混。试以经常讨论到的两个例子为例：

> (32)人而无礼，胡不遄死？（诗·鄘风·相鼠）
> (33)子产而死，谁其嗣之？（左·襄30）

清代的训诂学家们往往将以上两例中的"而"解释为"若"。单独地看，这样的理解似乎也可以，"子产而死"可以理解为"子产要是死了"，与之相对比的是子产还没死。"人而无礼"可以理解为"人要是没有礼"，与之相对比的是人有礼。可是，这样的理解是脱离了语境的理解。如果我们考虑到当时的语境，这样的理解就是有问题的。"人而无礼"的上下文是这样的：

> (34)相鼠有体，人而无礼。人而无礼，胡不遄死？（诗·鄘风·相鼠）

很显然，后一个"人而无礼"是承接前一个"人而无礼"而来，两句中的"而"的语法作用是一样的，都是连接两个"具有述谓功能的成分"，后一个"而"不应当理解为"若"。"人而无礼，胡不遄死？"的意思应当是："作为一个

---

① 　王氏也不一定认为它们都是表示假设，只说他们同义，到底是什么意义，王氏没有明说。

人,而没有礼,何不赶快死?""人"的意思是"作为一个人",相当于英语的"as human being",是一个具有述谓功能的成分。"而"连接两个具有述谓性的成分——"人"(作为人)和"无礼"①。这样的理解与前述将"而"理解为"若"时句子的意思稍有不同。所体现的对比关系也不一样。在前一种理解中,互相对比的两项是"人要是没有礼"和"人有礼",在后面的这种理解中,互相对比的两项是"作为人,本当有礼(与鼠对比)"与"作为人,而没有礼"。两者是有差别的。

"子产而死"一例的上下文是这样的:

> (35)子产使都鄙有章,上下有服;田有封洫,庐井有伍。大人之忠俭者,从而与之;泰侈者因而毙之。丰卷将祭,请田焉。弗许,曰:"唯君用鲜,众给而已。"子张怒,退而征役。子产奔晋,子皮止之,而逐丰卷。丰卷奔晋。子产请其田里,三年而复之,反其田里及其入焉。从政一年,舆人诵之曰:"取我衣冠而褚之,取我田畴而伍之。孰杀子产,吾其与之!"及三年,又诵之曰:"我有子弟,子产诲之;我有田畴,子产殖之。子产而死,谁其嗣之?"(左·襄30)

如果将"子产而死"中的"而"理解为"若",则两相对比的是"子产要是死

---

① 对于"名而动"结构中"名"的述谓性,我们的观点与薛凤生(1991)及杨荣祥(2008)稍有不同。薛凤生(1991)一方面认为"而"前的名词充当省略了主语的判断句的谓语,代表一个没有主语的子句。但他随后分析这些句子时却并不完全将这些名词按谓语来理解。他认为"人而无仪""人而无信""士而怀居""管氏而知礼""子产而死""十人而从一人"的意思分别是:"作为一个人""作为一个士""说到管氏那样的人""有个子产这样的官""(他们)有十个人"。杨荣祥(2008)认为,"名而动"结构中的"名"原本是一个省略了话题性主语的判断句的谓语部分。我们认为,"名而动"结构中的"名"应当分析为话题,是一个有省略成分的话题,它代表一个子句,它的述谓性来自于它代表的子句。话题与说明之间的联系是很松散的,不像主语与谓语之间的联系那么紧密(在语法上表现为主语和谓语之间有一致关系,而话题与说明之间不具有一致关系)(徐通锵1997),因此话题可以是一个省略了很多言外之意的成分,这些言外之意或在上下文中有交待,或不言自明,话题仅仅起着一个代表的作用,我们可以把话题所代表的东西看成是一个小句或者是某种相对更为复杂的成分。例如赵元任(1968)就曾经列举了这样一些例子(转引自徐通锵1997):
他是个日本女人。(意思是他的佣人是个日本女人)
他是一个美国丈夫。
你(的鞋)也破了。
我(的铅笔)比你(的)尖。
你(的小松树)要死了找我。
人家是丰年。
这些句子中的话题都可以看成是一种省略形式,代表着一个小句或是比话题本身更复杂的名词性成分。"名而动"结构中的"名"与之类似。

了"和"子产没死"两项。这样的理解当然也说得过去,但是可能并不符合原意。在"子产而死,谁其嗣之"之前,舆人还说了一句话:"我有子弟,子产诲之;我有田畴,子产殖之。"这里的"子产而死,谁其嗣之?"的言外之意应当是:"子产(这么好,不应当死),(他)(要是)①死了,谁将来继承呢?"这里的"子产"实际上代表了一个小句(薛凤生 1991),这个小句的意思在这个语境中是不言自明的,因此可以用一个"子产"来代表。"而"所联系的实际上是两个小句,这与"而"连接两个述谓性成分的语法功能并不冲突。在这里,发生对比的两项分别是"子产这么好,不应当死"和"子产要是死了"②。

与"子产而死"类似的是《论语》中的"管氏而知礼"。原文如下:

> (36)或曰:"管仲俭乎?"曰:"管氏有三归,官事不摄,焉得俭?""然则管仲知礼乎?""邦君树塞门,管氏亦树塞门;邦君为两君之好,有反坫,管氏亦有反坫。管氏而知礼,孰不知礼?"(论·八佾)

"管氏而知礼,孰不知礼"确实是一个假设句,但是假设的语义来自于构式,与"而"字无关。这个句子是一个违实假设、推论性假设③。弟子问管氏算不算知礼,先生先是举出管氏所做的事,然后说:"管氏(这么做),(他)也算知礼(的话),谁不算知礼呢?""管氏而知礼"中,"而"连接的成分"管氏"和"知礼"都具有述谓性。"管氏"代表的是一个小句,即"管氏这么做"或"这样的管氏"。"知礼"的意思是算作知礼、认为他知礼或看作知礼。在这个假设句中,互相对比的两项是管氏的所作所为说明他不知礼和管氏如果被看成是知礼。结果是,如果他这么做也算知礼的话,那么天下没有不知礼的人了。如果将"而"解释为"若",则对比的两项是管氏知礼和管氏不知礼,与原意也有小小的差别④。

由以上的分析可以看出,"而"在以下情况下容易被误释为假设连词:

1.在假设构式中。如"子产而死,谁其嗣之""管氏而知礼、孰不知礼"本身就是一个假设句。

---

① 这个"要是"的意思是从构式来的,不是"而"的意思。

② 这样的理解完全可以得到前文的证明。前文说子产刚执政时,子张就"退而征役",欲除掉子产。执政刚一年,舆人也说:"孰杀子产,吾其与之!",都恨不得杀掉他。执政三年以后,舆人才认识到了子产是个好人,所以说出"子产而死,谁其嗣之"的话来。可见"子产而死"意思是"子产(这么好),要是死了……"

③ 如果按照"知域""行域""言域"的区分(沈家煊 2003),则属于言域。

④ 如果将管氏看成是省略了主语的判断句的谓语,也不能准确地反映原文的这个意思。

2.这个假设构式没有假设连词作为标记。

3.句子具有对比的语义,"而"起着连接对比两项的作用。

则

《经传释词》:"则,犹若也"。《马氏文通》《古汉语虚词》《古汉语语法及其发展》等沿用其说。所举例证主要为:

(37)卿士从、龟从、筮从、汝则逆、庶民逆:吉。(书·洪范)

(38)庶民从、龟从、筮从、汝则逆、卿士逆:吉。(书·洪范)

(39)汝则从、龟从、筮从、卿士从、庶民从,是之谓大同;身其康强,子孙其逢。(书·洪范)

(40)汝则从、龟从、筮从、卿士逆、庶民逆:吉。(书·洪范)

(41)汝则从、龟从、筮逆、卿士逆、庶民逆:作内,吉;作外,凶。(书·洪范)

(42)汝则有大疑,谋及乃心,谋及卿士,谋及庶人,谋及卜筮。(书·洪范)

(43)若民,则无恒产,因无恒心。(孟·梁惠王上)

(44)子则自以为有罪,寡人亦有罪邪?(史·循吏列传)

(45)谚有之曰:"心则不竞,何惮于病?"(左·僖7)

(46)德则不竞,寻盟何为?(左·成9)

(47)彼则肆然而为帝,过而遂政于天下,则连有赴东海而死矣。(策·燕策)

(48)我决起而飞,抢榆枋。时则不至,而控于地而已矣。(庄·逍遥游)

(49)凡人之动,为庆赏为之,则见害伤,焉止矣。(荀·议兵)

(50)今闻章邯降项羽,项羽乃号为雍王,王关中。今则来,沛公恐不得有此。(史·高祖本纪)

(51)诚得劫秦王,使悉反诸侯侵地,若曹沫之与齐桓公,则大善矣;则不可,因而刺杀之。(史·刺客列传)

(52)项王谓曹咎等曰:"谨守成皋!则汉欲挑战,慎勿与战!"(史·项羽本纪)

"则"是古代汉语中用法比较复杂的连词。马建忠(1898:297—301)将"则"字的用法归纳为三:一为言效之词;二为继事之词;三为直决之词。"凡上下文事有相感者，'则'字承之，即为言效之词"；"凡上下文事有相因者，'则'字承之，即为继事之词"；"凡上下文事有异同者，'则'字承之，即为直决之词"。所谓的"直决之词"又包括三种情况，其一是"其事或本相同也，或本相异也，'则'字承之，所以决其为是为非"；其二是"事有对待而见为异同者，'则'字承之，乃以决其为异为同也"；其三是"其上下文有对待之意而无相比之式者，则惟一用'则'字，以决其不同而已"。直决之词的一个共同特征就是"事有异同"，换句话说，就是所有用为"直决之词"的"则"在语义上都会有对比色彩。

　　马氏的观察相当细致。事实上，不但直决之词的"则"有对比之义，很多言效和继事之词的"则"，其所在的语句语义上也往往有对比的色彩。言效之词之例如[①]：

　　(53)是故财聚则民散，财散则民聚。（礼·大学）——"财聚"与"财散"对比，"民散"与"民聚"对比。

　　(54)仁则荣，不仁则辱。（孟·公孙丑上）——"仁"与"不仁"对比，"荣"与"辱"对比。

继事之词之例如：

　　(55)弟子入则孝，出则悌，谨而信，泛爱众，而亲仁，行有余力，则以学文。（论·学而）——"入"与"出"对比，"孝"与"悌"对比。

　　(56)有不祭，则修意，有不祀，则修言，有不享，则修文，有不贡，则修名，有不王，则修德，序成而有不至，则修刑。（国·周语）——"有不祭""有不祀""有不享""有不贡""有不王""序成而有不至"对比；"修意""修言""修文""修名""修德""修刑"对比。

直决之词之例如：

　　(57)孔氏著春秋，隐桓之间则章，至定哀之际则微，为其切当世之文而罔褒，忌讳之辞也。（史·匈奴列传）——此为第一类"其事或本相同也，或本相异也，'则'字承之，所以决其为是为非"。

　　(58)指不若人，则知恶之，心不若人，则不知恶，此之谓不知类也。

---

① 诸例均转引自马建忠(1898)。

（孟·告子上）——此为第二类"事有对待而见为异同者，'则'字承之，乃以决其为异为同也"。

（59）昔者窃闻之：子夏、子游、子张皆有圣人之一体，冉牛、闵子、颜渊则具体而微，敢问所安。（孟·公孙丑上）——此为第三类"其上下文有对待之意而无相比之式者，则惟一用'则'字，以决其不同而已"。

上举被解释为"若"的"则"有很多都能归入马氏所谓的"直决之词"一类中。《尚书·洪范》的6例（例37至例42）中的"汝则从""汝则有大疑"实际上是与庶民、龟、筮、卿士等或从或逆的行为相对而言的。以例（37）为例，"卿士从""龟从""筮从""汝则逆""庶民逆"是并列的五项，只不过在有"汝"的一项中加了一个"则"以与其余项对比。这些句子都可以看成是假设句，但假设语义并非由"则"表达，而是来自于构式，"则"也不是假设连词。至于例（43），《马氏文通》已直接将其归入了直决之词的第二类。例（43）的上文是"无恒产而有恒心者，惟士为能"，可见是将"民"与"士"对比。"若民，则无恒产，因无恒心"的"则"也应当归入直决之词的第二类。例（44）是将"子"与"寡人"进行对比，应当理解为："你倒是自以为有罪了，难道寡人也有罪吗？"①这一句并非假设句。例（45）、例（46）的"心则不竞""德则不竞"是将"心""德"与别的方面进行对比，应当归入第三类"其上下文有对待之意而无相比之式者，则惟一用'则'字，以决其不同而已"。这两句也都不是假设句。例（47）、例（48）中的"则"也应当归入直决之词，例（49）中的"则"应当归入言效之词，例（50）至（52）中的"则"应当归入继事之词，"则"都不表假设。"则"字被误释为"若"的原因与"而"字被误释的原因相似，都与语义上的对比性有关。由于作为直决之词的"则"多用于对比，假设句语义上也有对比性，因而很多人将在句法位置上跟"若"类似的"则"误释为"若"。

此外还有人将表示进一步引发议论的"且"误释为连词，这种情况也属于连词的误释。由于假设句是一种论断句，因而在表示进一步的议论时，往往可以用"且"引出，在无标记的假设句中，这个"且"有可能被误释为假设连词。这体现了假设句与论断句之间的联系。不赘述。

---

① 这一句的上下文是这样的：

李离者，晋文公之理也。过听杀人，自拘当死。文公曰："官有贵贱，罚有轻重。下吏有过，非子之罪也。"李离曰："臣居官为长，不与吏让位；受禄为多，不与下分利。今过听杀人，傅其罪下吏，非所闻也。"辞不受令。文公曰："子则自以为有罪，寡人亦有罪邪？"

很明显，我们的理解是符合原作者意的。

1.3　副词误释

条件引导词在分布、句法功能等多方面与副词存在着共性①。在假设构式中，由于副词所表达的语气、情态等方面的意义并不是表达句子基本命题所必须的，当句中缺乏条件引导词时，某些副词有可能被误释为假设连词。这方面以"乃""适""就""正""只"等为代表。

乃

《经传释词》《词诠》《古书虚字集释》《古汉语虚词》都认为"乃"可以释为"若"。例如：

> （60）汝万民乃不生生，暨予一人猷同心，先后丕降与汝罪疾；曰："曷不暨朕幼孙有比！"（书·盘庚中）
>
> （61）乃有不吉不迪，颠越不恭，暂遇奸宄；我乃劓殄灭之，无遗育，无俾易种于兹新邑。（书·盘庚中）
>
> （62）乃越逐不复，汝则有常刑。（书·费誓）

其实这里的"乃"都可以语气副词解之，释为"竟"，并非条件引导词。

适

《经传释词》和《古书虚字集释》认为以下诸例中的"适"字"犹若也"：

> （63）晏子曰："嘻！难哉！虽然，婴将为子复之，适为不得，子将若何？"（晏子春秋·内篇谏下）
>
> （64）国羊重于郑君，闻君之恶己也，侍饮，因先谓君曰："臣适不幸而有过，愿君幸而告之，臣请变更，则臣免死罪矣。"（韩非子·外储说右上）
>
> （65）故蒙耻之宾，屡黜不去其国；蹈海之节，千乘莫移其情。适使矫易去就，则不能相为矣。（后汉书·逸民传序）

对此，王克仲（1990）已有辩驳。他认为这些"适"其实仍然是"恰适"的意思，"所谓'若'义，也是从语义中寻绎出来的"。王克仲的意见是对的。

类似的将副词误释为假设义类词的例子还有"就""正""只"等，不赘述。

---

① 参看本书第五章第三节。

1.4 动词误释

某些动词也有可能被误释为假设连词。这方面以"有（又）""及""微""云"等为代表。

有（又）

有学者将以下各句中的"有"看作是假设连词（管燮初 1981，于峻嵘 2008）[①]：

(66) 我既付散氏濕田墙田，余又爽变，爰千罚千。（散氏盘）

(67) 有不事包，廼多蔑。（牧簋）

(68) 有不由令者，然后俟之以刑。（荀·议兵）

(69) 有遇之者，若以焦熬投石焉。（荀·议兵）

(70) 今人主有能明其德者，则天下归之若蝉之归明火也。（荀·致士）

(71) 诸侯有能德明威积，海内之民莫不愿得以为君师。（荀·正论）

这种看法不确，这些句子中的"有"仍然是一个表示存在的动词。把"有"看成假设标记，是把构式的意义错误地加到了动词的身上。

不过，有时候，前件中的"有"表存在的意义已经相当虚化。例如：

(72) 西子蒙不洁，则人皆掩鼻而过之。虽有恶人，斋戒沐浴，则可以祀上帝。（孟·离娄下）

(73) 今秦，虎狼之国也，而君欲往，如有不得还，君得无为土禺人所笑乎？（史·孟尝君列传）

(74) 如有齐觉悟，复用孟尝君，则雌雄之所在未可知也。（史·孟尝君列传）

(75) 臣闻小国之与大国从事也，有利则大国受其福，有败则小国受其祸。（史·平原君虞卿列传）

例(72)"虽有恶人"，意思是"即使是恶人"[②]。例(73)"如有不得还"，意

[①] 例(66)、例(67)转引自管燮初(1981)第 166 页，例(68)至例(71)转引自于峻嵘(2008)第 145 页。

[②] 杨伯峻《孟子译注》(195 页)释此句为："如果西施身上沾染了肮脏，别人走过的时候，也会捂着鼻子；纵是面貌丑陋的人，斋戒沐浴，则可以祀上帝。"

思是"如果不能够回来"。例(74)"如有齐觉悟"等于"如齐觉悟"。例(75)"有利""有败"实等同于"利""败"。其中的"有"都可以去掉而意思不变，"有"似乎是可有可无的。其实，于峻嵘(2008)所举诸例中的"有"也是可以去掉而意思不变的。

我们认为，存在此种现象的原因与假设构式的语义特征有关联。一部分假设构式的语义可以表示为"如果存在某种情况，将会怎样"。在这些假设构式中，前件本身含有[＋存在]的语义特征。这种[＋存在]的语义特征由构式表达，不需要任何词汇形式。当前件中出现存在动词"有"的时候，"有"所表示[＋存在]的语义与假设构式所表示的[＋存在]的语义重叠，使"有"所表示的[＋存在]成为一种冗余。这是前件中的"有"的意义极端虚化的原因，也是"有"被误释为条件引导词的原因。因为既然"存在"的语义可以由构式表达，失去表义功能的"有"就很容易被误释为"若"，从而将构式表达的另一个语义强加到了这个羡余的成分身上。

复音条件引导词"有如"中的"有"也有可能本来是一个存在动词，后来意义逐步虚化，与其后的条件引导词"如"跨层次组合，构成一个新的条件引导词。

及

《古书虚字集释》认为以下几例中的"及"相当于"若"：

(76)臣闻齐君惕而巫骄，虽得贤，庸必能用之乎？及齐君之能用之也，管子之事济也。(管·大匡)
(77)吾所以有大患者，为吾有身，及吾无身，吾有何患。(老·13章)
(78)取天下常以无事，及其有事，不足以取天下。(老·48章)

这些例句中的"及"都是动词，并不相当于"若"。假设语义是由构式带来的，"及"的意思相当于"等到"，引导一个表示时间的VP。这个动词与将来时间相关，被误释成了假设连词①。

微

"微"表示对已然存在的否定，也是一个动词，经常被误释为假设连词，已见前述。

---

① 将来时与假设范畴密切相关，详下文。

云

《经传释词》认为"云"相当于"如",所举例为:

> (79)仲父之病疾矣,不可讳,云至于大病,则寡人恶乎属国而可?(列子·力命)

《释词》说:"言如至于大病也。《礼记·檀弓》曰:'子之病革矣,如至乎大病,则如之何'文义正与此同。"对此,马建忠(1898:156)已有辩驳,马氏说:"'云'者'谓'也。此句有'则'字相承,有假设之辞,不必以'云'字强解'如'字也,盖假设辞气,可不言而喻。"

马氏的意见是对的,他说"假设之辞,可不言而喻",这个可以"不言而喻"的假设之意来自于构式。

1.5　时间词误释

将时间词误释为条件引导词的典型例子是"将"和"今"。

将

《古书虚字集释》认为"将"可以解释为"若"或"如"。所举例如:

> (80)将立州吁,乃定之矣;若犹未也,阶之为祸。(左·隐3)
> (81)将从先君之命与,则国宜之季子者也;如不从先君之命与,则我宜立者也。(左·襄29)
> (82)王将借路于仇雠之韩、魏乎? ……王若不借路于仇雠之韩、魏,必攻随水右壤。(史·春申君列传)
> (83)天下将安其性命之情,之八者,存可也,亡可也;天下将不安其性命之情,之八者,乃始脔卷獊囊而乱天下也。(庄·在宥)

这些句子中的"将"无需解释为"若",它仍然是一个表示将来的时间词。假设与将来这两个范畴之间具有密切的关联,它们都具有非现实性。假设句可以分为可能假和违实假设两类,可能假设中的绝大多数都是将来时可能假设,也就是说,所假设的条件如果实现,时间一定是在将来,这是"将"经常用于假设句中的原因。"将"从不用于过去时可能假设,也不用于现在时可能假设,更不能用于违实假设,这说明,"将"绝不等同于"若"。这些句子的假设意义来自于构式，与"将"无关，"将"只是指明假设条件可能实现的时间。

与"将"类似的还有"且"①，不赘述。

今

与"将"的误释类似，"今"也经常被误释为表假设的"若"。《经传释词》《词诠》《古书虚字集释》都认为"今"可以相当于"若"，周法高(1961)也将其归入"假设标志"。其例如：

> (84)此无他，与百姓同乐也。今王与百姓同乐，则王矣。(孟·梁惠王下)

> (85)下殇土周葬于园，遂舆机而往，涂远故也。今墓远，则其葬也如之何？(礼·曾子问)

"今"的意思是现在，但这个现在是语法时(tense)概念的现在，而不是自然时(time)概念的现在。就自然的"时"概念而言，"现在"只能指一瞬间。这一瞬间之前即过去，这一瞬间之后即将来。这个"现在"在观念的世界中是可以接受的，但在现实世界中几乎是不存在的。而语法时概念的"现在"则不一样，它是起于过去某时，延续到不知何时结束的一种状态。它包含了不远的过去和不久的将来(Quirk 等 1985:4.2)。

由于"今"所表示的是语法时意义的现在，这个"现在"实际上包括了自然时意义上的不远的过去和不久的将来。因此我们可说，"今"也可以用于表示自然时的将来。由于将来范畴与假设范畴是密切相关的，因此"今"经常用于假设句中。这是将"今"误释为假设连词的根本原因。其实这里的"今"仍然可以看成是时间词，表示语法时意义的"现在"，只是这个"现在"突出了将来的意义。这些句子的假设意义来自于构式，与"今"无关。

表语法时概念的"今"进一步虚化则可以用作话题标记，起到引出话题的作用。例如：

> (86)君不私国，臣不诬能，行此道者，虽未大治，正民之经也。今以诬能之臣，事私国之君，而能济功名者，古今无之。(管·法法)

> (87)今王将东面目指气使以求臣，则厮役之材至矣；南面听朝，不

---

① 有时候是将语气副词"且"和表进一步引发议论的"且"误释为了假设连词。

失揖让之礼以求臣,则人臣之材至矣;西面等礼相亢,下之以色,不乘势以求臣,则朋友之材至矣;北面拘指,逡巡而退以求臣,则师傅之材至矣。(说·君道)

例(86)中,"古今无之"说明谈论的是由古及今之事,"今"不宜再理解为表"现在"义(不论是语法时或自然时);例(87)"王将东面目……"中已有时间副词"将","今"也不宜再看成是表时间义。这两例中的"今"的作用在于引出话题。由于假设句也可以看成是话题句(Haiman 1978),因此表话题义的"今"也可以用在假设句句首,这时"今"很容易被分析为假设标记。但从本质上来说,"今"的作用是引出话题,而不是表示假设。话题标记"今"引出的句子,有的可以看成是假设句,有的则不能。如上举例(87)可以看成是假设句,但例(86)则不宜看成是假设句,因其引导的成分是一个"者"字结构,其中的"者"是表转指的,"以诬能之臣,事私国之君,而能济功名者"是一个名词性的成分,应当看成是话题,而不应当看成是假设句前件①。

1.6 指称化标记误释

指称化标记的误释主要是"N 之 VP"结构中的"之"和"其 VP"结构中的"其"两个,这种误释与前件的指称化倾向有关。本书将在第三章第四节详细讨论这个问题,请参看。

第二节 无标记的假设句②

2.1 上古汉语无标记假设句的用例情况

无标记假设句在上古汉语中大量存在,从商代到汉代均有用例。商代之例如:

(1)辛酉卜,殼贞:今者王比望乘伐下危,受有佑?(合 6482)

(2)辛亥卜:岳弗害禾,弜侑岳?(合 34229)

(3)勿逆执,亡若?(合 32185)

---

① 关于话题标记"今"的用法,本书第四章第三节在谈到"今若夫"时还有论及。请参看。

② 本节主要内容又见于龚波(2014a)。

(4)癸亥贞:王令多尹壅田于西,受禾?(合33209)

西周之例如:

(5)东宫廼曰:"求乃人,乃弗得,女匡罚大。"(曶鼎)

(6)不出,鞭余。(曶鼎)

(7)非汝封刑人杀人,无或刑人杀人;非汝封又曰劓刵人,无或劓刵人。(书·康诰)

(8)惟吊兹,不于我政人得罪,天惟与我民彝大泯乱。(书·康诰)

春秋战国之例如:

(9)欲与大叔,臣请事之。(左·隐元)

(10)夫兵,犹火也;弗戢,将自焚也。(左·隐4)

(11)盟曰:"渝盟,无享国!"(左·桓2)

(12)汉东之国,随为大。随张,必弃小国。(左·桓6)

(13)必速战。不然,将失楚师。(左·桓8)

(14)不立突,将死。(左·桓11)

(15)人无远虑,必有近忧。(论·卫灵公)

(16)众恶之,必查焉,众好之,必查焉。(论·卫灵公)

(17)无恻隐之心,非人也;无羞恶之心,非人也。……(孟·公孙丑上)

汉代之例如:

(18)不然,父子俱屠,无为也。(史·高祖本纪)

(19)非刘氏而王,天下共击之。(史·吕太后本纪)

(20)宫室被服不象神,神物不至。(史·孝武本纪)

(21)吾以众伐寡,二而伐一,可乎?(史·赵世家)

(22)使之大急,彼且割地而约从,王尚何救焉?(史·魏世家)

(23)楚已诛秦,必加兵于赵。(史·陈涉世家)

(24)非诛之,事恐败。(史·陈涉世家)

我们对上古汉语各时期文献中的无标记假设句做了统计,情况如下表所示:

表 1.2.1　上古汉语的无标记假设句

时代	文献	有标记假设句		无标记假设句	
		数量	百分比	数量	百分比
商代	甲骨文	73	46.20％	85	53.80％
	尚书·商书	7	53.85％	6	46.15％
西周	金文	10	76.92％	3	23.08％
	尚书·周书	29	58％	21	42％
春秋战国	左传	622	71.33％	250	28.67％
	论语	115	55.29％	93	44.71％
	孟子	257	66.41％	130	33.59％
西汉	史记	635	68.06％	298	31.94％
	淮南子	705	77.64％	203	22.36％
	说苑	558	73.13％	205	26.87％
总计		3022	70.20％	1283	29.80％

　　从上表反映的情况来看,在上古各个时期的 4305 例假设句中,无标记假设句 1283 例,占百分之三十左右;有标记假设句 3022 例,占百分之七十左右。各文献中的无标记假设句占全部假设句的比例在 22％到 54％之间。甲骨文无标记假设句的比例最高(53.80％),《尚书·商书》和《论语》次之(分别占 46.15％和 44.71％),《淮南子》、金文和《左传》较低(分别占 22.36％、23.08％和 28.67％)。

　　上述情况可能与文体和文献的口语化程度有关。尽管无标记的假设句在甲骨文中占了一半以上的比例,但我们并不认为在商代语言中假设句就是以无标记为常的。甲骨文这种文字形式虽然比较原始和简略,但甲骨文所记录的商代语言一定是成熟的。在一个成熟的语言系统中,作为非现实句的假设句一般都会有某种形式上的特征以与现实句相区别。我们把甲骨文中无标记假设句较多的原因归于卜辞特殊的文体。甲骨文大多是占卜的记录。在绝大多数情况下,占卜应该是对尚未发生的事件的卜问。在占卜语言中,假设的辞气应当是可以"不言而喻"的,因此可以使用无标记的假设句①。《尚书·商书》多为诰命和誓词,《论语》为语录体,它们的口语化程度都很高,因此无标记假设句所占比重也比较大。而用语比较庄重的金文和史书(如《左传》《史记》)及文人作品(如《淮南子》和《孟子》)中的无标记假设句所占比重则较低。

---

①　这正如誓词的假设辞气是不言而喻的因而也经常使用无标记的假设句。详下文。

2.2 上古汉语与现代汉语无标记假设句情况的对比

在现代汉语中,无标记的假设句依然存在。笔者在王朔小说《空中小姐》中找到无标记假设句5例:

(25)不见她一面,我连觉也睡不成。

(26)随便拣个海军码头遛遛,你会碰见成千上万歪戴帽子、晒得黢黑的小伙子。

(27)不爱呆你滚。

(28)不到再次上客,她不会出现了。

(29)再这么搞下去,非停飞不可。

如果我们统计的是真实的自然口语中的句子,这种无标记的假设句数量会更少。袁毓林(2002)指出,真实口语中的句子往往带有丰富的句中语气词,如"啊""吧""呢""的话"等,这些语气词,即使如王朔这样著名的把北京口语写进作品的作家,也是基本不用的。而这一类句中语气词可以起到间接标记假设句的作用。以上5例无标记的假设句,都可以加上这一类语气词:

(30)[#]不见她一面(吧),我连觉也睡不成。

(31)[#]随便拣个海军码头遛遛(的话),你会碰见成千上万歪戴帽子、晒得黢黑的小伙子。

(32)[#]不爱呆(的话),你滚。

(33)[#]不到再次上客(的话),她不会出现了。

(34)[#]再这么搞下去(的话),非停飞不可。

而在自然口语中,是以加上此类条件煞尾词为常的。在上古汉语的口语中,较书面语而言,是否也以添加此类标记为常,我们不得而知。

当然,我们并不否认无标记假设句的存在。在现代汉语中,无论是在口语还是书面语中,我们都不难找到无标记的假设句。由于缺乏标记形式,这些无标记的假设句甚少引起研究者的关注和重视。例如:

(35)你会弹琴吗?会弹来弹。(王朔《浮出海面》)

(36)怎么说我跟你也不一样,浑浑噩噩小三十年,身无一技之长,再没钱,将来谁待见?(同上)

（37）我毛病多了，瞧不上我早打主意。（王朔《过把瘾就死》）

（38）你再撵我我还不走了。（同上）

（39）一天到晚不知都在琢磨什么，阴得跟糖尿病人似的，哪天我叫你卖了还不知道呢。（同上）

在传统的语法研究中，假设句的研究被纳入到复句的框架内，复句的研究又以关联词为纲，这些无标记的假设句往往只是在谈到所谓的"紧缩复句"时一笔带过。

所谓的无标假设句其实可以有多种理解的可能，也就是说，如果脱离了具体的语言环境，它们不一定是假设句。例如：

（40）你不去，我也不去。

该例中，由于缺乏具体的语言环境，两个分句之间的关系可以有多种理解的可能：可以理解为假设关系，也可以理解为并列关系或者因果关系。由于我们对上古汉语的研究是基于文本的研究，因而它们都具有语境的限制。如果我们不考虑具体的语言环境，那么无标记的假设句是可以被理解为别的关系的。例如：

（41）大车无輗，小车无軏，其何以行之哉？（论·为政）

（42）人而不仁，如礼何？（论·为政）

（43）人而不仁，如乐何？（论·为政）

（44）人而无恒，不可以作巫医。（论·子路）

以上诸例中，如果不考虑上下文，"大车无輗，小车无軏""人而不仁""人而无恒"等都可以看成是对事实的描述。如果这样理解，整个句子就不再是假设句。但是，在当时的语境中，这些句子是必须理解为假设句的。如例（41）中，孔子在说话的时候，当时身边并无无輗的大车和无軏的小车。因此"大车无輗，小车无軏"不可能是对事实的描述，而必然是一种虚拟的假设。其余几例类似。

2.3　无标记假设句的类别

上古汉语中的无标记假设句大致包括以下几种情况①：

---

① 以下几种情况并非严格的分类，而只是举例性的说明，因而有些句子可能有两属的情况。

一是前件为否定形式。例如：

（45）父在，观其志；父没，观其行；三年无改于父之道，可谓孝矣。（论·学而）

（46）人无远虑，必有近忧。（论·卫灵公）

（47）富与贵是人之所欲也；不以其道得之，不处也。贫与贱是人之所恶也；不以其道得之，不去也。（论·里仁）

（48）不愤不启，不悱不发。（论·述而）

（49）非刘氏而王，天下共击之。（史·吕太后本纪）

以上诸例前件中的否定词"无"（例45和例46）、"不"（例47和例48）、"非"（例49）等标明了假设句前件的否定性质。

二是所述条件虽不是否定形式，但与前文所述相违背。例如：

（50）父母在，不远游，游必有方。（论·里仁）

（51）祭肉不出三日。出三日，不食之矣。（论·乡党）

（52）亡人无党，有党必有雠。（左·僖9）

（53）我未壮，壮即为变。（史·吕太后本纪）

例（50）的"游"与前文"不游"相违背；例（51）"出三日"与前文"不出三日"相违背；例（52）"有党"与前文"无党"相违背；例（53）"壮"与前文"未壮"相违背。这些假设句的前件形式上是肯定的，但实际上是对前文否定句的否定，是"否定之否定"，因为是双重的否定，所以可以采用肯定的形式。从语义上来说，这些假设句的前件表达的语义也是一种否定。

三是所述条件显然未成事实。例如：

（54）我死，女必速行。（左·僖7）

（55）栾伯善哉！实其言，必长晋国。（左·宣12）

（56）引兵去宛，宛必随足下后。（史·高祖本纪）

（57）丞相所患者独高，高已死，丞相即欲为田常所为。（史·李斯列传）

（58）非刘氏而王，天下共击之。（史·吕太后本纪）

例（54）的"我死"、例（55）的"实其言"、例（56）的"引兵去宛"、例（57）的

"高已死"、例(58)的"非刘氏而王"等都是说话人和听话人双方都明知的显然未成事实的事件。

四是在对比句中。例如：

(59)道之以政，齐之以刑，民免而无耻；道之以德，齐之以礼，有耻且格。（论·为政）

(60)见齐衰者，虽狎，必变。见冕者与瞽者，虽亵，必以貌。（论·乡党）

(61)百姓足，君孰与不足？百姓不足，君孰与足？（论·颜渊）

(62)可与言，而不与之言，失人；不可与言，而与之言，失言。（论·卫灵公）

(63)直道而事人，焉往而不三黜？枉道而事人，何必去父母之邦？（论·微子）

(64)以此众战，谁能御之？以此攻城，何城不克？（左·僖4）

(65)见有礼于其君者，事之，如孝子之养父母也；见无礼于其君者，诛之，如鹰鹯之逐鸟雀也。（左·文18）

例(59)"道之以政，齐之以刑"与"道之以德，齐之以礼"对比；例(60)"见齐衰者"与"见冕者与瞽者"对比；例(61)"百姓足"与"百姓不足"对比。余类似。

五是用表将来时的时间词或表语法时概念"现在"义的时间词限制前件或后件。例如：

(66)他日我如此，必尝异味。（左·宣4）

(67)大辱国！诘朝尔射，死艺①。（左·成16）

(68)罪无所归，将加而师。（左·宣13）

(69)今公与楚解口地，封小令尹以杜阳。秦楚合，复攻韩，韩必亡。（史·樗里子甘茂列传）

(70)今以秦之强而先割十五都予赵，赵岂敢留璧而得罪于大王乎？（史·廉颇蔺相如列传）

例(66)的"他日"、例(67)的"诘朝"、例(68)中"将"等都是表示将来时的

---

① 杨伯峻《春秋左传注》886页释此句："明朝作战，尔若射，将死于艺。"

词语，它们位于假设句的前件（例66、例67）或后件（例68）中；例（69）和例（70）中的"今"虽然表示的是"现在"的意义，但这个"现在"的意义是语法时的现在，与将来密切相关。

2.4　无标记假设句存在的原因

语义上的否定、对比、将然等都与假设范畴有非常密切的关系。否定句是非现实句（石毓智2001），假设句表示的是假设性的虚拟范畴，也是一种非现实句。它们在非现实性这一点上具有相通之处。假设句的一个重要的语义特征就是对比，或者是可能世界与现实世界的对比，或者是可能世界之间的对比①，因而对比句与假设句之间具有某种天然的联系。至于将然与假设之间的联系则更加显而易见，Traugott（1985）通过大量的事实揭示了假设标记的一个重要来源就是时间标记，特别是非精确的（nonpunctual）时间标记，表示将然的时间词即是其中的一种。从语义上说，将然与假设也可以在非现实性这一点上获得相通之处。某些时间词语正是在将然的语境中才获得了假设的语义，最后演变成了假设标记。如汉语时间词"后"的演变即是如此（江蓝生2002；吴福祥2007）。

无标记假设句存在的另外一个原因是在某些情况下，说话人会觉得无论句子被理解为何种可能的关系，都不会影响交际的顺利进行。在这种情况下，说话人有时候会采用无标记的假设句。例如，时间、条件、假设、因果这几个范畴之间有着密切的关联。有时候，一个句子无论是被理解为时间关系、因果关系、条件关系还是假设关系，似乎都无不可。吕叔湘（1942a：410）说："这正如在某种光线底下看某物体的面，因为角度的不同，时而是这一个颜色，时而是那个颜色。"而不管是哪一个颜色，说话人觉得这于事物的本质并没有什么大的差别，因而都能够接受。例如②：

（71）霜晨雪早，得此周身俱暖。（郑燮·与弟墨书）
（72）过了这个村儿，没那个店儿。（儿女·40）

例（71）既可以是"若得此，周身俱暖"（假设）；也可以是"得此之后，周身俱暖"（时间）；还可以是"只要得此，周身俱暖"（条件）。例（72）既可以是"要是过了这个村，就没那个店儿"（假设）；也可以是"只要过了这个村儿，就没

---

① 参看本书第五章第一节。
② 例句转引自吕叔湘（1942a）。

那个店儿"(条件)。被理解为不同的关系时,句子的语义会有细微的差别,但说话人并不认为这种细微的差别有多么的重要,因此选用无标记的句子。严格地说,此类句子不能说是无标记的假设句,因为还有其他分析的可能,假设句只是其中的一种可能。上古汉语之例如:

(73)邦有道,不废;邦无道,免于刑戮。(论·公冶长)
(74)我在,故栾氏不作。我亡,吾二昆其忧哉。(左·成5)

例(73)既可以理解为假设,也可以将"邦有道"和"邦无道"理解为表示时间的 VP,"邦有道"即邦有道的时候,"邦无道"即邦无道的时候。这样理解,"邦有道"和"邦无道"则应当分析为表时间的状语;例(74)中的"我亡"与此类似,既可以理解为假设句的前件,意为"如果我死了",也可以理解为表时间的状语,意为"我死了以后"。

2.5 小结

综合上述,我们可以把无标记的假设句区分为以下几种类型:第一是否定型无标假设句,如上举例(45)至例(49);第二是违实型无标假设句,如上举例(50)至例(53);第三是未然型无标假设句,如上举例(54)至例(58);第四是对比型无标假设句,如上举例(59)至例(65);第五是将然型无标假设句,如上举例(66)至例(70);第六是歧义型无标假设句,如上举例(71)至例(74)。

无标记假设句的存在有着深层次和多方面的语用背景。我们认为这与假设句的语义特征以及说话人心理等因素有关。本书在这个方面还只是一个初步的探索,这个问题还有待进一步研究。

第二章　上古汉语假设句演变概貌

本章以假设标记为纲,勾勒上古汉语假设句的演变概貌,分节描写商代、西周、春秋战国和西汉时期的假设句。本章是一种历时的研究,着眼于描述假设性虚拟范畴表达方式在上古时期的演变过程。

第一节　商代假设句

1.1　商代甲骨文中的假设句

1.1.1　语料概述

甲骨文大多是占卜的记录,不可能反映商代语言的全貌,当然也不可能反映商代假设句的全貌。例如,由于占卜必然是对未来事件的占卜,因而与已知事实相反的假设在卜辞中就不大可能出现。在卜辞中可以发现大量的真实条件假设,却没有发现一例非真实条件假设。这显然是由语料的性质决定的。卜辞作为占卜的记录,不可能对已经发生的事情做违背事实的假设。我们很难想象先民会在甲骨上刻下诸如"如果当初没有怎样,会是怎样"之类意思的话来。卜辞不能全面地反映假设句的面貌,这是本书的研究所面临的第一个限制。除此之外,受研究水平和时间的限制,本书无力对甲骨文中可能存在的假设句进行穷尽性的统计,只能根据先贤所讨论过的材料进行研究,这是本书的研究所面临的第二个限制。

尽管受到这两方面的限制,我们还是有可能勾勒出商代假设句(特别是真实条件假设句)的概貌来。这是因为,一方面,甲骨卜辞中假设句数量众多,为商代假设句的研究提供了极为丰富的资料。商人在占卜的时候,往往会问:如果怎样,会(不)怎样吗? 或者:如果不怎样,会(不)怎样吗? 甲骨卜辞虽然不能反映商代假设句的全貌,但一定包含了商代真实条件假设句的绝大部分事实。另一方面,甲骨文发现至今,已经经历了一个多世纪,前人对甲骨文的研究也取得了丰硕的成果,如果能够充分利用前人的研究成果,我们的研究工作一定能够达到预期的目的。

本期研究工作采用的方法是:从《殷墟卜辞综述·文法》(陈梦家1988)、《殷墟甲骨刻辞的语法研究》(管燮初1953)、《甲骨文虚词词典》(张玉金1994)和《商周古文字读本》(刘翔等1989)中搜集所有假设句进行统计分析,并在此基础上就相关问题展开讨论。

1.1.2 甲骨文中的假设句

卜辞中,有一些对已经发生或正在发生的事情的吉凶的卜问,这时候不构成假设句。例如:

(1)壬子卜,㱿贞:邛方出,唯我有作囚?
　壬子卜,㱿贞:邛方出,不唯我有作囚?(合6087)

此例意思是:邛方出动了,会给我们带来忧患呢,还是不会给我们带来忧患呢?(张玉金1994:191)显然,邛方出动是已经发生了的事情。因为在战争中,敌方的主动与否,什么时候出动,己方是难以事先得知的。因而“邛方出”不大可能是对将来的预测。这句话不能翻译为“邛方如果出动了,会给我们带来忧患吗”。当然,卜辞中更多的是对将要发生的事件吉凶的卜问。这时候,卜辞是否是假设句就需要仔细辨别。例如:

(2)贞:妇㛿娩,唯卒?
　贞:妇㛿娩,不唯卒?(合13598)
(3)同出,擒?(《殷墟书契续编》3·28·6)
(4)其祷,王受佑?(合27370)

以上三例句法结构基本相同,但例(2)不能看成是假设句,而例(3)和例(4)可以看成是假设句。例(2)应当解释为:“妇㛿将要分娩了,会顺利完成呢?还是不会顺利完成呢?”例(3)应当解释为:“如果一同出去打猎,那么会有擒获吗?”例(4)应当解释为:“如果进行祷祭,王会受到保佑吗?”

为什么会有这样的差别?因为像分娩这样的事情,是否发生是不以人的意志为转移的,到了时间就一定会发生。所以不管占卜的结果如何,妇㛿一定会分娩。因此把“妇㛿娩”释作“妇㛿将要分娩了”是比较合适的。而出猎和祭祀的性质却不一样,如果占卜的结果是不吉,那就不应该再进行出猎和祭祀的活动。因此把"同出"释作"如果一同出去打猎"是比较合适的。是否打猎还要根据占卜结果而定。如果占卜结果是不能擒获,当然就没有必要再出猎了。例(3)、例(4)中的"同出"与"其祷"与此类似。以上三例所表述的事件,能个能做出假设,都是显而易见的。因此,要判定这些句子是否属于假设句并不难。但在判定甲骨文中的其他假设句的过程中,一方面由于缺乏确定的假设句的形式标记,很多句子是否为假设句往往很难判定。对此,本书一般采用从宽的原则,希望所做的分析和统计不至于有大的遗漏。

在我们统计的语料中,一共搜集到甲骨文假设句的用例 158 例①。这些假设句具有如下特征:

第一,甲骨文假设句只有真实条件假设一类。

第二,假设句数量较多,但类型较为单一。从句式上看,只包括两类,即基本形式和变式二两类:

1. 基本形式,即"Sp,Sa"型,由一个条件和一个结果构成。例如:

(5)辛酉卜,殻贞:$_{Sp}$今者王比望乘伐下危,$_{Sa}$受有佑?

　　辛酉卜,殻贞:$_{Sp}$今者王勿比望乘伐下危,$_{Sa}$弗其受有佑?（合6482）

(6)甲辰卜:$_{Sp}$大乙暨上甲酒,$_{Sa}$王受有佑?（屯 2265）

2. 变式二,即"Sp,S$_{a1}$,S$_{a2}$,…"型,由一个条件和多个结果构成。例如:

(7)$_{Sp}$惠壬王其射,$_{Sa1}$亡灾?$_{Sa2}$擒?（合 37395）

(8)$_{Sp}$乙卯其黄牛,$_{Sa1}$正?$_{Sa2}$王受有佑?（合 36350）

(9)丁丑卜:$_{Sp}$翌日戊王异其田,$_{Sa1}$弗悔?$_{Sa2}$亡灾?$_{Sa3}$不雨?（屯 256）

第三,甲骨文中没有可以确定的条件后置式。张玉金(2001)认为以下诸例可以看成是条件后置:

(10)乙未卜:不遇雨抑,狩□。（合 20757）

---

① 对于假设句数量的统计有两点需要说明:第一,数量统计基于人工的搜集,难免会有遗漏;第二,统计的数据其实是假设构式的数量而不是假设句的数量。下同。

(11)庚戌卜,今日其擒,狩。(合 20756)

(12)惠丧田省,不雨。(合 20756)

张玉金将例(10)解释为:"不会遇到雨吗?要是到某地去狩猎的话。"其余诸例类此。但这样的理解不一定正确,因为无法说明条件后置的原因。既然甲骨文中大多数的假设句都是"狩□,不遇于抑"这样的形式,为什么同样的意思,这里要说成"不遇雨抑?狩□"呢?条件后置式是一种有特殊语用义的句法格式,表示一种追加的说明,一般出现在对话语体中。在甲骨文中不存在此类句式,是不足为奇的;如果存在,反而需要解释。事实上,这类句子可以理解为并列的两个问句,如例(10)的意思可能是:"不会遇到雨吗?可以去某地打猎吗?"例(11)的意思可能是:"今天会有擒获吗?可以去打猎吗?"其余一例类此①。

第四,甲骨文中不能肯定存在省略前件的假设式。裘锡圭(1989)认为甲骨文存在此类句式。例如:

(13)勿省丧田,其雨。(合 28993)

(14)壬王弜田,其雨。(同上)

(15)辛王弜田,其雨。(合 33533)

(16)辛酉卜,殻贞:今者王勿比望乘伐下危,弗其受有佑。(合 6482)

裘锡圭(1989)将例(13)解释为:"不要省丧田,(如果省丧田),可能会下雨。"例(14)、(15)与之类似。将例(16)解释为:"今者,王不应该跟望乘伐下危,(如果伐下危),将不能得到保佑。"但是,例(13)也可以理解为两个并列的问句,解释为:"不应该省丧田吗?会下雨吗?"例(14)和例(15)的"王弜田,其雨"可以解释为"王不应该田猎吗?会下雨吗?"都不能肯定是省略了前件的假设句。例(16)则可解释为"今者,王如果不跟望乘伐下危,就不会受到保佑吗?"②

第五,甲骨文中不存在可以确定的条件引导词和结果引导词。在这个问题上,前人讨论过的词语有"则""则……乃""其""作""此"和"延"等。

曾经有人认为甲骨文中有表假设的连词"若"(郭沫若 1933),举例为:

---

① 感谢杨荣祥先生为我指出这些句子的这种可能的理解。

② 参看本书第三章第一节。

"若兹不雨,帝惟兹邑宠。"(合 95 正)对此,杨逢彬(2003)已经指出,此例刻辞全文为:"壬寅卜,宾贞:若兹不雨,帝惟兹邑宠,不若,二月。""若"与"不若"对举,显然不应当是假设连词。

管燮初(1953)将"则……乃"看作假设连词。但仅举出一个用例:"来庚则秉(旱)乃舞无大雨"(合 31199)。杨逢彬(2003)指出,此例中的"则"现在一般隶定为"剐",意义尚不清楚;"秉"有多种解释,尚无定论。将"则……乃"释为假设连词,并不可靠。

另有一个"其",张玉金(1994:171—172)说它是:"副词,表示测度语气,出现在假设复句的偏句里,由于这种特定的语言环境的作用,使它在表示测度的同时,临时具有表示假设的作用,可译为'如果''要是'。这种'其'也发展为后世表示假设连词的'其'。"张玉金并不把它看成假设连词,但却说它可以翻译为"如果""要是",其实这个"如果""要是"的语义也是从句式中来的。"其"是标记虚拟语气的副词,不能翻译为"如果"或"要是",但它对标记假设句有一定的作用①。

将"作"释为"则"始于郭沫若(1983),其后已有多人表示过质疑(唐钰明1986;杨逢彬 2003 等)。虽然其具体意义尚有争议,但应该可以肯定不是承接连词。

此外,张玉金(2001:23)认为,甲骨文中的"'此'和'延'两者都是用来表示假设关系的,它们都出现在假设复句的后一分句里,都可译为'那么''就'"。这种说法也很值得商榷。张玉金(2001:92—93)所举共有 8 例,转引于下:

(17)三豚,此雨? 惠犬,此雨? 二犬,此雨? 三犬,此雨?(合 31191)

(18)惠辛巳酒,此有大雨?(合 41413)

(19)□勿酒,此王受[佑]?(合 30831)

(20)二宰,王此受佑? 三宰,王此受佑? 五宰,王此受佑? 十宰,王此受佑?(合 31190)

(21)于弗磔,王延此[受][佑]? 兹夕王此受佑?(合 31188)

(22)惠湿田耘,延受年? 惠上田耘,延受年?(屯 715)

(23)贞:我至于□土,延亡祸?(合 8795)

---

① 本书将在第三章第六节中详细讨论上古汉语假设中的副词"其",请参看。

(24)贞:令雀西,延蠿？（合 10125）

据《甲骨文字诂林》[①]，大多数学者都将甲骨文中的"此"看作一种用牲之法或地名。以上的"此"都可以据此做出解释。把"此"看作引出后件的连词，在两周金文和先秦传世文献中都找不到支持，因而卜辞中的"此"不应当看成是连词。"延"象行走于道路之形，在甲骨文中可做副词，有"连绵""继续"的意思，甲骨文经常有"延雨""延风"的说法，意思就是延续不止地刮风下雨（赵诚 1986），"延受年""延亡祸""延蠿"也可以做同样的理解，因此"延"也不是连词。

甲骨文中也不存在条件煞尾词和结果煞尾词。

第六，甲骨文假设句前件多用副词"其"帮助表示假设。在全部 158 例假设句中共有 53 例在前件使用了副词"其"（即 A_2 类假设句），占全部假设句用例的 33.54％。例如：

(25)王其又母戊一勺，此受又？（粹 380）王其乎，允受又？（粹 1156）

(26)其隹丁冥（娩），妫（嘉）?其隹庚冥（娩），引吉？（合 14002）

(27)丁酉卜:戊王其田从沘,亡灾？（合 30287）

(28)贞:王其逐兕,获？（屯 2095）

(29)王占曰:其唯甲娩,吉乎？（合 376 反）

(30)丁卯卜,争贞:翌辛未其敦邛方,受有佑？（合 6337 正）

(31)王其田,其告妣辛,王受佑？（合 27558）

有时，后件也可以用副词"其"（即 A_3 类假设句）。共有 19 例，占全部假设句用例的 12.03％。例如：

(32)贞:今者王勿比望乘伐下危,弗其受佑？（合 6500）

(33)乙卯卜,㱿贞:王勿学众茕方,弗其受有又？（丙 22）

(34)□勿舞今日,不其雨？（合 20972）

(35)贞:翌辛巳王勿往逐兕,弗其获？（合 40126）

(36)疒丧,其悔？（合 29075）

---

① 参看于省吾（1979:835—836）。

还可以在前件和后件都用副词"其"(即 A_1 类假设句),1 例。例如:

(37)王其去刺,弗告于祖乙,其有囚?(《英国所藏甲骨集》,以下简称"英",30 正)

第七,甲骨文中的无标记假设句(C 类)共有 85 例,占全部假设句用例的 53.80%。例如[①]:

(38)辛酉卜,殸贞:今者王比望乘伐下危,受有佑?(合 6482)

(39)勿逆执,亡若?(合 32185)

(40)癸亥贞:王令多尹雍田于西,受禾?(合 33209)

(41)癸亥贞:多尹弜作,受禾?(合 33209)

(42)惠可用于宗父甲,王受佑?(英 2267)

(43)于乙酒,有雨?(屯 2261)(词典 36)

(44)乙弜酒,亡雨?(屯 2261)(词典 37)

(45)王惠成录(麓)焚,亡灾?(屯 762)

(46)伐邛方,帝授[我][佑]?(合 6271)

(47)戊午卜:王往田从东,擒?(屯 2298)

第八,甲骨文假设句前件的否定词用"勿"或"弜",而不用"不""弗"或"亡";后件否定词用"不""弗"或"亡"而不用"勿"或"弜"。前件和后件否定词呈现出比较严整的互补性分布,这种互补性的分布与前件和后件在语气上的不同有关[②]。

商代甲骨文中丰富的假设句用例为研究商代语言中的假设句提供了可贵的材料。尽管某些类型的假设句——如非真实条件假设在甲骨文中并没有出现。但是,我们却不能据此认为在商代语言中不存在非真实条件假设句,从而得出商人不能进行违实思维的结论。因为这显然是由于卜辞性质的原因。甲骨文假设句数量众多,但还没有发现可以确定的条件后置的用例,也没有发现可以确定的假设连词和承接连词。假设句依靠其他的语法手段(如"其"的使用)来表示假设。

---

① 本章对 C 类假设句均只做简单的举例性说明。关于 C 类假设句的详细讨论请参看本书第一章。

② 本书第三章第一节对此问题将会有详细论述。

甲骨文中假设句标记方式的大致情况可列表如下：

表 2.1.1　甲骨文假设句的标记方式

	数量	百分比
A_1 类	1	0.63%
A_2 类	53	33.54%
A_3 类	19	12.03%
C 类	85	53.80%

1.2　《尚书·商书》中的假设句

《尚书·商书》一共有五篇：《汤誓》《盘庚》《高宗肜日》《西伯戡黎》和《微子》。其中《盘庚》又分上、中、下。梁启超认为，这五篇年代真伪绝无问题，可以看成是商代的作品[①]。洪诚力主此说，他认为，写汉语史，商代的资料只用卜辞不用《商书》是个损失。顾颉刚则认为，《盘庚》可信为真品，其余四篇文体平顺、不似古文，应该是东周期间的作品，或者是史官的追记，或者是真古文经过翻译，或者是后世的伪作[②]。陈梦家认为五篇都是战国时代的拟作[③]。马雍认为，只有《汤誓》是后来追叙的历史传说，其余都是比较直接的历史档案[④]。裘锡圭(1992)认为，"《商书》用词行文的习惯往往与甲骨卜辞不合。如《盘庚》喜欢用'民'字，在卜辞里却还没有发现过同样用法的'民'字。但是《商书》各篇所反映的思想以至某些制度却跟卜辞相合。看来，它们(《汤誓》也许要除外)大概确有商代的底本为根据，然而已经经过了周代人比较大的修改"。

《商书》五篇，除了《盘庚》一篇比较长(一千二百八十余字)之外，其余四篇都较短，共有假设句13例。在这些假设句中，前人认为是条件引导词的有"乃"和"今"。例如：

(48)汝万民乃不生生，暨予一人猷同心，先后丕降与汝罪疾；曰："曷不暨朕幼孙有比！"(书·盘庚中)

(49)乃有不吉不迪，颠越不恭，暂遇奸宄；我乃劓殄灭之，无遗育，无俾易种于兹新邑。(书·盘庚中)

---

① 参看梁启超《古书真伪及其年代》105—107 页，北京：中华书局，1955 年。
② 参看顾颉刚《论今文尚书著作时代》，见《古史辨》，第 1 册，201 页，北京：中华书局，1955 年。
③ 参看陈梦家《尚书通论》，112 页，北京：商务印书馆，1957 年。
④ 参看马雍《尚书史话》76—77 页，北京：中华书局，1982 年。

(50)今不承于古，罔知天之断命，矧曰其克从先王之烈？（书·盘庚上）

(51)今尔无指告，予颠隮。（书·微子）

《经传释词》等训诂学著作都将以上几例中的"乃"和"今"解释为"若"。这种解释靠不住，是把构式的意思强加到了虚词身上[1]。在《商书》中并没有可靠的条件引导词的用例。

前人认为是结果引导词的是"则""乃""丕乃[2]"和"越其[3]"。"则"仅1例：

(52)尔不从誓言，予则孥戮汝，罔有攸赦。（书·汤誓）

这一例很可疑，因为是出现在《汤誓》中。据大多数学者的意见，《汤誓》并不可靠，有可能是后人的拟作。因此这一例应当排除。

"乃"有2例：

(53)我旧云刻子、王子弗出，我乃颠隮。（书·微子）

(54)乃有不吉不迪，颠越不恭，暂遇奸宄；我乃劓殄灭之，无遗育，无俾易种于兹新邑。（书·盘庚中）

"丕乃"有2例：

(55)然失于政，陈于兹，高后丕乃崇降罪疾，曰："曷虐朕民！"（书·盘庚中）

(56)汝克黜乃心，施实德于民，至于婚友；丕乃敢大言，汝有积德。乃不畏戎毒于远迩；惰农自安，不昏作劳，不服田亩，越其罔有黍稷。（书·盘庚上）

"越其"1例：

(57)汝克黜乃心，施实德于民，至于婚友；丕乃敢大言，汝有积德。

---

① 详见本书第一章第一节。
② 《词诠》："丕乃，犹云于是也"。
③ 《经传释词》："越其，犹云爰乃也。"

乃不畏戎毒于远迩;惰农自安,不昏作劳,不服田亩,越其罔有黍稷。(书·盘庚上)

"乃"和"丕乃"比较可靠。因为它们大都出现在《盘庚》中,根据大多数学者的意见,《盘庚》是比较可靠的商代文献。且"乃"在《尚书·周书》和周代金文中还有别的用例(参看下文)。"越其"只此1例,在先秦别的文献中也找不到例证,我们不把它看成是结果引导词①。

《商书》中共有无标记假设句6例,占全部假设句用例的46.15%。例如:

> (58)邦之臧,惟汝众。(书·盘庚上)
>
> (59)邦之不臧,惟予一人有佚罚。(书·盘庚上)
>
> (60)今不承于古,罔知天之断命,矧曰其克从先王之烈?(书·盘庚上)
>
> (61)汝万民乃不生生,暨予一人猷同心,先后丕降与汝罪疾;曰:"曷不暨朕幼孙有比!"(书·盘庚中)
>
> (62)今尔无指告,予颠隮。(书·微子)
>
> (63)汝克黜乃心,施实德于民,至于婚友;丕乃敢大言,汝有积德。乃不畏戎毒于远迩;惰农自安,不昏作劳,不服田亩,越其罔有黍稷。(书·盘庚上)

甲骨文中经常用于假设句中的副词"其"在《商书》中也有用例(3例)。"其"既可用于前件,也可用于后件。用于前件之例如:

> (64)商今其有灾,我兴受其败。(书·微子)
>
> (65)商其沦丧,我罔为臣仆。(书·微子)

用于后件之例如:

> (66)故有爽德,自上其罚汝,汝罔能迪。(书·盘庚中)

《商书》中出现了1例"N之VP"做前件之例:

---

① "越其……"可以看成是由发语词"越"加上"其VP"构成的。因用例太少,难以判断。

(67)邦之臧,惟汝众;邦之不臧,惟予一人有佚罚。(书·盘庚上)

这个句子在《国语》中被引用,但不同于《尚书》原文,《国语》之例为:

(68)在《盘庚》曰:"国之臧,则惟女众。国之不臧,则惟余一人,是
有逸罚。"(国·周语上)

"邦"改成了"国",这与我们讨论的问题无关。值得注意的是,后件添加
了原文没有的结果引导词"则"和"是"。胡光炜《甲骨文例》据《国语》之例证
明甲骨文中"我其祀宾,乍帝降若;我勿祀宾,乍帝降不若"中的"乍"当读为
"则"。我们认为这恰恰是甲骨文"乍"不应读为"则"的证据。因为在时代更
早的《商书》中并没有出现这个"则"字。在商代,假设句是以无标记为常的;
到了商代后期(至迟到西周初期),才逐渐出现了"乃""丕乃"等结果引导词;
到了周代,带有条件引导词的狭义有标记假设句才大量涌现。我们可以推
测,周代史官在引用《盘庚》的时候,已经觉得"邦之臧,惟汝众;邦之不臧,惟
予一人有佚罚"这样的无标记假设句不大顺口,因此添加连词"则",使其成
为有标记的假设句。古书中这种引用原文而又改为引用者当时语言的情况
是屡见不鲜的。这恰恰说明,假设句从商到周已经发生了改变,即结果引导
词大量涌现,无标记假设句逐渐被有标记假设句取代。

从假设构式的形式来看,《商书》中只有基本构式一类,其余几类变式都
没有用例。

根据本书对《商书》中假设句的研究,我们认为裘锡圭(1992)对于《商
书》语料性质的判断应该是可以信从的:"它们(《汤誓》也许要除外)大概
确有商代的底本为根据,然而已经经过了周代人比较大的修改。"说《商
书》全是春秋战国时的作品,得不到语言事实的支持,因为春秋战国时期
常见的带有条件引导词的狭义有标记假设句在《商书》中并没有出现;说
《商书》全是商代作品,可能也并不尽然,如《汤誓》出现了结果引导词
"则",这在甲骨文和《商书》其余的几篇中是没有的,这有可能是因为《商
书》经过了周代人的修改,这个"则"是周代人改动所致。《商书》的假设
句,比之甲骨文,有了一定的发展;比之春秋战国作品,则更为原始和简
略。因此说《商书》"以商代的底本为依据",然而"经过了周代人比较大的
修改"是比较合情理的。

《尚书·商书》中的假设句标记系统的情况可列表如下:

表 2.1.2 《尚书·商书》假设句的标记方式

	数量	百分比
A$_2$类	2	15.38%
A$_3$类	1	7.69%
B$_6$类	4	30.77%
C类	6	46.15%

1.3 商代假设句的特点

综合上述,商代假设句的特点可以概括为:

第一,商代假设句经常使用副词"其"帮助表示假设,"其"既可以用于假设句前件,也可以用于假设句后件;

第二,商代后期(或西周初期),结果引导词"乃""丕乃"等逐渐出现;

第三,没有发现可以确定的条件引导词的用例。

总的来看,在商代,假设句以 A 类标记为主,B 类标记还处于萌芽时期。

第二节 西周时期的假设句

2.1 语料概述

今文《尚书·周书》共有 19 篇[1]。梁启超[2]认为,各篇真伪都是没有问题的。陈梦家[3]排除掉了其中的《牧誓》,认为它不是原始的文献资料。马雍[4]排除掉了《洪范》。裘锡圭(1992)认为其中大部分可信为原件,而去掉了《牧誓》《洪范》《金縢》三篇。顾颉刚、刘起釪(2005)则认为只有 12 篇可信为真品,《牧誓》《洪范》《金縢》《无逸》《君奭》《立政》《顾命》都不是原件。为谨慎起见,我们采用顾颉刚、刘起釪(2005)的看法,同时排除《文侯之命》和《秦誓》两篇。因为这两篇时代在春秋时期,不能作为西周的语料。这样,本书将《尚书·周书》中的以下 10 篇作为研究西周汉语假设句的重点语料:《大诰》《康诰》《酒诰》《梓材》《召诰》《洛诰》《多士》《多方》《费誓》《吕刑》。本

---

[1] 如果将《康王之诰》从《顾命》中分出,则为 20 篇。

[2] 参看梁启超《古书真伪及其年代》105—107 页,北京:中华书局,1955 年。

[3] 参看陈梦家《尚书通论》,112 页,北京:商务印书馆,1957 年。

[4] 参看马雍《尚书史话》76—77 页,北京:中华书局,1982 年。

书《尚书》用例以顾颉刚、刘起釪《尚书校释译论》①为基础，参校以周秉钧《尚书易解》②，两书不合之处择善而从。

西周金文作为出土文献具有时代确定、没有传抄错讹等优点，本应是汉语语法研究的重要资料。但遗憾的是，在西周金文中我们却很难找到假设句的用例。这与语料性质和假设句的特点有关。我们在《商周青铜器铭文选》③的西周部分中总共只找到了 13 例假设句的用例。用例虽少，但弥足珍贵，可与《商书》10 篇中的假设句相互印证。

《汉书·艺文志》著录"《周书》七十一篇，周史记"。其叙事上起周初文王、武王，下至春秋。因《尚书》中已有《周书》一篇，故此《周书》在东汉起即被称为《逸周书》。一般认为，《逸周书》中有少数是可靠的西周文献，而多数是战国时人或汉人的拟作。张玉金（2006）将各家认为的《逸周书》中可靠的西周文献列表如下：

表 2.2.1　《逸周书》中的可靠文献

	世俘	商誓	皇门	尝麦	祭公	芮良夫	度邑	克殷	作雒
裘锡圭	＋	＋							
李学勤	＋	＋	＋	＋	＋	＋			
杨　宽	＋	＋	＋	＋	＋	＋	＋	＋	＋

由上表可见，杨宽先生提到的可靠西周文献篇目最多，裘、李两位先生提到得少。在整部《逸周书》中，公认的可靠西周文献只有《世俘》和《商誓》，其余还有 7 篇时代尚有争议。本书以公认的 2 篇作为重点语料，其余 7 篇作为参考语料。

2.2　《尚书·周书》中的假设句

在我们所调查的《尚书·周书》10 篇中，共有假设句 50 例。这些假设句有如下特点：

第一，带有结果引导词的假设句大量出现。比较确定的结果引导词是"乃"（10 例）和"则"（9 例）。当后件出现主语时，"乃"位于主语之后（例 4 至例 6）。例如：

　　（1）人有小罪，非眚，乃惟终，自作不典；式尔，有厥罪小，乃不可不

①　顾颉刚、刘起釪主编《尚书校释译论》，北京：中华书局，2005 年。
②　周秉钧主编《尚书易解》，长沙：岳麓书社，1986 年。
③　《商周青铜器铭文选》第四册，马承源主编，上海博物馆《商周青铜器铭文选》编写组编写，北京：文物出版社，1990 年。

杀。(康诰)

(2)有叙时,乃大明服,惟民其敕懋和。(康诰)

(3)亦惟君惟长,不能厥家人越厥小臣、外正;惟威惟虐,大放王命;乃非德用乂。(康诰)

(4)往哉,封,勿替敬,典听朕告,汝乃以殷民世享。(康诰)

(5)尔大克羞耇惟君,尔乃饮食醉饱。(酒诰)

(6)乃有不用我降尔命,我乃其大罚殛之。(多方)

"则"既可以位于后件主语之前。也可以位于主语之后。前者如:

(7)汝亦罔不克敬典,乃由裕民;惟文王之敬忌,乃裕民曰:"我惟有及。"则予一人以怿。(康诰)

后者如:

(8)呜呼!多士!尔不克劝忱我命,尔亦则惟不克享,凡民惟曰不享。(多方)

(9)尔乃惟逸惟颇,大远王命;则惟尔多方探天之威,我则致天之罚,离逖尔土。(多方)

(10)牿之伤,汝则有常刑。(费誓)

(11)乃越逐不复,汝则有常刑。(费誓)

(12)甲戌,我惟征徐戎。峙乃糗粮,无敢不逮,汝则有大刑。(费誓)

当后件主语不出现时,则无所谓主语前还是主语后。例如:

(13)不迪,则匡政在厥邦。(康诰)

(14)时惟尔初,不克敬于和,则无我怨。(多方)

结果引导词还有"兹"(2例)和"时"(通"是",2例)例如:

(15)祀兹酒。(酒诰)

(16)有斯明享,乃不用我教辞,惟我一人弗恤,弗蠲乃事,时同于杀①。（酒诰）

"兹""时"还可以与"乃"连用,位于"乃"之前（各1例）,如：

(17)尔克永观省,作稽中德,尔尚克羞馈祀,尔乃自介用逸；兹乃允惟王正事之臣。（酒诰）

(18)乃有大罪,非终,乃惟眚灾,适尔,既道极厥辜,时乃不可杀。（康诰）

这些例子中的"兹"和"时"也都应当看成是条件引导词。虽然用例偏少,但在春秋战国文献中可以找到类似的用例（详下文）,因而是没有问题的。

表示复指的指代词与"乃"连用时,只能位于"乃"之前。以下一例中的"时"位于"乃"之后,似乎是例外：

(19)汝乃是不覆,乃时惟不永哉。（洛诰）

前人对这个"时"有两种解释,一种认为"时"是代词,做后件的主语（顾颉刚、刘起釪2005）,一种认为"时"的意思是"善","时惟不永哉"意思就是善政不会长久（周秉钧2005）。不管作何种理解,"时"都不是在后件中起复指作用的指代词,因而不构成反例。

第二,甲骨文中经常用于假设句中的副词"其"仍有用例（6例）,但大多用于后件（5例）。如：

(20)汝勿佚,尽执拘以归于周,予其杀。（酒诰）

(21)凡民惟曰不享,惟事其爽侮。（洛诰）

(22)公勿替刑,四方其世享。（洛诰）

(23)乃有不用我降尔命,我乃其大罚殛之。（多方）

(24)尔乃自时洛邑,尚永力畋尔田,天惟畀矜尔,我有周惟其大介赉尔。（多方）

用于前件者仅1例：

---

① 此句解释有争议。此据朱骏声《尚书古注便读》："若不率教而不悛……则同于'群饮'之周臣,杀无赦者也。"见顾颉刚、刘起釪(2005)。

(25)马牛其风,臣妾逋逃,无敢越逐,祇复之,我商赉汝。(费誓)

第三,《商书》中出现的"N之VP"做前件的用法得以继承。1例:

(26)牿之伤,汝则有常刑。(费誓)

第四,没有可以确定的条件引导词,也没有发现条件煞尾词和结果煞尾词。

第五,无标记假设句(C类)共21例,占全部假设句用例的42%。例如:

(27)非汝封刑人杀人,无或刑人杀人。(康诰)

(28)非汝封又曰劓刵人,无或劓刵人。(康诰)

(29)惟吊兹,不于我政人得罪,天惟与我民彝大泯乱。(康诰)

(30)厥或诰曰:"群饮。"汝勿佚,尽执拘以归于周,予其杀。(酒诰)

(31)五辞简孚,正于五刑;五刑不简,正于五罚;五罚不服,正于五过。(五刑)

(32)又惟殷之迪诸臣惟工,乃湎于酒,勿庸杀之,姑惟教之。(酒诰)

(33)尔克敬,天惟畀矜尔;尔不克敬,尔不啻不有尔土,予亦致天之罚于尔躬。(多士)

《尚书·周书》中假设句标记系统的大致情况可列表如下:

表2.2.2 《尚书·周书》假设句的标记方式

	数量	百分比
A₂类	1	2%
A₃类	5	10%
B₆类	23	46%
C类	21	42%

2.3 西周金文中的假设句

通过对《商周青铜器铭文选》西周部分的调查,我们一共在西周金文中找到比较可靠的假设句用例13例,这些假设句的特点是:

第一,结果引导词"乃"写作"迺",例如:

(34)有不事包,迺多剧。(牧簋)

第二,结果引导词"则"的使用较为普遍,13例假设句中有8例使用了结果引导词"则"。例如:

(35)敢弗具付屒从,其且射分田邑,则惩。(屒攸从鼎)

(36)敢不用令,则即井麦伐。(兮甲盘)

(37)其唯我诸侯百姓,厥贾毋不即市,毋敢或入阑宄贾,则亦刑。(兮甲盘)

(38)公宕其参,女则宕其贰,公宕其贰,女则宕其一。(五年琱生簋)

(39)来岁弗赏,则付册稀。(曶鼎)

(40)我既付散氏田器,有爽,实余散氏心贼,则爰千罚千,传弃之。(散氏盘)

(41)乃师或女(汝)告,则致乃便(鞭)千、戮戯。(儦匜)

第三,副词"其"在假设句后件中继续使用,1例。例如:

(42)令罙奋,乃克至,余其舍女(汝)臣十家。(令鼎)

第四,由于缺乏主语,前件中的"其"到底是"其VP"的"其"还是副词"其"很难判定。例如:

(43)其唯我诸侯百姓,厥贾毋不即市,毋敢或入阑宄贾,则亦刑。(兮甲盘)

(44)敢弗具付屒从,其且射分田邑,则惩。(屒攸从鼎)

第五,不见"N之VP"做前件的用例。

第六,确定的无标记假设句共3例。例如:

(45)求乃人,乃弗得,女匡罚大。(曶鼎)

(46)不出,鞭余。(曶鼎)

(47)我既付散氏濕田墙田,余又爽变,爰千罚千。(散氏盘)

西周金文中假设句标记系统的大致情况可列表如下:

表 2.2.3　西周金文假设句的标记方式

	数量	百分比
A$_2$ 类	?	?
A$_3$ 类	1	7.69%
B$_6$ 类	8	61.54%
C 类	3	23.08%

2.4 《逸周书》中的假设句

在《逸周书》公认的两篇周代文献《世俘》和《商誓》中,仅找到5例假设句的用例①:

> (48)其有不告见互我有周,其比冢邦君,我无攸爱。(逸·商誓)
>
> (49)其乃先作,我肆罪疾,予惟以先王之道御复正尔百姓。(逸·商誓)
>
> (50)其斯弗用朕命,其斯尔冢邦君,商庶百姓,予则□刘灭之。(逸·商誓)
>
> (51)其斯一话,敢逸僭,予则上帝之明命。(逸·商誓)
>
> (52)霍!予天命维既,咸汝克承天休于我有周,斯小国于有命不易。(逸·商誓)

这些假设句的特点是:第一,没有条件引导词;第二,有结果引导词“则”(例50)②;第三,不见“N之VP”做前件之例;第四,前件中的“其”的性质不好判定(例48至例51)。

在时代尚有争议的《皇门》《尝麦》《祭公》《芮良夫》《度邑》《克殷》《作雒》7篇中,我们共找到假设句的用例16例。这16例假设句出自《皇门》(1例)《尝麦》(2例)和《芮良夫》(13例),其余各篇不见用例。与《世俘》和《商誓》相比,这些假设句的特点是:第一,出现了条件引导词“苟”(例53);第二,不见副词“其”用于假设句前件或后件之例;第三,结果引导词除“则”以外,还有“是”(例54)和“乃”(例55和56)。例如:

> (53)其善臣,以至于有分私子,苟克有常,罔不允通,咸献言,在于王所。(逸·皇门)
>
> (54)古人求多闻以监戒,不闻是惟弗知。(逸·芮良夫)
>
> (55)无道,左右臣妾乃违。(逸·芮良夫)
>
> (56)害民,乃非后,惟其雠。(逸·芮良夫)

从假设句特征的角度来看,把《皇门》《芮良夫》这两篇看成周代文献是

---

① 对《逸周书》原文的理解参照黄怀信、张懋镕、田旭东撰《逸周书汇校集注》(修订本)及黄怀信《文白对照传世藏书文库·逸周书》。

② 例(51)中的“则”不是结果引导词而是动词,例(52)的“斯”也不是结果引导词而是指代词。

有问题的,因为这两篇中的假设句违背了商周时期假设句的两个重要特征:不用条件引导词及用副词"其"帮助表示假设。其余几篇因为没有假设句,需要寻找另外的证据来证明。

2.5　西周时期假设句的特点

西周时期可靠的文献数量有限,在这些有限的文献中,还有一些不适合用于假设句的研究(如金文),因此,我们在周代文献中仅搜集到比较可靠的假设句用例 68 例。从这 68 例假设句中可以看出,西周时期的假设句具有以下一些特点:

第一,没有可靠的条件引导词的用例;

第二,结果引导词大量涌现,这是由商代到周代假设句的一个重大变化;

第三,没有条件煞尾词和结果煞尾词的用例;

第四,假设句可用副词"其"帮助表示假设,这与商代一脉相承,但副词"其"缩小了应用的范围,大多只用于后件。

第三节　春秋战国时期的假设句

3.1　语料概述

春秋战国时期的传世文献资料较为丰富,这为研究这一时期的假设句提供了很大的便利。在这些丰富的语料中,我们主要选择了《左传》和《孟子》作为重点考察对象。

《左传》篇幅宏大,叙事生动,人物对话栩栩如生,保存了大量的、类型多样的假设句,是本书考察的重中之重。

《孟子》中有大量的议论性文字,其中假设句的数量不少,这部著作也是本书重点考察的对象。

此外,本书还考察了《论语》和《吕氏春秋》中的假设句。

假设句是一种论断句①。与叙述性文体相比,假设句在议论性文体中出现的频次更高。但议论性文体中的假设句标记性更弱。议论性文体大量使用无标记假设句及 B6 类(仅有结果引导词)假设句。鉴于假设句在不同文体中有不同的表现,本书在条件许可(语料充足)的情况下,将春秋战国及

---

① 请参看本书第五章第一节。

汉代两个历史阶段的文献约略区分为叙述类文体、议论类文体和夹叙夹议类文体三类。以上文献中,《左传》属叙述类文体,《孟子》和《吕氏春秋》属议论类文体,《论语》属夹叙夹议类文体,

本书所用《左传》例句出自杨伯峻编著《春秋左传注》(修订本)①,《论语》例句出自杨伯峻编著《论语译注》②,《孟子》例句出自杨伯峻编著《孟子译注》③,《吕氏春秋》例句出自许维遹撰《吕氏春秋集释》④。

3.2 《左传》中的假设句

我们在《左传》中共搜集到假设句的用例 872 例。

3.2.1 《左传》中的 A 类假设标记

《左传》假设句中,副词"其"(A 类假设标记)继续使用,但仅限于后件中(即仅有 A$_3$ 类)。共 79 例,占全部假设句用例的 9.06%。例如:

(1)庄公之子犹有八人,若皆以官爵行赂劝贰而可以济事,君其若之何?(左·庄 14)

(2)若晋取虞,而明德以荐馨香,神其吐之乎?(左·僖 5)

(3)君若辱在寡君,寡君与其二三臣共听两君之所欲,成其可知也。(左·成 4)

(4)我在,故栾氏不作。我亡,吾二昆其忧哉。(左·成 5)

(5)若以君之灵,得反晋国。晋、楚治兵,遇于中原,其辟君三舍。(左·僖 23)

(6)若不获命,其左执鞭、弭,右属櫜、鞬,以与君周旋。(左·僖 23)

(7)吾一妇人,而事二夫,纵弗能死,其又奚言?(左·庄 14)

(8)天若祚大子,其无晋乎!(闵元)

(9)若出于东方,观兵于东夷,循海而归,其可也。(左·僖 4)

(10)若以大夫之灵,得保首领以没;先君若问与夷,其将何辞以对?(左·隐 3)

(11)虽欲救之,其将能乎?(左·隐 6)

---

① 《春秋左传注》(修订本)全四册,北京:中华书局,2005 年。

② 《论语译注》,北京:中华书局,2005 年。

③ 《孟子译注》,北京:中华书局,2005 年。

④ 《吕氏春秋集释》,北京:中华书局,2009 年。

（12）若寡人得没于地，天其以礼悔祸于许，无宁兹许公复奉其社稷，唯我郑国之有请谒焉，如旧昏媾，其能降以相从也。（左•隐11）

3.2.2《左传》中的 B 类假设标记

3.2.2.1《左传》中条件引导词

《左传》中，假设句的各类标记大量涌现。条件引导词主要有"若""苟""如""犹""使""即""第""若犹""苟使""若使""苟或""若苟""虽""纵"14个。其中，"若""犹""使""即""若犹""若使"等表狭义假设，"苟""苟使""苟或""若苟"表狭义条件，"虽""纵"表让转。在我们所搜集到的872例用例中，具有条件引导词的假设句有478例，占假设句用例的54.82%。

若

"若"是《左传》中应用最为广泛的条件引导词。共有343例[①]，占全部假设句用例的39.33%，占全部条件引导词用例的71.76%。可以说，在《左传》中，条件引导词"若"占着绝对的优势地位。"若"既可以位于前件的主语之前（简称甲类），也可以位于主语之后（简称乙类）。其甲类例如：

（13）若寡人得没于地，天其以礼悔祸于许，无宁兹许公复奉其社稷，唯我郑国之有请谒焉，如旧昏媾，其能降以相从也。（左•隐11）

（14）若师徒无亏，王薨于行，国之福也。（左•庄4）

（15）若晋取虞，而明德以荐馨香，神其吐之乎？（左•僖5）

（16）若晋君朝以入，则婢子夕以死；夕以入，则朝以死。唯君裁之！（左•僖15）

乙类例如：

（17）先君若问与夷，其将何辞以对？（左•隐3）

（18）君若伐郑，以除君害，君为主，敝邑以赋与陈、蔡从，则卫国之愿也。（左•隐4）

（19）寡人若朝于薛，不敢与诸任齿。（左•隐11）

---

① 周法高（1961）的统计为392例，管燮初（1994）的统计为347例。我们的数据接近于管燮初（1994），相差几例可能是因为我们排除了几例"若＋NP"的用例。我们认为"若＋NP"中的"若"不是表假设，而是起引出话题的作用。详细论述请参看本书第四章第三节。

（20）君若辱贶寡人，则愿以滕君为请。（左·隐 11）

当前件没有主语时，则无所谓在主语前还是后（简称丙类）。例如：

（21）欲与大叔，臣请事之；若弗与，则请除之，无生民心。（左·隐元）

（22）若阙地及泉，隧而相见，其谁曰不然？（左·隐元）

（23）若以匹敌，则亦晋君之母也。（左·成 2）

（24）若兴诸侯，以取大罚，非慎之也。（左·成 2）

有时候，"若"甚至可以位于副词之后。如：

（25）羁旅之臣幸若获宥，及于宽政，赦其不闲于教训，而免于罪戾，弛于负担，君之惠也。（左·庄 22）

条件引导词"若"位于副词"幸"之后。

"若"既可用于可能假设，也能用于违实假设。上举均为可能假设，以下几例则为违实假设：

（26）秦、晋围郑，郑既知亡矣。若亡郑而有益于君，敢以烦执事。越国以鄙远，君知其难也，焉用亡郑以陪邻？（左·僖 30）

（27）彼实构吾二君，寡君若得而食之，不厌，君何辱讨焉？（左·僖 33）

（28）荀偃曰："改载书！"公孙舍之曰："昭大神要言焉。若可改也，大国亦可叛也。"（左·襄 9）

苟

55 例，表示充分条件关系，相当于现代汉语中的"只要"①。其甲类例如：

（29）苟信不继，盟无益也。（左·桓 12）

（30）苟我寡君之命达于君所，虽陨于深渊，则天命也，非君与涉人之过也。（左·哀 15）

---

① "苟"在先秦的意义和用法不同于"若"和"如"，请参看本书第四章第二节。

乙类例如：

（31）且谚曰："心苟无瑕，何恤乎无家？"（左·闵元）

（32）民苟利矣，迁也，吉莫如之！（左·文13）

（33）君之羁臣，苟得容以逃死，何位之敢择。（左·昭7）

丙类如：

（34）苟有明信，涧、溪、沼、沚之毛，苹、蘩、蕰藻之菜，筐、筥、锜、釜之器，潢、污、行潦之水，可荐于鬼神，可羞于王公，而况君子结二国之信，行之以礼，又焉用质？（左·隐3）

（35）苟舍我，吾请纳君。（左·庄14）

（36）今苟有衅，从之，不亦可乎？（左·僖7）

（37）苟入而贺，何后之有？（左·僖27）

如

7例，其中3例引自《诗经》①，余下4例中两例为"如＋N之VP"结构，即例（38）、例（39），两例为乙类，即例（40）、例（41）。3例为可能假设，即例（38）—例（40），1例为违实假设，即例（41）：

（38）如天之福，两君相见，何以代此？（左·成12）

（39）如天之福，两君相见，无亦唯是一矢以相加遗，焉用乐？（左·成12）

（40）火如象之，不火何为？（左·昭6）

（41）死如可逃，何远之有？（左·昭21）

犹

4例，均为丙类，可能假设。例如：

（42）我辞礼矣，彼则以之。犹有鬼神，于彼加之。（左·襄10）

（43）若不能，犹有鬼神，吾有馁而已，不来食矣②。（左·襄20）

---

① 引用《诗经》的"君子如怒，乱庶遄沮""君子如祉，乱庶遄已""如匪行迈谋，是用不得于道"等。如果排除掉这3例则《左传》中"如"做条件引导词的用例仅为4例。

② 杨伯峻注："犹，假设连词，与若同。二假设句，用词不同。"

(44)中美能黄,上美为元,下美则裳,参成可筮。犹有阙也,筮虽吉,未也。(左·昭12)

(45)天既祸之,而自福也,不亦难乎!犹有鬼神,此必败也。(左·昭27)

使

3例,均为甲类,可能假设。例如:

(46)使宋舍我而赂齐、秦,藉之告楚。我执曹君,而分曹、卫之田以赐宋人。楚爱曹、卫,必不许也。(左·僖28)

(47)使郤子逞其志,庶有豸乎!(左·宣17)

(48)且吴社稷是卜,岂为一人?使臣获铍军鼓,而敝邑知备,以御不虞,其为吉,孰大焉?(左·昭5)

即

1例,丙类,可能假设。例如:

(49)即欲有事,何如?① (左·昭12)

第

1例,甲类,可能假设。例如②:

(50)楚国,第我死,令尹、司马,非胜而谁?(左·哀16)

若犹

"若"与"犹"连用,《左传》中共有8次。其中有3例似乎可以理解为条件引导词"若"加语气词"犹",意思是"如果还……""如果仍然……"③,其余

---

① "即"做条件引导词的用例在《左传》中虽然仅见1例,但在《史记》中却很常见。一种语法现象的产生不可能是突然的爆发式的,其间肯定经历了一个量变的积累过程。从《史记》中"即"已大量用作条件引导词的事实推断,先秦已有条件引导词"即"的可能性是相当大的。现因此采用前人的看法,将《左传》中的这个"即"看成是条件引导词。

② 杨伯峻注:"'第'为假设连词,谓在楚国,若我死,令尹或司马必胜也。"

③ 这三例是:

(1)臣谓君之入也,其知之矣。若犹未也,又将及难。(左·僖24)

(2)姑归息民,以待其卒。卒而不贰,吾又何求?若犹叛我,无辞,有庸。(左·襄24)

(3)寡君以为苟有盟焉,弗可改也已。若犹可改,日盟何益?(左·哀12)

5 例可以看成是一个双音节的条件引导词。有乙类,即例(51),也有丙类,即例(52)—例(55)。例如:

(51)君若犹辱镇抚宋国,而以逼阳光启寡君,群臣安矣,其何贶如之! 若专赐臣,是臣兴诸侯以自封也,其何罪大焉! 敢以死请。(左·襄10)

(52)臣闻爱子,教之以义方,弗纳于邪。骄、奢、淫、泆,所自邪也。四者之来,宠禄过也。将立州吁,乃定之矣;若犹未也,阶之为祸。(左·隐3)

(53)若去蔑与行父,是大弃鲁国,而罪寡君也。若犹不弃,而惠徼周公之福,使寡君得事晋君,则夫二人者,鲁国社稷之臣也。(左·成16)

(54)必无人焉。若犹有人,岂其以千乘之相易淫乐之矇?(左·襄15)

(55)惠伯曰:"寡君未知其罪,合诸侯而执其老。若犹有罪,死命可也。若曰无罪而惠免之,诸侯不闻,是逃命也,何免之为?"(左·昭13)

"若犹"既可以用于可能假设,如例(51)—例(53);也可以用于违实假设,如例(54)、例(55)。

苟使

3 例,均为甲类,可能假设:

(56)苟使高氏有后,请致邑。(左·襄29)

(57)苟使意如得改事君,所谓生死而肉骨也。(左·昭25)

(58)苟使我入获国,服冕、乘轩,三死无与。(左·哀15)

若使

1 例,甲类,违实假设:

(59)若使郈在君之他竟,寡人何知焉?(左·定10)

苟或

1 例,丙类,可能假设:

(60)苟或知之,虽忧何害?(左·昭元)

若苟

1 例,乙类,可能假设:

(61)君若苟无四方之虞,则愿假宠以请于诸侯。(左·昭 4)

虽

49 例。"虽"用于引导假设条件时,其前后分句之间具有转折关系。此类"虽"表纵予,相当于"即使"。其甲类例如:

(62)虽鞭之长,不及马腹。(左·宣 15)
(63)告之以文辞,董之以武师,虽齐不许,君庸多矣。(左·昭 13)

乙类例如:

(64)如是,则兄弟虽有小忿,不废懿亲。(左·僖 24)
(65)右师讨,犹有戌在。桓氏虽亡,必偏。(左·成 15)
(66)牛虽瘠,偾于豚上,其畏不死?(左·昭 13)
(67)事若克,季子虽至,不吾废也。(左·昭 27)

丙类例如:

(68)明恕而行,要之以礼,虽无有质,谁能间之?(左·隐 3)
(69)长恶不悛,从自及也。虽欲救之,其将能乎!(左·隐 6)
(70)戮而不已,又怒楚师,战必不克。虽克,不令。(左·成 6)

"虽"也可以用于容认句中。这时"虽"表示对事实的承认,相当于"虽然"。例如:

(71)微子,则不及此。虽然,子杀二君与一大夫,为子君者,不亦难乎?(左·僖 10)
(72)君子不重伤,不禽二毛。古之为军也,不以阻隘也。寡人虽亡国之余,不鼓不成列。(左·僖 22)
(73)对曰:"子、女、玉、帛,则君有之;羽、毛、齿、革,则君地生焉。其

波及晋国者,君之余也;其何以报君?"曰:"虽然,何以报我?"(左·僖23)

"虽"在上古既能表纵予,也能表容认。在现代汉语中,"虽"只能表容认,不能表纵予。

纵

4例。表纵予,相当于"即使",其前后分句之间具有转折关系。3例为甲类,即例(74)至例(76),另1例为丙类,即例(77):

(74)纵子忘之,山川鬼神其忘诸乎?（左·定元）
(75)纵子忍之,后必或耻之。（左·定元）
(76)吾一妇人,而事二夫,纵弗能死,其又奚言?（左·庄14）
(77)纵吾子为政而可,后之人若属有疆埸之言,敝邑获戾,而丰氏受其大讨。（左·昭7）

《左传》中条件引导词的情况可列表如下:

表 2.3.1　《左传》中的条件引导词

	用例数	语义类别				句法位置		
		可能假设	违实假设	条件	纵予	甲类	乙类	丙类
若	343	+	+			+	+	+
苟	55	+		+		+	+	+
如	7	+	+				+	
犹	4	+						+
使	3	+				+		
即	1	+						+
第	1	+				+		
若犹	5	+	+				+	+
苟使	3	+				+		
若使	1		+			+		
苟或	1	+						+
若苟	1	+					+	
虽	49				+	+	+	+
纵	4				+	+		+

3.2.2.2《左传》中结果引导词

《左传》中的结果引导词主要有"则""是""乃""而""遂""斯""而后"等。《左传》中带有结果引导词的假设句共有226例,占全部假设句用例的 25.92%。

则

《左传》中的最常用的结果引导词是"则",共有 191 例,占全部假设句用例的 21.90%,占结果引导词用例的 84.51%。当后件有主语时,"则"一般位于主语之前,如例(82)、例(83),也有少数位于主语之后,共 8 例,如例(84)至例(87):

(78)若弗与,则请除之,无生民心。(左·隐元)

(79)君若伐郑,以除君害,君为主,敝邑以赋与陈、蔡从,则卫国之愿也。(左·隐 4)

(80)微子,则不及此。(左·哀 6)

(81)若使大子主曲沃,而重耳、夷吾主蒲与屈,则可以威民而惧戎,且旌君伐。(左·庄 28)

(82)季氏亡,则鲁不昌。(左·闵 2)

(83)若不可,则君无出。(左·哀 11)

(84)国家之败,有事而无业,事则不经;有业而无礼,经则不序;有礼而无威,序则不共;有威而不昭,共则不明。(左·昭 13)

(85)周谚有之曰:"山有木,工则度之;宾有礼,主则择之。"(左·隐 11)

(86)我张吾三军,而被吾甲兵,以武临之,彼则惧而协以谋我,故难间也。(左·桓 6)

(87)苟有益也,公子则往,群臣之子敢不皆负羁绁以从?(左·定 8)

是

后件中的"是"有两种用法。通常情况下,"是"是一个复指代词。例如:

(88)若弃德不让,是废先君之举也,岂曰能贤?(左·隐 3)

(89)若封须句,是崇皞、济而修祀、纾祸也。(左·僖 21)

(90)若袭之,是弃信也。(左·成 6)

(91)若去蔑与行父,是大弃鲁国,而罪寡君也。(左·成 16)

(92)若专赐臣,是臣兴诸侯以自封也,其何罪大焉!(左·襄 10)

(93)若背之,是弃力与言,其谁昵我?(左·襄 2)

(94)为书以定国,众怒而焚之,是众为政也,国不亦难乎?(左·

襄 10)

（95）若大盗礼焉以君之姑姊与其大邑，其次皂牧舆马，其小者衣裳剑带，是赏盗也。（左·襄 21）

以上各句中，"是"都起着复指前件的作用，"是"是一个指示代词。这个指代词与后件的其余部分构成一个判断句，"是"做判断句的主语，其余部分做判断句的谓语。如例（88）中，"是废先君之举也"，"是"是判断句的主语，"废先君之举"是判断句的谓语。与一般的判断句相似，这个谓语是一个 NP。在其他各例中，"是"后的成分不是 NP 而是 VP，但这并不能改变其判断句的属性。因为从意义上说，其后的 VP 是对前件所述事件性质或属性的说明，这个 VP 是有指称化倾向的。在这些句子中，后件是一个主谓俱全的判断句，"是"不能看成是结果引导词，而应当看成是判断句的主语。

有时候，后件并不是对前件属性的判断，而是对于结果的说明。例如：

（96）国人望君如望岁焉，日日以几，若见君面，是得艾也。（左·哀 16）

（97）若又勿坏，是无所藏币以重罪也。（左·襄 31）

（98）若从有司，是无所执逃臣也。（左·昭 7）

（99）今君若步玉趾，辱见寡君，宠灵楚国，以信蜀之役，致君之嘉惠，是寡君既受贶矣，何蜀之敢望？（左·昭 7）

（100）若大城城父，而置太子焉，以通北方，王收南方，是得天下也。（左·昭 19）

（101）蔡其亡乎！若不亡，是君也必不终。（左·昭 21）

（102）无季氏，是无叔孙氏也①。（左·昭 25）

（103）且成，孟氏之保障也。无成，是无孟氏也。（左·定 12）

（104）盗贼之矢若伤君，是绝民望也，若之何不胄？（左·哀 16）

以上诸例中，"是"已不宜再看成是一个复指代词，而因当看成是一个引导后件的连词，"是"相当于"则"。这在例（96）中可以看得比较清楚，"若见君面，是得艾也"意思是如果见了您的面，就会得到安宁了②。"得艾"不是

---

① 《吕氏春秋·察微》记载同一事云："无季氏，则吾族也，死亡无日矣。"可见，"是"相当于"则"。

② 杜预注："艾，息也。"

说明"见君面"的属性,而是说明"见君面"的结果,"是"的指代性已经很弱而连接性变得很强。因此,此类的"是"都可看成是结果引导词。在《左传》中,此类"是"共有 14 例。

乃

《左传》中共有结果引导词"乃"13 例。当后件有主语时,"乃"位于主语之后(例 106 至例 110)。有两例为"乃+NP"形式(例 111、例 112),其中的NP 具有陈述性,是名词形式的谓语。例如:

(105)将立州吁,乃定之矣。(左·隐 3)

(106)偏败,众乃携矣。(左·桓 8)

(107)国饶,则民骄佚。近宝,公室乃贫。(左·成 6)

(108)若塞井夷灶,成陈以当之,栾、范易行以诱之,中行、二郤必克二穆,吾乃四萃于其王族,必大败之。(左·襄 26)

(109)君苟思盟,寡君乃知免于戾矣。(左·昭 3)

(110)官宿其业,其物乃至。若泯弃之,物乃坻伏,郁湮不育。(左·昭 29)

(111)若上之所为,而民亦为之,乃其所也,又可禁乎?(左·襄 21)

(112)苟先君无废祀,民人无废主,社稷有奉,国家无倾,乃吾君也,吾谁敢怨?(左·昭 27)

而

3 例。既可以位于主语之前(如例 113),也可以位于主语之后(如例114)。例如:

(113)是以政成而民听,易则生乱。(左·桓 2)

(114)若可,君而继之。不可,收师而退。(左·襄 18)

(115)若得其人,四方以为主,而国于何有?(左·哀 27)

遂

2 例。1 例后件无主语(如例 116),1 例位于后件主语之后(如例 117)。例如:

(116)我克则来,不克遂往。(左·宣 12)

(117)我不能射,女遂不言不笑夫!(左·昭 28)

斯

1 例。后件无主语。例如:

(118)吴师来,斯与之战,何患焉?(左·哀 8)

而后

2 例。后件均无主语。例如:

(119)待我二十五年,不来而后嫁。(左·僖 23)
(120)信由己壹,而后功可念也。(左·襄 21)

《左传》中的结果引导词的情况可列表如下:

表 2.3.2　《左传》中的结果引导词

	用例数	主语前	主语后	无主语
则	191	＋	＋	＋
是	14	＋		＋
乃	13		＋	＋
而	3	＋	＋	＋
遂	2		＋	＋
斯	1			＋
而后	2			＋

3.2.2.3《左传》中条件煞尾词

《左传》中的条件煞尾词主要有"也""者""焉""矣""乎"等。《左传》中带有条件煞尾词的假设句共 51 例,占全部假设句用例的 5.85%。

也

《左传》中的条件煞尾词"也"共 18 例。其中,单独使用者 6 例。例如:

(121)不有废也,君何以兴?(左·僖 10)
(122)有渝此盟,以相及也,明神先君,是纠是殛。(左·僖 28)
(123)国君,文足昭也,武可畏也,则有备物之飨,以象其德。(左·僖 30)

（124）率是道也，其何不济？（左·宣 15）

（125）且先君而有知也，毋宁夫人，而焉用老臣？（左·襄 29）

（126）南孺子之子，男也，则以告而立之；女也，则肥也可。（左·哀 3）

与条件引导词"若"配合使用者 7 例。例如：

（127）若可改也，大国亦可叛也。（左·襄 9）

（128）先君若有知也，不尚取之。（左·襄 29）

（129）君若早自图也，可以无辱。（左·昭 13）

（130）君若以臣为有罪，请囚于费，以待君之察也，亦唯君。（左·昭 31）

（131）死者若有知也，可以歆旧祀？岂惮焚之？（左·定 5）

（132）若可寻也，亦可寒也。（左·哀 12）

（133）若得视卫君之事君也，则固所愿也。（左·哀 15）

与"若犹"配合使用者 2 例：

（134）若犹未也，又将及难。（左·僖 24）

（135）若犹未也，阶之为祸。（左·隐 3）

与"苟"配合使用者 2 例：

（136）苟有益也，公子则往，群臣之子敢不皆负羁绁以从？（左·定 8）

（137）苟自救也，社稷无陨，多矣。（左·桓 5）

与"犹"配合使用者 1 例：

（138）犹有阙也，筮虽吉，未也。（左·昭 12）

者

《左传》中的条件煞尾词"者"共 15 例。大多单独使用（14 例）。例如：

（139）所不与舅氏同心者，有如白水！（左·僖 24）

(140)君子之喜怒,以已乱也。弗已者,必益之。(左·宣 17)

(141)自今日既盟之后,郑国而不唯有礼与强可以庇民者是从,而敢有异志者,亦如之!(左·襄 9)

(142)主苟终,所不嗣事于齐者,有如河。(左·襄 19)

(143)微二子者,楚不国矣。(左·哀 16)

与条件引导词"若"配合使用者 1 例:

(144)若背其言,所不归尔帑者,有如河!(左·文 13)

焉

《左传》中的条件煞尾词"焉"共 11 例。单独使用者 2 例:

(145)人无衅焉,妖不自作。(左·庄 14)
(146)有灾祸兴,而无改焉,必受其咎。(左·昭元)

配合条件引导词"若"使用者 5 例:

(147)若问远焉,其焉能知之?(左·昭 12)
(148)若韩子奉命以使,而求玉焉,贪淫甚矣,独非罪乎?(左·昭 16)
(149)若好吴边疆,使柔服焉,犹惧其至。(左·昭 30)
(150)晋君将失政矣,若不树焉,使早备鲁,既而政在大夫,韩子懦弱,大夫多贪,求欲无厌,齐、楚未足与也,鲁其惧哉!(左·襄 31)
(151)王孙若安靖楚国,匡正王室,而后庇焉,启之愿也,敢不听从?(左·哀 16)

配合条件引导词"苟"使用者 4 例:

(152)诸侯相吊贺也,虽不当事,苟有礼焉,书也,以无忘旧好。(左·文 9)
(153)苟得志焉,焉用有信?(左·襄 27)
(154)苟得志焉,无恤其他。(左·昭 5)
(155)寡君以为苟有盟焉,弗可改也已。(左·哀 12)

矣

《左传》中的条件煞尾词"矣"共 6 例。其中 3 例为引用《诗经》(例 159、例 160),实际仅 3 例(例 156 至例 158)。这 3 例有一个共同的特征,即都是用于对前述事实的复述。例如:

(156)我若受秦,秦则宾也;不受,寇也。既不受矣,而复缓师,秦将生心。(左·文 7)

(157)苟利于民,孤之利也。民既利矣,孤必与焉。(左·文 13)

(158)民苟利矣,迁也,吉莫如之!(左·文 13)

(159)《诗》曰:"辞之辑矣,民之协矣;辞之绎矣,民之莫矣。"(左·襄 31)

(160)《诗》曰:"尔之教矣,民胥效矣。"(左·昭 6)

乎

1 例,单独使用:

(161)子行事乎,吾将死之,以周事子。(左·昭 20)

《左传》中的条件煞尾词的情况可列表如下:

表 2.3.3 《左传》中的条件煞尾词

	用例数	单独使用	配合条件引导词使用
也	18	+	+
者	15	+	+
焉	11	+	+
矣	6	+	+
乎	1	+	

3.2.2.4《左传》中 B 类假设标记的相互配合

从 B 类假设标记(条件引导词、条件煞尾词、结果引导词)的相互配合情况来看,《左传》假设句情况如下:

B_1 类,即条件引导词、条件煞尾词、结果引导词三者俱全。仅 2 例,约占全部假设句用例的 0.23%。为"若……也,则……"和"苟……也,则……"形式:

(162)若得视卫君之事君也,则固所愿也。(左·哀15)

(163)苟有益也,公子则往。群臣之子敢不皆负羁绁以从?(左·定8)

B₂类,即有条件引导词和结果引导词,没有条件煞尾词。共67例,约占全部假设句用例的7.68%。包括"若……,则……""若犹……,则……""若……,而……""若……,乃……""若……,是……""若……,兹……""苟……,则……""苟……,乃……""若苟……,则……"等多种形式。例如:

(164)若弗与,则请除之,无生民心。(左·隐元)

(165)若犹不弃,而惠徼周公之福,使寡君得事晋君,则夫二人者,鲁国社稷之臣也。(左·成16)

(166)若可,君而继之。(左·襄18)

(167)若泯弃之,物乃坻伏,郁湮不育。(左·昭29)

(168)蔡其亡乎!若不亡,是君也必不终。(左·昭21)

(169)若可,师有济也,君而继之,兹无敌矣。(左·昭26)

(170)苟非德义,则必有祸。(左·昭28)

(171)君苟思盟,寡君乃知免于戾矣。(左·昭3)

(172)君若苟无四方之虞,则愿假宠以请于诸侯。(左·昭4)

B₃类,即有条件引导词和条件煞尾词,没有结果引导词。17例,约占全部假设句用例的1.95%。包括"若……也,……"(例173)、"若……焉,……"(例174)、"若……者,……"(例175)、"苟……也,……"(例176)、"苟……矣,……"(例177)、"苟……焉,……"(例178)、"犹……也,……"(例179)等组合形式。例如:

(173)若犹未也,阶之为祸。(左·隐3)

(174)若问远焉,其焉能知之?(左·昭12)

(175)若背其言,所不归尔帑者,有如河!(左·文13)

(176)苟自救也,社稷无陨,多矣。(左·桓5)

(177)民苟利矣,迁也,吉莫如之!(左·文13)

(178)苟得志焉,无恤其他。(左·昭5)

(179)中美能黄,上美为元,下美则裳,参成可筮。犹有阙也,筮虽吉,未也。(左·昭12)

B₄类,即只有条件引导词,没有结果引导词和结果煞尾词。共 276 例,约占全部假设句用例的 31.65%。条件引导词包括"若""苟""虽""纵""犹""使""即""如""苟使""苟或""若使""若犹"等。例如:

(180)若先犯之,必奔。(左·桓 5)

(181)苟信不继,盟无益也。(左·桓 12)

(182)且少长于君,君昵之;虽谏,将不听。(左·僖 2)

(183)纵子忘之,山川鬼神其忘诸乎?(左·定元)

(184)我辞礼矣,彼则以之。犹有鬼神,于彼加之。(左·襄 10)

(185)且吴社稷是卜,岂为一人?使臣获衅军鼓,而敝邑知备,以御不虞,其为吉,孰大焉?(左·昭 5)

(186)即欲有事,何如?(左·昭 12)

(187)死如可逃,何远之有?(左·昭 21)

(188)苟使高氏有后,请致邑。(左·襄 29)

(189)苟或知之,虽忧何害?(左·昭元)

(190)若使郈在君之他竟,寡人何知焉?(左·定 10)

(191)若犹可改,日盟何益?(左·哀 12)

B₅类,即有条件煞尾词和结果引导词,没有条件引导词。共 3 例,约占全部假设句用例的 0.34%。为"……也,则……"形式。例如:

(192)国君,文足昭也,武可畏也,则有备物之飨,以象其德;荐五味,羞嘉谷,盐虎形,以献其功。吾何以堪之?(左·僖 30)

(193)南孺子之子,男也,则以告而立之;女也,则肥也可。(左·哀 3)

B₆类,即只有结果引导词,没有条件引导词和条件煞尾词。共 151 例,约占全部假设句用例的 17.32%。结果引导词包括"则""乃""而""而后""是""斯"等。例如:

(194)鸟兽之肉不登于俎,皮革、齿牙、骨角、毛羽不登于器,则公不射。(左·隐 5)

(195)将立州吁,乃定之矣。(左·隐 3)

(196)是以政成而民听。易则生乱。(左·桓 2)

(197)信由己壹,而后功可念也。(左·襄 21)

(198)无季氏，是无叔孙氏也。（左·昭 25）

(199)吴师来，斯与之战，何患焉？（左·哀 8）

　　B₇类，即只有条件煞尾词，没有条件引导词和结果引导词。共 27 例，约占全部假设句用例的 3.10%。条件煞尾词包括"者""也""焉""矣""乎"等。例如：

(200)君子之喜怒，以已乱也。弗已者，必益之。（左·宣 17）

(201)不有废也，君何以兴？（左·僖 10）

(202)人无衅焉，妖不自作。（左·庄 14）

(203)民既利矣，孤必与焉。（左·文 13）

(204)子行事乎，吾将死之，以周事子。（左·昭 20）

3.2.3 《左传》中的无标记假设句

　　《左传》中的无标记假设句（C 类假设句）共 250 例，约占全部假设句用例的 28.67%。例如：

(205)多行不义，必自毙。（左·隐元）

(206)欲与大叔，臣请事之。（左·隐元）

(207)夫兵，犹火也；弗戢，将自焚也。（左·隐 4）

(208)盟曰："渝盟，无享国！"（左·桓元）

(209)汉东之国，随为大。随张，必弃小国。（左·桓 6）

(210)必速战。不然，将失楚师。（左·桓 8）

(211)不立突，将死。（左·桓 11）

(212)捷，吾以汝为夫人。（左·庄 8）

(213)我，大史也，实掌其祭。不先，国不可得也。（左·闵 2）

(214)君实不察其罪，被此名也以出，人谁纳我？（左·僖 4）

3.2.4 其他

　　在《左传》中，指称化的谓词性结构"其 VP""N 之 VP"可以做假设句前件。例如：

(215)其济，君之灵也；不济，则以死继之。（左·僖 9）

(216)若其不还，君退、臣犯，曲在彼矣。（左·僖 28）

(217)其俘诸江南,以实海滨,亦唯命;其剪以赐诸侯,使臣妾之,亦唯命。(左·宣12)

(218)大夫之许,寡人之愿也;若其不许,亦将见也。(左·成2)

(219)我之不德,民将弃我,岂唯郑?(左·襄9)

(220)德之休明,虽小,重也。其奸回昏乱,虽大,轻也。(左·宣3)

(221)殖之有罪,何辱命焉?若免于罪,犹有先人之敝庐在,下妾不得与郊吊。(左·襄23)

"N 之 VP"还可以用在后件中,仅 2 例,为引用《诗经》之语,且其前件也为"N 之 VP"形式,可能是诗歌中为求对称而采用的一种特殊表达方式:

(222)《诗》曰:"辞之辑矣,民之协矣;辞之绎矣,民之莫矣。"(左·襄31)

有时候可以用"条件引导词＋NP"的形式构成前件。例如:

(223)若筚门闺窦,其能来东厎乎?(左·襄10)①

(224)范氏、中行氏其亡乎!中行寅为下卿,而干上令,擅作刑器,以为国法,是法奸也。又加范氏焉,易之,亡也。其及赵氏,赵孟与焉。然不得已,若德,可以免②。(左·昭29)

(225)若君命,可死;非君命,何听?(左·文18)

甚至单独的 NP 也可以做前件:

(226)凡公女,嫁于敌国,姊妹,则上卿送之,以礼于先君;公子,则下卿送之。(左·桓3)

(227)南孺子之子,男也,则以告而立之;女也,则肥也可。(左·哀3)

"姊妹""公子"意为"如果是姊妹""如果是公子",可以看成是前件③。

---

① 这句话是对"筚门闺窦之人而皆陵其上,其难为上矣"的反驳。杜预注:"筚门,柴门。闺窦,小户。……言伯舆微贱之家。"句子的意思是:"如果说我们(伯舆之家)是筚门闺窦的微贱之家,那平王还会(让我们跟从王)来东边安定下来吗?"这是一个非真实条件假设句。

② 杜预注:"若能修德,而可以免祸。"

③ 此句以分析为话题主语句为妥。参看本书第四章第二节。

例(227)类似。有时候,后件也可以由单独的 NP 构成。例如:

> (228)夷德无厌,若邻于君,疆场之患也。(左·定 4)
> (229)若楚之遂亡,君之土也。(左·定 4)

"疆场之患也"意为"夷必为疆场之患也","君之土也"意为"(吴)将及于君之土也"。都是省略形式的谓语。

《左传》假设句标记方式的大致情况可列表如下:

表 2.3.4　《左传》假设句的标记方式

	数量	百分比
A$_3$ 类	79	9.06%
B$_1$ 类	2	0.23%
B$_2$ 类	67	7.68%
B$_3$ 类	17	1.95%
B$_4$ 类	276	31.65%
B$_5$ 类	3	0.34%
B$_6$ 类	151	17.32%
B$_7$ 类	27	3.10%
C 类	250	28.67%

3.3 《论语》中的假设句

在《论语》中,我们共搜集到假设句的用例 208 例。

副词"其"可以用于假设句中,但仅限于后件。共 10 例,占全部假设句用例的 4.81%。例如:

> (230)大车无輗,小车无軏,其何以行之哉?(论·为政)
> (231)如有政,虽不吾以,吾其与闻之。(论·子路)
> (232)微管仲,吾其被发左衽矣。(论·宪问)

《论语》中的条件引导词主要是"如""苟""虽""纵"4 个。具有条件引导词的假设句共 38 例,占全部假设句用例的 18.27%。例如:

> (233)如有复我者,则吾必在汶上矣。(论·雍也)
> (234)先进于礼乐,野人也;后进于礼乐,君子也。如用之,则吾从先进。(论·先进)

(235)丘也幸,苟有过,人必知之。(论·述而)

(236)朋友之馈,虽车马,非祭肉,不拜。(论·乡党)

(237)且予纵不得大葬,予死于道路乎?(论·子罕)

《论语》中最常用的条件引导词是"如",共 17 例。在《论语》中没有发现条件引导词"若"的用例。

《论语》中的结果引导词主要是"则""斯""而"3 个。例如:

(238)君子笃于亲,则民兴于仁;故旧不遗,则民不偷。(论·泰伯)

(239)动容貌,斯远暴慢矣;正颜色,斯近信矣;出辞气,斯远鄙倍矣。(论·泰伯)

(240)子欲善而民善矣。(论·颜渊)

与《左传》和《孟子》相较,《论语》中的结果引导词"斯"的用例更为普遍①。

《论语》中的条件煞尾词有"矣""也""者""焉"和"与"5 个。例如:

(241)苟志于仁矣,无恶也。(论·里仁)

(242)富而可求也,虽执鞭之士,吾亦为之。(论·述而)

(243)鲁无君子者,斯焉取斯。(论·公冶长)

(244)邦有道,贫且贱焉,耻也。(论·泰伯)

(245)我之大贤与,于人何所不容?我之不贤与,人将拒我,如之何其拒人也?(论·阳货)(论·子张)

《论语》假设句中,指称化的谓词性结构"其 VP"和"N 之 VP"可以做假设句前件,"其 VP"仅见 1 例(例 246),"N 之 VP"则多见(如例 247 至例 249)。例如:

(246)如其善而莫之违也,不亦善乎。(论·子路)

(247)我之大贤与,于人何所不容?我之不贤与,人将拒我,如之何其拒人也?(论·阳货)(论·子张)

(248)天之将丧斯文也,后死者不得与于斯文也;天之未丧斯文也,

---

① 结果引导词"斯"在《左传》中仅 1 例,在《孟子》中有 10 例,在《论语》中有 13 例。

匡人其如予何？（论·子罕）

(249)苟子之不欲，虽赏之不窃。（论·颜渊）

3.4　《孟子》中的假设句

我们在《孟子》中共搜集到假设句的用例 387 例。

3.4.1《孟子》中的 A 类假设标记

《孟子》中不见副词"其"用于假设句前后件之例。因此，《孟子》中没有A 类假设标记。

3.4.2《孟子》中的 B 类假设标记

3.4.2.1《孟子》中条件引导词

《孟子》中的条件引导词主要有"如""若""使""如使""虽""苟""苟为"7个。其中，"如""若""使""如使"等表狭义假设，"苟""苟为"表狭义条件，"虽"表让转。在我们所搜集到的 387 个用例中，具有条件引导词的假设句共 83 例，占全部假设句用例的 21.45％。

如

"如"是《孟子》中应用最为广泛的条件引导词，共计 35 例，占全部假设句用例的 9.04％，其甲类例如：

> (250)如水益深，如火益热，亦运而已矣。（孟·梁惠王下）
> (251)如智者若禹之行水也，则无恶于智矣。（孟·离娄下）
> (252)如智者亦行其所无事，则智亦大矣。（孟·离娄下）

乙类例如：

> (253)王如施仁政于民，省刑罚，薄税敛，深耕易耨；壮者以暇日修其孝悌忠信，入以事其父兄，出以事其长上，可使制梃以挞秦楚之坚甲利兵矣。（孟·梁惠王上）
> (254)王如善之，则何为不行？（孟·梁惠王下）
> (255)王如好货，与百姓同之，于王何有？（孟·梁惠王下）

丙类例如：

(256)如有不嗜杀人者,则天下之民皆引领而望之矣。(孟·梁惠王上)

(257)国君进贤,如不得已,将使卑逾尊,疏逾戚,可不慎与?(孟·梁惠王下)

若

条件引导词"若"在《孟子》中的用例较少,比较可靠的只有4例,甲类和乙类各1例,即:

(258)王若隐其无罪而就死地,则牛羊何择焉?(孟·梁惠王上)

(259)若孔子主痈疽与侍人瘠环,何以为孔子?(孟·万章上)

假设句的前件可以只用代词"是"(属丙类)。共2例:

(260)若是,则弟子之惑滋甚。(孟·公孙丑上)

(261)若是,则夫子过孟贲远矣。(孟·公孙丑上)

使

1例,甲类,违实假设:

(262)使人之所恶莫甚于死者,则凡可以辟患者,何不为也?(孟·告子上)

如使

3例,甲类,违实假设:

(263)如使予欲富,辞十万而受万,是为欲富乎?(孟·公孙丑下)

(264)如使口之于味也,其性与人殊,若犬马之与我不同类也,则天下何耆皆从易牙之于味也?(孟·告子上)

(265)如使人之所欲莫甚于生,则凡可以得生者,何不用也?(孟·告子上)

虽

17例,表让转,可以是乙类(例266)或丙类(例267、例268),不见甲类用例。例如：

（266）不贤者虽有此，不乐也。（孟·梁惠王上）

（267）夫子加齐之卿相，得行道焉，虽由此霸王，不异矣。（孟·公孙丑上）

（268）虽使五尺之童适市，莫之或欺。（孟·滕文公上）

很多时候，"虽"后接一陈述性的 NP，例如：

（269）今有璞玉于此，虽万镒，必使玉人雕琢之。（孟·梁惠王下）

（270）自反而不缩，虽褐宽博，吾不惴焉；自反而缩，虽千万人，吾往矣。（孟·公孙丑上）

（271）国家闲暇，及是时，明其政刑。虽大国，必畏之矣。（孟·公孙丑上）

苟

18 例，乙类（例 272）或丙类（例 273 至例 274），不见甲类用例。例如：

（272）拱把之桐梓，人苟欲生之，皆知所以养之者。（孟·告子上）

（273）苟无恒心，放辟邪侈，无不为已。（孟·梁惠王上）

（274）苟能充之，足以保四海；苟不充之，不足以事父母。（孟·公孙丑上）

苟为

由条件引导词"苟"和准系词"为"复合而成。5 例，丙类。例如：

（275）苟为后义而先利，不夺不餍。（孟·梁惠王上）

（276）苟为善，后世子孙必有王者矣。（孟·梁惠王下）

（277）今之欲王者，犹七年之病求三年之艾也。苟为不畜，终身不得。（孟·离娄上）

（278）苟为无本，七八月之间雨集，沟浍皆盈；其涸也，可立而待也。（孟·离娄下）

（279）苟为不熟，不如荑稗。（孟·告子上）

《孟子》中条件引导词的情况可列表如下：

表 2.3.5　《孟子》中的条件引导词

	用例数	语义类别				句法位置		
		可能假设	违实假设	条件	纵予	甲类	乙类	丙类
如	35	+	+			+	+	+
若	4	+	+			+	+	+
使	1		+			+		
如使	3		+			+		
虽	17				+		+	+
苟	18			+			+	+
苟为	5			+				+

3.4.2.2《孟子》中的结果引导词

《孟子》中的结果引导词主要有"则""斯""而""然后""而后""是故"等。《孟子》中带有结果引导词的假设句共有 189 例,占全部假设句用例的 48.84%。

则

167 例。是《孟子》中最常用的结果引导词,占全部假设句用例的 43.15%,占结果引导词用例的 88.36%。当后件有主语时,"则"位于主语之前(例 280 至例 284),不见位于主语后之例。例如:

(280)七八月之间旱,则苗槁矣。(孟·梁惠王上)

(281)天油然作云,沛然下雨,则苗浡然兴之矣。(孟·梁惠王上)

(282)如有不嗜杀人者,则天下之民皆引领而望之矣。(孟·梁惠王上)

(283)王若隐其无罪而就死地,则牛羊何择焉?(孟·梁惠王上)

(284)前日之不受是,则今日之受非也;今日之受是,则前日之不受非也。(孟·公孙丑下)

(285)诛之,则不可胜诛;不诛,则疾视其长上之死而不救。(孟·梁惠王下)

斯

10 例。当后件有主语时,"斯"位于后件主语之前(例 286、例 287)。例如:

（286）王无罪岁,斯天下之民至焉。（孟·梁惠王上）

（287）君行仁政,斯民亲其上,死其长矣。（孟·梁惠王下）

（288）迫,斯可以见矣。（孟·滕文公下）

（289）如知其非义,斯速已矣,何待来年?（孟·滕文公下）

（290）庶民兴,斯无邪慝矣。（孟·尽心下）

而

2 例。位于后件主语之前。例如:

（291）人能充无欲害人之心,而仁不可胜用也。（孟·尽心下）

（292）人能充无穿窬之心,而义不可胜用也。（孟·尽心下）

然后

8 例。所引导的后件都没有主语。例如:

（293）国人皆曰贤,然后察之。（孟·梁惠王下）

（294）见贤焉,然后用之。（孟·梁惠王下）

（295）惟圣人然后可以践形。（孟·尽心上）

（296）如此,然后可以为民父母。（孟·梁惠王下）

而后

1 例,所引导的后件没有主语:

（297）人有不为也,而后可以有为。（孟·离娄下）

是故

1 例,位于后件主语之前:

（298）夫仁政,必自经界始。经界不正,井地不钧,谷禄不平,是故暴君污吏必慢其经界。（孟·滕文公上）

《孟子》中的结果引导词的情况可列表如下:

111

表 2.3.6　《孟子》中的结果引导词

	用例数	主语前	主语后	无主语
则	167	＋		＋
斯	10	＋		＋
而	2	＋		
然后	8			＋
而后	1			＋
是故	1	＋		

3.4.2.3《孟子》中条件煞尾词

《孟子》中的条件煞尾词有"也""焉""者"3 个，《孟子》中带有条件煞尾词的假设句共 24 例，占全部假设句用例的 6.20%。

也

16 例，可以单独使用，也可以与条件引导词配合使用。前者如：

(299)非其义也，非其道也，一介不以与人，一介不以取诸人。(孟·万章上)

(300)饮食之人无有失也，则口腹岂适为尺寸之肤哉？(孟·告子上)

后者如：

(301)如智者若禹之行水也，则无恶于智矣。(孟·离娄下)

(302)如使口之于味也，其性与人殊，若犬马之与我不同类也，则天下何耆皆从易牙之于味也？(孟·告子上)

(303)虽日挞而求其齐也，不可得矣。(孟·滕文公下)

焉

5 例，全部为单独使用。例如：

(304)见可杀焉，然后杀之。(孟·梁惠王下)

(305)夫子加齐之卿相，得行道焉，虽由此霸王，不异矣。(孟·公孙丑上)

(306)欲有谋焉，则就之。(孟·公孙丑下)

者

3 例。2 例为单独使用,1 例与条件引导词"使"配合使用。单独使用者如:

(307)今有同室之人斗者,救之,虽被发缨冠而救之,可也。(孟·离娄下)

(308)乡邻有斗者,被发缨冠而往救之,则惑也。(孟·离娄下)

与条件引导词配合使用者如:

(309)使人之所恶莫甚于死者,则凡可以辟患者,何不为也?(孟·告子上)

《孟子》中的条件煞尾词的情况可列表如下:

表 2.3.7　《孟子》中的条件煞尾词

	用例数	单独使用	配合条件引导词使用
也	16	＋	＋
焉	5	＋	
者	3	＋	＋

3.4.2.4《孟子》中 B 类假设标记的相互配合

从 B 类假设标记的有无和相互配合情况来看,《孟子》假设句情况如下:

B_1 类,即条件引导词、结果引导词、条件煞尾词三者俱全。3 例,占全部假设句用例的 0.78%。它们是"如……也,则……"、"如使……也,则……"和"使……者,则……"形式。例如:

(310)如智者若禹之行水也,则无恶于智矣。(孟·离娄下)

(311)如使口之于味也,其性与人殊,若犬马之与我不同类也,则天下何耆皆从易牙之于味也?(孟·告子上)

(312)使人之所恶莫甚于死者,则凡可以辟患者,何不为也?(孟·告子上)

B_2 类,即有条件引导词和结果引导词,没有条件煞尾词。23 例,约占全部假设句用例的 5.94％。包括"如……，则……""若……，则……""如使……，则……""苟……，则……""苟……，斯……"5 种形式。例如：

(313)如有不嗜杀人者，则天下之民皆引领而望之矣。(孟·梁惠王上)

(314)王若隐其无罪而就死地，则牛羊何择焉？(孟·梁惠王上)

(315)如使人之所欲莫甚于生，则凡可以得生者，何不用也？(孟·告子上)

(316)夫苟好善，则四海之内皆将轻千里而来告之以善。(孟·告子下)

(317)苟以是心至，斯受之而已矣。(孟·尽心下)

B₃类，即有条件引导词和条件煞尾词，没有结果引导词。1 例，为"虽……也，……"形式：

(318)虽日挞而求其齐也，不可得矣。(孟·滕文公下)

B₄类，即只有条件引导词，没有结果引导词和条件煞尾词。51 例，约占全部假设句用例的 13.18％。条件引导词包括"如""若""如使""苟""苟为""虽"等。例如：

(319)王如好货，与百姓同之，于王何有？(孟·梁惠王下)
(320)若孔子主痈疽与侍人瘠环，何以为孔子？(孟·万章上)
(321)如使予欲富，辞十万而受万，是为欲富乎？(孟·公孙丑下)
(322)苟无恒心，放辟邪侈，无不为已。(孟·梁惠王上)
(323)苟为后义而先利，不夺不餍。(孟·梁惠王上)
(324)虽由此霸王，不异矣。(孟·公孙丑上)

B₅类，即有结果引导词和条件煞尾词，没有条件引导词。7 例，约占全部假设句用例的 1.81％。它们是"……也，则……""……也，而后……""……焉，然后……"等形式。例如：

(325)养其一指而失其肩背，而不知也，则为狼疾人也。(孟·告

子上）

（326）人有不为也，而后可以有为。（孟·离娄下）

（327）见贤焉，然后用之。（孟·梁惠王下）

B₆类，即只有结果引导词，没有条件引导词和条件煞尾词。160 例，约占全部假设句用例的 41.34％。结果引导词包括"则""斯""是""而""然后"等，其中"则"最为常见。例如：

（328）天油然作云，沛然下雨，则苗浡然兴之矣。（孟·梁惠王上）

（329）王无罪岁，斯天下之民至焉。（孟·梁惠王上）

（330）杨墨之道不息，孔子之道不著，是邪说诬民，充塞仁义也。（孟·滕文公下）

（331）人人亲其亲、长其长，而天下平。（孟·离娄上）

（332）国人皆曰贤，然后察之。（孟·梁惠王下）

B₇类，即只有条件煞尾词，没有条件引导词和结果引导词。12 例，约占全部假设句用例的 3.10％。条件煞尾词包括"者""也""焉"3 个。例如：

（333）今有同室之人斗者，救之，虽被发缨冠而救之，可也。（孟·离娄下）

（334）在王所者，长幼卑尊皆非薛居州也，王谁与为善？（孟·滕文公下）

（335）夫子加齐之卿相，得行道焉，虽由此霸王，不异矣。（孟·公孙丑上）

3.4.3《孟子》中的无标记假设句

《孟子》中的无标记假设句共 130 例，约占全部假设句用例的 33.59％。例如：

（336）不取，必有天殃。（孟·梁惠王下）

（337）不得于言，勿求于心；不得于心，勿求于气。（孟·公孙丑上）

（338）圣人复起，必从吾言矣。（孟·公孙丑上）

（339）不如是，不足与有为也。（孟·公孙丑下）

(340)无君子,莫治野人;无野人,莫养君子。(孟·滕文公上)

(341)从许子之道,相率而为伪者也,恶能治国家?(孟·滕文公上)

(342)当是时,阳货先,岂得不见?(孟·滕文公下)

3.4.4 其他

《孟子》假设句中,指称化的谓词性结构"其 VP"做假设句前件的用例仍然存在(有 4 例),不见"N 之 VP"做假设句前件之例。"其 VP"之例如:

(343)其如是,孰能御之?(孟·梁惠王上)

(344)其若是,孰能御之?(孟·梁惠王上)

(345)其有不合者,仰而思之,夜以继日;幸而得之,坐以待旦。(孟·离娄下)

(346)其为人也寡欲,虽有不存焉者,寡矣。(孟·尽心下)

《孟子》中不见"其 VP"和"N 之 VP"用于假设句后件之例。

《孟子》假设句标记方式的大致情况可列表如下:

表 2.3.8 《孟子》假设句的标记方式

	数量	百分比
B_1 类	3	0.78%
B_2 类	23	5.94%
B_3 类	1	0.26%
B_4 类	51	13.18%
B_5 类	7	1.81%
B_6 类	160	41.34%
B_7 类	12	3.10%
C 类	130	33.59%

3.5 《吕氏春秋》中的假设句

在《吕氏春秋》中,我们共搜集到假设句的用例约 500 例[①]。

---

① 受时间和精力所限,没有对《吕氏春秋》中的假设句进行穷尽式的搜集。《吕氏春秋》中议论性的语句较多,有的语句是否是假设句很难界定。

《吕氏春秋》中的条件引导词主要有"若""如""使""为"①"诚""必""苟""虽""纵""若使""若令"11个。例如：

(347)若桀、纣不遇汤、武，未必亡也。(吕·长攻)

(348)死者如有知也，吾何面以见子胥于地下！(吕·知化)

(349)使民无欲，上虽贤，犹不能用。(吕·为欲)

(350)故古之圣王有义兵而无有偃兵。兵诚义，以诛暴君而振苦民，民之说也，若孝子之见慈亲也，若饥者之见美食也，民之号呼而走之，若强弩之射于深溪也，若积大水而失其壅堤也。(吕·荡兵)

(351)墨子曰："必得宋乃攻之乎？亡其不得宋且不义犹攻之乎？"王曰："必不得宋，且有不义，则曷为攻之。"(吕·爱类)

(352)臣之御庶子鞅，愿王以国听之也。为不能听，勿使出境。(吕·长见)

(353)兵苟义，攻伐亦可，救守亦可。兵不义，攻伐不可，救守不可。(吕·禁塞)

(354)虽有江河之险则凌之，虽有大山之塞则陷之。(吕·论威)

(355)纵夫子骜禄爵，吾庸敢骜霸王乎？(吕·下贤)

(356)庖人调和而弗敢食，故可以为庖。若使庖人调和而食之，则不可以为庖矣。(吕·去私)

(357)若令桀、纣知必国亡身死，殄无后类，吾未知其厉为无道之至

---

① 关于"为"做条件引导词的情况需要做一些说明。王引之《经传释词》卷二云："为，犹如也。假设之词也。"周法高(1961)举出了其他一些类似用法的"为"。转引两书所举例证于下：

(1)叔向曰："荆若袭我，是自背其信而塞其忠也，为此行也，荆败我，诸侯必叛之。(国语·晋语)

(2)夫江黄之国近于楚，为臣死乎，君必归之楚而寄之。(管子·戒)

(3)今之新辩滥乎宰予，而世主之听眩乎仲尼，为悦其言，因任其身，则焉得无失乎？(韩非子·显学)

(4)王甚喜人之掩口也，为见王，必掩口。(韩非子·内储说上)

(5)臣之御庶子鞅，愿王以国听之也。为不能听，勿使出境。(吕·长见)

(6)是楚与三国谋出秦兵矣，秦为知之，必不救也。(战国策·秦策)

(7)今诚得治国，国治，身死不恨；为死终不得治，不如去。(史·宋世家)

(8)孙叔敖戒其子曰："为我死，王则封汝，汝必无受地也。"(列子·说符)

这个用作条件引导词的"为"与上古汉语的准系词"为"有关。系词可以用作假设句的标记(或作为假设标记的构词语素)，这在古今汉语中都可以找到例证。"苟为""要是"等中的"为"和"是"即是。在现代汉语的四川方言中，经常使用系词"是"作为条件引导词。例如：

(9)是你不去吵，我还是不去。(你要是不去的话，我也不去)

(10)是我有一百块钱的话，就安逸了。(要是我有一百块钱的话，那就太好了)

系词与假设句之间具有怎样的关联？这个问题尚待研究。但系词可以用作条件引导词这种现象是存在的，故将"为"也看成是一个条件引导词。

于此也。(吕·禁塞)

结果引导词主要是"则""而""乃"等。例如:

(358)孟春行夏令则风雨不时,草木早槁,国乃有恐;行秋令则民大疫,疾风暴雨数至,藜莠蓬蒿并兴;行冬令则水潦为败,霜雪大挚,首种不入。(吕·孟春纪)

(359)夫物合而成,离而生。(吕·有始)

(360)天下太平,万物安宁,皆化其上,乐乃可成。(吕·大乐)

条件煞尾词主要是"者""也""焉""矣"等。例如:

(361)失乐之情,其乐不乐。乐不乐者,其民必怨,其生必伤。(吕·侈乐)

(362)若此而不可得也,内量吾国不足以伤吴,外事之诸侯不能害之,则孤将弃国家,释群臣,服剑臂刃,变容貌,易姓名,执箕帚而臣事之,以与吴王争一旦之死。(吕·顺民)

(363)日夜求,幸而得之则遁焉。遁焉,性恶得不伤。(吕·本生)

(364)为之而乐矣,奚待贤者,……为之而苦矣,奚待不肖者。(吕·诬徒)

"其VP"继续使用,但数量较少。例如:

(365)其有若此者,行罪无赦。(吕·孟冬纪)

不见"N之VP"做前件之例,但有1例"N之VP"做后件之例,这在散文体中是极少见的,应当看成是例外:

(366)乱则愚者之多幸也,幸则必不胜其任矣。(吕·遇合)

副词"其"继续使用,可用于前件,也可用于后件。例如:

(367)汤其无郼,武其无岐,贤虽十全,不能成功。(吕·慎势)

(368)为人君而杀其民以自活也,其谁以我为君乎?(吕·制乐)

　　从 B 类假设标记的配合情况来看,《吕》较多 B$_6$ 类假设句(即只有结果引导词的假设句)。这与《吕》的语体有关,《吕》虽名为春秋但其实是政论性的文体,叙述往往夹叙夹议,较多作者的议论,在议论句特别是排比性的议论句中,为使行文紧凑,假设往往不用条件引导词而只用结果引导词,如《正名》说:"名正则治,名丧则乱。"这样的句子就比说"若名正,则治;若名丧,则乱"显得更为紧凑。《吕》中大量的 B$_6$ 类假设句都出现在排比性的议论句中。例如:

　　(369)故曰:去听无以闻则聪,去视无以见则明,去智无以知则公。去三者不任则治,三者任则乱。(吕·任数)
　　(370)故用则衰,动则暗,作则倦。(吕·勿躬)

3.6　春秋战国时期假设句的特点

　　春秋战国时期假设句的特点是:

　　第一,条件引导词大量涌现。在我们所调查的 4 部文献中,《左传》有条件引导词 14 个,《论语》有条件引导词 4 个,《孟子》有条件引导词 7 个,《吕氏春秋》有条件引导词 11 个。

　　第二,结果引导词有了进一步的发展。除了继承西周时期的"乃"和"则"之外,还出现了"斯""是""而""而后""遂""然后""是故"等。

　　第三,出现了条件煞尾词"者""也""焉""矣"等。

　　第四,可以使用指称化的谓词性结构"其 VP""N 之 VP"做假设句前件。

　　第五,假设句后件可以使用副词"其",但前件一般不用。

　　第六，就所调查的四部文献而言,各书假设句体现出各自的一些特点,这与多种因素有关:

　　a.《左传》条件引导词多用"若",少用"如",《论语》和《孟子》与此相反,这种差异可能反映的是方言的差别(周法高 1958);《吕氏春秋》"若""如"并用,可能与其成于众手有关。

　　b.《论语》多用结果引导词"斯",而其他三部文献少用,可能是方言或个人习惯的差异。

　　c.《吕氏春秋》多用 B$_6$ 类假设句(只有结果引导词的假设句),这可能与《吕》的政论性语体色彩有关。

　　总的来看,在春秋时期,汉语假设句的 B 类标记已经发展成熟,A 类标记则处于衰落过程中。

第四节　西汉时期的假设句

4.1　语料概述

西汉时期的传世文献资料很丰富。在这些丰富的语料中,我们主要选择了《史记》《淮南子》和《说苑》作为考察对象。

《史记》是本书考察西汉时期假设句的重点语料。本书只选择《史记》中的本纪、世家和列传三类,排除表、书及《太史公自序》。《史记》中往往有褚少孙所补的内容,但褚少孙也是西汉时人,将其所补的材料作为西汉的语料是没有问题的。因此本书对《史记》中褚少孙所补的内容一般不予剔除。

《史记》所记述的内容可以分为两类。一类是前代之事,一类是同时代之事。对于前代之事,司马迁在写作时不能不参考前代的资料。这种参考,有可能是照抄,但更多的时候可能是一种翻译式的改写。同样的内容,在《左传》和《史记》中,叙述方式可能完全不一样。以假设句为例,比较《左传》和《史记》中的同样内容,往往可以看出语言的发展变化。例如,《左传·僖公二十三年》和《史记·晋世家》都记载了晋文公重耳出亡时,重耳与楚成王的一段对话,《左传·僖公二十三年》原文是:

(1)及楚,楚子飨之曰:"公子若反晋国,则何以报不谷?"……对曰:"若以君之灵,得反晋国。晋、楚治兵,遇于中原,其辟君三舍。若不获命,其左执鞭、弭,右属櫜、鞬,以与君周旋。"

而《史记·晋世家》则是这样记载的:

(2)成王曰:"子即反国,何以报寡人?"……重耳曰:"即不得已,与君王以兵车会平原广泽,请辟王三舍。"

同样的假设构式,《左传》两次用条件引导词"若"而《史记》两次使用条件引导词"即",这反映出在司马迁的口语中,表将来时的可能假设恐以用引导词"即"为常。

再如,《左传》誓词常用的"所 VP 者"结构,《史记》有时将"所"字去掉。例如:

（3）丁丑，崔杼立而相之，庆封为左相，盟国人于大宫，曰："所不与崔、庆者——"（左·襄25）

（4）二相恐乱起，乃与国人盟曰："不与崔庆者死！"（史·齐太公世家）

这反映出，在先秦已式微（多见于誓词这种程式化的语言中）的"所 VP 者"结构表假设在汉代愈发趋于消亡了。

对于上述翻译类型的材料，本书一般将其纳入考察范围。但是，有时候，《史记》对于前代事件的记述往往是照搬古代文献。例如《史记·孔子世家》即有很多内容是《论语》中的原话。对于这种材料，本书在搜集语料的过程中一般予以剔除①。

此外，本书还考察了《淮南子》和《说苑》中的假设句。

以上三部文献中，《史记》属叙述类文献，《淮南子》和《说苑》属议论类文献。

本书所据《史记》版本为中华书局 1995 年版（全十册）。《淮南子》版本为何宁撰《淮南子集释》，中华书局 1998 年版（上中下三册）；《说苑》版本为向宗鲁撰《说苑校证》，中华书局 1987 年版（全一册）。

4.2 《史记》中的假设句

我们在《史记》中共搜集到假设句的用例 933 例。

4.2.1《史记》中的 A 类假设标记

《史记》假设句中，A 类假设标记（副词"其"）很少见。仅有 2 例，用在后件中：

（5）尔所不勉，其于尔身有戮。（史·周本纪）
（6）夫召我者岂徒哉？如用我，其为东周乎！（史·孔子世家）

这两个例子是有出处的，分别出自《尚书》和《论语》。原文是：

（7）尔所弗勖，其于尔躬有戮。（书·牧誓）
（8）如有用我者，吾其为东周乎！（论·阳货）

---

① 有时候，因论述需要会采用某些特殊用例，对此，一般随文予以说明。

因此,这两个例子不是实际口语的反映。假设句的 A 类标记在《史记》中已经衰亡了。

4.2.2《史记》中的 B 类假设标记

4.2.2.1《史记》中的条件引导词

《史记》中的条件引导词有"即""若""诚""必""使""苟""如""令""果""信""为""虽""纵""向(乡)使""有如""假令""一旦""诚使""诚令""借(藉)使""弟令""苟必""假使""譬使""如令""若必""向令""信如""藉弟令"等 29 个,带有条件引导词的假设句共 370 例,占全部假设句用例的 39.66%。

即

"即"是《史记》中最常见的条件引导词。共 66 例,占全部假设句用例的 7.07%,占全部条件引导词用例的 17.84%。一般用于将来时可能假设。其甲类例如:

(9)即大王薨,安国君立为王,则子毋几得与长子及诸子旦暮在前者争为太子矣。(史·吕不韦列传)

(10)即上一日宫车晏驾,则哙欲以兵尽诛灭戚氏、赵王如意之属。(史·樊郦滕灌列传)

(11)即大王徐行,留下城邑,汉军车骑至,驰入梁楚之郊,事败矣。(史·吴王濞列传)

(12)今将军初兴,未如魏其,即上以将军为丞相,必让魏其。(史·魏其武安侯列传)

乙类例如:

(13)汝军即败,必于殽厄矣。(史·秦本纪)

(14)上无太子,宫车即晏驾,廷臣必征胶东王,不即常山王,诸侯并争,吾可以无备乎!(史·淮南衡山列传)

(15)事即有误,示群臣短也。(史·秦始皇本纪)

(16)陛下百岁后,萧相国即死,令谁代之?(史·高祖本纪)

(17)上即欲与神通,宫室被服不象神,神物不至。(史·孝武本纪)

(18)我即死,若必相鲁;相鲁,必召仲尼。(史·孔子世家)

(19)因谓王即弗用鞅,当杀之。(史·商君列传)

(20)匈奴即入盗,急入收保,有敢捕虏者斩。(史·廉颇蔺相如

列传)

（21）彼即肆然而为帝,过而为政于天下,则连有蹈东海而死耳,吾不忍为之民也。（史·鲁仲连邹阳列传）

（22）王即薨,以子为后。（史·吕不韦列传）

丙类例如：

（23）即贵,无相忘。（史·外戚世家）

（24）君王能与共分天下,今可立致也。即不能,事未可知也。（史·项羽本纪）

可以用于两相对比句中。例如：

（25）温舒为人谄,善事有执者；即无执者,视之如奴。有执家,虽有奸如山,弗犯；无执者,贵戚必侵辱。（史·酷吏列传）

（26）将军能听臣,臣敢献计；即不能,愿先自刭。（史·季布栾布列传）

（27）今能入关破秦,大善；即不能,诸侯虏吾属而东,秦必尽诛吾父母妻子。（史·项羽本纪）

（28）朔之妇有遗腹,若幸而男,吾奉之；即女也,吾徐死耳。（史·赵世家）

有时候"即"后还可以是名词性成分,如上举例（25）和例（28）。
"即"也可以用于违实假设,但数量较少。例如：

（29）吾举兵西乡,诸侯必有应我者；即无应,奈何？（史·淮南衡山列传）

（30）且陛下即问长安中盗贼数,君欲强对邪？（史·陈丞相世家）

若

57 例,占全部假设句用例的 6.11%,占全部条件引导词用例的 15.41%。与《左传》相比,"若"在《史记》中的用例大幅减少①。其甲类例如：

_____

① 参看本章 3.2.2 节。

(31)若齐免于天下之兵,其雠子必深矣。(史·孟尝君列传)

(32)若齐不破,吕礼复用,子必大穷。(史·孟尝君列传)

(33)若君不修德,舟中之人尽为敌国也。(史·孙子吴起列传)

(34)若欲有学法令,以吏为师。(史·秦始皇本纪)

乙类例如:

(35)君若悼之,则谢以质。(史·孔子世家)

(36)今孔丘述三五之法,明周召之业,王若用之,则楚安得世世堂堂方数千里乎?(史·孔子世家)

(37)君若不非武王乎,则仆请终日正言而无诛,可乎?(史·商君列传)

丙类例如:

(38)朔之妇有遗腹,若幸而男,吾奉之;即女也,吾徐死耳。(史·赵世家)

(39)自今以来,若有召王者必见吾面,我将先以身当之,无故而王乃入。(史·赵世家)

(40)若从一家之谋,则魏必分矣。(史·魏世家)

(41)若道河内,倍邺、朝歌,绝漳滏水,与赵兵决于邯郸之郊,是知伯之祸也,秦又不敢。(史·魏世家)

(42)假我数年,若是,我于易则彬彬矣。(史·孔子世家)

“若”一般用于可能假设,如例(31)至例(41),偶见用于违实假设之例,如例(42)。

诚

条件引导词“诚”由语气副词虚化而来,二者有时候很难区分①。在我们所搜集到的语料中,可以分析为条件引导词的“诚”共有 53 例,占全部假设句用例的 5.68%,占全部条件引导词用例的 14.32%。当前件有主语时,“诚”只能位于主语之后,不能位于主语之前,即只有乙类和丙类,没有甲类。其乙类例如:

---

① 关于“诚”“必”“信”“果”等条件引导词的详细讨论请参看第三章第二节。

(43)今王有七十余城，而公主乃食数城。王诚以一郡上太后，为公主汤沐邑，太后必喜，王必无忧。（史·吕太后本纪）

(44)君诚能听臣，燕必致旃裘狗马之地，齐必致鱼盐之海，楚必致橘柚之园，韩、魏、中山皆可使致汤沐之奉，而贵戚父兄皆可以受封侯。（史·苏秦列传）

(45)大王诚能听臣，臣请令山东之国奉四时之献，以承大王之明诏，委社稷，奉宗庙，练士厉兵，在大王之所用之。（史·苏秦列传）

(46)嗟乎！吾诚得如黄帝，吾视去妻子如脱屣耳。（史·孝武本纪）

(47)非徒然也，君贵用事久，多失礼于王兄弟，兄弟诚立，祸且及身，何以保相印江东之封乎？（史·春申君列传）

(48)今人主诚能用齐、秦之义，后宋、鲁之听，则五伯不足称，三王易为也。（史·鲁仲连邹阳列传）

(49)君王宜郊迎，北面称臣，乃欲以新造未集之越，屈强于此。汉诚闻之，掘烧王先人冢，夷灭宗族，使一偏将将十万众临越，则越杀王降汉，如反覆手耳。（史·郦生陆贾列传）

(50)陛下诚能以适长公主妻之，厚奉遗之，彼知汉适女送厚，蛮夷必慕以为阏氏，生子必为太子。（史·刘敬叔孙通列传）

丙类例如：

(51)诚得立，请割晋之河西八城与秦。（史·秦本纪）
(52)诚如父言，不敢忘德。（史·高祖本纪）
(53)秦父兄苦其主久矣，今诚得长者往，毋侵暴，宜可下。（史·高祖本纪）
(54)今诚以吾众诈自称公子扶苏、项燕，为天下唱，宜多应者。（史·陈涉世家）

"诚"还可以用于表示违实假设，仅1例：

(55)特患力弗能救，德弗能覆；诚能，何故弃之？（史·东越列传）

此外，"诚使""诚令"也可以表示违实假设（例见下），这说明"诚"的确认语气已经消失了。

必

37 例,占全部假设句用例的 3.97%,占全部条件引导词用例的 10%。例如:

(56)足下必欲诛无道秦,不宜踞见长者。(史·高祖本纪)

(57)王必无人,臣愿奉璧往使。(史·廉颇蔺相如列传)

(58)必聚徒合义兵诛无道秦,不宜倨见长者。(史·郦生陆贾列传)

(59)必我行也,为汉患者。(史·匈奴列传)

(60)必若所云,是高帝代秦即天子之位,非邪?(史·儒林列传)

(61)法之不行,自于贵戚。君必欲行法,先于太子。(史·秦本纪)

(62)陛下必欲致之,则贵其使者,令有亲属,以客礼待之,勿卑,使各佩其信印,乃可使通言于神人。(史·孝武本纪)

(63)王必欲大伐,必得唐、蔡乃可。(史·吴太伯世家)

(64)君必行之,妾自杀也。(史·晋世家)

在两相对比的语句中,"必"作为条件引导词的属性更为清楚。例如:

(65)王必欲长王汉中,无所事信;必欲争天下,非信无所与计事者。顾王策安所决耳。(史·淮阴侯列传)

(66)必以贤,则去疾不肖;必以顺,则公子坚长。(史·郑世家)

当前件有主语时,"必"一般位于主语之后,即乙类,如例(56)、例(57),偶尔也可以位于主语之前,即甲类,如例(59)。

"必"用于可能假设,不用于违实假设。

使

33 例,占全部假设句用例的 3.54%,占全部条件引导词用例的 8.92%。条件引导词"使"既能用于违实假设,也广泛用于可能假设①。其可能假设之例如:

(67)使鬼为之,则劳神矣。使人为之,亦苦民矣。(史·秦本纪)

---

① 吕叔湘(1942a)认为古汉语使用"使""令""设"等关系词的句子多半表示与事实相反的假设。从《史记》中"使"的使用情况来看,"使"也大量用于可能假设。

(68)使文能取胜,则善矣。文不能取胜,则歃血于华屋之下,必得定从而还。(史•平原君虞卿列传)

(69)使秦破赵,君安得有此?使赵得全,君何患无有?(史•平原君虞卿列传)

(70)使秦破大梁而夷先王之宗庙,公子当何面目立天下乎?(史•魏公子列传)

(71)使臣得尽谋如伍子胥,加之以幽囚,终身不复见,是臣之说行也,臣又何忧?(史•范雎蔡泽列传)

(72)使赵不将括即已,若必将之,破赵军者必括也。(史•廉颇蔺相如列传)

(73)使梁睹秦称帝之害,则必助赵矣。(史•鲁仲连邹阳列传)

(74)使以臣之言为可,愿行而益利其道;以臣之言为不可,久留臣无为也。(史•范雎蔡泽列传)

(75)使以兄弟次邪,季子当立;必以子平,则光真适嗣,当立。(史•刺客列传)

违实假设之例如：

(76)使知者而必行,安有王子比干?(史•孔子世家)

(77)使楚王戊毋刑申公,遵其言,赵任防与先生,岂有篡杀之谋,为天下戮哉?(史•楚元王世家)

(78)使遂蚤得处囊中,乃颖脱而出,非特其末见而已。(史•平原君虞卿列传)

(79)吾不起中国,故王此。使我居中国,何渠不若汉?(史•郦生陆贾列传)

(80)使武安侯在者,族矣。(史•魏其武安侯列传)

(81)臣不敢言,故得全。使臣蚤言,皆已诛,安得至今?(史•秦始皇本纪)

"使"不能位于前件主语之后,因此只有甲类和丙类,没有乙类。其甲类例如上举例(67)至例(73)及例(76)至例(81),其丙类例如上举例(74)和例(75)。

苟

19例,占所有假设句用例的2.04%,占所有条件引导词用例的5.14%。

"苟"除了可以用于表示狭义的条件之外,还可以用于表示狭义的假设①。表狭义条件之例如:

> (82)利则进,不利则退,不羞遁走。苟利所在,不知礼义。(史·匈奴列传)
>
> (83)且苟所附之国重,此必使王重矣。(史·苏秦列传)

表狭义假设之例如:

> (84)苟富贵,无相忘。(史·陈涉世家)
>
> (85)今诸王苟能存亡继绝,振弱伐暴,以安刘氏,社稷之所愿也。(史·吴王濞列传)
>
> (86)苟如公言,不可徼幸邪?(史·淮南衡山列传)

很多时候,"苟"表示的是条件还是假设往往很难分辨,似乎是两可的。例如:

> (87)秦兵苟退,请必言子于卫君,使子为南面。(史·樗里子甘茂列传)
>
> (88)今苟欲劾治,彼不上书告君,即利剑刺君矣。(史·袁盎晁错列传)
>
> (89)王苟能破宋有之,寡人如自得之。(史·苏秦列传)
>
> (90)苟利于楚,寡人如自有之。(史·苏秦列传)

条件和假设之间的差别本来就很细微,取决于说话人看问题的视角和焦点的不同。这也是条件与假设可以合二为一的原因。以上这些两可的例子中,到底是条件还是假设可以因理解的不同而不同。有时候,"苟"可以用于两相对比的语句中,这在《左传》中是没有见到的②。例如:

> (91)苟与吾地,绝齐未晚也;不与吾地,阴合谋计也。(史·张仪

---

① 关于"狭义假设"和"狭义条件"的区别,请参看本书第四章第一、二节。

② 《孟子》中有1例:苟能充之,足以保四海;苟不充之,不足以事父母。(公孙丑上)。先秦他书不见此类用例。

列传)

其至"苟"还可以表示违实假设,这也是《左传》等先秦文献中所没有的。例如:

(92)百姓苟不便,何故能诛其大臣? 能诛其大臣,此其调也。(史·秦本纪)

(93)王苟以错不善,何不以闻?(及)[乃]未有诏虎符,擅发兵击义国。以此观之,意非欲诛错也。(史·吴王濞列传)

带有条件引导词"苟"的假设句既可以是甲类,如例(82)和例(83);也可以是乙类,如例(85)、例(87)、例(89)、例(92)和例(93),还可以是丙类,如例(84)、例(86)、例(88)、例(90)和例(91)。

如

10例,占所有假设句用例的1.07%,占所有条件引导词用例的2.70%。甲类例如:

(94)如彼竖子用臣之计,陛下安得而夷之乎!(史·淮阴侯列传)

乙类例如:

(95)君如弗礼,遂杀之。(史·郑世家)

丙类例如:

(96)鲁今且郊,如致膰乎大夫,则吾犹可以止。(史·孔子世家)
(97)夫召我者岂徒哉?如用我,其为东周乎!(史·孔子世家)
(98)今赖先生得复其位,客亦有何面目复见文乎?如复见文者,必唾其面而大辱之。(史·孟尝君列传)

"如"后可接存在动词"有"。例如:

(99)今秦,虎狼之国也,而君欲往,如有不得还,君得无为土禺人所

笑乎？（史·孟尝君列传）

（100）如有齐觉悟，复用孟尝君，则雌雄之所在未可知也。（史·孟尝君列传）

（101）如有遇雾露行道死，陛下竟为以天下之大弗能容，有杀弟之名，奈何？（史·袁盎晁错列传）

（102）如有马惊车败，陛下纵自轻，奈高庙、太后何？（史·袁盎晁错列传）

令

6 例，2 例违实假设，即例（103）、例（104），4 例可能假设，即例（105）至例（108）。一般为甲类，即例（103）和例（105）至例（108），1 例为"令＋NP"，即例（104）：

（103）嗟乎，令冬月益展一月，足吾事矣！（史·酷吏列传）

（104）此人亲惊吾马，吾马赖柔和，令他马，固不败伤我乎？（史·张释之冯唐列传）

（105）今我在也，而人皆藉吾弟，令我百岁后，皆鱼肉之矣。（史·魏其武安侯列传）

（106）来，以为客，时时从入朝，令上见之，则必异而问之。（史·留侯世家）

（107）此弹丸之地弗予，令秦来年复攻王，王得无割其内而媾乎？（史·平原君虞卿列传）

（108）令事成归王，事败独身坐耳。（史·张耳陈余列传）

果

3 例，均为可能假设。2 例为乙类，即例（109）、例（110），1 例为丙类，即例（111）：

（109）先生果能，孤请世世以卫事先生。（史·魏世家）

（110）是以圣人果可以利国，不一其用；果可以便其事，不同其礼。（史·赵世家）

（111）是以圣人果可以利国，不一其用；果可以便其事，不同其礼。（史·赵世家）

信

2 例,均为可能假设。1 例为乙类,即例(112),1 例为丙类,即例(113):

(112)大王信行臣之言,死不足以为臣患,亡不足以为臣忧,漆身为厉被发为狂不足以为臣耻。(史·范雎蔡泽列传)

(113)信能死,刺我;不能死,出我袴下①。(史·淮阴侯列传)

为

1 例,可能假设。丙类:

(114)今诚得治国,国治身死不恨。为死,终不得治,不如去。(史·宋微子世家)

虽

36 例,表纵予,有甲类、乙类和丙类。甲类例如:

(115)虽舜禹复生,弗能改已。(史·范雎蔡泽列传)

乙类例如:

(116)赵南据大河,北有燕、代,楚虽胜秦,不敢制赵。(史·陈涉世家)

(117)假令晏子而在,余虽为之执鞭,所忻慕焉。(史·管晏列传)

(118)秦虽欲深入,则狼顾,恐韩、魏之议其后也。(史·苏秦列传)

(119)季子虽来,不吾废也。(史·刺客列传)

(120)陛下虽得廉颇、李牧,弗能用也。(史·张释之冯唐列传)

丙类例如:

(121)吾闻圣人之后,虽不当世,必有达者。(史·孔子世家)

---

① 此"信"乃一条件引导词。中华书局《史记》第八册第 2610 页"信"下加直线,似以为是人名,指韩信,误。

（122）信如君不君，臣不臣，父不父，子不子，虽有粟，吾岂得而食诸！（史·孔子世家）

（123）虽得燕城，秦计固不能守也。（史·苏秦列传）

（124）大王不听臣，秦下甲士而东伐，虽欲事秦，不可得矣。（史·张仪列传）

（125）夫造祸而求其福报，计浅而怨深，逆秦而顺楚，虽欲毋亡，不可得也。（史·张仪列传）

"虽"之后还可以直接接一 NP。这个 NP 并非前件的主语，因此不能看成是甲类。例如：

（126）由是观之，天下诚有土崩之势，虽布衣穷处之士或首恶而危海内，陈涉是也。（史·平津侯主父列传）

（127）虽百世可知也。（史·佞幸列传）

"虽布衣穷处之士"意谓即使是布衣穷处之士；"虽百世"意谓即使经过了百世。可以将"布衣穷处之士"和"百世"看成是前件的宾语。这里的前件的主语是不言自明或无须说明的，前件的谓语可以看成是"为"（见例126）或"历"（经历、经过之义，见例127），不过这个谓语也省略了。

纵

9 例，表纵予，可为甲类、乙类或丙类，甲类例如：

（128）纵彼不言，籍独不愧于心乎？（史·项羽本纪）

（129）且籍与江东子弟八千人渡江而西，今无一人还，纵江东父兄怜而王我，我何面目见之？（史·项羽本纪）

（130）纵上不杀我，我不愧于心乎？（史·张耳陈余列传）

乙类例如：

（131）且纵单于不可得，恢所部击其辎重，犹颇可得，以慰士大夫心。（史·韩长孺列传）

（132）陛下纵不能得匈奴之资以谢天下，又以微文杀无知者五百余人，是所谓"庇其叶而伤其枝"者也，臣窃为陛下不取也。（史·汲郑列传）

（133）君侯纵不反地上，即欲反地下耳。（史·绛侯周勃世家）

丙类例如：

（134）纵不能立，而忍卖之乎！（史·赵世家）

（135）前大王见欺于张仪，张仪至，臣以为大王烹之；今纵弗忍杀之，又听其邪说，不可。（史·张仪列传）

（136）陛下纵自轻，奈高庙、太后何？（史·袁盎晁错列传）

向（乡）使

9例，其中写作"乡使"者6例，写作"向使"者3例。均为违实假设，且为与过去事实相反的假设。均为甲类。例如：

（137）乡使二世有庸主之行，而任忠贤，臣主一心而忧海内之患，缟素而正先帝之过，裂地分民以封功臣之后，建国立君以礼天下，虚囹圄而免刑戮，除去收帑污秽之罪，使各反其乡里，发仓廪，散财币，以振孤独穷困之士，轻赋少事，以佐百姓之急，约法省刑以持其后，使天下之人皆得自新，更节修行，各慎其身，塞万民之望，而以威德与天下，天下集矣。（史·秦始皇本纪）

（138）乡使文王疏吕尚而不与深言，是周无天子之德，而文武无与成其王业也。（史·范雎蔡泽列传）

（139）乡使管子幽囚而不出，身死而不反于齐，则亦名不免为辱人贱行矣。（史·鲁仲连邹阳列传）

（140）乡使曹子计不反顾，议不还踵，刎颈而死，则亦名不免为败军禽将矣。（史·鲁仲连邹阳列传）

（141）乡使秦已并天下，行仁义，法先圣，陛下安得而有之？（史·郦生陆贾列传）

（142）乡使政诚知其姊无濡忍之志，不重暴骸之难，必绝险千里以列其名，姊弟俱僇于韩市者，亦未必敢以身许严仲子也。（史·刺客列传）

（143）向使婴有庸主之才，仅得中佐，山东虽乱，秦之地可全而有，宗庙之祀未当绝也。（史·秦始皇本纪）

（144）向使秦缓其刑罚，薄赋敛，省繇役，贵仁义，贱权利，上笃厚，下智巧，变风易俗，化于海内，则世世必安矣。（史·平津侯主父列传）

（145）向使四君却客而不内，疏士而不用，是使国无富利之实而秦无强大之名也。（史·李斯列传）

有如

6 例,均为可能假设。可为甲类、乙类或丙类。甲类例如:

(146)有如痤死,赵不予王地,则王将奈何?(史·魏世家)

(147)有如强秦亦将袭赵之欲,则君且奈何?(史·魏世家)

(148)有如两宫螫将军,则妻子毋类矣。(史·魏其武安侯列传)

(149)有如太后宫车即晏驾,大王尚谁攀乎?(史·韩长孺列传)

乙类例如:

(150)公叔病有如不可讳,将奈社稷何?(史·商君列传)

丙类例如:

(151)臣之兄已代父侯矣,有如卒,子当代,亚夫何说侯乎?(史·绛侯周勃世家)

假令

4 例,2 例违实假设,即例(152)和例(153),2 例可能假设,即例(154)和例(155)。均为甲类。

(152)假令晏子而在,余虽为之执鞭,所忻慕焉。(史·管晏列传)

(153)假令韩信学道谦让,不伐己功,不矜其能,则庶几哉,于汉家勋可以比周、召、太公之徒,后世血食矣。(史·淮阴侯列传)

(154)假令诛臣而为秦得黔中之地,臣之上愿。(史·张仪列传)

(155)今盗宗庙器而族之,有如万分之一,假令愚民取长陵一抔土,陛下何以加其法乎?(史·张释之冯唐列传)

一旦

4 例,均为可能假设。可为甲类、乙类或丙类。甲类例如:

(156)一旦山陵崩,长安君何以自托于赵?(史·赵世家)

乙类例如：

(157)秦王一旦捐宾客而不立朝,秦国之所以收君者,岂其微哉?
(史·商君列传)

丙类例如：

(158)夫一旦有急叩门,不以亲为解,不以存亡为辞,天下所望者,
独季心、剧孟耳。(史·袁盎晁错列传)

(159)今公常从数骑,一旦有缓急,宁足恃乎!(史·袁盎晁错列传)

诚使

2例,甲类。一例为可能假设,即例(160),一例为违实假设,即例
(161):

(160)诚使秦王得志于天下,天下皆为虏矣。(史·秦始皇本纪)

(161)诚使乡曲之侠,予季次、原宪比权量力,效功于当世,不同日
而论矣。(史·游侠列传)

诚令

2例,均为甲类。均为违实假设:

(162)吴有铜盐利则有之,安得豪桀而诱之!诚令吴得豪桀,亦且辅
王为义,不反矣。(史·吴王濞列传)

(163)诚令成安君听足下计,若信者亦已为禽矣。(史·淮阴侯
列传)

借（藉）使

2例,均为甲类。均为违实假设。例如:

(164)藉使子婴有庸主之材,仅得中佐,山东虽乱,秦之地可全而
有,宗庙之祀未当绝也。(史·秦始皇本纪)

(165)借使秦王计上世之事,并殷周之迹,以制御其政,后虽有淫骄
之主而未有倾危之患也。(史·秦始皇本纪)

弟令

1例,可能假设,甲类:

(166)今大王与吴西乡,弟令事成,两主分争,患乃始结。(史·吴王濞列传)

苟必

由条件引导词"苟"和条件引导词"必"复合而成。仅见1例,丙类,违实假设:

(167)苟必信,胡不赴秦军俱死?(史·张耳陈余列传)

假使

1例,可能假设。甲类:

(168)假使臣得同行于箕子,可以有补于所贤之主,是臣之大荣也,臣有何耻?(史·范睢蔡泽列传)

譬使

1例,违实假设。甲类:

(169)譬使仁者而必信,安有伯夷、叔齐?(史·孔子世家)

如令

1例,违实假设,甲类:

(170)惜乎,子不遇时!如令子当高帝时,万户侯岂足道哉!(史·李将军列传)

若必

1例,可能假设,丙类:

(171)若必将之,破赵军者必括也。(史·廉颇蔺相如列传)

向令

1例,违实假设,甲类:

(172)向令伍子胥从奢俱死,何异蝼蚁。(史·伍子胥列传)

信如

1例,可能假设,甲类:

(173)信如君不君,臣不臣,父不父,子不子,虽有粟,吾岂得而食诸!(史·孔子世家)

藉弟令

1例,表纵予。丙类:

(174)藉弟令毋斩,而戍死者固十六七。(史·陈涉世家)

《史记》中条件引导词的情况可列表如下:

表 2.4.1　《史记》中的条件引导词

	用例数	语义类别				句法位置		
		假设		条件	纵予	甲类	乙类	丙类
		可能假设	违实假设					
即	66	+	+			+	+	+
若	57	+	+			+	+	+
诚	53	+	+				+	+
必	37	+				+	+	+
使	33	+	+			+		+
苟	19	+	+	+		+		+
如	10	+	+			+	+	+
令	6	+	+			+		
果	3	+					+	+
信	2	+					+	+
为	1	+						+
虽	36				+	+	+	+
纵	9				+	+	+	+
向(乡)使	9		+			+		
有如	6	+				+	+	+

	用例数	语义类别				句法位置		
		假设		条件	纵予	甲类	乙类	丙类
		可能假设	违实假设					
假令	4	+	+			+		
一旦	4	+				+	+	+
诚使	2	+	+			+		
诚令	2		+			+		
借(藉)使	2		+			+		
弟令	1	+				+		
苟必	1		+					+
假使	1	+				+		
譬使	1		+			+		
如令	1		+			+		
若必	1	+						+
向令	1		+			+		
信如	1	+				+		
藉弟令	1				+			+

4.2.2.2《史记》中的结果引导词

《史记》中的结果引导词主要有"则""即""乃""而""是""此""因""遂"等。带有结果引导词的假设句共有 336 例,占全部假设句用例的 36.01%。

则

《史记》中的最常用的结果引导词仍然是"则",共有 257 例,占全部假设句用例的 27.55%,占结果引导词用例的 76.49%。当后件有主语时,"则"一般位于主语之前,如例(176)、例(177),也有少数位于主语之后,如例(178)、例(179):

> (175)使鬼为之,则劳神矣。使人为之,亦苦民矣。(史·秦本纪)
> (176)如此弗禁,则主势降乎上,党与成乎下。(史·秦始皇本纪)
> (177)大王不事秦,秦下甲据宜阳,断韩之上地,东取成皋、荥阳,则鸿台之宫、桑林之苑非王之有也。(史·张仪列传)
> (178)假我数年,若是,我于易则彬彬矣。(史·孔子世家)
> (179)下河东,取成皋,韩必入臣,梁则从风而动。(史·张仪列传)

即

30 例,占全部假设句用例的 3.22%,占结果引导词用例的 8.93%。当

后件有主语时,"即"可以位于主语之后,如例(183),也可以位于主语之前,如例(184)、例(185):

(180)吾闻先即制人,后则为人所制。(史·项羽本纪)

(181)我未壮,壮即为变。(史·吕太后本纪)

(182)兵以胜为功,何常言与!必如公言,即奴事之耳,又何战为?(史·宋微子世家)

(183)王计必欲东,能用信,信即留;不能用,信终亡耳。(史·淮阴侯列传)

(184)若不知天下之所归,即齐国未可得保也。(史·郦生陆贾列传)

(185)君将治齐,即高傒与叔牙足也。(史·齐太公世家)

乃

17例,占全部假设句用例的1.82%,占结果引导词用例的5.06%。当后件有主语时,"乃"位于主语之后,如例(191)、例(192)。其后可以接NP,如例(193),这个NP是判断句的谓语。例如:

(186)使遂蚤得处囊中,乃颖脱而出,非特其末见而已。(史·平原君虞卿列传)

(187)王必用臣,臣如前,乃敢奉令。(史·廉颇蔺相如列传)

(188)愿收大王余兵击之,击之不胜,乃逃入海,未晚也。(史·吴王濞列传)

(189)王必欲拜之,择良日,斋戒,设坛场,具礼,乃可耳。(史·淮阴侯列传)

(190)使楚杀田假,赵杀田角、田闲,乃肯出兵。(史·田儋列传)

(191)今大王与吴西乡,弟令事成,两主分争,患乃始结。(史·吴王濞列传)

(192)吾属不死,命乃且县此两人。(史·外戚世家)

(193)苟先君无废祀,民人无废主,社稷有奉,乃吾君也。(史·吴太伯世家)

而

14例,占全部假设句用例的1.50%,占结果引导词用例的4.17%。当

后件有主语时,"而"位于主语之前,如例(194)至例(199)。例如:

(194)与楚则汉破,与汉而楚破。(史·季布栾布列传)

(195)藉弟令毋斩,而戍死者固十六七。(史·陈涉世家)

(196)大王不事秦,秦下兵攻河外,据卷、衍、[燕]、酸枣,劫卫取阳晋,则赵不南,赵不南而梁不北,梁不北则从道绝,从道绝则大王之国欲毋危不可得也。(史·张仪列传)

(197)寡人欲容车通三川,以窥周室,而寡人死不朽矣。(史·樗里子甘茂列传)

(198)若韩听,而霸事因可虑矣。(史·范睢蔡泽列传)

(199)虞不出则财匮少。财匮少而山泽不辟矣。(史·货殖列传)

(200)纵不能立,而忍卖之乎!(史·赵世家)

是

12例,占全部假设句用例的1.29%,占结果引导词用例的3.57%。当后件有主语时,位于后件主语之前,如例(201)至例(205)。例如:

(201)此其势不可以多人,多人不能无生得失,生得失则语泄,语泄是韩举国而与仲子为雠,岂不殆哉!(史·刺客列传)

(202)乡使文王疏吕尚而不与深言,是周无天子之德,而文武无与成其王业也。(史·范睢蔡泽列传)

(203)必若所云,是高帝代秦即天子之位,非邪?(史·儒林列传)

(204)见欺于张仪,则王必怨之。怨之,是西起秦患,北绝齐交。西起秦患,北绝齐交,则两国之兵必至。臣故吊。(史·楚世家)

(205)公求而得之,是令行于楚而以其地德韩也。公求而不得,是韩楚之怨不解而交走秦也。(史·樗里子甘茂列传)

(206)昔吾先君用之不终,终为诸侯笑。今又用之,不能终,是再为诸侯笑。(史·孔子世家)

此

3例。当后件有主语时,位于后件主语之前,如例(208)、例(209)。例如:

(207)且苟所附之国重,此必使王重矣。(史·苏秦列传)

（208）如其伏法，而太后食不甘味，卧不安席，此忧在陛下也。（史·田叔列传）

（209）陛下诚能复立六国后世，毕已受印，此其君臣百姓必皆戴陛下之德，莫不乡风慕义，愿为臣妾。（史·留侯世家）

因

2 例。当后件有主语时，位于后件主语之后，如例（211）。例如：

（210）王卑词重币以事之；不可，则割地而赂之；不可，因举兵而伐之。（史·范睢蔡泽列传）

（211）若韩听，而霸事因可虑矣。（史·范睢蔡泽列传）

遂

1 例，后件无主语：

（212）君如弗礼，遂杀之；弗杀，使即反国，为郑忧矣。（史·郑世家）

《史记》中的结果引导词的情况可列表如下：

表 2.4.2　《史记》中的结果引导词

	用例数	主语前	主语后	无主语
则	257	＋	＋	＋
即	30	＋	＋	＋
乃	17		＋	＋
而	14	＋		＋
是	12	＋		＋
此	3	＋		＋
因	2		＋	＋
遂	1			＋

4.2.2.3《史记》中的条件煞尾词

《史记》中的条件煞尾词主要有"者""邪""乎""矣""也"，带有条件煞尾词的假设句总共只有 16 例，仅占全部假设句用例的 1.71%。

者

10 例。可单独使用，如例（213），也可与条件引导词配合使用如例

（214）、例（215）：

（213）不者，若属皆且为所虏。（史·项羽本纪）

（214）今赖先生得复其位，客亦有何面目复见文乎？如复见文者，必唾其面而大辱之。（史·孟尝君列传）

（215）使武安侯在者，族矣。（史·魏其武安侯列传）

邪

3例。可单独使用，如例（216）、例（217），也可与条件引导词配合使用，如例（218）：

（216）使何得见，言之而是邪，是大王所欲闻也。（史·黥布列传）

（217）言之而非邪，使何等二十人伏斧质淮南市，以明王倍汉而与楚也。（史·黥布列传）

（218）使君所言公事，之曹与长史掾议，吾且奏之；即私邪，吾不受私语。（史·袁盎晁错列传）

乎

1例。与"若"配合使用：

（219）君若不非武王乎，则仆请终日正言而无诛，可乎？（史·商君列传）

矣

1例。与"使"配合使用：

（220）使俗之渐民久矣，虽户说以眇论，终不能化。（史·货殖列传）

也

1例。单独使用：

（221）朔之妇有遗腹，若幸而男，吾奉之；即女也，吾徐死耳。（史·赵世家）

《史记》中的条件煞尾词的情况可列表如下：

表 2.4.3　《史记》中的条件煞尾词

	用例数	单独使用	配合条件引导词使用
者	10	+	+
邪	3	+	+
乎	1		+
矣	1		+
也	1	+	

4.2.2.4《史记》中 B 类假设标记的相互配合

从三类假设标记的相互配合来看，《史记》假设句情况如下：

B₁类，即条件引导词、结果引导词、条件煞尾词三者俱全。1 例，为"若……乎，则……"形式：

（222）君若不非武王乎，则仆请终日正言而无诛，可乎？（史·商君列传）

B₂类，即有条件引导词和结果引导词，没有条件煞尾词。共 67 例，约占全部假设句用例的 7.18%。包括"必……，即……"、"必……，则……"、"诚……，则……"、"诚……，此……"、"苟……，乃……"、"即……，即……"、"即……，是……"、"即……，则……"、"即……，乃……"、"如……，则……"、"如……，遂……"、"若……，则……"、"若……，即……"、"若……，而……"、"若……，乃……"、"使……，则……"、"使……乃……"、"使……，即……"、"虽……，则……"、"虽……，而……"、"纵……，而……"、"纵……，即……"、"弟令……，乃……"、"乡（向）使……，是……"、"乡（向）使……，则……"、"有如……，则……"、"藉弟令……，而……"等多种形式。例如：

（223）兵以胜为功，何常言与！必如公言，即奴事之耳，又何战为？（史·宋微子世家）

（224）吾翁即若翁，必欲烹而翁，则幸分我一桮羹。（史·项羽本纪）

（225）大王诚能用臣之愚计，则韩、魏、齐、燕、赵、卫之妙音美人必充后宫，燕、代橐驼良马必实外厩。（史·苏秦列传）

（226）陛下诚能复立六国后世，毕已受印，此其君臣百姓必皆戴陛下之德，莫不乡风慕义，愿为臣妾。（史·留侯世家）

(227)苟先君无废祀,民人无废主,社稷有奉,乃吾君也。(史·吴太伯世家)

(228)单于即不能,即南面而臣于汉。(史·匈奴列传)

(229)齐强,而厉公居栎,即不往,是率诸侯伐我,内厉公。(史·郑世家)

(230)今齐王母家驷(钧),驷钧,恶人也。即立齐王,则复为吕氏。(史·吕太后本纪)

(231)即不解,乃力战而死,未晚也。(史·大宛列传)

(232)鲁今且郊,如致膰乎大夫,则吾犹可以止。(史·孔子世家)

(233)君如弗礼,遂杀之。(史·郑世家)

(234)若从一家之谋,则魏必分矣。(史·魏世家)

(235)若不知天下之所归,即齐国未可得保也。(史·郦生陆贾列传)

(236)若韩听,而霸事因可虑矣。(史·范雎蔡泽列传)

(237)先用诵多者,若不足,乃择掌故补中二千石属,文学掌故补郡属,备员。(史·儒林列传)

(238)使鬼为之,则劳神矣。(史·秦本纪)

(239)使遂蚤得处囊中,乃颖脱而出,非特其末见而已。(史·平原君虞卿列传)

(240)使赵不将括即已,若必将之,破赵军者必括也。(史·廉颇蔺相如列传)

(241)秦虽欲深入,则狼顾,恐韩、魏之议其后也。(史·苏秦列传)

(242)虽累辱而不愧也。(史·日者列传)

(243)纵不能立,而忍卖之乎!(史·赵世家)

(244)君侯纵不反地上,即欲反地下耳。(史·绛侯周勃世家)

(245)今大王与吴西乡,弟令事成,两主分争,患乃始结。(史·吴王濞列传)

(246)向使四君却客而不内,疏士而不用,是使国无富利之实而秦无强大之名也。(史·李斯列传)

(247)乡使管子幽囚而不出,身死而不反于齐,则亦名不免为辱人贱行矣。(史·鲁仲连邹阳列传)

(248)有如痤死,赵不予王地,则王将奈何?(史·魏世家)

(249)藉弟令毋斩,而戍死者固十六七。(史·陈涉世家)

B₃类,即有条件引导词和条件煞尾词,没有结果引导词。6 例,占全部假设句用例的 0.64％。包括"即……也,……"、"即……邪,……"、"如……者,……"、"使……邪,……"、"使……者,……"、"使……矣,……"等组合形式,各 1 例:

(250)即女也,吾徐死耳。(史·赵世家)

(251)即私邪,吾不受私语。(史·袁盎晁错列传)

(252)今赖先生得复其位,客亦有何面目复见文乎?如复见文者,必唾其面而大辱之。(史·孟尝君列传)

(253)使何得见,言之而是邪,是大王所欲闻也;言之而非邪,使何等二十人伏斧质淮南市,以明王倍汉而与楚也。(史·黥布列传)

(254)使武安侯在者,族矣。(史·魏其武安侯列传)

(255)使俗之渐民久矣,虽户说以眇论,终不能化。(史·货殖列传)

B₄类,即只有条件引导词,没有结果引导词和条件煞尾词。共 306 例,占全部假设句用例的 32.80％。条件引导词包括"必""诚""苟""果""即""如""若""使""虽""纵""诚使""藉使""譬使""向使""一旦""信如"。例如:

(256)足下必欲诛无道秦,不宜踞见长者。(史·高祖本纪)

(257)诚得立,请割晋之河西八城与秦。(史·秦本纪)

(258)子苟能,请以国听子。(史·周本纪)

(259)是以圣人果可以利其国,不一其用;果可以便其事,不同其礼。(史·赵世家)

(260)汝军即败,必于殽厄矣。(史·秦本纪)

(261)夫召我者岂徒哉?如用我,其为东周乎!(史·孔子世家)

(262)朔之妇有遗腹,若幸而男,吾奉之。(史·赵世家)

(263)臣不敢言,故得全。使臣蚤言,皆已诛,安得至今?(史·秦始皇本纪)

(264)吾闻圣人之后,虽不当世,必有达者。(史·孔子世家)

(265)且籍与江东子弟八千人渡江而西,今无一人还,纵江东父兄怜而王我,我何面目见之?(史·项羽本纪)

(266)诚使秦王得志于天下,天下皆为虏矣。(史·秦始皇本纪)

(267)藉使子婴有庸主之材,仅得中佐,山东虽乱,秦之地可全而有,宗庙之祀未当绝也。(史·秦始皇本纪)

(268)譬使仁者而必信,安有伯夷、叔齐?(史·孔子世家)

(269)向使婴有庸主之才,仅得中佐,山东虽乱,秦之地可全而有,宗庙之祀未当绝也。(史·秦始皇本纪)

(270)一旦山陵崩,长安君何以自托于赵?(史·赵世家)

(271)信如君不君,臣不臣,父不父,子不子,虽有粟,吾岂得而食诸!(史·孔子世家)

B₅类,即有结果引导词和条件煞尾词,没有条件引导词。仅1例,为"……者,则……"形式:

(272)下者得食,不下者数日则去。(史·大宛列传)

B₆类,即只有结果引导词,没有条件引导词和条件煞尾词。共245例,占全部假设句用例的26.26%。结果引导词包括"则""即""乃""是""而""故""因""然后""则是"等。例如:

(273)授舜,则天下得其利而丹朱病;授丹朱,则天下病而丹朱得其利。(史·五帝本纪)

(274)今晏然不巡行,即见弱,毋以臣畜天下。(史·秦始皇本纪)

(275)吾属不死,命乃且县此两人。(史·外戚世家)

(276)公求而得之,是令行于楚而以其地德韩也。公求而不得,是韩楚之怨不解而交走秦也。(史·樗里子甘茂列传)

(277)大王不事秦,秦下兵攻河外,据卷、衍、[燕]、酸枣,劫卫取阳晋,则赵不南,赵不南而梁不北,梁不北则从道绝。(史·张仪列传)

(278)而韩、魏迫于秦患,不可与深谋,与深谋恐反人以入于秦,故谋未发而国已危矣。(史·苏秦列传)

(279)王卑词重币以事之;不可,则割地而赂之;不可,因举兵而伐之。(史·范睢蔡泽列传)

(280)为秦社稷计者,东方有大变,然后王可以多割得地也。(史·张仪列传)

(281)且服奇者志淫,则是邹、鲁无奇行也;俗辟者民易,则是吴、越无秀士也。(史·赵世家)

B₇类,即只有条件煞尾词,没有条件引导词和结果引导词。共7例,占全部假设句用例的0.75％。条件煞尾词包括"者"5例和"邪"2例。例如：

(282)不者,若属皆且为所虏。(史·项羽本纪)

(283)非尽天下之地,臣海内之王者,其意不厌。(史·刺客列传)

(284)所不杀子者有如田宗。(史·齐太公世家)

(285)不可者,各厌其意,然后乃敢尝酒食。(史·游侠列传)

(286)使何得见,言之而是邪,是大王所欲闻也;言之而非邪,使何等二十人伏斧质淮南市,以明王倍汉而与楚也。(史·黥布列传)

4.2.3 《史记》中的无标记假设句

《史记》中的无标记假设句共298例,占全部假设句用例的31.94％。例如：

(287)今战能胜,高必疾妒吾功;战不能胜,不免于死。(史·项羽本纪)

(288)君王能与共分天下,今可立致也。(史·项羽本纪)

(289)不然,父子俱屠,无为也。(史·高祖本纪)

(290)且人已服降,又杀之,不祥。(史·高祖本纪)

(291)非刘氏而王,天下共击之。(史·吕太后本纪)

(292)宫室被服不象神,神物不至。(史·孝武本纪)

(293)吾以众伐寡,二而伐一,可乎?(史·赵世家)

(294)使之大急,彼且割地而约从,王尚何救焉?(史·魏世家)

(295)楚已诛秦,必加兵于赵。(史·陈涉世家)

(296)非诛之,事恐败。(史·陈涉世家)

4.2.4 其他

《史记》假设句中,指称化的谓词性结构"N之VP",和"其VP"做前件的用例仍然存在。例如：

(297)尔之许我,我以其璧与圭归,以俟尔命。尔不许我,我乃屏璧与圭。(史·鲁周公世家)

(298)令之不行,政之不立;行而不顺,民将弃上。(史·鲁周公世家)

(299)德之休明,虽小必重。(史·楚世家)

（300）其奸回昏乱，虽大必轻。（史·楚世家）

这些例子中记述的都是前代之事，司马迁是照搬原文的句式。它们的出处分别是：

（301）今我即命于元龟，尔之许我，我其以璧与圭，归俟尔命，尔不许我，我乃屏璧与圭。（书·金縢）

（302）令之不行，政之不立。行而不顺，民将弃上。（国·周语上）

（303）德之休明，虽小，重也。（左·宣3）

（304）其奸回昏乱，虽大，轻也。（左·宣3）

也有不是记述前代史实的用例，但极少见，在所调查的语料中仅见1例：

（305）维六年四月乙巳，皇帝使御史大夫汤庙立子闳为齐王。曰：于戏，小子闳，受兹青社！朕承祖考，维稽古建尔国家，封于东土，世为汉藩辅。于戏念哉！恭朕之诏，惟命不于常。人之好德，克明显光。义之不图，俾君子怠。悉尔心，允执其中，天禄永终。（史·三王世家）

这个例子虽然记述的不是前代之事，但出现在诏书这种特殊的语言环境中，很显然是为了达到庄重的修辞效果而刻意的仿古。我们认为，在汉代的口语中，"N之VP""其VP"做假设句前件的用法已经大大衰落①，甚至可以说已经消亡了。

《史记》假设句标记方式的大致情况可列表如下：

表2.4.4 《史记》假设句的标记方式

	数量	百分比
A$_3$类	2	0.21%
B$_1$类	1	0.11%
B$_2$类	67	7.18%
B$_3$类	6	0.64%
B$_4$类	306	32.80%
B$_5$类	1	0.11%

---

① 王洪君（1987）即指出，"主之谓"结构在西汉初年大大衰落，南北朝初期已在大众口语中消失。

续表

	数量	百分比
B₆类	245	26.26%
B₇类	7	0.75%
C类	298	31.94%

4.3 《淮南子》中的假设句

我们在《淮南子》中共搜集到假设句的用例 908 例。

4.3.1《淮南子》中的 A 类假设标记

《淮南子》中不见副词"其"用于假设句前后件之例,即《淮南子》中不存在 A 类假设标记。

4.3.2《淮南子》中的 B 类假设标记

4.3.2.1《淮南子》中的条件引导词

《淮南子》中的条件引导词有"使""若""诚""苟""虽""若使""若或""若诚""若夫""有如"10 个,带有条件引导词的假设句共 119 例,占全部假设句用例的 13.11%。

使

《淮南子》中最常见的条件引导词是"使",共 28 例。既可用于可能假设,也可用于违实假设。用于可能假设之例如:

(306)使俗人不得其君形者而效其容,必为人笑。(淮·俶真)

(307)使耳目精明玄达而无诱慕,气志虚静恬愉而省嗜欲,五藏定宁充盈而不泄,精神内守形骸而不外越,则望于往世之前,而视于来事之后,犹未足为也,岂直祸福之间哉?(淮·本经)

用于违实假设之例如:

(308)使舜无其志,虽口辩而户说之,不能化一人。(淮·原道)

从句法位置上看,只有甲类和丙类,没有乙类。其甲类例如:

(309)使俗人不得其君形者而效其容,必为人笑。(淮·览冥)

(310)使我可系羁者,必其有命在于外也。(淮·俶真)

丙类例如:

(311)使言之而是,虽在褐夫刍荛,犹不可弃。(淮·主术)

(312)使言之而非也,虽在卿相人君,揄策于庙堂之上,未必可有用。(淮·主术)

若

25例。均为可能假设,不见违实假设之例。从句法位置上看,可以是甲类、乙类和丙类。甲类仅1例:

(313)诚其大略是也,虽有小过,不足以为累;若其大略非也,虽有间里之行,未足大举。(淮·氾论)

乙类和丙类多见,乙类例如:

(314)王若欲久持之,则塞民于兑。(淮·氾论)

(315)彼若有间,急填其隙,极其变而束之,尽其节而仆之。(淮·兵略)

丙类例如:

(316)若无道术度量而以自俭约,则万乘之势不足以为尊,天下之富不足以为乐矣。(淮·诠言)

(317)若多赋敛,实府库,则与民为仇。(淮·诠言)

诚

13例。只用于可能假设,不用于违实假设。没有甲类,只有乙类和丙类。乙类例如:

(318)故人主诚正,则直士任事,而奸人伏匿矣;人主不正,则邪人得志,忠者隐蔽矣。(淮·主术)

(319)君子诚仁,施亦仁,不施亦仁;小人诚不仁,施亦不仁,不施亦不仁。(淮·齐俗)

丙类例如：

（320）故以汤止沸，沸乃不止，诚知其本，则去火而已矣。（淮·本经）

（321）诚能爱而利之，天下可从也。（淮·齐俗）

苟

5 例。用于可能假设。有乙类和丙类，没有甲类。乙类例如：

（322）身苟正，怀远易矣。（淮·谬称）

丙类例如：

（323）苟乡善，虽过无怨；苟不乡善，虽忠来患。（淮·谬称）

（324）苟利于民，不必法古；苟周于事，不必循旧。（淮·氾论）

《淮南子》中"苟"的用例较少，其中一部分可以看成是表可能假设，如例（322），少数可以看成是表狭义条件，如例（324）。

虽

41 例。表纵予，有甲类、乙类和丙类。甲类例如：

（325）虽皋陶为之理，不能定其处。（淮·齐俗）

乙类例如：

（326）夫言有宗，事有本，失其宗本，技能虽多，不若其寡也。（淮·氾论）

（327）君子虽死亡，其名不灭。（淮·泰族）

丙类例如：

（328）虽割国之锱锤以事人，而无自恃之道，不足以为全。（淮·诠言）

（329）夫临江而钓，旷日而不能盈罗。虽有钩箴芒距，微纶芳饵，加之以詹何娟嬛之数，犹不能与网罟争得也。（淮·原道）

"虽"之后也可以直接接一 NP。例如：

（330）虽愚者知说之。（淮·俶真）

（331）世无灾害，虽神无所施其德。（淮·本经）

若使

2 例。可能假设。甲类。

（332）今为一目之罗，则无时得鸟矣。若使人必知所集，则县一札而已矣。（淮·说山）

（333）若使闻伦下之，吾可以勿赏乎？（淮·人间）

若或

2 例。可能假设。丙类。

（334）若或失时，行罪无疑。（淮·时则）

（335）不言之辩，不道之道，若或通焉，谓之天府。（淮·本经）

若诚

1 例。可能假设。丙类。

（336）若诚外释交之策①，而慎修其境内之事，尽其地力以多其积，厉其民死以牢其诚，上下一心，君臣同志，与之守社稷，敦死而民弗离，则为名者不伐无罪，而为利者不攻难胜，此必全之道也。（淮·诠言）

若夫

"若夫"在古汉语中经常用作话题转换标记②。由于假设句的前件也可以看成是话题③，因此"若夫"也可以用于引出假设句的前件，这时"若夫"起着标记假设句和标记话题的双重功能，可以看成是假设标记。仅 1 例，可能假设，丙类：

---

① 何宁集释引陈观楼云："'外释交之策'当为'释外交之策'。"

② 参看本书第四章第三节。

③ 参看本书第四章第三节及第五章第二节。

（337）若夫以火能焦木也,因使销金,则道行矣;若以慈石之能连铁也,而求其引瓦,则难矣。(淮·览冥)

有如

1 例。可能假设,丙类:

（338）宋人有嫁子者,告其子曰:"嫁未必成也。有如出,不可不私藏。私藏而富,其于以复嫁易。"(淮·氾论)

《淮南子》中条件引导词的情况可列表如下:

表 2.4.5　《淮南子》中的条件引导词

用例数		语义类别				句法位置		
		假设		条件	纵予	甲类	乙类	丙类
		可能假设	违实假设					
使	28	+	+			+		+
若	25	+				+	+	+
诚	13	+					+	+
苟	5	+		+			+	+
虽	41				+	+	+	+
若使	2	+				+		
若或	2	+						+
若诚	1	+						+
若夫	1	+						+
有如	1	+						+

4.3.2.2《淮南子》中的结果引导词

《淮南子》中的结果引导词主要有"则""而""乃""斯""即"5 个。带有结果引导词的假设句共有 636 例,占全部假设句用例的 70.04%。

则

《淮南子》中的最常用的结果引导词是"则",共 577 例,占全部假设句用例的一半以上。其后件可以无主语,如例（339）至例（341）,当其后件有主语时,"则"位于主语之前,如例（342）、例（343）,不见位于主语之后之例。例如:

（339）故阳燧见日则燃而为火;方诸见月则津而为水。(淮·天文)

(340)天二气则成虹,地二气则泄藏,人二气则成病。(淮·说山)

(341)故兵强则灭,木强则折。(淮·原道)

(342)智者心之府也,智公则心平矣。(淮·俶真)

(343)礼乐饰则纯朴散矣,是非形则百姓眩矣,珠玉尊则天下争矣。(淮·齐俗)

而

31 例。后件可无主语,如例(344),当后件有主语时,"而"位于主语之前,如例(345)至例(347)。例如:

(344)上达有道,名誉不起而不能上达矣。(淮·主术)

(345)知与物接,而好憎生焉。(淮·原道)

(346)好憎成形而知诱于外,不能反已,而天理灭矣。(淮·原道)

(347)虎啸而谷风至,龙举而景云属,麒麟斗而日月食,鲸鱼死而彗星出,蚕珥丝而商弦绝,贲星坠而勃海决。(淮·天文)

乃

13 例。其后件可以无主语,如例(348),当后件有主语时,位于主语之后,如例(349)、例(350)。例如:

(348)用之不节,乃反为病。(淮·谬称)

(349)若以汤沃沸,乱乃逾甚。(淮·原道)

(350)神清意平,物乃可正。(淮·齐俗)

斯

10 例,其后件均无主语。例如:

(351)凡人之性,心和欲得则乐,乐斯动,动斯蹈,蹈斯荡,荡斯歌,歌斯舞,歌舞节则禽兽跳矣。(淮·主术)

(352)能善小斯能善大矣。(淮·谬称)

(353)故君子见始,斯知终矣。(淮·谬称)

即

5 例。其后件可无主语,如例(354)、例(355),当其后件有主语时,"即"

位于主语之前,如例(356)、例(357)。例如:

(354)凡人情,说其所苦即乐,失其所乐则哀。(淮·谬称)

(355)夫民有余即计,不足则争,计则礼义生,争则暴乱起。(淮·齐俗)

(356)各用之于其所适,施之于其所宜,即万物一齐,而无由相过。(淮·齐俗)

(357)故趣舍合,即言忠而益亲;身疏,即谋当而见疑。(淮·齐俗)

《淮南子》中的结果引导词的情况可列表如下:

表 2.4.6 《淮南子》中的结果引导词

	用例数	主语前	主语后	无主语
则	577	+		+
而	31	+		+
乃	13		+	
斯	10			+
即	5	+		+

4.3.2.3《淮南子》中的条件煞尾词

《淮南子》中的条件煞尾词主要有"也""者""乎"3 个。带有条件煞尾词的假设句共有 15 例,占全部假设句用例的 1.65%。

也

10 例。可以单独使用,例如:

(358)是故有以自得之也,乔木之下,空穴之中,足以适情。无以自得也,虽以天下为家,万民为臣妾,不足以养生也。(淮·原道)

也可与条件引导词"若""若夫""使"等配合使用,例如:

(359)若以慈石之能连铁也,而求其引瓦,则难矣。(淮·览冥)

(360)使言之而非也,虽在卿相人君,揄策于庙堂之上,未必可有用。(淮·主术)

(361)若夫以火能焦木也,因使销金,则道行矣。(淮·览冥)

还可以用在一"N 之 VP"表假设的结构中,例如:

(362)由此观之,上天之诛也,虽在圹虚幽闲,辽远隐匿,重袭石室,界障险阻,其无所逃之亦明矣。(淮·览冥)

者

3 例。可以单独使用,如例(363),也可以与条件引导词"使"配合使用,如例(364)。例如:

(363)是故任一人之力者,则乌获不足恃;乘众人之制者,则天下不足有也。(淮·主术)

(364)使我可系羁者,必其有命在于外也。(淮·俶真)

乎

2 例。单独使用。例如:

(365)以贵为圣乎,则圣者众矣;以贱为仁乎,则贱者多矣。(淮·谬称)

《淮南子》中的条件煞尾词的情况可列表如下:

表 2.4.7 《淮南子》中的条件煞尾词

	用例数	单独使用	配合条件引导词使用
也	10	+	+
者	3	+	+
乎	2	+	

4.3.2.4《淮南子》中 B 类假设标记的相互配合

从条件引导词、结果引导词和条件煞尾词三类假设标记的相互配合来看,《淮南子》假设句情况如下:

B₁ 类,即条件引导词、结果引导词、条件煞尾词三者俱全。《淮南子》中没有此类假设句。

B₂ 类,即有条件引导词和结果引导词,没有条件煞尾词。共 32 例,约占全部假设句用例的 3.52%。包括"若……,乃……"、"若……,则……"、"若夫……,则……"、"诚……,则……"、"若……,乃……"、"使……,则……"、

"虽……,则……"、"若使……,则……"等多种形式。例如:

(366)若以汤沃沸,乱乃逾甚。(淮·原道)

(367)若以慈石之能连铁也,而求其引瓦,则难矣。(淮·览冥)

(368)若夫以火能焦木也,因使销金,则道行矣。(淮·览冥)

(369)故以汤止沸,沸乃不止,诚知其本,则去火而已矣。(淮·本经)

(370)若欲规之,乃是离之;若欲饰之,乃是贼之。(淮·主术)

(371)使人主执正持平,如从绳准高下,则群臣以邪来者,犹以卵投石,以火投水。(淮·主术)

(372)虽幽野险涂,则无由惑矣。(淮·主术)

(373)若使人必知所集,则县一札而已矣。(淮·说林)

B₃类,即有条件引导词和条件煞尾词,没有结果引导词。共 3 例,仅占全部假设句用例的 0.33%。其形式包括"使……者,……","诚……也,……","若……也,……"等。例如:

(374)使我可系羁者,必其有命在于外也。(淮·俶真)

(375)诚其大略是也,虽有小过,不足以为累。(淮·氾论)

(376)若其大略非也,虽有间里之行,未足大举。(淮·氾论)

B₄类,即只有条件引导词,没有结果引导词和条件煞尾词。共 74 例,占全部假设句用例的 8.15%。条件引导词包括"使""若""诚""苟""虽""若使""若或""若诚""若夫"。例如:

(377)使舜无其志,虽口辩而户说之,不能化一人。(淮·原道)

(378)王若欲久持之,则塞民于兑。(淮·氾论)

(379)诚能爱而利之,天下可从也。(淮·齐俗)

(380)苟利于民,不必法古;苟周于事,不必循旧。(淮·氾论)

(381)君子虽死亡,其名不灭。(淮·泰族)

(382)若使闻伦下之,吾可以勿赏乎?(淮·人间)

(383)若或失时,行罪无疑。(淮·时则)

(384)若诚外释交之策,而慎修其境内之事;尽其地力,以多其积;厉其民死,以牢其诚;上下一心,君臣同志,与之守社稷,敩死而民弗离,则为名者不伐无罪,而为利者不攻难胜,此必全之道也。(淮·诠言)

（385）若夫以火能焦木也，因使销金，则道行矣。（淮·览冥）

B₅类，即有结果引导词和条件煞尾词，没有条件引导词。4 例，占全部假设句用例的 0.44%。其形式为"……者，则……"和"……乎，则……"。均出现在对比句中。例如：

（386）是故任一人之力者，则乌获不足恃；乘众人之制者，则天下不足有也。（淮·主术）

（387）以贵为圣乎，则圣者众矣；以贱为仁乎，则贱者多矣。（淮·谬称）

B₆类，即只有结果引导词，没有条件引导词和条件煞尾词。共 589 例，占全部假设句用例的 64.87%。结果引导词包括"则""而""乃""斯"等。例如：

（388）故兵强则灭，木强则折。（淮·原道）

（389）好憎成形而知诱于外，不能反已，而天理灭矣。（淮·原道）

（390）神清意平，物乃可正。（淮·齐俗）

（391）故君子见始，斯知终矣。（淮·谬称）

B₇类，即只有条件煞尾词，没有条件引导词和结果引导词。共 3 例，占全部假设句用例的 0.33%。条件煞尾词为"也"。例如：

（392）是故有以自得之也，乔木之下，空穴之中，足以适情。无以自得也，虽以天下为家，万民为臣妾，不足以养生也。（淮·原道）

4.3.3 《淮南子》中的无标记假设句

《淮南子》中的无标记假设句共 203 例，占全部假设句用例的 22.36%。例如：

（393）非得一原，孰能至于此哉！（淮·俶真）

（394）当居而弗居，其国亡土。未当居而居之，其国益地、岁熟。（淮·天文）

（395）有不戒其容止者，生子不备，必有凶灾。（淮·时则）

（396）不可以合诸侯，起土功，动众兴兵，必有天殃。（淮·时则）

(397)故正月失政,七月凉风不至;二月失政,八月雷不藏;三月失政,九月不下霜;四月失政,十月不冻;五月失政,十一月蛰虫冬出其乡;六月失政,十二月草木不脱;七月失政,正月大寒不解;八月失政,二月雷不发;九月失政,三月春风不济;十月失政,四月草木不实;十一月失政,五月下雹霜;十二月失政,六月五谷疾狂。(淮·时则)

(398)日月失其行,薄蚀无光;风雨非其时,毁折生灾;五星失其行,州国遭殃。(淮·精神)

(399)故得道之宗,应物无穷。任人之才,难以至治。(淮·主术)

4.3.4 其他

《淮南子》中偶见"N 之 VP"结构用于假设句前件的用例(共 4 例)。例如:

(400)上天之诛也,虽在圹虚幽闲,辽远隐匿,重袭石室,界障险阻,其无所逃之亦明矣。(淮·览冥)

(401)道之得也,以视则明,以听则聪,以言则公,以行则从。(淮·齐俗)

(402)功之成也,不足以更责;事之败也,不足以敝身。(淮·诠言)

偶见"其 VP"用于假设句前件之例(共 2 例)。例如:

(403)虽有材能,其施之不当,其处之不宜,适足以辅伪饰非,伎艺之众,不如其寡也。(淮·主术)

以上几例是我们在《淮南子》中找到的全部"N 之 VP"结构和"其 VP"结构用于假设句前件的用例。

《淮南子》假设句标记方式的大致情况可列表如下:

表 2.4.8 《淮南子》假设句的标记方式

	数量	百分比
B₂类	32	3.52%
B₃类	3	0.33%
B₄类	74	8.15%
B₅类	4	0.44%
B₆类	589	64.87%
B₇类	3	0.33%
C 类	203	22.36%

4.4 《说苑》中的假设句

我们在《说苑》中共搜集到假设句的用例 763 例。

4.4.1《说苑》中的 A 类假设标记

《说苑》假设句中,A 类假设标记(副词"其")极少见。仅 2 例,用在后件中。一例为:

(404)不齐之所治者小也,不齐所治者大,其与尧、舜继矣。(说·政理)

《说苑》此句本《韩诗外传》卷八,不过《韩诗外传》作:"不齐为之大,功乃与尧舜参矣。"《史记·仲尼弟子列传》也有类似的语句,《史记》作:"惜哉不齐所治者小,所治者大则庶几矣。"在表达同样意思的假设句中,《韩诗外传》用结果引导词"乃",《史记》用结果引导词"则",独《说苑》用副词"其",未知孰是。

另一例为:

(405)而有用我者,则吾其为东周乎。(说·至公)

此例语本《论语·阳货》,不是实际语言的反映。

4.4.2《说苑》中的 B 类假设标记
4.4.2.1《说苑》中的条件引导词

《说苑》中的条件引导词有"若""如""使""诚""令""必""而""即""为""傥""苟""虽""纵""诚使""有如""若使""设使""假令""向使""虽复""一旦"21 个,带有条件引导词的假设句共 123 例,占全部假设句用例的 16.12%。

若

34 例。绝大多数为可能假设。例如:

(406)贫穷者若不得意,纳履而去,安往而不得贫穷乎?(说·尊贤)
(407)君之内隶,臣之父兄,若有离散在于野鄙者,此臣之罪也。

（说·臣术）

偶见违实假设之例。如：

　　（408）吾所以不少进于此者，吾未见以智骄我者也；若得以智骄我者，岂不及古之人乎？（说·尊贤）

从句法上看，可为甲类、乙类和丙类。其甲类例如：

　　（409）若君不修德，船中之人尽敌国也。（说·贵德）

乙类例如：

　　（410）英若受赏，则中牟之士尽愧矣。（说·立节）

丙类例如：

　　（411）若殒其身，文王之祀无乃绝乎？（说·权谋）

如

4 例。均为可能假设。可为甲类、乙类和丙类。甲类例如：

　　（412）如主有超异之恩，则臣必死以复之。（说·政理）

乙类例如：

　　（413）君如察臣婴之言，推君之盛德，公布之于天下，则汤武可为也，一殚何足恤哉？（说·至公）
　　（414）意而安之，愿假冠以见，意如不安，愿无变国俗。（说·奉使）

丙类例如：

　　（415）如杀无道以就有道，何如？（说·政理）

使

12 例。"使"用于违实假设之例较多。例如：

(416)吾不起中国,故王此,使我居中国,何遽不若汉。(说·奉使)

(417)使宋殇蚤任孔父,鲁庄素用季子,乃将靖邻国,而况自存乎?(说·尊贤)

用于可能假设之例较少。例如:

(418)使骥得王良、造父,骥无千里之足乎?(说·杂言)

从句法上看,为甲类和丙类,无乙类之例。其甲类例如:

(419)使尧在上,咎繇为理,安有取人之驹者乎?(说·政理)

丙类例如:

(420)使至狗国者,从狗门入。(说·奉使)

诚

10例。均为可能假设。句法上看,大多是乙类,也可以是丙类,无甲类之例。其乙类例如:

(421)人主诚能如赵简主,朝不危矣。(说·臣术)

(422)汉诚闻之,掘烧君王先人冢墓,夷种宗族。(说·奉使)

(423)君诚避宫殿暴露,与灵山、河伯共忧,其幸而雨乎!(说·辨物)

丙类例如:

(424)诚能用臣乘言,一举必脱。(说·正谏)

令

1例。可能假设,甲类。例如:

(425)令死者无知则已,死者有知,吾何面目以见子胥也?(说·正谏)

必

1 例。可能假设,丙类。例如:

(426)必若所欲为,危如重卵,难于上天。(说·正谏)

而

1 例。"而"通"如",用于可能假设,丙类。例如:

(427)而有用我者,则吾其为东周乎?① (说·至公)

即

1 例。可能假设,乙类。例如:

(428)陛下即爱之,宜以时抑制,无使至于亡。(说·权谋)

为

1 例。可能假设,丙类。例如:

(429)管子今年老矣,为弃寡人而就世也,吾恐法令不行,人多失职,百姓疾怨,国多盗贼。(说·君道)

傥

1 例。可能假设,乙类。例如:

(430)彼傥有治国者,君且安得乐此海也?(说·正谏)

苟

13 例。多表狭义条件。例如:

(431)且苟不难下其臣,必不难高其君矣。(说·权谋)
(432)君子苟能无以利害身,则辱安从至乎?(说·敬慎)

---

① 语本《论语·阳货》,《论语》"而"作"如"。

(433)有其才不遇其时,虽才不用,苟遇其时,何难之有!(说·杂言)

也可表狭义假设。例如:

(434)孔子曰:"否,天之道成者,未尝得久也。夫学者以虚受之,故曰得。苟不知持满,则天下之善言不得入其耳矣。"(说·敬慎)

在《说苑》中,"苟"有1例表让转,他书未见。其例为:

(435)当此之时,诚使周公骄而且吝,则天下贤士至者寡矣,苟有至者,则必贪而尸禄者也,尸禄之臣,不能存君矣。(说·尊贤)

从句法上看,可以是乙类和丙类,无甲类之例。其乙类例如:

(436)民苟利矣,吉孰大焉。(说·君道)
(437)士苟欲深明博察,以垂荣名,而不好问讯之道,则是伐智本而塞智原也,何以立躯也?(说·建本)

丙类例如:

(438)苟利于民,寡人之利也。(说·君道)
(439)故苟有可以安国家,利人民者,不避其难,不惮其劳,以成其义。(说·建本)

虽

28例。表让转。可以为甲类、乙类和丙类。甲类例如:

(440)虽皋陶听之,犹以为死有余罪。(说·贵德)
(441)往而不遇乎,虽人求间谍,固不遇臣矣。(说·善说)

乙类例如:

(442)子虽不问,吾将语子。(说·敬慎)

(443)君子虽穷,不处亡国之势。(说·杂言)

丙类例如:

(444)虽有尧舜之明,而股肱不备,则主恩不流,化泽不行。(说·君道)

(445)不顺其初,虽欲悔之,难哉!(说·建本)

纵

3例。表让转,可以是甲类和丙类。甲类例如:

(446)纵君有赐,不我骄也,我能勿畏乎?(说·立节)

丙类例如:

(447)今使柳下惠于齐,纵不解于齐兵,终不愈益攻于鲁矣。(说·奉使)

(448)纵不能全收天下,谁干我君?(说·权谋)

诚使

1例。违实假设,甲类。例如:

(449)当此之时,诚使周公骄而且吝,则天下贤士至者寡矣。(说·尊贤)

有如

2例。可能假设,甲类。例如:

(450)有如痤死,赵不与王地,则王奈何?(说·善说)

(451)有如强秦亦将袭赵之欲,则君且奈何?(说·善说)

若使

2例。一例为可能假设,一例为违实假设,均为甲类。例如:

（452）若使秦破赵，君安得有此？（说·复恩）

（453）若使中山之与齐也，闻五尽而更之，则必不亡也。（说·权谋）

设使

1例。可能假设，甲类。例如：

（454）设使食肉者一旦失计于庙堂之上，若臣等藿食者，宁得无肝胆涂地于中原之野与？（说·善说）

假令

1例。可能假设，甲类。例如：

（455）假令大国之使，时过弊邑，弊邑之君亦有命矣。（说·奉使）

向使

3例。违实假设，甲类。例如：

（456）向使宋人不闻君子之语，则年谷未丰而国未宁。（说·君道）

（457）向使主人听客之言，不费牛酒，终无火患。

虽复

1例。表纵予，丙类。例如：

（458）虽复千里不得当，岂独五百里哉？（说·奉使）

一旦

2例。表可能假设，丙类。例如：

（459）子居于是国，不崇仁义，不尊贤臣，未必亡也；然一旦有非常之变，车驰人走，指而祸至，乃始干喉又唇，仰天而叹，庶几焉天其救之，不亦难乎？（说·建本）

4.4.2.2《说苑》中的结果引导词

《说苑》中的结果引导词主要有"则""而""是""即""乃""斯"6个。

《说苑》中带有结果引导词的假设句共有 444 例,占全部假设句用例的
58.19%。

则

《说苑》中最常用的结果引导词是"则",共 410 例,占全部假设句用例的
53.74%。当后件有主语时,"则"一般位于主语之前,如例(460)、例(461),
也可以位于主语之后,如例(462)、例(463)。例如:

(460)功成而不利于人,则我不能劝也。(说·君道)

(461)虽有尧舜之明,而股肱不备,则主恩不流,化泽不行。(说·
君道)

(462)穷者达之,亡者存之,废者起之,四方之士则四面而至矣。
(说·尊贤)

(463)使一偏将将十万众临越,越则杀王已(以)降汉,如反复手耳。
(说·奉使)

(464)处君之高爵,食君之厚禄,爱其死而不谏其君,则非忠臣也。
(说·正谏)

而

15 例。当后件有主语时,位于主语之前,如例(465)、例(466)。例如:

(465)以财事人者,财尽而交疏。(说·权谋)
(466)以色事人者,华落而爱衰。(说·权谋)
(467)时得而治矣,时得而化矣,时失而乱矣。(说·辨物)

是

5 例。后件无主语。例如:

(468)若不赏,是失信也,奚以示民?(说·贵德)
(469)吾未可以助子,助子是伐宗庙也;止子是无以为友。(说·
至公)

即

10 例。后件无主语。例如:

(470)士无怒即已,一怒,伏尸二人,流血五步。(说·奉使)

(471)多所知者出于利人即善矣,出于害人即不善也。(说·辨物)

乃

3例。当后件有主语时位于主语之后。例如:

(472)文武俱行,威德乃成。(说·君道)

(473)使宋殇蚤任孔父,鲁庄素用季子,乃将靖邻国,而况自存乎?
(说·尊贤)

斯

1例。语本《论语·公冶长》。例如:

(474)鲁无君子也,斯焉取斯。(说·政理)

4.4.2.3《说苑》中的条件煞尾词

者

5例。可以单独使用,如例(475)、例(476),也可以与条件引导词"使"
配合使用,如例(477)。例如:

(475)微彼二子者,何以治吾国? 微此一臣者,何以乐吾身?(说·
正谏)

(476)祸福利害,不与咎氏同之者,有如白水!(说·复恩)

(477)使至狗国者,从狗门入。(说·奉使)

钦

2例。单独使用。例如:

(478)为子起钦,无如礼何;不为子起钦,无如罪何。(说·敬慎)

也

10例。可以单独使用,如例(479)至例(481),也可以与条件引导词
"若"配合使用,如例(482)。例如:

(479)且使死者而无知也,又何衅于钟?死者而有知也,吾岂错秦相楚哉?(说·奉使)

(480)见兔而指属,则无失兔矣;望见而放狗也,则累世不能得兔矣。(说·善说)

(481)鲁无君子也,斯焉取斯。(说·政理)

(482)若未有也,不如行!(说·正谏)

乎

11例。单独使用。例如:

(483)以为智乎,则愚莫大焉;以为利乎,则害莫大焉;以为荣乎,则辱莫大焉。(说·复恩)

(484)我往而遇乎,固君之入也;往而不遇乎,虽人求间谋,固不遇臣矣。(说·善说)

(485)今蔡无人乎,国可伐也;有人不遣乎,国可伐也;端以此诚寡人乎,国可伐也。(说·奉使)

矣

2例。可以单独使用,也可以与条件引导词配合使用。例如:

(486)天生民而树之君,以利之也,民既利矣,孤必与焉!

(487)民苟利矣,吉孰大焉。

4.4.2.4《说苑》中B类假设标记的相互配合

从条件引导词、结果引导词和条件煞尾词三类假设标记的相互配合来看,《说苑》假设句情况如下:

B_1类,即条件引导词、结果引导词、条件煞尾词三者俱全。1例,为"诚……也,则……"形式:

(488)己诚是也,人诚非也,则是己君子而彼小人也。(说·复恩)

B_2类,即有条件引导词和结果引导词,没有条件煞尾词。共27例,约占全部假设句用例的3.54%。包括"若……,则……"、"如……,则……"、"使……,乃……"、"苟……,则……"、"令……,则……"、"诚……,则……"、

"若使……，则……"、"向使……，则……"、"诚使……，则……"、"有如……，则……"等形式。

> （489）若终立，则不可以往。（说·立节）
>
> （490）如主有超异之恩，则臣必死以复之。（说·复恩）
>
> （491）使宋殇蚤任孔父，鲁庄素用季子，乃将靖邻国，而况自存乎？（说·尊贤）
>
> （492）苟有志则无非事者。（说·君道）
>
> （493）令死者无知则已，死者有知，吾何面目以见子胥也？（说·正谏）
>
> （494）君子诚能刑于内，则物应于外矣。（说·善说）
>
> （495）若使中山之与齐也，闻五尽而更之，则必不亡也。（说·权谋）
>
> （496）向使宋人不闻君子之语，则年谷未丰而国未宁。（说·君道）
>
> （497）当此之时，诚使周公骄而且吝，则天下贤士至者寡矣。（说·尊贤）
>
> （498）有如痤死，赵不与王地，则王奈何？（说·善说）

B₃ 类，即有条件引导词和条件煞尾词，没有结果引导词。共 3 例，包括"为……也""苟……矣""使……者"三种形式：

> （499）管子今年老矣，为弃寡人而就世也，吾恐法令不行，人多失职，百姓疾怨，国多盗贼。（说·君道）
>
> （500）民苟利矣，吉孰大焉。（说·君道）
>
> （501）使至狗国者，从狗门入。（说·奉使）

B₄ 类，即有条件引导词，没有条件煞尾词和结果引导词。共 89 例，约占全部假设句用例的 11.66%。条件引导词包括"若""诚""苟""虽""纵""使""如""傥""必""即""设使""假令""向使""一旦"等。例如：

> （502）若言不见用，有难而死之，是妄死也。（说·臣术）
>
> （503）王诚欲兴道，隗请为天下之士开路。（说·君道）
>
> （504）苟利于民，寡人之利也。（说·君道）
>
> （505）不顺其初，虽欲悔之，难哉！（说·建本）
>
> （506）纵君有赐，不我骄也，我能勿畏乎？（说·立节）

(507)使赵而全,君何患无有?(说·复恩)

(508)如杀无道以就有道,何如?(说·政理)

(509)彼傥有治国者,君且安得乐此海也?(说·正谏)

(510)必若所欲为,危如重卵,难于上天。(说·正谏)

(511)陛下即爱之,宜以时抑制,无使至于亡。(说·权谋)

(512)设使食肉者一旦失计于庙堂之上,若臣等藿食者,宁得无肝胆涂地于中原之野与?(说·奉使)

(513)假令大国之使,时过弊邑,弊邑之君亦有命矣。(说·奉使)

(514)向使主人听客之言,不费牛酒,终无火患。(说·权谋)

(515)子居于是国,不崇仁义,不尊贤臣,未必亡也;然一旦有非常之变,车驰人走,指而祸至,乃始干喉燋唇,仰天而叹,庶几焉天其救之,不亦难乎?(说·建本)

B₅类,即没有条件引导词,有条件煞尾词和结果引导词,共 5 例。其形式包括"……焉,则……"、"……乎,则……"、"……也,则……"三种。例如:

(516)人君不察焉,则国家危殆矣。(说·君道)

(517)以为智乎,则愚莫大焉;以为利乎,则害莫大焉;以为荣乎,则辱莫大焉;(说·贵德)

(518)望见而放狗也,则累世不能得兔矣。(说·善说)

B₆类,即有结果引导词,没有条件引导词和条件煞尾词。共 415 例,约占全部假设句用例的 54.39%。结果引导词包括"则""而""是""即""乃""斯"等。例如:

(519)功成而不利于人,则我不能劝也。(说·君道)

(520)以财事人者,财尽而交疏;以色事人者,华落而爱衰。(说·权谋)

(521)吾未可以助子,助子是伐宗庙也;止子是无以为友。(说·至公)

(522)多所知者出于利人即善矣,出于害人即不善也。(说·辨物)

(523)使宋殇蚤任孔父,鲁庄素用季子,乃将靖邻国,而况自存乎?(说·尊贤)

(524)鲁无君子也,斯焉取斯。(说·政理)

B₇ 类，即有条件煞尾词，没有条件引导词和结果引导词。共 18 例，约占全部假设句用例的 2.36%。条件煞尾词包括"矣""者""也""欤""乎"等。例如：

(525)天生民而树之君，以利之也，民既利矣，孤必与焉！（说·君道）

(526)祸福利害，不与舅氏同之者，有如白水！（说·复恩）

(527)鲁无君子也，斯焉取斯。（说·政理）

(528)为子起欤，无如礼何；不为子起欤，无如罪何。（说·敬慎）

(529)我往而遇乎，固君之入也；往而不遇乎，虽人求间谋，固不遇臣矣。（说·善说）

4.4.3 《说苑》中的无标记假设句

《说苑》中的无标记假设句共有 205 例，约占全部假设句用例的 26.87%。例如：

(530)夫有文无武，无以威下；有武无文，民畏不亲。（说·君道）

(531)言而见用，终身无难，臣何死焉；谋而见从，终身不亡，臣何送焉。（说·臣术）

(532)置本不固，无务丰末；亲戚不悦，无务外交；事无终始，无务多业；闻记不言，无务多谈；比近不说，无务修远。（说·建本）

(533)不能勤苦，不能恬贫穷，不能轻死亡；而曰我能行义，吾不信也。（说·立节）

(534)行一不义，杀一无罪，虽以得高官大位，仁者不为也。（说·贵德）

(535)故惠君子，君子得其福；惠小人，小人尽其力。（说·复恩）

(536)三年不治，臣请死之。（说·政理）

(537)去之满把，飞不能为之益卑；益之满把，飞不能为之益高。（说·尊贤）

(538)遇天大雨，水潦并至，子必沮坏。（说·正谏）

4.4.4 其他

《说苑》中偶见"N 之 VP"和"其 VP"结构用作假设句前件之例。"N 之 VP"2 例。例如：

（539）心之得，万物不足为也；心之失，独心不能守也。（说·谈丛）

"其 VP"5 例。例如：

（540）其以入君朝，尊以严，其以入宗庙，敬以忠，其以入乡曲，和以顺，其以入州里族党之中，和以亲。（说·修文）

（541）君子之修其行，未得，则乐其意；既已得，又乐其知。小人则不然，其未之得，则忧不得，既已得之，又恐失之。（说·杂言）

《说苑》中还有似乎是"N 之 VP"和"其 VP"结构用作假设句后件的用例，例如：

（542）丘闻之，两君相亲，则常有国；君惠臣忠，则列都之得；毋杀不辜，毋释罪人，则民不惑。（说·政理）

（543）孔子曰："船非水不可行。水入船中，则其没也。"（说·杂言）

根据本书的调查，"N 之 VP"和"其 VP"结构一般不用作假设句后件，这两例的存在大概有其他方面的原因，姑且存疑，录以待考。

4.5　西汉时期假设句的特点

《史记》《淮南子》和《说苑》反映出西汉时期假设句的特点是：

第一，条件引导词进一步发展，呈现出多样化的格局和双音化的趋势。以《史记》为例，《史记》中共有条件引导词 29 个，先秦汉语中的"若"或"如"在某一文献中占据绝对优势的格局被打破，常用的条件引导词有"即""若""诚"等。条件引导词有双音节化的趋势，双音节条件引导词有"向（乡）使""有如""假令""一旦""诚使""诚令""借（藉）使""弟令""苟必""假使""譬使""如令""若必""向令""信如"等，双音节条件引导词数量超过单音节条件引导词，但用例数量并没有超过。

第二，"N 之 VP"和"其 VP"做假设句前件的用法在口语中衰亡。

第三，副词"其"用于假设句中以帮助表示假设的用法在口语中衰亡。

总的来看，在汉代，汉语假设句的 A 类标记系统已经退出了历史舞台，B 类标记系统则较春秋战国时期有了进一步的发展。

第五节　上古汉语假设句的发展

综合本章内容,可以将上古汉语假设句的发展情况列表于下①:

表 2.5.1　上古汉语假设句的发展

		条件引导词	结果引导词	条件煞尾词	指称化的谓词性结构做前件		副词"其"	
					其VP	N之VP	前件	后件
商代	甲骨文	○	○	○	○	○	+	+
商代	商书	○	乃、丕乃	○	○	+	+	+
西周	周书	○	乃、则、兹、时	○	○	+	－	+
西周	金文	○	廼、则	○	?	○	?	+
西周	逸周书	○	则		?	○	?	○
春秋战国	左传	若、苟、如、犹、使、即、第、若犹、苟使、若使、苟或、若苟、虽、纵	则、是、乃、而、遂、斯、而后	也、者、焉、矣、乎	+	+	○	+
春秋战国	论语	如、苟、虽、纵	则、斯、而	矣、也、者、焉、与	+	+	○	+
春秋战国	孟子	如、若、使、如使、虽、苟、苟为	则、斯、而、然后、而后、是故	也、焉、者	+	○	○	○
春秋战国	吕氏春秋	若、如、使、诚、必、为、苟、虽、纵、若使、若令	则、而、乃	者、也、焉、矣	－	○	+	+
西汉	史记	即、若、诚、必、使、苟、如、令、果、信、为、虽、纵、向(乡)使、有如、假令、一旦、诚使、诚令、借(藉)使、弟令、苟必、假使、譬使、如令、若必、向令、信如、藉弟令	则、即、乃、而、是、此、因、遂	者、邪、乎、矣、也	－	－	○	－
西汉	淮南子	使、若、诚、苟、虽、若使、若或、若诚、若夫、有如	则、而、乃、斯、即	也、者、乎	－	－	○	○

---

①　本表中的"＋"表示有此类标记且数量较多,"－"表示有此类标记但数量较少,"○"表示无此类标记,"?"表示情况不明或难于判断。

	条件引导词	结果引导词	条件煞尾词	指称化的谓词性结构做前件		副词"其"	
				其VP	N之VP	前件	后件
说苑	若、如、使、诚、令、必、而、即、为、傥、苟、虽、纵、诚使、有如、若使、设使、假令、向使、虽复、一旦	则、而、是、即、乃、斯	者、欤、也、乎、矣	—	—	○	○

上表反映出上古汉语假设句发展的一些特点：

第一，虚拟标记副词"其"从有到无：商代是副词"其"应用最广泛的时期，这一时期的副词"其"既能用于假设句前件，也能用于假设句后件；周代以后，"其"缩小了应用的范围，一般只用于后件而不用于前件；到汉代则基本消失不见。这个消失的过程可能在战国时期就已经开始了，在《孟子》中，我们就没有发现副词"其"用于假设句后件之例①。

第二，条件引导词和结果引导词经历了从无到有，从简单到复杂的发展过程。商代和西周假设句不使用条件引导词，条件引导词于春秋时期产生。春秋战国时期，条件引导词"若"和"如"占有绝对的优势。《史记》假设句的条件引导词则打破了"若"或"如"一统天下的格局，"即""若""诚""必""使"成为最常用的条件引导词，双音节的条件引导词也有了进一步的发展。结果引导词先于条件引导词产生，西周时期以"乃""则"为主，其后又发展出"而""斯""即""遂"以及"而后""是故"等少数双音节形式。

条件引导词和结果引导词的发展可能与语言的发展和方言之间的相互影响有关，汉代文献中的条件引导词和结果引导词既继承了历史又吸收了方言，因而呈现出复杂多样的格局。

与条件引导词和结果引导词相比，条件煞尾词的发展过程相对简单。"者""焉""也"、"矣""乎""欤（与）""邪"等条件煞尾词在春秋战国时期产生，到汉代，除了"焉"在所调查的文献中没有见到之外，其他没有大的变化。条件煞尾词从产生之初就不是一个强势的标记形式，数量很少，标记性也很弱。

第三，假设标记的使用体现出一定的地域差异。这一点突出体现在春

---

① 副词"其"的发展过程所体现的可能并非仅仅是时间的演变，其中有可能掺杂了地域和其他的因素。关于这个问题，本书第三章第六节将会有更详细的讨论，请参看。

秋战国时期。在我们所调查的这一时期的 4 部文献中，《左传》多用"若"，少用"如"；《论语》只用"如"，不用"若"，孟子多用"如"，少用"若"；《吕氏春秋》"若""如"并用。《左传》与《论语》《孟子》的差别可能是由于方言的不同。《吕氏春秋》的"若""如"并用可能与其时代相对较晚且成于众手有关。《左传》结果引导词多用"乃""是"而少用"斯"，《论语》《孟子》则多用"斯"而不用"乃"和"是"。"则"自周初产生以来就是各个时代和地域通用的结果引导词。

第四，假设句前件中的指称化的谓词性结构"其 VP"和"N 之 VP"从无到有，最后又消失不见。"N 之 VP"做假设句前件在《商书》和《周书》中即有用例，在战国时期文献《孟子》《吕氏春秋》中消失不见；"其 VP"大概产生于西周末期，到汉代消失不见。

第五，在时间和地域因素之外，上古汉语假设句发展还呈现出一定的语体特点。总体而言，在议论性文体中，假设句的标记性较强；在叙述性文体中，假设句的标记性较弱。这一特点集中地体现在结果引导词的使用上。以春秋战国时期为例。在这一时期的代表性文献《左传》和《孟子》中，《孟子》的议论性较强，属典型的议论性文体。《孟子》中带有结果引导词的假设句共有 189 例，占全部假设句用例的 48.84%，将近一半的比例。而《左传》作为一部以叙述事实为主的史书，叙述性较强，议论性较弱，属典型的叙述性文体。《左传》中带有结果引导词的假设句共有 226 例，占全部假设句用例的 25.92%，仅占四分之一强。在我们所调查的汉代文献中，《史记》中带有结果引导词的假设句共有 336 例，占全部假设句用例的 36.01%。《说苑》中带有结果引导词的假设句共有 444 例，占全部假设句用例的 58.19%。《淮南子》中带有结果引导词的假设句共有 636 例，占全部假设句用例的 70.04%。结果引导词运用比例上的显著差异恰恰与它们的文体特征形成整齐的对应关系：在这三部文献中，《史记》以叙事为主，结果引导词的运用比例最低；《淮南子》以议论为主，结果引导词的运用比例最高；《说苑》夹叙夹议，结果引导词的运用比例介于二者之间。

总而言之，上古汉语假设句的发展是一个掺杂了时间因素、地域因素及语体因素的复杂过程。从时间上看，随着时间的推移，某些假设标记逐渐消退，新的假设标记逐渐登上历史舞台并不断发展。从地域上看，不同的假设标记的使用可能与方言的不同有关。从语体上看，议论性文体假设句的标记性明显强于叙述性文体，这一点突出地体现在结果引导词的使用上。

第三章　相关问题的讨论(上)：
假设句及其标记形式

　　本章围绕假设范畴的标记形式这个问题展开讨论，对上古汉语假设句的标记形式及相关问题做出解释和说明。主要内容包括：探讨甲骨文假设句前后件在否定副词使用上的不同及其原因；探讨"诚""必""信""果"等副词表假设的原因；探讨指称化的谓词性结构可做假设句前件的原因；探讨"所"表假设的来源；探讨假设句结果煞尾词"也""矣"的运用规律；探讨副词"其"在上古衰亡的过程及原因等问题。本章探讨的几个问题既是对本书前两章相关问题的说明，也是对相关问题的总结和深化。

第一节　从假设句的否定形式看甲骨文中的
"勿""弜"与"不""弗"之别[①]

1.1 "勿""弜"与"不""弗""亡"在假设句中的互补性分布

　　甲骨文中的否定词主要有"勿(叀)[②]""弜""不""弗""亡"等几个，关于这几个否定词的用法，前人已有诸多的研究成果(参看郭沫若 1933；张宗骞 1940；管燮初 1953；陈梦家 1954；裘锡圭 1979；朱歧祥 1990；张玉金 1993 等)。学者们从不同的角度对这几个否定词的用法进行了深入的探讨。目前比较通行的看法是，这些否定词中，"勿"和"弜"为一组，"不"和"弗"为一组，"亡"为一组。粗略地说，"亡"是动词性的，其后接体词或体词性成分；

---

　　① 本节主要内容又见于龚波(2010b)。
　　② "勿(叀)"在卜辞中的字形为𢀕，或𢀖，或𢀗，前人一般隶定为"勿"或"叀"。以下直写作"勿"。"叀"与"弜"应当是同一个词的不同书写形式。"叀"通常出现在传统所谓第一期和第二期前期的卜辞里，在第二期中期以后的卜辞里很少见，而"弜"大量见于第二期中期以后的卜辞里，在第一期和第二期前期卜辞里很少见。参看裘锡圭(1979)。

"勿""弜""不""弗"是副词性的,其后接谓词或谓词性成分。"不""弗"是表示可能性和事实的,"勿""弜"是表示禁阻的。"不""弗"可以翻译为"不会","勿""弜"可以翻译为"不要"。本节主要通过考察甲骨文中的否定性假设句的情况来探讨"勿""弜"与"不""弗"这两组副词性否定词之间的异同。

我们注意到,甲骨文假设句中前件否定词绝大多数用"勿""弜",而极少用"不""弗"或"亡";后件否定词绝大多数用"不""弗"或"亡",而极少用"勿""弜"。两者呈现出比较严整的互补关系。

前件否定词用"勿"之例如:

(1)贞:焚姜,有雨?

    勿焚姜,亡其雨?(合1121正)

(2)贞:祷于上甲,受我佑?

    勿祷于上甲,不我其[受][佑]?(合1493)

(3)贞:翌辛巳王勿往逐兕,弗其获?(合40126)

(4)贞:马勿先,其遘雨?(合27950)

(5)勿逆执,亡若?(合32185)

(6)今者王勿比望乘伐下危,弗其受有佑?(合6482)

(7)王勿学众茒方,弗其受有又?(丙22)

用"弜"之例如:

(8)弜酒,亡雨?(屯2261)

(9)丁卯贞:惠[祷]于河,燎,雨?

    弜祷,雨?(屯3567)

(10)辛暨壬王弜往于田,其悔?(合28605)

(11)癸亥贞:多尹弜作,受禾?(合33209)

(12)弜䢔兕先射,其若?(合28407)

后件否定词用"不"之例如:

(13)壬王乃田,不雨?(合28617)

(14)惠庚午秉于丧田,不遘大雨?(屯335)

(15)癸巳旦乃伐,捷?不雉人?(合26897)

(16)勿祷于上甲,不我其[受][佑]?(合1493)

(17)□勿舞今日,不其雨?(合 20972)

用"弗"之例如:

(18)今者王勿比望乘伐下危,弗其受有佑?(合 6482)

(19)王勿学众茕方,弗其受有又?(丙 22)

(20)贞:翌辛巳王勿往逐兕,弗其获?(合 40126)

(21)戊戌卜:王其逐兕,禽?弗禽?(屯 2095)

用"亡"之例如:

(22)勿逆执,亡若?(合 32185)

(23)翌丁卯勿[奏舞],亡其雨?(合 14755)

(24)翌日庚其秉乃雩,卯至来庚亡大雨?(合 31199)

(25)甲弜酒,亡雨?(屯 2261)

(26)王惠蠲兕先射,亡灾?(合 28407)

(27)弜祷于伊尹,亡雨?(合 27656)

(28)丁卯王卜,在朱贞:其迩从姊*西,往来亡灾?(合 36743)

(29)惠壬王其射,亡灾?擒?(合 37395)

总而言之,甲骨文假设句前件的否定词倾向于用"勿""弜",后件的否定词倾向于用"不""弗"或"亡"。下面一例比较有代表性:

(30)丁丑卜:翌日戊王异其田,弗悔?亡灾?不雨?(屯 256)

后件连发三问,均为否定式。"弗""亡""不"分别限制不同的谓语动词,但是没有出现"勿"和"弜"。以下几例中的"不"和弗比较特殊:

(31)王其去刺,弗告于祖乙,其有囚?(英 30 正)

(32)于弗托,王乃此[受][佑]。(合 31188)

(33)壬寅卜,殻贞:不雨,唯兹商有作囚?(合 775)

(34)贞:不雨,不唯兹商有作囚?(合 775)

(35)雨不足辰,亡匄?(《殷契遗珠》454)

(36)雨不足辰,不佳年?(《殷墟书契》7·30·1)

这些例子在前一分句中用了"弗"或"不",似乎是例外。但这几个例句其实都有可能不是假设句。裘锡圭(1979)在谈到例(31)的时候就说,这个句子中的"弗"与通例不合。他认为"弗告于祖乙"也许是指事先未曾告于祖乙,而不是勿告于祖乙的意思。也就是说,"弗告于祖乙"可以理解为是对过去事实的描述,而不是对未来的假设。其余几例也可以做类似的理解。特别是例(33)至例(36)中的"不雨"和"雨不足辰",理解为假设是不合理的。因此,这些句子都不是例外,因为它们都不是假设句。

1.2 "勿""弜"与"不""弗"之别

否定词的这种分布恐非偶然。裘锡圭(1979)认为,"勿"与"弜"当为一组,是表示意愿的,可以翻译成"不要"。张玉金(1993)则认为,"勿"和"弜"是对必要性的否定,用在谓语动词是表示占卜主体能够控制的动作行为的语句里,可以译成"不应该""不宜"。但是,不论是将"勿""弜"解释为"不要"还是"不应该"或"不宜",放在假设句中,有很多都扞格难通。我们以大家经常讨论到的一个句子为例来说明这个问题:

(37)辛酉卜,殻贞:今者王比望乘伐下危,受有佑?

　　辛酉卜,殻贞:今者王勿比望乘伐下危,弗其受有佑?(合6482)

这是同一版的正反对贞。如果将正面卜辞解释为:"今者(表时间),王如果跟望乘一起去伐下危,就会受到保佑吗?"反面的卜辞就应该解释为:"今者,王如果不跟望乘一起去伐下危,就不会受到保佑吗?"这是从正反两个方面对同一件事情的卜问,在甲骨文中屡见不鲜。但是,如果我们将"勿"解释为"不要"或"不宜",句子意思就会大变。裘锡圭(1989)就认为这一句应该解释为:"今者,王不应该跟望乘伐下危,(如果伐下危),将不能得到保佑。"裘先生认为,这句话是一句省略了前件的假设句,并且是"可以确证为非问句的命辞"。张玉金不同意把这些句子看成非问句(张玉金1995),又说"勿"和"弜"可以译成"不应该"或"不宜"(张玉金1993),可是在《甲骨文虚词词典》一书中(张玉金1994),此类假设句中带"勿、弜"的句子全部解释为"如果不……",而不是解释为"不宜"或"不应该"。因为解释为"不宜"或"不应该"其实是讲不通的,这种说法也得不到后世文献的支持,因为在商代以后的文献中,"勿"大多是表禁阻,而不见表示"不应该"或"不宜"之例。

很多学者并不同意裘先生对上一句话的理解,也不同意将甲骨文中数量极多的此类句子看成是陈述句。从意思上来说,这种句子确实是以解释为"如果不……"为妥当,整个句子应当看成是疑问句。但是,如果要推翻裘先生的看法,从语法的角度来讲,必须要解决的问题是:通常认为表禁阻的"勿""弜"何以能够用于假设句中的前件之中呢? 如果能够解决这个问题,把这些句子看成是疑问性的假设句才是没有问题的。

事实上,商代以后的周秦汉语中的"毋"和"勿"①就并非只能用于禁阻。这一点吕叔湘(1942b)早已指出。他将"毋"②的非禁戒用法分为十二类,并说:

> 自语气方面观,由(K)至(O)③诸例,知毋之表禁阻,不仅施于第二身,亦可施于第一身与第三身,不仅可以用于直接之告诫,亦可用于间接之祈使。是其所表实较欧语之所谓命令式(imperative)者为广,其中多有须以假设式为之者。自(P)至(V)多为悬拟之词,欧语之表示此诸语气者为假设式与无定式。(94 页)

吕叔湘先生对周秦汉语的上述考察很有启发性。他所举的从(K)至(V)的十二类中,多有"欧语需以假设式为之者"。例如他认为"欲"字可以用为假设之词或叠用以示疑难,这时候,否定词可以用"毋(勿)"。所举例为:

(38)欲予秦,秦城恐不可得,徒见欺;欲勿予,即患秦兵之来。(史·廉颇列传)

(39)妾欲言酒之有药,则恐其逐主母也,欲勿言乎,则恐其杀主父也。(史·苏秦列传)

以上两例作为假设句的用例还不够典型,因为其中的"欲"其实都还有愿望的意思,这些句子只能说是"欧语需以假设式为之"。在汉语中,它们还不是很典型的假设句。其实,上古汉语假设句中,即便是在带有条件引导词"若""苟""使"等的典型有标记假设句中,前件的否定词也可以用"毋(勿)"。例如:

(40)若又勿坏,是无所藏币以重罪也。(左·襄31)

---

① "勿"等于"毋之"。关于二者之间的关系,请参看吕叔湘(1942)。"毋"还可以写作"无"。

② 吕叔湘先生用"毋"以该"毋""勿",下同。

③ 原文序号如此,此处照录。

(41)君若勿已矣，修胸中之诚，以应天地之情而勿撄。（庄·徐无鬼）

(42)若苟勿辞也，从而抚之，不亦几乎！（晏·内篇问上）

(43)若使古之王者毋知有死，自昔先君太公至今尚在，而君亦安得此国而哀之？（晏·外篇第七）

(44)苟毋适卫，吾出子。（史·孔子世家）

(45)藉弟令毋斩，而戍死者固十六七。（史·陈涉世家）

(46)使楚王戊毋刑申公，遵其言，赵任防与先生，岂有篡杀之谋，为天下戮哉？（史·楚元王世家）

可见，不但"欧语需用假设式为之者"可以用"毋（勿）"，连汉语需用假设式为之者也可以用"毋（勿）"。这种用法跟商代甲骨文中假设句前件用"勿"和"弜"是完全一致的。

以上事实说明，即使是在周秦汉语中，不管是在典型的由"若"引导的假设句中，还是在"欧语需以假设式为之者"的非典型的假设句中，"毋"都可以用于前件中，表示对假设条件的否定，这与商代甲骨文是一脉相承的。因此，上面所讨论的甲骨文合6482之例的"勿"无须解释为"不要"或"不宜"，整个句子也无需解释为省略了前件的假设句。"王勿比望乘伐下危，弗其受有佑？"意思就是："王如果不跟望乘一起去伐下危，就不会受到保佑吗？""勿"和"弜"在句中用于对前件的否定，而不是表禁阻。其余例子也应当做类似的理解①。

否定词"毋（勿）"既可用于禁阻，也可用于假设，说明假设与禁阻这两个范畴之间可能具有的某种联系。我们认为，这种联系就在于假设与禁阻这两个范畴都具有虚拟性。钱乃荣（2004）指出："在语言学理论中，'虚拟语气'的定义不很统一。狭义地讲，它可以只指疑问或者不确定的事件，也可以把疑问句和祈使句排除在外只指假设意愿；广义的定义则是指任何非现实的动作行为或者事件。""包括祈使、疑问、可能、条件、假设、意愿、猜疑等"。可见，假设与禁阻（属于祈使）都可以纳入到广义虚拟的范畴。假设句包括前件和后件两个部分，在语气上，二者存在着较大的差别。前件是假设的条件，具有很强的虚拟性，在语言表现形式上往往需要使用特殊的虚拟标记；后件叙述在这种虚拟条件下所能产生的结果，虽然也有一定的虚拟性，

---

① 应当明确的是，周秦时代，在真正典型的假设句前件中，是以用"不、弗"为常的，这与商代截然相反。而吕叔湘（1942b）所举出的那些"含假设之意味"的句中用"毋（勿）"也可以看成是商代用法的保留，到了汉魏以后，"毋（勿）"这种用法也逐渐被"不"取代。

但在语言表现形式上却往往并不采用任何虚拟标记,而采用直陈的语气。上古汉语表示直陈的语气词"矣"可以用于假设句的后件,但却极少用于假设句的前件,这充分说明了假设句前后件之间在语气上的不同①。

吕叔湘(1942b)认为,"不"与"毋"之别,简言之,就是直陈式非直陈式之别,他说:

> 用毋之句,虽有上述种种语气之殊,其与用不之句之率然直指者有异则一。故不与毋之别,简单言之,为直陈式(indicative)和非直陈式(non-indicative)之别。(94 页)

甲骨文中"勿""弜"可以用于愿望式、疑问式和祈使式(裘锡圭 1979)。因此,我们可以说,甲骨文中的"勿"和"弜"是真正的非直陈式的否定词,而"不"和"弗"则是直陈式的否定词。甲骨文假设句前件与后件不同否定词的使用,恰恰体现了假设句前件与后件的直陈与非直陈之别。到了春秋以后,"勿(毋)"用法有了改变,原来直陈式的否定副词"不"和"弗"侵入了假设句前件的领域,前件中的"勿"和"弜"被原来只能用于直陈式的"不"和"弗"取代。这个过程还包括了"毋"的兴起及其与"勿"的分工逐渐明确化的过程。其详细过程有待深入研究,但大致脉络是清楚的。

1.3　余论

在我们搜集到的例子中还有这样一例:

(47)辛亥卜:岳其害,侑岳。
　　　辛亥卜:岳弗害禾,弜侑岳。(合 34229)

其中的"岳弗害禾,弜侑岳"应该怎样理解呢? 张玉金(1994:35—36)解释为:"岳神要是妨害(收成),就应该侑祭他吗? 岳神如果不损害收成,就不用侑祭他吗?"如果这样理解,其中的"弗"就用于前件,而"弜"用于后件,这与通例不合。我们觉得这样的理解是很牵强的。这句话很有可能是并列的两个问句,"岳弗害禾,弜侑岳"意思就是:"岳神不会妨害收成吗? 不应当侑祭岳神吗?"之前的"岳其害,侑岳"也应当理解为:"岳神会妨害收成吗? 应当侑祭岳神吗?"疑问句其实也属于广义的虚拟范畴,在某些特殊的情况下,

---

① 参看本章第五节。

疑问句使用非直陈的否定词"弜"也是有可能的,这与本书的结论并不矛盾。

裘锡圭(1979)曾经指出"不""弗"与"弜"在与动词搭配的时候往往有区别。他说:

> 殷人常常卜问能否得到好年成,这类卜辞有时说"不受年",有时说"弗受年",但是从来不说"弜受年[1]""弜受年"。……同样,在卜问田猎或战争中能否有所捕获的时候,也总是说"不获""弗获"而不说"弜获""弜获"。同类的例子可以举出很多。例如只说"弗擒""不擒"而不说"弜擒""弜擒",只说"不受佑""弗受佑"而不说"弜受佑""弜受佑"等等。另一方面,在卜问要不要做某件事的时候,通常就只用"弜""弜"一类否定词而不用"不""弗"。例如卜辞常说"弜狩""弜狩"而不说"不狩(本作"兽")""弗狩",常说"弜侑(一种祭名,本作"屮"或"又")""弜侑"而不说"不侑""弗侑"等等。

裘先生的观察非常细致。用我们的理论来解释这种搭配关系也并不难。因为人的活动往往是作为假设的条件提出来的,所以表示人的活动的动词如"狩""侑"等往往用于假设句的前件中,故而常常与非直陈式的否定词"勿""弜"搭配。而"受年""获""擒"等表示结果的动词往往用于假设句的后件之中,故而常常与直陈式的否定词"不""弗"等搭配。

以往对于甲骨文否定词的研究虽然已经取得了很大的成绩,但是由于研究思路的限制,学者们对于否定词的考察往往注重于否定词与各种动词之间的搭配关系上。这种描写细致而烦琐,虽然也不无必要,但对于真正揭示各个否定词的语义和语用特征却意义不大。对于甲骨文否定词的研究还需要从句式、表达和范畴的角度入手,这方面的研究还有待加强。

第二节　构式语义的吸收——"必"类副词表假设探源[2]

2.1　引言

在近代汉语中,"必"可用于表假设,相当于"若"或"如"。张相《诗词曲

---

[1]　裘锡圭先生隶定为"弜"的字,本书写作"勿"。

[2]　本节主要内容又见于龚波(2011C)。

语词汇释》举了很多的例子。如:

(1)将军善画盖有神,必逢佳士亦写真。(杜甫·丹青引)

(2)必若救疮痍,先应去蟊贼。(杜甫·送韦讽上阆州录事参军)

(3)泥淖渐久,荆棘旋生,行必不得,不如不行。(元稹·当来日大难行)

(4)必能行大道,何用在深山。(杜荀鹤·题会上人院)

蒋绍愚(1989)曾经讨论过"必"表假设用法的来源问题。蒋先生认为,"必"表假设与"必"所处的句法位置密切相关,"必"的词义演变是一种由语法关系造成的词义变化。蒋先生的看法很有见地,但蒋先生的研究还只是举例性质的,并没有对"必"所处的句法位置及各种语法关系做出很详细的说明。本书拟在前人时贤研究的基础上,联系与"必"同类的"诚""信""果"等的词义演变,对"必"由语气副词发展到假设连词的条件和过程做出描写和解释。本书的研究表明,"必"表假设的用法是词义吸收构式义的一个很好的例证,是词汇义与构式义互动的结果。"必"表假设用法的产生确实与其所处的句法位置密切相关,本书的研究结论完全支持蒋先生的看法。

2.2 《史记》中的假设副词

蒋绍愚(1989)指出,在先秦和汉代文献中就有一部分"必"处于从副词到连词的过渡状态。所举例为:

(5)曾从子,善相剑者也。卫君怨吴王。曾从子曰:"吴王好剑,臣相剑者也。臣请为吴王相剑,拔而示之,因为君刺之。"卫君曰:"子之为是也,非缘义也,为利也。吴强而富,卫弱而贫。子必往,吾恐子为吴王用之于我也。"乃逐之。(韩非子·说林上)

(6)王必无人,臣愿奉璧往使。(史·廉颇蔺相如列传)

我们发现,在汉代文献《史记》中,除了"必"以外,"诚""信""果"等也经常用于假设句前件以帮助表示假设。例如:

(7)陛下必欲废适而立少,臣愿先伏诛,以颈血污地。(史·刘敬叔孙通列传)

(8)大王必欲发兵应吴，臣愿为将。（史·淮南衡山列传）

(9)王必欲高车，臣请教闾里使高其捆。（史·循吏列传）

(10)今王有七十余城，而公主乃食数城。王诚以一郡上太后，为公主汤沐邑，太后必喜，王必无忧。（史·吕太后本纪）

(11)君诚能听臣，燕必致旃裘狗马之地，齐必致鱼盐之海，楚必致橘柚之园，韩、魏、中山皆可使致汤沐之奉，而贵戚父兄皆可以受封侯。（史·苏秦列传）

(12)大王诚能听臣，臣请令山东之国奉四时之献，以承大王之明诏，委社稷，奉宗庙，练士厉兵，在大王之所用之。（史·苏秦列传）

(13)大王信行臣之言，死不足以为臣患，亡不足以为臣忧，漆身为厉被发为狂不足以为臣耻。（史·范雎蔡泽列传）

(14)先生果能，孤请世世以卫事先生。（史·魏世家）

(15)是以圣人果可以利其国，不一其用；果可以便其事，不同其礼。（史·赵世家）

蒋绍愚（1989）认为例（5）和例（6）的"必"可以解释为"若"，但还不是真正的连词。例（7）至例（15）中的这些"必""诚""信""果"等副词与之类似，它们都似乎还处于一种"过渡状态"①。

关于这些词能否看成是"假设连词"或者"假设义类词"的问题，还有两种不同的意见：一种意见认为，它们应当分析为连词，相当于"若"，是"如果"的意思；另一种意见认为，它们并不相当于"若"，仍然是副词，是表示肯定或确认的语气副词，相当于"确实""诚然""果真""一定"等，句子的假设语义来自于语境，与这些副词无关。这两种意见的分歧之处在于：第一种意见认为，这些词语不但语义发生了演变——由表肯定或确认发展为表假设，句法功能也有了变化——由副词变成了连词；第二种意见则认为，这些词语不但句法功能没有任何变化——仍然是副词，而且语义上也没有任何变化——仍是表示肯定或确认的语气副词。

本书认为，以上诸例中的必类副词的语义已经发生了变化，有的经过语义漂白（semantic bleaching），失去了肯定或确认的意味，有的经过语义漂白之后又吸收了构式语义，可以理解为"如果"，但它们的句法功能并没有改变，它们仍然是副词而不是连词，它们是副词中比较特殊的一类，可以称为"假设副词"。

---

① 为便于讨论，以下将"必""诚""信""果"等词统称为"必类副词"。

2.3　必类副词的语义变化

从《史记》中必类副词的实际使用情况来看,说这些词语的语义没有发生任何的改变恐怕是有困难的。试看下例:

(16)楚王问于范蜎曰:"寡人欲置相于秦,孰可?"对曰:"臣不足以识之。"楚王曰:"寡人欲相甘茂,可乎?"对曰:"不可。……王若欲置相于秦,则莫若向寿者可。夫向寿之于秦王,亲也,少与之同衣,长与之同车,以听事。王必相向寿于秦,则楚国之利也。"(史·樗里子甘茂列传)

上例中,楚王本想以甘茂为秦相,并没有让向寿为秦相的意思,范蜎却说:"王必相向寿于秦",可见此处的"必"与通常表示确信的语气副词的意义已经不一样了,这个"必"已不好理解为"一定"了。

必类副词的意义和用法已经有了一定的改变,这可以从以下一些语言事实中得到证明:

第一,必类副词有的可以用于非真实条件假设句中。这方面以"诚"为代表。例如:

(17)子弗识也。君诚知我而使我毕能,秦必可亡而西河可以王。今君听谗人之议而不知我,西河之为秦也不久矣,魏国从此削矣。(吕·观表)

(18)特患力弗能救,德弗能覆;诚能,何故弃之?(史·东越列传)

非真实条件假设表示与事实相反或说话人明知不能实现的假设。如例(17)中的"诚知我"就与"今君听谗人之言"这个事实是相反的;例(18)中的"诚能"与"特患力弗能救,德弗能覆"这个事实是相反的。

第二,当必类副词用为表示确认的语气副词时,一般会有先行语句,这些副词所表示的语气是对先行语句所述事实的一种确认和肯定,当其没有先行语句,或者后续句所述事实与先行语句并不相类时,再将它们理解为表确认的语气副词就显得比较牵强。这一点,我们在分析例(17)的时候其实已经指出了。他例又如:

(19)墨子曰:"必得宋乃攻之乎? 亡其不得宋且不义,犹攻之乎?"王曰:"必不得宋,且有不义,则曷为攻之?"(吕·爱类)

(20)秦父兄苦其主久矣,今诚得长者往,毋侵暴,宜可下。(史·高祖本纪)

(21)今诚以吾众诈自称公子扶苏、项燕,为天下唱,宜多应者。(史·陈涉世家)

(22)足下必欲诛无道秦,不宜踞见长者。(史·高祖本纪)

例(19)中,"必不得宋"的"必"显然不能理解为一定,因为这与之前的"必得宋"是冲突的,这里,之前的"必得宋"的"必"是"一定"的意思,而"必不得宋"的"必"是"如果"的意思。其余几例中,如果在例(20)之前有"我甚欲得长者往",例(21)之前有"我欲以吾众诈自称公子扶苏、项燕……",例(22)之前有"我欲诛无道秦"之类的话,那么"诚"和"必"就应当理解为表确认的语气词,但事实上这些句子之前都没有类似的语句,"诚"和"必"也不能理解为是表达确认语气的语气词。

第三,必类副词可以用于两相对比(特别是两种情况完全相反的对比)的语句中。这方面以"必"和"信"为代表。例如:

(23)王必欲长王汉中,无所事信;必欲争天下,非信无所与计事者。顾王策安所决耳。(史·淮阴侯列传)

(24)必以贤,则去疾不肖;必以顺,则公子坚长。(史·郑世家)

(25)淮阴屠中少年有侮信者,曰:"若虽长大,好带刀剑,中情怯耳。"众辱之曰:"信能死,刺我;不能死,出我袴下。(史·淮阴侯列传)

例(23)中,"王"之"欲"肯定只有一种,要么是"长王汉中",要么事"争天下",如果将"必"理解为表确认,那么究竟是确认的哪一种呢?很难得到明确的答案。因此,这个"必"不好理解为"一定"。例(24)与例(23)类似。例(25)很有意思,有人将其中的"信"理解为是人名,指韩信,如中华书局1995年版《史记》第八册第2610页即在此句"信"下加直线,按照该书通例,下加直线者为人名或地名。但这里若将其理解为人名则与当时语境不合。因为一方面,在"众辱之"之前,韩信并没有说出他"能死"之类的话来。另一方面,如果要称呼韩信的话,应当是用第二人称代词"尔"或"汝"来指代,而不应当用名来指代,因为这是面对面的交谈。若是直呼其名的话,也应当在名字后面加上一个第二人称代词"尔"或"汝",只有在"信"后有一"尔"或"汝"时,"信"才能理解为韩信之名,这时,"信"是一个称呼语。即这个句子如果是"信!尔(或"汝")能死,刺我;不能死,出我袴下",则其中的"信"可理解为人名,但这里并没有出现"尔"或"汝",因此这个"信"不能理解为人名,也不能理解为表确认的语气副词,只能理解为如果。

第四,从假设句前件的动词来看,某些动词的语义类别有可能限制其前副词理解的可能性,在这些动词之前的副词不能理解为表肯定或确认,此类动词以"无"和"若"(意为"像")为代表①。例如:

(26)王必无人,臣愿奉璧往使。(史·廉颇蔺相如列传)
(27)必若所云,是高帝代秦即天子之位,非邪?(史·儒林列传)

以上两例中,例(26)的"王必无人"不能理解为"王一定没有人"。如果这样理解的话,意思就会大变。此句中的"王必无人"不是蔺相如对王有没有人的一种判断,而是一种假设,假设王若无人,则他愿意奉璧往使。例(27)的"必若所云"也不能理解为"一定像你所说的那样"。这两例中的"必"表示的都不是肯定或确认语气,它们应当理解为"若"。

总而言之,有一些假设句前件中的必类副词的语义已经发生了改变,不能再理解为表示肯定或确认,而应当理解为表示假设。在"诚""必""信""果"四个词中,"必"的此类用例最为多见,"诚"的用例也较多,"信"和"果"的用例较少见。以下几例中的"必"也都应当理解为"如果":

(28)又谓郤宛曰:"令尹欲饮酒于子之家。"郤宛曰:"我贱人也,不足以辱令尹。令尹必来辱,我且何以给待之?"(吕·慎行)
(29)上曰:"文成食马肝死耳。子诚能修其方,我何爱乎!"大曰:"陛下必欲致之,则贵其使者,令有亲属,以客礼待之,勿卑,使各佩其信印,乃可使通言于神人。(史·孝武本纪)(史·封禅书)
(30)九年,吴王阖庐谓子胥、孙武曰:"始子言郢未可入,今果何如?"二子对曰:"楚将囊瓦贪,而唐、蔡皆怨之。王必欲大伐,必得唐、蔡乃可。"(史·吴太伯世家)

以上所举的这些例子有些还不是很典型。我们所能找到的确定不移的只能解释为"若"的例证并不多,大概只有例(6)、例(16)、例(17)、例(18)、例(25)、例(26)、例(27)、例(28)、例(29)和例(30)等10例。其余例句中的必类副词虽说理解为表确认已经比较牵强,但是非要那么理解似乎也还说得

----

① 这一点是蒋绍愚先生为我指出的,谨致谢忱。

过去。必类副词表假设本来就是由表确认发展来的,有两可的情况正好说明了语义的演变还处于中间状态。在这 10 例比较确定的用例中,"必"有 7 例,"诚"有 2 例,"信"有 1 例,没有"果"的用例。若按照"例不十,法不立"的原则来论的话,如此少的用例似乎还不足为凭。但是,一种语言演变如果刚刚开始萌芽,它的用例应当是并不多见的,再加上这些有歧义的用例,我们基本可以断定:在战国到汉代之际,汉语中的必类副词由表确认向表假设的演变已经开始了。这些副词中,"必"的演变要快一些,故用例较多;"诚"和"信"的演变较慢,故用例次之,"果"的演变最慢,故用例也最少。这也可以得到后世语言事实的证明:在近代汉语中,"必"最终演变成了一个比较成熟的表假设的副词,而"诚""信"和"果"的表假设用法则消失不见。

2.4 必类副词假设语义的来源及其演变过程

将必类副词解释为"如果"的最大问题是:这个"如果"的意义是从哪里来的? 语义演变的路径是什么? 换句话说,表肯定或确认语气与表假设之间有没有语义上的相似性或相关性? 如果有,这种相似性或相关性体现在什么地方? 如果没有,它们何以能够由表肯定或确认发展出表假设的用法来? 如果能够解决这些问题,把某些必类副词解释为"如果"才是没有问题的。

肯定和确认语气与假设之间在语义上是没有什么相似性或相关性的。必类副词之所以能表假设,很难从一般的词义演变规律(如隐喻、转喻等)得到解释。必类副词的词义演变过程与句法和构式密切相关,它们的"如果"义是词义吸收了构式义的结果。

这个词义演变的条件和过程可概括如下:

第一,必类副词的词义演变是在假设构式中实现的,这是实现语义吸收的前提。构式语义的吸收必然是在构式中实现的,这一点很好理解,不必赘言。

第二,必类副词吸收构式语义的另一个前提是:这些词语原来所具有的表示肯定和确认语气的意义,在假设构式中经过语义漂白而逐渐消亡。

必类副词的语义漂白过程与假设构式的语义特征具有密切的关联。假设构式的语义特征包括主观假定性、对比性、指称性和论断性等几个方面[①]。就主观假定性这一点而言,"如果 VP"的语义内涵是主观认定某一非现实或非真实情境为真实,即"以[非现实] VP 为真实"或"以[非真实] VP 为真实"。在这个语义内涵中,"主观认定"或者"以……为真实"本身包含着一种

---

① 参看本书第五章第一节。

肯定或确认的语义,即肯定或确认一种非现实或非真实的情境为真。因此,我们可以说,在假设构式的主观假定性中包含着一种肯定和确认的构式义素。

当必类副词用于假设构式前件中时,由于假设构式前件本身包含着肯定和确认的义素,这使得它们的词汇意义——肯定和确认成为一种羡余,这种语义上的羡余促使这些词语加速了语义漂白的进程,进而完全不承担任何的表义功能。

第三,必类副词吸收构式语义的另一个条件是:这些词语所在的假设构式必须是一个没有"若""如"等条件引导词的无标记的构式。构式语义吸收的诱因是语言习得者的误解(详下文),这种误解产生的条件就是在没有条件引导词(即通常所说的假设连词)的假设构式中。

当假设构式具有条件引导词时,构式语义的吸收就不大可能产生。这时,如果句中有"诚""必""信""果"等语气副词,它们就只能完成语义漂白的过程,而不能发生构式语义的吸收过程。这种经过语义漂白的语素有可能与条件引导词结合,从而成为一个新的双音节条件引导词,现代汉语常用的条件引导词"如果"就是这样产生的。在"如果"的成词过程中,"如+果VP"是原型结构,在这个结构中,"果"本来是一个修饰VP的语气副词,后来,"果"的语义由于与构式语义重叠而成为一种羡余,逐渐发生漂白,到最后不承担任何表达语气意义的功能。这个不承担任何表义功能的语素逐渐与之前的条件引导词"如"结合而成为一个新的双音节引导词"如果"①。

第四,必类副词吸收构式语义的诱因是语言习得者基于类推(analogy)而产生的误解。在无标记的假设构式中,必类副词因语义漂白而逐渐丧失表义功能,由于语言习得者先前所习得的假设构式大多是具有条件引导词的有标记(marked)构式,受这些有标记构式的影响(类推的作用),他们会主观地认为这些带有"必""诚""信""果"等的无标记构式也是有标记的,很自然地,他们就会将这些不承担任何表义功能的语气副词重新分析为假设构式的标记——条件引导词。

第五,必类副词吸收构式语义的最后一步,是这种基于误解而产生的语义吸收的规约化(conventionalize)。构式语义的吸收本来是个别的偶然现象,但是,这种个别的偶然现象中也包含着一定的必然性。在以有标记构式为假设构式强式的语言(或语言发展某一时期)中,无标记构式中的某些意

---

① 有人认为,"如果"是由两个同义的条件引导词"如"和"果"同义复合而成。本书不采取这种看法。

义很虚的虚词被误解为假设标记的可能性是很大的。而这种偶然的误解一旦被语言习得者作为一种规则来掌握时,吸收的语义就实现了规约化而成为一种必然。在这个过程中,还伴随着功能扩展的过程:"诚""必""信""果"等本来一般不用于两相对比语句以及反事实假设中,后来通过功能扩展,它们中有的("诚"和"必")能用于上述两类句子中了。这时候,构式语义的吸收过程彻底完成,"诚""必""信""果"等语气副词发展成了假设副词。

2.5 结论和余论

总而言之,必类副词由语气副词发展为假设副词的过程包括三个关键的步骤,即语义漂白、语境吸收和规约化。我们也可以把这个过程看成是一种特殊的词义沾染(contagion)现象。

以往谈到词义沾染的时候,往往是指一个词语(或语素)沾染了另一个词(或语素的意义)。例如朱庆之(1991)即运用词义沾染理论成功地解决了魏晋南北朝汉译佛典中的几个特殊疑问词"所""为""如"的来源问题。通过对必类副词词义演变过程的分析我们可以看出,词义沾染不但可以在词语之间发生,也可以在词语与构式之间发生。在汉语史上,还能发现一些别的语词沾染构式语义的例证。例如,在转折连词"然而"的形成过程中就包含着构式语义沾染的过程。"然而"是由在线性序列上相邻的两个跨层成分组合而成的合成词。在组合成词之前,"然"是一个代词,"而"是一个连词,"然"的作用是复指前文,"而"的作用是连接。后来,"然"经历了语义漂白的过程而逐渐丧失了复指的功能,并与其后的单音节连词组合成一个新的复音连词"然而",在这个过程中,由于"然而"经常位于转折构式中,因而逐渐吸收了构式的转折语义而成为一个表转折关系的连词。这与必类副词吸收假设构式的语义而逐渐演变为假设副词是非常相似的。

以上我们将"诚""必""信""果"等一起讨论,主要是为了叙述的方便。但是,同样的起点,同样的语法化路径,不同的词语达到的终点却并不一样。拿"诚""必""信""果"这四个词语来说,"果"就没有完成语境吸收的过程而只完成了语义漂白的过程,因此我们在文献中很难找到必须解释为"若"的"果"的用例;"诚"和"信"完成了语义漂白和语境吸收的过程,但是似乎没有彻底完成规约化的过程,因此我们在文献中只能找到零星的应当解释为"若"的用例;"必"则彻底完成了语义漂白、语境吸收和规约化的过程,因此我们不但能在上古文献中找到较多的"必"用为"若"的用例,而且"必"的这个用法还在后世得以保留,在近代文献中都可以找到很多例证。

第三节　指称化的谓词性结构做假设句前件及其解释①

3.1　假设句前件中的指称化谓词性结构

上古汉语可以用"N 之 VP""其 VP""VP 者""所 VP 者"等做假设句的前件以表假设。对此，前人有不同的解释。

关于"N 之 VP"结构，清代学者王引之《经传释词》说②：

> 之，犹"若"也。《书·盘庚》曰："邦之臧，惟女众。邦之不臧，惟予一人有佚罚。"言邦若臧，邦若不臧也。《牧誓》曰："牝鸡之晨，惟家之索。"言牝鸡若晨也。《洪范》曰："臣之有作福作威玉食，其害于而家，凶于而国。"言臣若有作福作威玉食也。《金縢》曰："尔之许我，我其以璧与珪，归俟尔命！"言尔若许我也。又曰："我之弗辟，我无以告我先王。"言我若弗辟也。僖三十三年《左传》曰："寡君之以为戮，死且不朽。若从君惠而免之，三年将拜君赐。"宣十二年《传》曰："楚之无恶，除备而盟，何损于好。若以恶来，有备不败。"成二年《传》曰："大夫之许，寡人之愿也。若其不许，亦将见也。"皆上言"之"而下言"若"，"之"亦"若"也，互文耳。《荀子·正名篇》曰："假之有人欲南而恶北。"《性恶篇》曰："假之有弟兄资财而分者。""假之"，皆谓假若也。

王氏之后，裴学海《古书虚字集释》、杨伯峻《古汉语虚词》、周法高《中国古代语法·造句编(上)》等皆承其说，认为古汉语中的"之"可以表示假设，相当于"若"。

马建忠(1898:249)不同意这个看法，他说：

> 经生家皆谓所引《传》语各节③，首句皆间"之"字，而下以"若"字对之，故"之"与"若"互文耳，不知凡起词坐动有"之"字为间者，皆读也④。而凡读挺接上文者，时有假设之意，不必以"之"字泥解为"若"字也。

---

① 本节主要内容又见于龚波(2016)。
② 王引之《经传释词》第 200 页，北京：中华书局，1956 年。
③ 指上引《左传》僖公三十三年、宣公十二年、成公二年之三例。引者注。
④ "读"是《马氏文通》中的一个重要概念，其具体含义将在下文讨论。

马氏认为，王氏所引《尚书》之《金縢》《盘庚》《洪范》三例，"皆有假设之意，而对句并无'若'字以为互文也"。因此，说"之"与"若"相当不能成立。他认为这里的"之"是一个"介字"（介词）。

与"N 之 VP"结构类似，"其 VP"也可以用于假设句的前件中。王引之认为，这个"其"相当于"若"，他说①：

> 其，犹若也。《诗·小旻》曰："谋之其臧，则具是违；谋之不臧，则具是依。"《礼记·文王世子》曰："公族其有死罪，则磬于甸人。其刑罪则纤剸，亦告于甸人。"僖九年《左传》曰："其济，君之灵也；不济，则以死继之。"襄二十三年《传》："申丰对季武子曰：'其然，将具敝车而行。'"三十一年《传》曰："其输之，则君之府实也；非荐陈之，不敢输也；其暴露之，则恐燥湿之不时，而朽蠹以重敝邑之罪。"

杨树达《词诠》、裴学海《古书虚字集释》、杨伯峻《古汉语虚词》、周法高《中国古代语法·造句编（上）》、何乐士《左传虚词研究》等亦主此说②。

有时候，"其"还可以与"若"或"如"连用。例如：

(1)如其善而莫之违也，不亦善乎！如不善而莫之违也，不几乎一言而丧邦乎！（论·子路）
(2)若其不还，君退臣犯，曲在彼也。（左·僖28）
(3)战而捷，必得诸侯；若其不捷，表里山河，必无害也。（左·僖28）
(4)大夫之许，寡人之愿也；若其不许，亦将见也。（左·成2）
(5)若其弗赏，是失信也，何以庇民？（左·昭15）
(6)附之以韩魏之家，如其自视欿然，则过人远矣。（孟·尽心上）

对于这种"如其"或"若其"，上述学者或者并未提及，或者将它们看成是由两个同义连词并列复合而成的双音节连词。如周法高《中国古代语法·造句编（上）》、何乐士《左传虚词研究》和杨伯峻、何乐士《古汉语语法及其发展》皆持此论。

对此，也有不同的意见。马建忠将"若"和"如"之后的"其"归入"接读代

---

① 王引之《经传释词》第116页，北京：中华书局，1956年。
② 对于"其"字词性的判定，各家的意见稍有不同。有的学者认为它是语气副词，有的学者认为它是助词，有的学者认为它是连词。但他们都认为"其"可以表示假设。

字",认为此类前件是"读蒙连字而'其'为主次者"①。王力(1989)也认为,成公二年一例中的"其不许"等于说"大夫之不许",因为"若其不许"是与"大夫之许"互文的。"之""其"互文,足以证明"其"等于"名词＋之"。

除了"N 之 VP"和"其 VP"结构之外,"VP 者"和"所 VP 者"也可以表示假设。"VP 者"之例如②:

(7)鲁无君子者,斯焉取斯。(论·公冶长)

(8)故义胜利者,为治世;利克义者,为乱世。(荀·大略)

(9)筑室反耕者,宋必听命。(左·宣 15)

(10)圣人,吾不得而见之矣;得见君子者,斯可矣。(论·述而)

"所 VP 者"主要见于誓词。例如:

(11)所不与舅氏同心者,有如白水。(左·僖 24)

(12)若背其言,所不归尔孥者,有如河。(左·文 13)

(13)所不杀子者,有如陈宗。(左·哀 14)

(14)予所否者,天厌之,天厌之。(论·雍也)

对于"VP 者"和"所 VP 者"结构表假设的问题,前人也有不同的看法。传统训诂学家一般把其中的"者"看成是一个语气词;朱德熙(1983)则认为"者"是一个指称化的标记,不是语气词③。至于"所 VP 者"结构中的"所"字,则有种种不同的解释。通常认为,它是一个相当于"若"的假设连词④。

3.2　以往的解释和存在的问题

从以上分析不难看出,对假设句前件中"N 之 VP""其 VP""VP 者""所

---

①　马氏对"其"的分析有前后矛盾之处,某些分析也并不妥当(如认为"其"是主次)。但是,总的看来,马氏是将此类"其"看成代字(代词)的。正如宋绍年(2004:99)所说,"我们完全有理由对马氏的结论做出调整,结论是'其＋动(含静)'之'其'是接读代字","这一调整并不违反《文通》大的原则"。

②　例句转引自朱德熙(1983,1988)。

③　本书是将"者"看成语气词(条件煞尾词)的,但承认有的"者"也有指称化的作用。语气词"者"来源于表自指的"者",二者之间本没有截然可分的界限。将"VP 者"的"者"看成自指标记着眼于它的来源,将其看成是语气词则着眼于其发展演变的结果。因此本节将"VP 者"与"N 之 VP""其VP""所 VP 者"等放在一起讨论,将它们看成是类似的结构形式。

④　关于"所"字的问题,下文将有详细论述。此不赘。

VP 者"认识的分歧由来已久。把"之""其""所"解释为"若"这种随文释义的方法并不能服众,因为无法解释这种语义的来源。如果不把"之""其""所"看成"若"的同义词,则必须回答两个问题:

1."N 之 VP""其 VP""VP 者"和"所 VP 者"的性质是什么?其中的虚词"之""其""所""者"的作用又是什么?

2.假设句前件何以能容纳此种句法形式?它们之间在语义上有何种关联?

遗憾的是,不论是《马氏文通》还是王力(1989)都没有对这些问题予以正面的回答。

朱德熙先生 1983 年发表了《自指和转指》一文,为解决这个问题提供了很好的思路和分析方法。在这篇文章中,朱先生运用指称化的理论对汉语里的"的""者""所""之"的语义和语法功能进行了详细的分析,提出了语言中的指称成分和陈述成分可以相互转化的观点,并着重讨论了先秦汉语谓词性成分指称化的两种形式:自指和转指。朱先生也谈到了"VP 者""N 之 V"和"所 VP 者"结构表假设的问题。关于"VP 者"表假设,他说:

> 我们认为表示假设的"若(如)VP 者"里头的"VP 者"仍旧是名词性结构,其中的"者"仍旧是自指的"者$_s$"。不过这是针对"若"和"如"还是纯粹的动词的时候说的。等到"VP 者$_s$"可以离开前边的"若"和"如"独立负担起表示假设的功能时,它就变得越来越像谓词性结构(从句)了,这个时候,加在"VP 者$_s$"前边的"若"和"如"也由动词逐渐演化成为连词。

关于"所 VP 者"表假设,朱先生说:

> 讨论这种句式的人都把注意力集中在"所"字上,提出了种种不同的解释。其实就语法结构说,关键在"者"字上。这类句子跟 5.2.6[①]里讨论的句子完全一样,都是用自指的"VP 者$_s$"表示假设的。至于这类句式里的"所"字恐怕跟名词化标记"所"无关,很可能代表一个意义与"若"类似的词。

关于"N 之 VP"表假设,朱先生说:

---

① 指"VP 者"表假设,引者注。

"N 之 V"也跟"VP 者$_s$"一样,能够表示假设意义。前边可以有"若"字,也可以没有。这个时候,"N 之 V"带有明显的谓词性。"N 之 V"跟 NV 的意思十分接近("N 之 V"是 NV 所指的行为、动作、状态的事物化)。这种语义上的相通促成了功能上的同化,这大概就是上述现象产生的原因。

姚振武(1994,1995)、宋绍年(1996)等在朱德熙(1983)的基础上进一步丰富和发展了指称化理论。根据他们的意见,现在一般不再将"VP 者""N 之 VP""其 VP"等结构看成名词性结构,而认为它们仍然是谓词性结构。只不过这种谓词性结构已经发生了指称化,是指称化的谓词性结构。其中的"者""之""其"都是指称化的标记。

谓词性成分指称化的理论为解决"VP 者""N 之 VP""其 VP"和"所 VP 者"结构表示假设的问题提供了很好的理论基础。既然这些结构都是指称化的谓词性结构,那么,剩下的问题就是:假设句的前件为何可以用指称化的谓词性结构来表示,它们之间具有怎样的关联?

朱德熙(1983)曾试图解决这个问题。从上引其关于"若(如)VP 者"的论述中可以看出,朱先生认为,在早期的"若(如)+VP 者"结构中,"若(如)"是动词,"VP 者"是名词性的结构,在其后的发展过程中,"VP 者"逐渐可以脱离"若(如)"而独立表示假设,在这个过程中"VP 者"也逐渐变成谓词性结构(从句)①。最后,"VP 者"变成从句,而之前的"若(如)"也演变为连词。我们可以把这个过程表示如下:

若(动词)+ VP者(名词性结构)——→ "VP者"独立表假设 ——→ VP者(从句)
　　　　　　　　　　　　　　　脱离"若"　　　　　　　　　　"若"变为连词

朱先生的论述是基于把假设句前件中的 VP 看成是谓词性结构的(表示陈述)。所以必须对指称性的"VP 者""N 之 VP"和"其 VP"何以能够进入前件表示假设做出解释。

朱先生的说法遭遇到三个困难。第一,如果说"VP 者"是先与"若(如)"结合以表示假设,在发展过程中逐渐可以离开"若(如)"而表示假设,那么,"VP 者"脱离"若(如)"以表示假设的原因是什么?条件是什么?过程又是怎样?朱先生并没有对此做出说明。第二,"VP 者"由名词性结构变为从句,类似的演变过程在汉语(或其他语言)中还能不能找到别的例证?

---

① 朱先生说的是"越来越像谓词性结构(从句)"。

名词性结构与从句之间有没有关联？它们之间是否可以转化？转化的条件又是什么？对此还需要研究。第三，从汉语史的事实来看，虽然现有文献所反映出来的"VP 者"和"其 VP"表假设与"若（如）"表假设产生的时间是大致同时的，但是，"N 之 VP"表假设的时间却大大早于"若（如）"表假设。汉语用"若（如）"表示假设，最早出现于春秋时期。春秋之前的商代和西周时期，不论是在传世文献还是出土材料中，"若（如）"均不表假设。相反，"N 之 VP"表示假设却在商代和西周时期就已经出现了①。很显然，汉语没有经历一个先由"若（如）＋ N 之 VP"表假设，再由"N 之 VP"单独表假设的发展过程。恰恰相反，这个过程是由"N 之 VP"可以单独表假设发展到在"N 之 VP"之前可以加上"若（如）"表示假设。朱先生所说的发展过程不能很好地解释"N 之 VP"的情况。

总而言之，朱德熙（1983）对于"N 之 VP""VP 者""其 VP"等结构的语义性质的判定无疑是相当正确的，对虚词"者""之"等作用的说明也很精当。但"VP 者""N 之 VP"和"其 VP"何以能够进入前件表示假设？朱先生的回答还不能让人满意②。由于朱先生将假设句的前件看成是谓词性的从句，因而必须解释指称性的"VP 者"何以能够进入这个谓词性结构的问题。本书试图从另一个侧面来探讨这个问题。我们认为，问题的关键不是"VP 者"脱离了"若（如）"而逐渐由指称性结构变成了陈述性结构，而在于假设句前件本身就是一个具有指称化倾向的成分，这是假设句的一个重要的语义特征。由于前件具有指称化的倾向，因此指称化的谓词性结构"N 之 VP""VP 者"和"其 VP"等可以进入前件表示假设。当假设连词"若（如）"产生以后，"N 之 VP""VP 者"和"其 VP"等之前也可以加上假设连词"若（如）"以使假设语义更为显豁。在这个过程中，"N 之 VP""VP 者"和"其 VP"的指称性其实一直都没有变化。

上述假设成立的前提是，必须首先证明假设句的前件指称化倾向是一个事实，还必须弄明白它的指称性从何而来？要回答这两个问题，需要在更大的背景下对同类的现象做系统的分析。

3.3　指称化的谓词性结构做假设句前件用法产生的根源

自朱德熙（1982）将"指称"和"陈述"的概念引入汉语研究之后，很多学者从陈述和指称的角度对汉语的各种相关的语法现象进行了深入的研究，

---

① 参看本书第二章。
② 当然，朱先生的本意也并不是要解决这个问题。

取得了丰硕的成果。根据陆俭明(2004:95—96)的定义,"指称就是所指,陈述就是所谓,指称形态反映在语法上,是体词性成分;反映在意义上是个名称。陈述形态反映在语法上,是谓词性成分;反映在意义上是个命题,或者说断言。"但是,在汉语中,陈述和指称与体词性成分和谓词性成分之间并不是严格的一一对应的关系。体词性成分有时候可以表示陈述,如名词谓语句中的名词表示的是陈述①,"副词+名词"现象中的名词表示的也是陈述(姜红 2008);当谓词性成分位于主宾语位置上时,也都会有程度不同的指称化倾向(朱德熙 1982;宋绍年 1998 等)。同时,陈述和指称可以相互转化。陈述转化为指称可以分为自指和转指两类(朱德熙 1983)。

　　与本书讨论的问题密切相关的是谓词性成分表自指的问题。谓词性成分何以能表示自指?在什么情况下需要用谓词性成分来表示自指?只有当我们全面了解了自指性的谓词性成分出现的各种句法、语义和语用环境之后,我们才有可能对其何以能够作为假设句前件的问题予以正确的回答。以下先讨论表自指的谓词性成分(以下以"VPs"代表)可能出现的句法环境,再讨论 VPs 何以能够表示假设的问题。

　　语言为了实现交际的功能,除了必须对事物进行指称(表现为名词)之外,有时候也需要对事件或性状进行指称。当需要说明某个事件、性状的性质或论述、断定这个事件、性状与其他的事件、性状之间的联系的时候,需要对事件或性状进行指称。这是语言反映客观现实的一个必然要求。不同的语言或同一语言的不同历时阶段,为满足这一要求,会采用不同的语法手段。由于谓词性成分的自指现象与句子类型直接相关,因而对此类现象的考察也必须从句型入手。

　　李佐丰(2005)根据古汉语中的句子主谓之间的结构关系,把句子分为叙述句、说明句和论断句等几种类型。我们认为,这样的句型划分有利于说明自指性的谓词性结构出现的句法环境,故本书对自指性谓词性结构的考察以李佐丰(2005)的句型理论为基础②。

　　叙事句叙述事物的动作或变化,一般由指称性的体词主语和陈述性的

　　① 吕叔湘(1942a:56)说:"有时候用名词做谓语,这些名词在此处表示一种性质或状态,作用和形容词相同。"
　　② 李佐丰(2005:458)采用较通行的标准,将句子首先分为单句和复句,单句之下再分叙事句、说明句、论断句等类型。复句之下再分偏正复句和联合复句两种类型,偏正复句包括因果复句、转折复句、假设复句和让步复句四类;联合复句包括承接复句、并列复句、选择复句、递进复句四类。并且指出,偏正复句跟论断句之间在语义和形式上都有相似之处,"把偏正复句看作论断句,即把前分句看作是主语,后分句看作是谓语,也无不可"。即将偏正复句也看作是论断句之一类。

动词谓语构成。指称性的谓词性结构 VPs 一般不能充任叙事句的主宾语。只有当叙事句的谓语动词为感知类、使令类、言说类或表态类动词如"患""欲""令""使""谓""喜欢""知道""乐意""提倡""承认""发现"等时，VPs 才可以作为它们的宾语。例如：

> (15)不患人之不己知，患其不能也。（论·宪问）
> (16)不患人之不己知，患不知人也。（论·学而）
> (17)吾恐此将令其宗庙不被除而社稷不血食也。（韩非子·十过）
> (18)喜欢干净。

以上诸例中的"人之不己知""其不能""其宗庙不被除而社稷不血食"是有标记的 VPs，"干净"是无标记的 VPs①。

说明句描述事物的情状，其句法特征是由表陈述的形容词充当谓语，一般不带宾语。其谓语不能由 VPs 充当，但主语可以由 VPs 充当。例如：

> (19)天下之无道也久矣。（论·八佾）
> (20)上失其道，民散久矣。（论·八佾）
> (21)其行己也恭，其事上也敬，其养民也惠，其使民也义。（论·公冶长）
> (22)干净最重要。

以上诸例中的"天下之无道""其行己""其事上""其养民""其使民"是有标记的 VPs，"干净"为无标记的 VPs。

论断句说明事物的属性或事物之间的关系。论断句一般不用于陈述事实，而用于表示认识的结果。论断句还可以分为两类，即论述句和判断句。

判断句说明事物的性质，一般由指称性的体词性成分充当主宾语，VPs 可以做判断句的主语或宾语，以说明某一事件的性质。例如：

> (23)非其鬼而祭之，谄也。见义不为，无勇也。（论·为政）

其中的"非其鬼而祭之""谄""见义不为""无勇"均为指称性的 VPs。

论述句说明事物之间的关系。论述句还可以分成几类，VPs 大多可以

---

① 朱德熙（1982）认为，"喜欢干净"中的"干净"是指称性的。

进入。常见的可以容纳 VPs 的论述句主要有:

第一,因果句。例如:

(24)江海之所以能为百谷王者,以其善下之,故能为百谷王。(老子·66 章)

(25)臧文仲以陈、卫之睦也,欲求好于陈。(左·文 6)

(26)以岁之非时,献禽之未至,敢膳诸从者。(左·宣 12)

其中的"其善下之""陈、卫之睦也""岁之非时,献禽之未至"均为指称性的 VPs,用以说明原因。

第二,比较(比拟)句。比较(比拟)句比较事物之间的异同,也需要对事件或性状进行指称,VPs 可以进入。例如:

(27)夷狄之有君,不如诸夏之亡也。(论·八佾)

(28)纣之不善,不如是之甚也。(论·子张)

(29)夫子之不可及也,犹天之不可阶而升也。(论·子张)

(30)建为郎中令,事有可言,屏人恣言,极切;至廷见,如不能言者。(史·万石张叔列传)

其中的"夷狄之有君""诸夏之亡""纣之不善""夫子之不可及""天之不可阶而升""不能言者"皆为自指性的 VPs,用以表比较或比拟。

第三,转折句。例如:

(31)虽其善祝,岂能胜亿兆人之诅?(左·昭 20)

(32)虽鞭之长,不及马腹。(左·宣 15)

"其善祝""鞭之长"均为指称性的 VPs。

假设句也是一种论断句。在论断中,由于需要说明事件之间的关系,往往需要先说出一个事件,然后说明此事件的性质、所导致的结果以及发生此事件的原因等等,因而常常需要对事件加以指称。其指称的方式除了可以用自指性的 VPs(有标记或无标记)以外,还可以用代词复指的方式(朱景松 1996)。与其他类型的论述句类似,假设句也可以采用这两种方式以实现对假设条件的指称。"N 之 VP""其 VP""VP 者""所 VP 者"之所以能够作为前件的假设句,根本原因就在于假设句的前件具有指称化的倾向。"N 之

VP""其 VP""VP 者""所 VP 者"作为指称性的谓词性结构,是实现对假设条件进行指称的一种方式①。

至此我们可以对自指性的谓词性结构何以能够表假设做出回答。概而言之,假设句的论断性所导致的前件的指称化倾向是前件可以容纳"N 之VP""其 VP""VP 者"等指称化谓词性结构的根源。

3.4 关于假设句前件指称化倾向的认识

假设句的前件具有指称化的倾向,这一点姚振武(1995)和宋绍年(1998)均有论及。《马氏文通》实际上也涉及这个问题。《文通》将假设句的前件归入"读(也作'豆')"的范畴,并且将"其""之""所""者"四个语素统称"读之记"。马氏的"读"是有明确的定义的,即"凡有起(主语)、语(谓语)两词而辞义未全者曰读"。难能可贵的是,马氏对于"读"的指称化的倾向做了明确的说明。他指出,读用如起词或止词"则与名、代诸字无义"。宋绍年(2004:76)在分析马氏这段话的时候说:"马氏讲'与名、代诸字无异'是不准确的。充任主宾语的谓词性成分(即读)不一定都变成了名词,读是否转化为名词性成分,要看它的指称化的程度。但是,我们不应该苛求百年前的马氏","站在汉语语法学的高度重新审视'名物化'的说法,我们是否可以认为马氏已经发觉,在汉语里陈述可以较自由地转化为指称呢!"马氏混淆了语义和句法的概念,因而说读"与名、代诸字无异"。如果抛开"名物化"的说法不论,马氏的观察是相当细致的;其将假设句前件归入读的范畴,也是很有见地的。可以说,是马氏最先发现了假设句前件的指称化倾向。

赵元任(1968:47、61)认为,汉语的主语就是话题,谓语就是说话人对话题的述评;汉语主谓之间的关系是话题与述评的关系。同时,他认为,条件句可以看成是主语(=话题)。Haiman(1978)也认为,条件句(相当于本书所说的假设句的前件)可以看成是话题。他的主要论据是,在形式上,很多语言的话题句、疑问句、条件句使用相同的形式标记,而相同的形式标记往往意味着它们在深层语义上的联系。同时,话题和条件句信息属性相同,都是已知信息;话语功能也相同,都是为下面话语提供框架。

假设句的前件 VP 已经背离了典型的陈述,而表现出很大程度的指称化倾向。假设句前件在语义上表示对某一虚拟的事件的指称,而后件叙述在这种虚拟条件之下所能产生的结果。正是由于前件的实质是对虚拟事件

---

① 实现这种指称的另一种方式是使用复指代词。例如假设句后件常用"是""斯""此""那"等复指代词复指前件,参看本书第二章。

或状态的指称,因而指称化的谓词性结构才能够充当前件。从前件的指称性这个意义上说,赵元任(1968)和 Haiman(1978)的看法也是很有道理的,因为话题作为言谈的对象,也应当是一种指称性的成分。

3.5　其他类似的例证

用指称化的谓词性结构表假设并非上古汉语所特有。江蓝生(2004)即指出,现代汉语中常用的假设语助词"的话"即来源于金元时期具有泛化指代意义的"的话"。当"说 NP/VP 的话"中的"的话"指代其前的 NP/VP 时,"说 NP/VP 的话"在语义上等同于"说 NP/VP",其后"NP/VP 的话"短语摆脱"说"义动词的支配,移到句首做话题主语。其后话题标记"的话"通过功能扩展,可以用于前件末作为假设语助词。

我们认为,在这个过程中,"的话"的指代意义并没有完全消失。不论作为话题标记还是假设语助词,"的话"仍然具有复指的作用,我们完全可以把"VP 的话"看成是一个自指性的 VPs 结构。因为假设句的前件本来就有指称化的倾向,因而自指性的"VP 的话"可以作为前件表示假设,也可以加上条件引导词如"如""如果""要""要是""只要"等表示假设。例如[1]:

(33)老爷子要在家的话,赏我们个脸呢,我们哥儿几个带着小连进去,让小连给他(音贪)磕个头,我们哥儿几个也给他(音贪)磕个头;要是不赏我们脸的话,把他老人家请出来,就在您门口儿,让小连给他(音贪)磕个头。(《小额》29 页)

(34)要是见好的话,很好喽;要是作什么的话,……(同上 115 页)

(35)要是不见效的话,让您孙子给您送信去。(同上)

(36)只要我好啦的话,加倍的必有人心。(同上 120 页)

此外,在元明清的白话文献中,"VP 的"也可以表示假设,一般认为,其中的"的"是一个假设语助词。香阪顺一(1987:470、501)即举出了《水浒》中的两个例子[2]:

(37)我若是躲闪一棒的,不是好汉。(28 回)

(38)你晓事的,留下那十两银子还了我,我便饶你。(14 回)

---

① 转引自江蓝生(2005)。
② 此据江蓝生(2005)。

江蓝生(2005)将元明清四种版本的《老乞大》中的假设句加以对照,以证明"的"确实可以表示假设:

> 旧本:既你待卖时,咱每商量。(22a8)
> 谚解:你既要卖时,咱们商量。(7b2/142)
> 新释:你总要卖的,咱们好商量。(25a10)
> 重刊:你总要卖呢,咱们好商量。(7b10/148)

江蓝生(2005)认为,《新释》的"的"与《旧本》和《谚解》的假设助词"时"相对应,又与《重刊》的假设语气词"呢"相对应,说明它的作用是表示假设语气,"的"就相当于后来的"的话"。其实,无论是"的"还是"的话",其所以能成为假设语助词,根源在于它们的指代作用,能够实现 VP 的指称化。

在其他语言中,我们也能找到很多相似的例证。英语可以用动词不定式、动词的-ed 分词或-ing 分词等动词的非限定形式做前件(Quirk 等 1985)。这前件既可以由 if 或 unless 引导,也可以不用任何的条件引导词,前者(主要是-ed 分句,-ing 分句勉强可以接受)如:

(39) The grass will grow more quickly if *watered* regularly. (Quirk *et al*.,1985:15.34)

(40) Unless otherwise *instructed*, you should leave by the back exit. (同上)

(41) If *coming* by car, take A10 and turn off at A414. (Quirk *et al*., 1985:14.19)

(42) Even if/unless *receiving* visitors, patients must observe normal hospital rules. (同上)

后者如:

(43) *Driving at high speed*, one may well miss direction signs. (Quirk *et al*.,1985:15.30)

(44) The sentence is ambiguous, *taken out of context*. (同上)

(45) You'd be a fool *not to take the scholarship*. (Quirk *et al*., 1985:15.34)

梵语可以用动词的绝对分词形式(gerund)或过去被动分词形式(past-passive-participle)作为前件。例如[①]：

eko' pi　sattva no kadā-ci teṣāṃ　　śrutvāna dharmaṃ/ na
一个 即使 有情 无 任何时 对于他们 听见后 法　　　　不
phaveta　budhaḥ
当成为　　佛
汉译：
1.得闻此法，未有一人，群萌品类，岂弘了觉。(竺法护译《正法华经》)
2.若有闻法者，无一不成佛。(鸠摩罗什译《妙法莲花经》)

梵文原文"śrutvāna"是动词的绝对分词形式，用于假设句中。鸠摩罗什在译文中即添加了表假设的条件引导词"若"。又如：

tṛṣṇā-nirodho 'tha　sadā　aniśritā/ nirodha-astyaṃ　tṛtiyaṃ
灭尽贪爱　　　 于是 永远　　无所依　 灭谛　　　第三
idaṃ　me
这　　我的
汉译：
1.爱欲已断，常无所着，已得灭度，于斯三品。(竺法护译《正法华经》)
2.若灭贪欲，无所依止，灭尽诸苦，名第三谛。(鸠摩罗什译《妙法莲花经》)

梵文原文"aniśrita"是动词的过去被动分词形式，用于假设句中。鸠摩罗什也在译文中添加了表假设的条件引导词"若"。

无论是英语的动词不定式、动词的-ed分词或-ing分词等动词的非限定形式，还是梵语的绝对分词形式或过去被动分词形式，都可以看成是一种谓词性成分的指称化形式。它们都用于假设句中，作为前件，表示对事件的指称。

3.6　结论和余论

综上所述，假设句前件的指称化倾向是由假设句的论断性决定的，是前

---

① 例句及解释引自姜南(2008)第109页。

件的一种内在语义特征。各种语言(或某一语言的不同发展阶段)用以表现这种指称化倾向的语法手段有多种,用指称化的谓词性结构做前件是其中重要的一种。"N 之 VP"①、"VP 者"(包括"所 VP 者")都是上古汉语中的指称化的谓词性结构,它们可以用于假设句的前件中,实现对事件的指称。

假设句前件都有指称化的倾向,但并非所有的前件都要采用"N 之 VP"或"VP 者"的形式。也就是说,"N 之 VP"和"VP 者"的使用并不具有句法上的强制性。假设句还可以用代词复指的方式来实现对事件的指称,这种指称方式也不具有句法上的强制性。那么,这几种指称方式之间的区别何在呢? 制约它们隐现的机制又是什么呢?

洪波(2008)用 Ariel 的可及性理论来审视上古汉语中的"N 之 VP"结构中"之"字的隐现问题。洪文指出:"N 之 VP"结构是一种具有较高可及性(accessibility)②特征的指称性结构,"N 之 VP"中的"之"是一个较高可及性的标记,"可及性"是制约"N 之 VP"结构隐现的关键因素。当所述事件具有较高的可及性时,就选择使用"N 之 VP"结构,当所述事件可及性较低(或者是新信息,没有可及性)时,就选择使用一般的主谓结构而不使用"N 之 VP"结构。洪文的研究主要围绕宾语位置上的"N 之 VP"结构展开。同时,洪文也指出,在表达虚拟的或推定的特定事件或情状的时候,也可以使用"N 之 VP"结构,这个"N 之 VP"结构也是具有较高可及性的。例如:

(46)子畏于匡。曰:"文王既没,文不在兹乎? 天之将丧斯文也,后死者不得与于斯文也;天之未丧斯文也,匡人其如予何?"(论·子罕)

(47)孟明稽首曰:"君之惠,不以累臣衅鼓,使归就戮于秦,寡君之以为戮,死且不朽。"(左·僖 33)

洪文认为,例(46)中的"天之将丧斯文"与"天之未丧斯文"都是特定的虚拟事件,这种特定的虚拟事件是听话人靠知识储存无法推知的。但这个例子的上下文显示,它们的存在有语境的支持。例中前文孔子说"文王既没,文不在兹乎",后文就"文"的存在与否所可能出现的结果进行讨论,所以,"天之将丧斯文"和"天之未丧斯文"所表示的信息因为有了语境的提示

---

① "其 VP"实际上是"N 之 VP"的一种特殊形式,为讨论方便,这里我们以"N 之 VP"指代前文所说的"N 之 VP"和"其 VP"两种结构形式。下同。

② 所谓的"可及性",按照洪波(2010)的定义,"就是听话人将所听到的名词短语的所指与语境中实际存在的或者自己的知识储备中存在的某种具体对象联系起来的反应速度"。

而变得可以推知。例(47)与例(46)类似,"寡君之以为戮"是一种推定事件,对于听话人来说,这是容易推知的。"天之将丧斯文""天之未丧斯文""寡君之以为戮"都是具有较高可及性的结构形式。

我们同意洪文的上述结论。从我们调查的语料来看,假设句前件中"N之 VP"结构都是具有较高可及性的。"N之VP"所表示的事件都可以由具体的语境推知,不能由语境推知的事件则一般不使用"N之VP"的形式。由"N之VP"结构做前件的假设句一般都不用于一个语段的开头,在它的前面总有一些交待背景的语句,正是这些交待背景的语句使前件中的"N之VP"(或"其VP")结构具有较高的可及性。

洪波(2010)指出,在 Ariel 的系统中,新信息是没有可及性的,只有旧信息才具有可及性①。Haiman(1978)认为,假设句的前件表达的是旧信息,后件表达的是新信息。前件表达的是旧信息,因而前件可以使用可及性较高的"N之VP"结构;后件表达的是新信息,因而一般都不能使用可及性较高的"N之VP"结构。在我们调查的语料中,只有以下两例在假设句后件使用了"N之VP":

(48)《诗》曰:"辞之辑矣,民之协矣;辞之绎矣,民之莫矣。"(左·襄 31)

(49)乱则愚者之多幸也,幸则必不胜其任矣。(吕·遇合)

例(48)为引用诗经之语,后件的"N之VP"可能是诗歌为了追求对称而采用的一种修辞方式。例(49)则是我们在所有散文体语料中发现的唯一一例在假设句后件使用"N之VP"的用例,完全可以看成是例外。

既然"N之VP"的隐现与事件的可及性程度密切相关,"VP者"的隐现以及假设句后件中复指代词的隐现会不会也与事件的可及性程度有关呢?在上古汉语假设句中,当后件使用复指代词"斯""是"或"此"②复指前件时,前件一般不能是"N之VP"结构,极少数情况下可以是"VP者"结构。在我们调查的语料中,当后件使用代词复指前件时,没有发现前件为"N之VP"结构的情况,只有一例前件为"VP者"之例③。复指代词的这种分布提示我们,复指代词隐现的规则可能是这样的:当假设句的前件的可及性程度

---

① 沈家煊、完权(2009)则认为新信息也是有可及性的。这里我们采用洪波(2010)的看法。

② "此"见于《史记》,用例较少。

③ 其例为:鲁无君子者,斯焉取斯。(论·公冶长)

比较低时,才倾向于使用代词复指;当前件的可及性比较高时,则倾向于不使用代词复指。由于"N 之 VP"的可及性比较高,因此后件一般都不使用代词复指。

沈家煊、完权(2009)曾经提出了"指别度"的概念,用来说明"N 之 VP"结构的性质。沈、完文对于"N 之 VP"结构性质的判定与本书不同。但我们认为,"指别度"这个概念可以用来说明假设句后件中的复指代词的作用。

所谓的"指别度"是指:

> 说话人觉得,他提供的指称词语指示听话人从头脑记忆中或周围环境中搜索、找出目标事物或事件的指示强度。指示强度高的指别度高,指示强度低的指别度低。

当假设句前件的可及度比较低的时候,说话人倾向于在后件中使用复指代词来提高它的指别度。例如:

(50)若从有司,是无所执逃臣也。(左·昭 7)

(51)今君若步玉趾,辱见寡君,宠灵楚国,以信蜀之役,致君之嘉惠,是寡君既受贶矣,何蜀之敢望?(左·昭 7)

(52)若大城城父,而置太子焉,以通北方,王收南方,是得天下也。(左·昭 19)

(53)王无罪岁,斯天下之民至焉。(孟·梁惠王上)

(54)君行仁政,斯民亲其上,死其长矣。(孟·梁惠王下)

(55)迫,斯可以见矣。(孟·滕文公下)

(56)如知其非义,斯速已矣,何待来年?(孟·滕文公下)

(57)庶民兴,斯无邪慝矣。(孟·尽心下)

"VP 者"结构的可及性程度大概比"N 之 VP"的可及性程度要低。但"VP 者"结构仍然是属于具有较高可及性的。因此使用"VP 者"结构做前件的假设句一般也不在后件使用复指代词。例如:

(58)失乐之情,其乐不乐。乐不乐者,其民必怨,其生必伤。(吕·侈乐)

(59)君子之喜怒,以已乱也。弗已者,必益之。(左·宣 17)

(60)自今日既盟之后,郑国而不唯有礼与强可以庇民者是从,而敢

有异志者,亦如之!(左·襄9)

例(58)中,"乐不乐者"是对前文的复述,可及性自然是很高的。例(59)中,"弗已者"虽然不是对前文的复述,但是是对前文的否定,是紧接上文而言的,可及性也还较高。例(60)是誓词,在誓词中经常使用"VP 者"结构,誓词必然会说如果做了某件事情或不做某件事情会怎样怎样,这个所做的事情是可以根据语境推知的。因此誓词的前件仍然具有一定的可及性。以上三例"VP 者"的可及性程度虽然较一般的 VP 高,但与"N 之 VP"相较又比较低。这其中大概只有例(58)的"VP 者"可以换成"N 之 VP",其余两例都不能换成"N 之 VP"。

我们认为,假设句的前件在可及性程度上大概形成这样一个序列(由低到高):VP>VP 者>N 之 VP。正是由于单独 VP 的可及性程度比较低,因此可以在后件中用代词复指,以提高前件的指别度。

以上关于假设句前件可及性程度的说明还只是一种假设。这个问题还需要更深入地研究。

第四节　"所"表假设来源考①

4.1　"所"可以表假设

"所"可以用于誓词中表示假设。《论语·雍也》:"予所否者,天厌之,天厌之。"宋代朱熹《四书集注》云:"所,誓词也。"清代训诂学家们对这个说法加以发挥,认为"所"可以解释为"若"。如刘宝楠《论语正义》在解释此句时即引毛奇龄《稽求篇》说:"所,犹若也。"王引之《经传释词》例举了大量的证据来证明"所"可以相当于"若"。其所举例证包括②:

(1)尔所弗勖,其于尔躬有戮!(书·牧誓)言尔若弗勖也,《史·周本纪》集解引郑注曰:"所,言且也。"义亦相近。

(2)所可道也,言之丑也。(诗·墙有茨)言若可道也。

---

① 本节主要内容又见于龚波(2011b)。

② 王引之《经传释词》第 210—211 页,北京:中华书局,1956 年。以下例证均出自《经传释词》。为便于论述,将各例编号,将出处改为本书简称。例后之说明为《经传释词》原文所有。

(3)所不与舅氏同心者,有如白水(左•僖24)言若不与舅氏同心也。

(4)予所否者,天厌之,天厌之。(论•雍也)言予若否也。

(5)所有玉帛之使者,则告;不然则否。(左•宣10)言若有玉帛之使也。

(6)上无道揆也,下无法守也;朝不信道,工不信度;君子犯义,小人犯刑,国之所存者,幸也。(孟•离娄)言国之或存者幸也。

训诂学家们的上述结论基于传统训诂学归纳汇证的研究方法。这种方法是为实践所证实的行之有效的概括词义的方法之一。但是,现代语法学的研究却不能仅仅满足于由材料的归纳所得出的义项,我们还应当寻找各个义项之间的联系,找出词义演变的路径。如果我们所归纳出来的新义项(乙义项)与原义项(甲义项)之间是有联系的,由甲义项引申出乙义项是有理据的(或隐喻或转喻),那么这个新义项的归纳才可以说是没有问题的。如果我们归纳出来的义项与原义项之间看不出任何的联系,由甲义项引申出乙义项没有任何的理据可循,我们又不能对这个新义项的来源做出特别的说明,那么这个新义项的归纳就有可能是有问题的。

"所"的新义项"犹若也"与原有义项之间有什么联系呢?在上古汉语中,"所"的常见用法主要有三个:其一是作为一个实词,表示处所,如"得其所"(得到他的[合适的]地方)、"为之所"(给他[合适的]地方);其二是用在"所VP"结构中,"所"可以看成是一个提取宾语的标记,如"所有"(拥有的东西)、"所杀"(杀的东西或人)等(朱德熙1983);其三是可以作为一个指代词,一般用于指事,王引之《经传释词》即谓:"所者,指事之词,若'视其所以,观其所由'之属是也,常语也。"

从语义上,我们似乎看不出表示假设的"所"与以上各义项之间的联系。

"所"与"若"会不会是语音通假的关系呢?"所"从斤,户声,上古属鱼部,"若"从艸、右,上古属铎部。鱼铎两部上古主要元音相同,一为阴声韵,一为入声韵,似乎也有音近通假(鱼铎对转)的可能。但是,我们却并不认为音近通假说是一个很好的解释。一方面是因为"所"解释为"若"具有一定的语境的限制:只在誓词中比较常见,在别的语境中很少见到;誓词中的"所"往往与"者"配合,构成"所+VP者"结构。音近通假说无法解释这种语境的限制。另一方面,我们发现,"所"发展出"若"义是可以从语义和句法环境上得到解释的。我们觉得,如果一个词语的某一新义项的产生可以从语义或句法环境中得到解释,那就不一定要将其解释为语音通假。因此我们试着提出另一种说法,以就正于方家。

4.2 "所"表假设的特征

"所"表假设有其自身的特征。第一,"所"表假设一般用于誓词中。上引王引之《经传释词》所引诸例中已经有了很多用于誓词之例,即如例(1)、例(3)和例(4)。马建忠(1898)说:"更有《传》中誓文以'所'字领起者,而杜注与经学家直谓'所'字系当时誓词……"马氏举出《左传》中用于誓词中的"所"数例。摘引于下[①]:

    (7)所不归尔孥者,有如河。(左·文 13)

    (8)余所有济汉而南者,有若大川。(左·定 3)

    (9)所不请于君焚丹书者,有如日。(左·襄 23 年)

    (10)婴所不唯忠于君利社稷者是与,有如上帝。(左·襄 25)

    (11)所不以为中军司马者,有如先君。(左·定 6)

马氏似乎认为,"所"表假设只能用于誓词中,因此所引均为誓词之例。其实"所"也能用于非誓词中,如上举例(2)、例(5)和例(6)即是,不过,用于非誓词的用例确实并不多见。

"所"表假设的另一个特征是,"所"一般与"者"配合使用,构成"所+VP者"结构表假设。如上举例(3)、例(4)、例(5)、例(7)、例(8)、例(9)和例(11)即是。对于其中的"者"字,前人有不同的看法。传统训诂学家一般把"者"看成是一个语气词;朱德熙(1983)则认为"者"是一个指称化的标记,不是语气词。

4.3 指称化的谓词性结构表假设[②]

不但"所+VP者"可以表示假设,单独的一个"VP者"(不带"所"字)也可以表示假设。例如:

    (12)鲁无君子者,斯焉取斯。(论·公冶长)

    (13)君子之喜怒,以已乱也。弗已者,必益之。(左·宣 17)

---

① 所举例证凡在上文已出现者则不再重出。

② 此小节是对上一节(第三章第三节)主要内容的概述。为保持行文的连贯性及为单独阅读此节内容的读者提供方便,我们在此对上一节的结论做一个简要的归纳。已经读过上一节内容的读者可跳过此小节。

(14)失乐之情，其乐不乐。乐不乐者，其民必怨，其生必伤。（吕·侈乐）

(15)不者，若属皆且为所虏。（史·项羽本纪）

同时，"VP 者"也可以与假设连词"如""使"等配合以表假设。例如：

(16)今赖先生得复其位，客亦有何面目复见文乎？如复见文者，必唾其面而大辱之。（史·孟尝君列传）

(17)使人之所恶莫甚于死者，则凡可以辟患者，何不为也？（孟·告子上）

(18)使武安侯在者，族矣。（史·魏其武安侯列传）

这些结构中的"者"与近代和现代汉语中的假设语助词"的话"有相似之处。"的话"也是既能单独表示假设，也能与"如""如果"等配合表示假设（江蓝生 2002）。朱德熙（1983）认为，这种结构的关键在"者"字上，"者"是表自指的"者 s"，"所＋VP 者"表假设类似于"若＋VP 者"表假设。朱先生也同意将"所"看成是一个表假设的连词，解释为"若"，而将"VP 者"看成是一种指称化的谓词性结构。

与"NP 者"结构表假设类似，"N 之 VP"和"其 VP"结构也可以表示假设。"N 之 VP"一般单独使用，"其 VP"还可以与"若""如"等配合使用。例如：

(19)邦之臧，惟女众；邦之不臧，惟予一人有佚罚。（书·盘庚）

(20)大夫之许，寡人之愿也。若其不许，亦将见也。（左·成 2）

(21)其济，君之灵也；不济，则以死继之。（左·僖 9）

(22)其俘诸江南，以实海滨，亦唯命；其剪以赐诸侯，使臣妾之，亦唯命。（左·宣 12）

(23)如其善而莫之违也，不亦善乎！如不善而莫之违也，不几乎一言而丧邦乎！（论·子路）

假设句的前件为什么可以使用指称化的谓词性结构来表示假设呢？这是因为，假设句的前件可以看成是话题（赵元任 1968；Haiman1978）。话题作为言谈的对象，应当是有指称性的。"VP 者""N 之 VP"和"其 VP"作为指称化的谓词性结构，满足了假设句前件作为话题对于指称性的要求，因此它们能够作为假设句前件表示假设①。

4.4 "所＋VP 者"结构表假设的性质和来源

"所＋VP 者"结构也是一种指称化的谓词性结构。但是,"所＋VP 者"结构中的"所"与"若(如、使)＋VP 者"等中"若""如""使"等假设连词的性质可能并不一样。这表现在:"若""如""使"等假设连词除了用在"VP 者"等指称化的谓词性结构之前表示假设之外,还可以比较自由地用于一般的 VP 之前表示假设;而"所"却不一样,"所"作为假设连词似乎与"VP 者"有一种天然的联系,除了极少数的"所"可以引导一个不带"者"的条件分句以外,一般而言,由"所"引导的条件分句都要带上自指标记"者"。

假设连词"所"与自指标记"者"在分布上的密切相关性提示我们,"所"语法化为一个假设连词的过程很有可能是在"VP 者"这种特殊的指称化的谓词性结构中实现的。

我们认为,"所＋VP 者"结构中的"所"本来是一个指代词(即王引之所谓"指事之词")。"所＋VP 者"的原型结构应当是"所以 VP＋者",在这个结构中,"所"本来是介词"以"(意为凭借)的宾语,它指代一个虚拟的事件。例如,"所不与舅氏同心者"的原型结构应当是"所以不与舅氏同心者",如果直译的话,意思就是:"(我)(要是)(凭借)那些事情来不与舅氏同心的话……"其中,"要是"的意思是从构式来的,"所"指代的是将来做出的事情。如果意译的话可以翻译为:"我要是做出不与舅氏同心的事情来的话……"后来"以"字省略而变成了"所不与舅氏同心者","所"失去了指代意味,句子意思也变成了"我要是不与舅氏同心的话……"。

王引之《经传释词》所引《孟子·离娄篇》,即上引例(6)中的"所"字其实有两解的可能。我们既可以像王氏那样,将"所"理解为"若"或,"国之所存者"意思就是国之若存者、国之或存者;同时,我们也可以将"所"理解为指代词,"国之所存者"是"国之以所存者"的省略,"所"指代上文提到的那些现象,即"上无道揆也,下无法守也;朝不信道,工不信度;君子犯义,小人犯刑"。语言演变过程中存在的这种可以两解的例证,正好说明了这两种理解之间的联系。这个例子极好地说明了作为指代词的"所"是完全有可能被重新分析为假设连词的。

上述假设成立的条件是:第一,必须证明,在"所＋介词(以)＋ VP"结构中,介词是可以省略的;第二,还得证明,代词或指代性的成分是可以吸收

---

① 参看本书第三章第三节。

构式（或语境）义而语法化为一个连词的。庆幸的是，这两种情况在汉语中都可以找到例证。

介词省略的情况比较少见。例如：

(24)夙兴夜寐，无忝尔所生。（诗·小雅·小宛）

(25)所爱其母者，非爱其形也。（庄·德充符）

郭锡良等(1999:333)在分析以上两例的时候说："'尔所生'的意思是'尔所由生'，指'生尔者'，即父母；'所爱其母'的意思是'所以爱其母'，指'爱母'的原因"。可见，"所生"是"所由生"的省略，"所爱其母"是"所以爱其母"的省略，它们都是省略了介词的结构。

《孟子·公孙丑上》："北宫黝之养勇也，不肤挠，不目逃。思以一豪挫于人，若挞之于市朝。……孟施舍之所养勇也，曰：'视不胜犹胜也。量敌而后进，虑胜而后会，是畏三军者也。舍岂能为必胜哉？能无惧而已矣。'"朱德熙(1983)认为该例中的"孟施舍之所养勇也"与"北宫黝之养勇也"对举，因而不能将这个"所"解释为提取宾语的标记。"孟施舍之所养勇"的原型结构应当是"孟施舍之所以养勇"，意思就是孟施舍藉以养勇的东西。"所"本来是"以"的前置宾语，后来"以"字省略之后，就变成了"孟施舍之所养勇"。

总之，介宾结构省略介词而仅保留宾语的情况在上古汉语中虽然并不常见，但也并非绝无仅有。"所VP者"完全有可能是"所以VP者"的省略。

其次，代词或指代性的成分在一定的语言环境中吸收语境义而语法化为连词或连词性结构的现象在汉语中也是不乏其例的。刘利(2008)详细描述了连词"然而"的成词过程。他说："'然'字本身虽是指示代词，在'然而'句中承担回指的任务，但它对前文的回指，从语用上说也是在起着一种'承上'的衔接作用，这与'而'的'启下'功能有着先天的一致性。又由于'然'字回指的内容与'而'字引出的内容语义悖反，所以'然而'句的语域中一直有转折的语义存在。因此，当'然·而'成为单词以后，这承上启下的语法功能和转折的语义就一并落在了它的身上。"可见，上古汉语的转折连词"然而"的成词过程中就包含着语境吸收的过程。位于假设构式中的"所VP者"结构中的"所"吸收构式的假设义而语法化为连词的可能性也是存在的。

4.5 小结

马建忠(1898:63)不同意将"所VP者"中的"所"解释为"若"。他说：

更有《传》中誓文以"所"字领起者,而杜注与经学家直谓"所"字系当时誓词,盖未曾细味其文,故武断耳。……《左·文十三》:"所不归尔孥者,有如河。""所"指"者",此句含"余如"两字,犹云"余如不归尔孥有如河"。盖誓文必有假设之词。

马氏将"所"看成是"接读代字"而不是假设连词,认为"'所'指'者'","所""者"二字互指。我们不同意马氏谓"誓文必有假设之词",因而没有假设之词的誓词都暗含有"余如"二字的看法。我们也不同意马氏说的"所"指"者"的看法。我们认为,誓词由于其特殊的语境,往往可以不必有假设之词。假设句前件可以不用假设之词而用指称化的谓词性结构表假设,誓词也可以采用这种形式。"VP 者"即其中的一种,"所 VP 者"结构中的"者"字应当看成是一个表自指的"者 s"。"所 VP 者"实际上是"VP 者"的一种特殊形式,来自于"所以 VP 者"结构中介词"以"字的省略。

当然,我们说"所 VP 者"结构中的"所"是省略了的介词"以"的宾语,这是从来源上说的,当"所"吸收了假设构式的语义而演变为一个假设连词以后,誓词中的"所"就不能再解释为一个指代词了,在很多情况下甚至看不出任何指代词的痕迹了。这种情况说明,"所"在"所 VP 者"结构中语法化为连词之后,又经历了一个功能扩展的过程。在此基础上,"所"字进一步语法化的结果是,"所"既可以脱离"VP 者"结构表假设,也可以脱离誓词的语言环境表假设。

我们可以把"所"由指代词虚化为假设连词的过程表示如下:

表 3.4.1　"所"的虚化过程

阶段	形式	实质	语境	机制
1	所以 VP 者	"所"是指代词,是介词"以"的宾语	誓词	
2	所 VP 者	"所"是省略了的介词"以"的宾语	誓词	介词删略
3	所 VP 者	"所"语法化为连词	誓词	语境吸收
4	所 VP	"所"是连词	非誓词	功能扩展

由于"所"表假设的用法并非很多,以上发展过程仅仅是我们根据有限的例证所做的一个推测。在我们所拟测的发展过程中,第一和第二阶段只能找到旁证,第三阶段的例证较多,第四阶段的例证较少。我们认为,产生这种情况的原因与书面语的保守性有关。由于"所"表假设的用法只在历史上存在了比较短的一段历史时期,并且只在某几部书中出现(《左传》中较多,《尚书》和《诗经》偶见),极有可能只是一个昙花一现的方言词。书面语并没有能够将"所"字语法化过程中每一阶段的例证都完整地保留下来,这

使得我们的研究只能部分地求助于旁证和推测。但我们相信,这个拟测的语法化过程是合情合理的,与事实理应相去不远。

第五节 语气词的辖域与古汉语假设句中的"也""矣"之辨①

5.1 辖域和辖域歧义

"辖域"(Scope)本是逻辑学的概念,指各种逻辑算子(Operator)(包括命题联结词、量词、模态词等)的作用范围。在语言学中,"辖域"是"句法学、语义学和语用学中用来指受某个形式影响的语言片段"②。否定、量化、修饰语、疑问形式等都有辖域的问题。辖域不同,语义会有变化,甚至会产生歧义。

否定句中否定词的位置的改变往往会导致句意的改变,这与否定词的辖域有关。吕叔湘(1985)指出,"在句子里,'不'或'没'的否定范围是'不'或'没'以后的全部词语。一个词在不在否定范围之内,有时候会产生重大的意义差别"。例如:

(1)a. 我一直没生病　　　b. 我没一直生病
(2)a. 他天天不上班　　　b. 他不天天上班
(3)a. 我实实在在没告诉他　　b. 我没实实在在地告诉他

例(1a)中"没"的辖域是"生病";例(1b)中"没"的辖域是"一直生病";例(2a)中"不"的辖域是"上班",例(2b)中"不"的辖域是"天天上班";例(3a)中"没"的辖域是"告诉他",例(3b)中"没"的辖域是"实实在在地告诉他"。每组例句的 a 句和 b 句意思差别很大,原因是否定词的辖域不同。

某些句子的歧义现象也与辖域有关。"由不同的辖域解释而导致的句子歧义有时称作辖域歧义(scope ambiguity)"③。例如 May(1977,1985)注意到下面句子中的歧义现象④:

---

① 本节主要内容又见于龚波 2014(b)。
② [英]戴维·克里斯特尔编,沈家煊译《现代语言学词典》,316 页,北京:商务印书馆,2004 年。
③ 同上。
④ 转引自伍雅清(2000)。

(4)What did everyone bring?

这个句子可以作统指解,解释成"是什么东西每个人都带了";也可以作逐指解,解释为"每个人都分别带了什么东西"。作统指解时,what 占广域,everyone 占窄域;作逐指解时 what 占窄域,everyone 占广域。该句子的歧义与句中的 what 和 everyone 的辖域密切相关,是由不同的辖域解释导致的。汉语中的辖域歧义例如(朱斌 2011):

(5)如果父母兄弟姐妹请他办什么事,他会去办,否则就会交代同事去办。

随着"否"的辖域的不同,这句话有两种不同的理解:

(6)如果父母兄弟姐妹请他办什么事,他会去办,如果不是父母兄弟姐妹请他办事,他就会交代同事去办。("否"的辖域是"如果父母兄弟姐妹请他办什么事")

(7)如果父母兄弟姐妹请他办什么事,他会去办,如果他不去办,他就会交代同事去办。("否"的辖域是"他会去办")

可见,辖域问题是语言中的普遍问题,很多语言现象都跟语词的辖域问题密切相关。

5.2　语气词的辖域

马建忠(1898)认为语气词是"华文所独"。马氏的说法不免武断,有语气词的语言并非只有汉语。但是,相比其他很多没有语气词的语言来说,有语气词确实可以看成是汉语的特点之一。关于汉语的语气词,前人时贤已有诸多的论述。从学者们关于语气词的论述中,我们不难看出:汉语的语气词也有辖域的问题。

黄国营(1994)对语气词的层次问题做了很详细的论述。黄文认为:"位于句子线性序列末端的语气词,因为处在句法结构和语用结构的不同层次上,起着不同的作用,标示不同的语义结构。"黄文主要讨论语气词在小句做宾语的复杂句中的层次空间状况,表明句末语气词既可能属于全句,也可能只属于宾语小句,还可能是两种情况的融合。黄文所说的语气词的层次实际上就是语气词的辖域。例如:

(8) 您能说这话没有吗？

(9) 你忘了我病了吗？

(10) 难道她们知道了有人盯梢么？

黄文认为以上几例中的语气词"吗（么）"是属于整句的，其结构应当是[(VS')吗]①。而在以下几例中，语气词"吗"不是属于整句而是属于小句的，其结构应当是[V(S'吗)]：

(11) 我是问你对北京了解吗？

(12) 那赶子好。可是你问她有这么大福气么？

(13) 遁翁问他记得这个钟么，鸿渐摇头。

黄文还发现了辖域歧义的问题。黄文指出，有时 [VS'吗] 可能产生歧义。如：

(14) 你这浑小子！你说我是你的本家么？（鲁迅：阿 Q 正传）

a.（你说我是你的本家）么？

b. 你说（我是你的本家么）？

原文的意思是 a，但脱离上下文，例(14)可能有 a 和 b 两种理解。对于 a，"么"属于全句，而对于 b，"么"只属于小句。

黄文虽然没有提"辖域"和"辖域歧义"的概念，但实际上发现了汉语语气词的辖域和辖域歧义的问题。

古代汉语中同样存在类似的现象。杨永龙(2000)对先秦汉语中语气词的结构层次问题有过详细的论述。杨文指出，当单个语气词出现于句尾时，有时会出现该语气词与谁组合的问题。如：

(15)a.（晋侯）杀舟之侨以殉于国，民于是大服，<u>君子谓文公其能刑矣</u>，三罪而民伏。（左·僖 28）

b.（太子）告之曰："<u>帝许我伐有罪矣</u>。"（左·僖 10）

画线部分从表面看都是 [NP＋V＋S'＋矣]。但(15a)句意相当于"君

---

① 主句动词为 V，动词 V 所带的宾语小句为 S'。

子谓:文公其能刑矣",“矣"与“文公其能刑"组合,隶属于句中短语,其组合层次为［NP+V+(S'+矣)]。(15b)据上下文意义相当于:“我伐有罪,帝许矣",“矣"与“帝许我伐有罪"组合,隶属于全句,其组合层次为［(NP+V+S')+矣]。

当几个语气词连用时,语气词的辖域往往有宽窄之分。王力(1962)、郭锡良(1988,1989)都曾观察到,语气词连用,语气重心总是在最后一个语气词上。这实际上也是一个语气词辖域的问题。例如:

(16)既使我与若辩矣,若胜我,我不若胜,若果是也,我果非<u>也</u>邪?(庄・齐物论)

按照杨永龙(2000)的分析,句中“也"和“邪"的辖域应当是这样的:
{[(若果是)也,(我果非)也]邪}
两个“也"的辖域分别是“若果是"和“我果非",“邪"的辖域则是“若果是也,我果非也"。由于“邪"占广域,而“也"占窄域,“邪"是整句语气词而“也"只是分句的语气词,故而语气重心自然在“邪"上。

可见,在复句中,当语气词用于复句末尾的时候,语气词的辖域有可能是整句,也有可能是分句。

5.3　关于“也""矣"之辨的几种说法

“也"和“矣"是古代汉语中的两个常用语气词。《淮南子・说林》说:“‘也'之与‘矣',相去千里。"可是,对于这两个“相去千里"的语气词,它们的区别究竟在哪里,学术界却并没有形成一个统一的看法。

目前为止,关于古汉语中的“也""矣"之辨,影响较大的说法大致有三种:

其一为语气说,以马建忠(1898)、郭锡良(1988,1989)、王力(1989)为代表。马建忠(1898:321)说:

“也"字所以助论断之辞气,“矣"字惟以助叙说之辞气。故凡句意之当然者,“也"字结之,已然者,“矣"字结之。所谓当然者,决是非,断可否耳。所谓已然者,陈其事,必其效而已。

郭锡良(1988)认为:

“也"和“矣"从大类来说虽然同属陈述语气,但“也"是论断性的陈述,而"矣"是报道性的陈述。

王力(1989:300—301)说:

> 总之,"也"字是肯定或否定的语气。……如果说"也"字是静态的描写的话,那么"矣"字就是动态的叙述,它告诉人们一种新的情况。……实际上,"矣"字表示的是一种确定语气,凡已发生的情况,已经存在的状态,必然发生的结果,可以引出的结论,都可以用"矣"字煞字①。

其二为动态静态说(简称"动静说"),以吕叔湘(1942)为代表。吕叔湘不同意马建忠的看法,他认为(吕叔湘 1942:273—274):

> 马氏此说不免有语病,因为"郑不来矣","其为惑也,终不解矣"等句也未尝不可说是一种论断,而"甚工楷书也","犹以为母寝也"等句又何尝是论断而不是叙说?……语气词的说明实非易事,马氏提出的区别,很有启发之功。现在不妨提出另一种说法,以供参考。无论已然或将然,都是变化,都是有时间性的;无论固然或当然,都是无变化,无时间性的,因此,我们可以说:"矣"字表变动性的事实,"也"字表静止性的事实。

蒲立本(1995)提出了一种新的看法。他认为"也"和"矣"与句子的"体"有关(这种看法可以称为"体态说")。他说(蒲立本 1995:130):

> 汉语中的句末小品词在传统上是归入语气词的,而"体"通常却被看成动词的属性。尽管如此,上面论及的这些虚词以及它们的相互关联②似乎已经为我们提供了表面上的证据,这证据暗示:"矣"跟"也"的意义必定是在基本义相同的前提下而部分地构成对立,这种对立可由动词之间"完成"跟"非完成"的对立显示出来。

关于体态说,帅志嵩(2006)已有较详细的论述。他的结论是(帅志嵩

---

① 末一"字"疑是"句"字之误。王力先生的看法似乎综合了马建忠的语气说和吕叔湘的动态静态说两种意见,但更倾向于语气说。

② 指动词之前表完成的"既""已"与句尾"矣"之间以及否定词"未"与"也"之间的关联。引者注。

2006:49):"可以这样认为,表达[＋完成]语义的其实不是'矣',而是'矣'前面的语段。……我们只见到'矣'可以用在表达'完成'或者'实现'的语境中,却没有看到它单独表达'完成'或者'实现'的语境。从蒲立本所举的例子来看,所谓'矣'表达的体态其实就是句中的动词带来的。"

在关于"也""矣"之辨的三种看法中,本书赞同语气说。我们认为,语气说可以解释"也"和"矣"的所有用法,包括前人举出的一些反例。由于没有注意到语气词的辖域问题,前人在讨论"也""矣"之辨的过程中产生了一些似是而非的看法。以下试做分析。

5.4 论断句末的"也"和"矣"

持动静说的学者在批评语气说时的一个最有力的证据就是:在很多表示论断的语句里面,句末语气词用的是"矣"而不是"也"。这种论断性的语句以表示假设、条件、因果等关系为常。马建忠(1898)最早提出语气说,同时也最早发现了因果句句末多用"矣"而不用"也"①。他说(马建忠1898:345):"言效之句,率以'矣'字助之。"②吕叔湘(1942:275)也认为:"因果关系可以用假设式来标示,在这种句子里通常就用'矣'不用'也'。"例如:

(17)三年无改于父之道,可谓孝矣。(论·学而)

(18)朝闻道,夕死可矣。(论·里仁)

(19)如有复我者,则吾必在汶上矣。(论·雍也)

(20)动容貌,斯远暴慢矣;正颜色,斯近信矣;出辞气,斯远鄙倍矣。(论·泰伯)

(21)祭肉不出三日。出三日,不食之矣。(论·乡党)

(22)子欲善,而民善矣。(论·颜渊)

(23)微管仲,吾其被发左衽矣。(论·宪问)

以上例句都可以归入吕叔湘先生所谓的"用假设式为之"的因果式。假设句是一种论断句,具有论断性的语义特征。因果句说明事物之间的因果关系,自然也是一种论断句。这些句子的句末用"矣"而不用"也",这是对语气说的最大挑战。因为如果说"也"表示的是论断而"矣"表示的是叙说的

---

① 对于这个矛盾,马氏另有说明,详下文。

② 马建忠所说的"言效"是指前一分句描述某种情况,后一分句说明这种情况所导致的结果。"言效"关系大致可以归入现在所说的因果关系。

话,为什么在因果句和假设句这两种典型的论断句末却用的是"矣"而不是"也"呢①?

另一方面,在论断句末,我们也可以看到很多用"也"而不用"矣"的例证。如:

(24)富与贵是人之所欲也;不以其道得之,不处也。贫与贱是人之所恶也;不以其道得之,不去也。(论·里仁)

(25)举一隅不以三隅反,则不复也。(论·述而)

(26)上好礼,则民易使也。(论·宪问)

(27)不知命,无以为君子也。不知礼,无以立也。不知言,无以知人也。(论·阳货)

(28)君若辱在寡君,寡君与其二三臣共听两君之所欲,成其可知也。(左·成4)

(29)若唯郑叛,晋国之忧,可立俟也。(左·成16)

(30)信由己壹,而后功可念也。(左·襄21)

(31)君王能与共分天下,今可立致也。(史·项羽本纪)

(32)君王能自陈以东傅海,尽与韩信;睢阳以北至谷城,以与彭越:使各自为战,则楚易败也。(史·项羽本纪)

(33)若出于东方,观兵于东夷,循海而归,其可也。(左·僖4)

(34)师老矣,若出于东方而遇敌,惧不可用也。(左·僖4)

(35)其济,君之灵也;不济,则以死继之。(左·僖9)

(36)凡夫人,不薨于寝,不殡于庙,不赴于同,不祔于姑,则弗致也。(左·僖8)

(37)谏而不入,则莫之继也。(左·宣2)

此类论断句末用"也"的例证并不少见,绝不可以例外视之。即便是"言效"类的句子,也并不像马建忠所说的那样"率以'矣'字助之"。有很多"言效"类句子句末是用"也"不用"矣"的,例如:

(38)不速行,将无及也。(左·僖31)

(39)若君不修德,舟中之人尽为敌国也。(史·孙子吴起列传)

(40)从道绝则大王之国欲毋危不可得也。(史·张仪列传)

---

① 这可能是吕叔湘先生反对语气说的一个重要原因。

(41)大王不事秦,秦下甲据宜阳,断韩之上地,东取成皋、荥阳,则鸿台之宫、桑林之苑非王之有也。(史·张仪列传)

(42)今大王不事秦,秦下甲云中、九原,驱赵而攻燕,则易水、长城非大王之有也。(史·张仪列传)

(43)如有齐觉悟,复用孟尝君,则雌雄之所在未可知也。(史·孟尝君列传)

(44)所以饰后宫充下陈娱心意说耳目者,必出于秦然后可,则是宛珠之簪,傅玑之珥,阿缟之衣,锦绣之饰不进于前,而随俗雅化佳冶窈窕赵女不立于侧也。(史·李斯列传)

(45)即欲捐之,捐之此三人,则楚可破也。(史·留侯世家)

假设句和因果句都是论断句,但假设句和因果句的句末既可以用"矣"也可以用"也",这与论断句的属性是相矛盾的。因为如果"也""矣"之别的实质在于论断与叙说的不同的话,那么论断句句末就应该只能用"也"而不能用"矣"。但假设句和因果句的句末却大量地用"矣"。这是什么原因呢?这与语气词的辖域有关。

5.5　语气词的辖域与"也""矣"之辨

假设句和因果句一般由两个部分构成:前件和后件。假设句的前件表示某种虚拟的条件,后件说明在这种虚拟的条件下会产生怎样的结果或者对这个虚拟的情况本身的性质做出判断或说明。因果句的前后件之间的关系则有两种情况:一种是前件叙述原因,后件叙述结果;一种是前件叙述结果,后件说明原因。我们说假设句和因果句是论断句,是就整个句子而言的。这个论断句本身又是由前件和后件构成的。从理论上说,位于假设句和因果句句末的语气词的辖域有两种可能:一种可能是语气词的辖域是整句,语气词标明整句的性质;一种可能是语气词的辖域仅仅是后件,语气词标明后件的性质,与前件无关。

在假设句中,当后件是叙述句时,后件末可以用语气词"矣"。这时,"矣"的辖域是后件,它表明后件是一个叙述句。语气词"矣"与前件无关,也不改变整个句子论断句的属性。如上举例(17)至例(23)即是此种情况。当假设句的后件是一个叙述句时,句末语气词除了可以用"矣"之外,也可以用"也"。这时,"也"的辖域是整句而不是后件。以上举例(24)至(27)为例,其中的"不处""不去""不复""民易使""无以为君子""无以立""无以知人"都可以看成是一种叙述,在这些句子中,"也"的辖域并不是叙述性的后件,而是整句。因为这个整句是论断性的,所以这与"也"表论断的功能并不矛盾。

假设句的后件也有可能是表达某种议论和判断的论断句。当假设句的后件也是一个论断句时,假设句的句末(也是后件之末)就只能用"也"而不能用"矣"。这时候,"也"的辖域到底是后件还是整句就很难判断。如上举例(28)至(31)即是。这几例中的"成其可知""晋国之忧,可立俟""功可念""可立致"都可以看成是一种论断。句末语气词"也"的辖域有可能是这些论断性的后件。但这些句子整句本身也是一种论断,句末的"也"也有可能是指向整句的。这些句子的"也"的辖域难以判定。

因果句也是类似的情况。当因果句的后件是叙述某种结果的叙述句时,句末语气词可以用"矣"也可以用"也"。用"矣"时,"矣"的辖域是后件。例如:

(46)夫狡焉思启封疆以利社稷者,何国蔑有?唯然,故多大国矣。(左·成8)

(47)智不至则不信。言之不信,师之不反也从此生。故不至之为害大矣。(吕·悔过)

(48)故书者、政事之纪也;诗者、中声之所止也;礼者、法之大分,类之纲纪也。故学至乎礼而止矣。(荀·劝学)

(49)是故不用适然之数,而行必然之道,故万举而无遗策矣。(淮·主术)

用"也"时,"也"的辖域一般是整句。例如:

(50)中也养不中,才也养不才,故人乐有贤父兄也。(孟·离娄下)

(51)以是为不恭,故弗却也。(孟·万章下)

(52)生亦我所欲,所欲有甚于生者,故不为苟得也;死亦我所恶,所恶有甚于死者,故患有所不辟也。(孟·告子上)

也有的因果句后件本身是一个论断句,因此"也"的辖域是后件还是整句难于判定。例如:

(53)言而当,知也,默而当,亦知也,故知默犹知言也。(荀·非十二子)

由于后件"故知默犹知言"本身也是一个论断句,因此句末的"也"的辖域既有可能是后件也有可能是整句。

除了后件叙述结果的因果句之外,因果句还有另外一类,即后件说明结果或目的(即前果后因式)。这类因果句句末只用"也"不用"矣"。例如：

(54)夫水所以能成其至德者,以其淖约润滑也。(文·道原)

(55)君子所以异于人者,以其存心也。(孟·离娄下)

(56)然则人之所以为人者,非特以二足而无毛也,以其有辨也。
(荀·非相)

(57)夏日校,殷日序,周日庠;学则三代共之,皆所以明人伦也。
(孟·滕文公上)

(58)故百技所成,所以养一人也。(荀·富国)

(59)合符节,别契券者,所以为信也。(荀·君道)

此类因果句的后面为什么只用"也"而不用"矣"? 可能的原因是,前果后因式句子(包括表目的关系的句子)的论断性是很强的,这种很强的论断性限制了表叙述语气的语气词"矣"的进入,而只能使用表论断的语气词"也"。在因果关系中,前因后果是最自然的、无标记的语序,前果后因则是不自然的、有标记的语序。前果后因的句子一般都具有很强的论断性。说话人为了突出这种论断性,总是选用表示论断的语气词"也",而不会选用表叙述的"矣"。

以往学者在批评马建忠关于"也""矣"之辨的语气说时,最重要的一个论据大概就是在因果句和假设句等论断句的句末可以见到大量的用"矣"的例证。马建忠并非没有注意到这个事实,对此他有说明(马建忠 1898:345)：

《孟·梁上》："如有不嗜杀人者,则天下之民,皆引领而望之矣。""民"之"引领望之"者,"不嗜杀人"之效也,故煞"矣"字而蒙以"则"字。……"矣"字者,决已然之口气也,而效则惟验诸将来。"矣"字助之者,盖效之发现,有待于后,而效之感应,已露于先矣。盖不嗜杀人之君,民之望之者已久矣。今诚有之,岂有不然者乎!

马氏看到了"决已然之口气"的"矣"与"验诸将来"之"效"之间的矛盾之处,但马氏的解释显得比较主观。此句句末可以使用"矣"的根本原因不在于"效之感应,已露于先",而在于"矣"的辖域只是后件"天下之民,皆引领而望之"。这个后件是叙述而不是论断。只不过这种叙述是一种对将然的叙述,而不是对已然的叙述。

从本质上来说,语气词"也"是与论断句相联系的,"矣"是与叙述句相联系的。但论断往往不是凭空的议论,论断过程中不仅要"讲道理",还要"摆事实"。这个"摆事实"就是一种叙述。因而在论断句中,可以使用语气词"矣"。这时,"矣"的辖域是后件,是论断句中的"摆事实"的部分。

5.6 结论和余论

假设句、因果句等论断句的句末既可以用"也"也可以用"矣",这与语气说并不矛盾。因为论断句末的"矣"的辖域是后件而不是整句。"矣"并不是表示动态,"矣"表示的是叙述。叙述句中有很大一部分是表示动态和变化的。但这个动态和变化不是"矣"带来的,也不是由"矣"来标明的。动态和变化是语言所描述的客观事实本身所具有的,与"矣"无关。

另一方面,叙述和论断这两个范畴之间并没有截然可分的界限。这两个范畴更应当看成是原型范畴(prototype categories),它们之间存在着过渡和交界的地带。因此,处于过渡和交界地带的某些句子用"矣"和用"也"是两可的。吕叔湘(1942)即观察到,用"可"的语句,判断可能与否,既可以用"也",也可以用"矣"。用"也"之例如:

> (60)彼可取而代也。(史·项羽本纪)
> (61)其将固可袭而虏也。(史·绛侯世家)
> (62)非无徒也,小子鸣鼓而攻之,可也。(论·先进)

某事可能与否与可以与否固然是一种主观的判断,因而用"也"是符合通例的。但是,用"可"的句子也可以在句末用"矣"。例如:

> (63)子玉无礼哉!君取一,臣取二,不可失矣。(左·僖28)
> (64)父去里所,复还,曰:"孺子可教矣。"(史·留侯世家)

事实上,除了用"可"的句子以外,在表示将然和未然的语句中,我们也可以看到"也"和"矣"混用的情况。将然和未然的事件都是没有发生的。对于没有发生的事情,说话人在叙述的过程中往往包含着轻微的判断意味。这使得这种叙述并不是一种典型的叙述而是一种带有论断意味的叙述,因而这些句子的末尾既可以用"矣"也可以用"也"。

关于"可"字句、将然句和未然句等中"也""矣"的混用问题以及叙述与论断之间的联系、区别和相互转化等问题,由于牵涉面较广,本书暂不涉及,容另文讨论。我们意在说明,在语气词的研究过程中,语气词的辖域问题应当引起研究者的重视。如果对语气词的辖域判断有误,就有可能在判断语气词的功能时产生矛盾和错误。准确判断语气词的辖域,尤其是复句末的语气词的辖域,这是语气词研究过程中的一项重要的基础性工作。

第六节　上古汉语假设标记系统的演变与副词"其"的性质

6.1　假设句中的副词"其"

甲骨文假设句经常用副词"其"帮助表示假设,既可以用于假设句前件,也可以用于假设句后件。用于前件之例如:

> (1)王其又母戊一郎,此受又?(粹 380)
> (2)王其乎,允受又?(粹 1156)
> (3)其隹丁冥(娩),妫(嘉)?其隹庚冥(娩),引吉?(合 14002)
> (4)丁卯卜,争贞:翌辛未其敦邛方,受有佑?(合 6337 正)
> (5)王其田,其告姑辛,王受佑?(合 27558)

用于后件之例如:

> (6)贞:今者王勿比望乘伐下危,弗其受佑?(合 6500)
> (7)乙卯卜,殻贞:王勿学众茕方,弗其受有又?(丙 22)
> (8)□勿舞今日,不其雨?(合 20972)
> (9)贞:翌辛巳王勿往逐兕,弗其获?(合 40126)
> (10)弜丧,其悔?(合 29075)

在《尚书·商书》中也可以见到类似的用例。例如:

> (11)商今其有灾,我兴受其败;商其沦丧,我罔为臣仆。(书·微子)
> (12)故有爽德,自上其罚汝,汝罔能迪。(书·盘庚中)

这种用法的"其"在西周文献中得到了保留。用于前件之例如:

(13)马牛其风,臣妾逋逃,无敢越逐,祇复之,我商赉汝。(书·费誓)

用于后件之例如:

(14)汝勿佚,尽执拘以归于周,予其杀。(书·酒诰)

(15)凡民惟曰不享,惟事其爽侮。(书·洛诰)

(16)公勿替刑,四方其世享。(书·洛诰)

(17)乃有不用我降尔命,我乃其大罚殛之。(书·多方)

(18)令舟奋,乃克至,余其舍女(汝)臣十家。(令鼎)

春秋以后,副词"其"在假设句中一般只用于后件而不用于前件。例如:

(19)庄公之子犹有八人,若皆以官爵行赂劝贰而可以济事,君其若之何?(左·庄14)

(20)若晋取虞,而明德以荐馨香,神其吐之乎?(左·僖5)

(21)君若辱在寡君,寡君与其二三臣共听两君之所欲,成其可知也。(左·成4)

(22)我在,故栾氏不作。我亡,吾二昆其忧哉。(左·成5)

(23)若以君之灵,得反晋国。晋、楚治兵,遇于中原,其辟君三舍。(左·僖23)

(24)若不获命,其左执鞭、弭,右属櫜、鞬,以与君周旋。(左·僖23)

(25)若曰"拜君之勤郑国。微君之惠,楚师其犹在敝邑之城下",其可。(左·襄26)

到了汉代,假设句中的副词"其"基本消失。在《史记》中,除了引述历史资料之外,我们找不到同类用法的"其"。

6.2 副词"其"与其他假设标记

在甲骨文中,副词"其"是假设句的重要标记。这时候,假设句缺乏其他的标记形式,"其"的使用非常频繁。在我们所搜集到的158例商代假设句用例中,共有副词"其"的用例72例。其中用于假设句前件者53例,占全部假设句用例的33.54%;用于后件者19例,占全部假设句用例的12.03%。

西周时期,在我们所调查的文献中共有假设句68例。其中带有副词

"其"的有 13 例(其中有几例不能完全确认),占全部假设句用例的 19.12%。用于前件者 7 例,占全部假设句用例的 10.29%,用于后件者 6 例,占全部假设句用例的 8.82%。总的来说,假设句中"其"的用例相比甲骨文而言,大幅减少。

春秋以后,假设句中副词"其"衰落的趋势更为明显。不仅用例大为减少,而且副词"其"的用法有了限制:由既能用于假设句前件也能用于假设句后件变为仅能用于假设句后件而不能用于假设句前件。以《左传》为例,在872 例假设句中,仅有 79 例用了副词"其",占全部假设句用例的 9.06%。而且这 79 例副词"其"的用例全部是用于假设句的后件中。在《论语》的208 例假设句用例中,我们也没有发现用于前件中的副词"其",用于后件中的副词"其"则仍有用例。

到了汉代,假设句中的副词"其"在口语中完全消亡。在我们统计的《史记》《淮南子》和《说苑》中,共有假设句 2604 例。在这 2604 例假设句中,我们仅在《史记》和《说苑》中分别发现了 2 例副词"其"的用例(共 4 例),而且这 4 例还是有问题的,应当予以排除①。

我们将副词"其"(A 类)与条件引导词和结果引导词(B 类)在上古时期各个阶段的用例情况统计如下:

表 3.6.1　上古汉语各阶段假设标记的发展

	A 类(副词"其")			B 类		
	前件	后件	合计	条件引导词	结果引导词	合计
商代	33.54%	12.03%	45.57%	0	0	0
西周	10.29%	8.82%	19.12%	0	44.11%	44.11%
春秋	0	9.06%	9.06%	54.81%	25.68%	80.49%
西汉	0	0	0	39.55%	36.01%	75.56%

这个表可以图示如下:

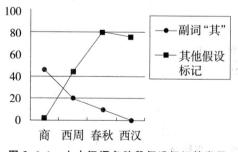

图 3.6.1　上古汉语各阶段假设标记的发展

---

① 参看本书第二章第四节。

以上的两个图表可以清晰地反映出副词"其"与其他假设标记之间此消彼长的关系。随着时间的推移,随着副词"其"逐渐缩小使用范围,最终趋近于零;在这个过程中,其他类的假设标记从无到有迅速发展,并最终占据统治地位。我们认为,虚拟标记"其"的衰落与汉语假设句标记形式的改变有关:在商代,假设句只能用"其"标记,只有一种标记手段,因而"其"的用例很多。到了西周时期,假设句的标记形式发生了变化,新兴的标记形式结果引导词"乃""则"等兴起,这种新的标记形式促成了原有标记"其"的逐步衰亡。春秋以后,汉语假设句又有了新的标记形式,条件引导词"若""如"等开始广泛使用。由于条件引导词标记假设句的功能非常显著,是一种强势的标记形式,这种新兴的标记形式逐渐取代了之前的假设标记"其"。"其"在假设句中的用法由既能用于假设句前件也能用于假设句后件变为只能用于假设句的后件而不能用于假设句的前件,最终在汉代完全消失。

6.3 两种假设

上述比较基于一个必要的前提,即,不论是在商代、西周还是春秋战国时期,假设句中的副词"其"是同一个词,虽然时代不同,但他们具有同一性,因而可以上下串联、相互比较。

不过,这个前提却有可能需要重新审视。这是因为,以甲骨文为代表的殷商语言很有可能跟早期周人的语言不是一回事。洪波(1994,1999)对此有详细论述,洪波(1999)说:

> 周人和殷商人的文化发祥地不同,一个在西方,一个在东方。他们在很长时间里各自创造、发展着自己的文化。殷商人统一中原以后,周成为殷商的一个属国,才开始大规模地受到殷商文化的影响。美国学者白保罗(Paul Benedict,1972)曾提出殷语和周语有很大差异,他甚至认为周语和殷语没有亲缘关系。拿殷商甲骨文同西周以后的文献语言进行比较,确实有很多显著的不同点,其中有些不同点可能是历史变化造成的,而有些不同点则难以找到历史演变的根据和演变的痕迹,比如广泛存在于周秦文献中的否定句代词宾语前置于动词、疑问代词做宾语前置于动词以及宾语前置于动词加格标记"之""是"等现象,都没有语用上的依据,因而是比较典型的 SOV 型语言才有的语序现象和格标记现象,而殷商甲骨文所显示的殷语是比较典型的 SVO 型语言,这些现象在殷商甲骨文里不仅找不到痕迹,也找不到演变的依据,所以这些现象显然另有来源,而最有可能的来源就是周语。因此,尽管我们不

能同意白保罗所说的殷语和周语没有亲缘关系,但是殷语和周语存在着显著差异应是历史事实。

如果上述观点能够成立的话,那么我们将两种本有较大差异的语言(殷语和周语)的假设标记系统进行历时的比较,就处在了一个非常危险的境地。因为这种差异所反映出来的极有可能是不同类型(不同系属)的语言的类型上的差异,而不是同一语言在演变过程中的时代的差异。

洪波先生为我们找到了解释语言历时演变的又一重要线索——很多的变化(如本书谈到的假设标记系统由商到周的变化)可能并非来自同一语言内部的演变,而是由于不同语言之间的相互影响。洪先生提示我们,在解释某些语言现象的时候,我们不能将眼睛仅盯着时代先后这个历时的纵轴。汉语在发展演变的过程中很有可能存在很多复杂的因素,不同语言的交流和融合是我们应当考虑的重要因素之一。

如果我们接受洪波先生的观点,那么我们可以很好地解释假设句标记系统从商代到周秦时期的演变过程中所呈现的"异"的部分(即由主要靠副词"其"标记演变到主要靠条件引导词等标记),因为我们可以将这种差异归结为不同的来源,副词"其"这种标记形式来源于殷商语而条件引导词、结果引导词等标记形式来自于周语;但是面对"同"的问题时又比较棘手,因为副词假设句中的副词"其"在周代文献中也是有用例的,周代文献中的副词"其"与商代甲骨文中的假设标记"其"是不是同一个词? 如果是同一个词,商语中的"其"何以会在周语中出现? 周语中的"其"是借自商语吗? 此外,在周代文献中,副词"其"的用法比商代甲骨文中的副词"其"的用法更丰富多样,这些丰富多样的"其"与作为假设标记的副词"其"之间有无关联? 这些问题一时之间难以回答。

如果我们不接受洪波先生的观点,仍然采用传统的看法,把由商到周秦的语言变化完全看成是一种历时的演变关系,那么我们面对的是另一个棘手的问题:为什么从商代到周代,汉语假设句的标记方式发生了类型上的转换,由以副词"其"标记转换成了以条件引导词、结果引导词等标记为主? 这个问题同样不易解答。

6.4 可能的解释

从假设句的标记方式来看,商代假设句与周代假设句以异为主,异中有同。这种复杂的关系可能本就是商人与周人民族交流与融合的复杂关系的体现。洪波(1994)说:"据史学家和民族学家的研究,商人原是东夷民族集团的一支,其原始活动范围在今山东、河南、安徽北部和河北一带,周人最初是生活在渭水流域'戎狄之间'的一个部族。① 在很长的历史时期里,商人和周人一个居东,一个居西,各自创造着自己的文化。……周人入主中原之后,由于大量吸收了商人的文化,其语言必然受到商人语言的强烈影响。"洪文又说:"周语与殷语有显著差异,周人入主中原以后,一方面接受殷商的语言和文字,另一方面也把自己的母语带到中原地区,从而形成了汉语史上第一次能从文献中查考的语言融合(或者说差别比较大的两种方言的融合)。"

不同语言之间的接触、交流和融合是语言演变的动因之一。这已经逐渐成为了历史语言学界的共识。从假设句的情况来看,我们不妨做这样的设想:副词"其"表假设来源于商语,条件引导词、结果引导词等表假设来源于周语。舍此以外似乎没有更好的理论可以解释前述假设标记方式从商到周的演变。虽然我们还没有直接的证据可以证明这一点,但是很多间接的证据可以为我们提供或明或暗的线索。

首先,如前所述,从商代到周代,假设句标记方式发生了一个大的转换,如果仅从一种语言内部寻找原因,我们很难找到这种标记转换的动因。其次,商代假设句的标记系统中只有 A 类(副词"其"),周代以后的假设标记系统则是 A 类与 B 类并用,B 类为主。这样的分布与史学家和民族学家认为的商人与周人的融合过程不谋而合。在周人入主中原之前,商人独立创造着自己丰富灿烂的文化,他们处在一种相对封闭的状态之下。甲骨卜辞所代表的语言可能正是这样一种处于相对封闭状态之下的比较纯粹的语言。因此,它的假设标记系统也显得很纯粹——只用副词"其"。周人的情况则不一样,在入主中原之前,他们也独立发展,可是那时的周人没有留下文献,我们无从得知他们的语言状况。我们猜想,在周人的母语中,假设标记应当是有条件引导词和结果引导词的。这样才能够解释为什么在周代文献中,结果引导词和条件引导词突然出现,使用非常成熟。"周人入主中原之后,由于大量吸收了商人的文化,其语言也必然受到商人语言的强烈影响,因而,西周时留下的文献已非周人语言的原来面目了。"(洪波 1994)正因为在语言融合的过程中,周人语言受到了文化更为发达的商人的语言的强烈影响,因此在周代文献中,假设句的标记形式既保存了周人母语的旧有形式——结果引导词和条件引导词,又有受商人语言影响而产生的"新"形式——副词"其"。

① 参看田继周《先秦民族史》215—224 页、291—297 页,成都:四川民族出版社,1988 年。原文注。

6.5　副词"其"的性质

周代汉语中的副词"其"除了用在假设句中作为假设标记之外,还有诸多复杂的用法。这些用法虽然纷繁复杂,但似乎有着某种统一的性质。

其一,可以用于问句中。王引之《经传释词》卷五:"其,问词之助也,或作期,或作居,义并同也。"例如[①]:

(26)若火之燎于原,不可向迩,其犹可扑灭?(书·盘庚上)

(27)师其何如?(左·成16)

(28)若子之群吏,处不辟污,出不逃难,其何患之有?(左·昭1)

(29)一国两君,其谁堪之?(左·昭7)

其二,可以用于祈使句,或表示愿望、希冀等的语句中。《经传释词》卷五:"其,犹尚也,庶几也。"例如:

(30)汝其敬识百辟享。(书·洛诰)

(31)子其图之!(左·成16)

其三,可以用于表示选择的语句中。吴昌莹《经词衍释》卷五:"其犹将也,抑也。"例如:

(32)子以秦爲将救韓乎?其不乎?(策·韩策二)

(33)今老邪?其欲干酒肉之味邪?其寡人亦有社稷之福邪?(庄·徐无鬼)

其四,可以用于表示揣测的语句中。《经传释词》卷五:"其,犹殆也。"例如:

(34)有灾,其执政之三士乎!(左·襄10)

(35)若赵孟死,为政者其韩子乎!(左·襄31)

(36)蔡其亡乎!(左·昭21)

(37)范氏、中行氏其亡乎!(左·昭29)

---

① 引例出自《经传释词》,下同。

其五,可以用于表将来时的语句中。《经传释词》卷五:"其,犹将也。"例如:

> (38)今殷其沦丧。① (书·微子)
> (39)其雨其雨,杲杲出日②。(诗·卫风·伯兮)

可见,"其"所表示的语气并不统一,有的甚至不是"语气"一词所能涵盖的。表面上看起来,这些用法之间的差别很大,似乎很难做出统一的解释。但它们之间可能是具有某种关联的。从形式与意义之间的关系来看,既然它们能够共用相同的形式,在意义上也可能有某种共通之处。

吕叔湘(1942b)在分析"无"与"勿(毋)"之间的联系时,对动词的运用有一段很精辟的分析。这个分析也许对我们理解"其"字的各种用法之间的关联有帮助。吕叔湘先生说:

> 窃谓动词之所表诚为作为,而动词之运用亦复多方。有述事之辞,作为径接能为,动作之面相显然;有指事之辞,所指为祈使、愿欲、得能、乃至较比、假设、庶几之对象,则其事类皆蓄而未发,浑沦有类名物。(94—95页)

按照吕叔湘先生的看法,动词的运用可以分为述事之辞和指事之辞两类。述事之辞即一般叙述句,指事之辞则包括祈使、愿望、可能、比较、假设、揣测等等。吕叔湘先生认为,指事之辞都"浑沦有类名物"。用今天的话来说,指事之辞都有指称化的倾向。

述事与指事的对立是人类语言中的一种普遍现象。沈家煊(1995)谈到的"事件句"与"非事件句"的对立其实也可以看成是述事与指事的对立:

> 所谓事件句就是叙述一个独立的、完整的事件的句子。下面的句子属于"非事件句":
> 从属句　飞进来苍蝇就打。　她吃了苹果就吐。
> 惯常句　食堂老飞进来苍蝇。　他常送我礼物。
> 祈使句　给我吃的!　付她工钱!

---

① 孔传:"言殷将没亡"。
② 朱熹集传:"其者,冀其将然之辞。"

疑问句　　　送学校油画?谁出的主意?　　打碎花瓶?那不是我干的!

标题句　　　售货员气跑顾客。　　　小厂引进外资。

沈文所说的"事件句"即属吕文所说的"叙事之辞",沈文所说的"非事件句"即属吕文所说的"指事之辞"。两位学者说的是同一个问题,只是观察问题的角度和出发点不一样:吕文观察问题的出发点是"动词的运用",着眼于"动作之面相";沈文观察问题的出发点是事件的"有界"和"无界",着眼于句子表述的事件是否"独立""完整"。

沈家煊(1995)说:"有人把这两种句子叫作'叙述句'和'非叙述句','陈述句'和'非陈述句'等等。石毓智(1992)则把这两类句子分别叫作'现实句'和'虚拟句',并对汉语和其他语言中两者的句法对立做了较详细的论述。这两类句子的对立也是'有界'和'无界'这对概念在语法上的反映。"

这里,我们采用石毓智(1992)的说法,将这两类句子分别称为"现实句"和"虚拟句"。但同时我们认为,"现实句"和"虚拟句"与"事件句"和"非事件句"这两组概念之间并不完全重合。事件句中的一部分——表将来时的句子具有一定的虚拟性,可以纳入虚拟句的范畴。这样,本书所说的虚拟句就包括了非事件句以及事件句中的将来时句。本书所说的"虚拟句"包括的范围要比石毓智(1992)所说的"虚拟句"范围稍广。所谓的"现实"与"虚拟"本来就是一个连续统(continuum),其间没有截然可分的界限。本书将表将来时的语句也纳入虚拟句的范畴只不过是在对这个连续统进行切分的过程中在切分点的选择上与前人稍有不同而已。

从前辈学者的论述中我们可以看出,现实句与虚拟句的对立主要表现在以下几个方面:

一、陈述与指称的对立。现实句是典型的陈述,虚拟句有指称化的倾向。(吕叔湘 1942a)

二、现实与虚拟的对立。现实句叙述的是现实事件,这个事件要占据一定的时间,虚拟句叙述的是虚拟的时间,这个事件不占据一定的时间。(石毓智 1992;沈家煊 1995)

三、事件与非事件的对立。现实句一般是事件句,虚拟句一般是非事件句。(沈家煊 1995)

四、有界与无界的对立。与虚拟句相较,现实句是相对有界的,虚拟句是相对无界的。(沈家煊 1995)

分析副词"其"的各种用法,我们不难看出,"其"所能出现的各种句法环境,不论是疑问句、祈使句、假设句、选择句,还是表揣测或将来等的语句都可以纳入广义的虚拟句范畴。副词"其"可以看成是周代汉语虚拟句的标记。

在周代汉语中用作虚拟句标记的副词"其"的用法与商代甲骨文中的副词"其"一脉相承。事实上,甲骨文中,本书看作假设句标记的副词"其",在很多学者看来并非表示假设,而是表示疑问。如张玉金(1994)"其"字条下所列的最主要的义项就是"表示疑问语气""表示测度语气""犹'将'也"。张先生只将"其……作"和"其……乃"两种固定搭配中的"其"看作是表假设关系。这个做法自有其道理。这与本书将甲骨文中大多数的"其"看作假设标记看似矛盾,实则相通。因为假设范畴与疑问、测度、将来等范畴本就相通,它们共用相同的形式标记实在是再正常不过了。赵元任(1968)、Haiman(1978)等人对于假设标记与其他标记(特别是疑问标记)共用相同的形式早已有过深刻的阐述。无论是表假设、疑问、测度还是将来,它们都可以归入到广义的虚拟之下。可以说,"其"是商人母语中的虚拟标记,这个虚拟标记在周人入主中原后被借入到周人的语言中。由于周人语言的假设标记是以条件引导词和结果引导词为主的,因此,"其"作为其他类的虚拟标记(疑问、将来、测度等)的用法被继承了下来,而作为假设标记却逐渐缩小了自己的应用范围,直至消失。

6.6 结论

综上所述,汉语的假设标记从商代到周代经历了一次标记转换的过程。这个过程并非仅仅是历时的过程,其中还掺杂着地域因素及语言的交流和融合等其他的复杂因素。我们初步判定,以副词"其"为假设标记(或曰虚拟标记)来自商人的母语,周人的母语是以条件引导词和结果引导词为主来标记假设句的,周人入主中原以后,学习商人的语言,借用了商人语言中的假设标记(虚拟标记)"其"。"其"在周人的语言中有继承也有发展,逐渐形成了多种复杂的用法,其标记假设句的功能逐渐减弱,周人语言中的"其"的多种用法并没有跳出"其"的原有功能的框架,它们都可以看成是虚拟句的标记。

第四章　相关问题的讨论(下)：
假设范畴与其他范畴

本章围绕在上古汉语假设句研究过程中涉及的假设范畴与其他范畴之间的关系问题展开讨论。主要包括假设与条件、选择、比较、像似和话题等的关系问题。本章第一节从现代汉语中的关联词"如果"和"只要"在疑问句中功能差别的角度展开假设与条件关系问题的讨论。该节的讨论是以现代汉语为基础展开的,其目的主要是为第二节深入讨论先秦汉语的常用连词"苟"与"若""如"的关系问题打下立论的基础。本章第二节考察上古汉语中的连词"苟"的用法及其与"若""如"的区别,进一步说明假设与条件的联系和区别。第三节考察上古汉语中的"若"类话题转换标记,进一步说明假设与话题之间的关联。第四节运用语义地图和语法化理论探讨假设与条件、选择、比较及像似等范畴之间的关联。

第一节　假设与条件：从疑问句中"如果"与"只要"的
功能差别角度的考察①

1.1　引言

本节讨论假设关系与条件关系的区别问题。我们从一个比较特殊的角度——疑问句中"如果"与"只要"的功能差别的角度进行考察。希望通过对这两个关联词在疑问句中的语义和语法功能的考察,揭示它们所代表的不同的语义关系之间的联系和区别,从而厘清"假设"和"条件"这两种关系。

关联词对复句的研究是至关重要的。复句之间的差别,往往是由不同的关联词引起的,人们也常常根据关联词来判断复句分句之间的关系。"如

---

① 本节主要内容又见于龚波、谢明君(2012)。

果"和"只要"是现代汉语复句中常用的关联词。关于二者的联系和区别,前人时贤已有诸多的论述(如吕叔湘 1942;林裕文 1984;马林可 1994;王维贤等 1994;吕叔湘 1999;邢福义 2001 等)。本节拟在前人研究的基础上,对这个问题做进一步的探索。

为了说明"如果"与"只要"的差别,我们对"如果"和"只要"引导的疑问形式的复句做了调查和分析。我们发现,疑问形式的"如果"句和"只要"句在疑问焦点的有无、疑问焦点的位置、疑问词的辖域等方面都既有相同点也有不同点。这些差异实际上反映了假设关系和条件关系在视角、关注焦点及确定性程度等方面的不同。对二者差异的描写和分析,可以使我们更深刻地理解"如果"与"只要"在表意上的差别,同时也有助于深化我们对假设关系和条件关系的理解。

1.2 "如果"与"只要"引导的疑问句的分布差异

根据有无疑问焦点及疑问焦点位置的不同,可以将"如果"和"只要"引导的疑问句分为四类:

A 类:没有疑问焦点;

B 类:针对整句提问,疑问焦点在前件中;

C 类:针对后件提问,疑问焦点在后件中;

D 类:由"前件+呢"构成,针对后件提问。

以下分别说明。

1.2.1 A 类疑问句

A 类疑问句的特点是没有疑问焦点。即形式上是疑问句,但实际表达的是肯定或否定的意义,也就是通常所说的反诘句。例如①:

(1)风气如果坏下去,经济搞成功又有什么意义?

(2)中央的路线、方针、政策正确,如果下面不很好地执行,那有什么用呢?

(3)如果这张唱片发火了,乐队岂不是太吃亏了?

(4)吕氏统率大军,想夺取刘家天下。如果我们向齐王进攻,岂不是帮助吕氏叛乱吗?

---

① 本节现代汉语的例句大多来自北京大学 CCL 语料库,不一一标明出处。

A 类句可以有疑问词,如例(1)和例(2)中的"什么",但这些疑问词的疑问作用已经消解,不再表示疑问,因此我们认为这些句子是没有疑问焦点的。以上几例是 A 类的"如果"句,A 类"只要"句则如:

　　(5)京城是国家的中心,文武百官集中在这里,只要皇上督率抗战,哪有守不住的道理?

　　(6)只要是能够直接通航,谁不欢迎?

　　(7)只要纳税守法,何患半夜敲门?

　　(8)只要党有希望,个人的坎坷又算得了什么呢?

A 类"如果"句和"只要"句没有表现出明显的差异。有的句子中的"如果"和"只要"甚至可以互换①。

1.2.2 B 类疑问句

B 类疑问句的特点是针对整句提问。可以是特指问、正反问,也可以是是非问。形式上,可以有疑问词,一般位于句首。B 类"如果"句如:

　　(9)是不是如果笔记本长时间使用外接电源,最好取下电池?

　　(10)(有些事,有些人,)是不是如果你真的想忘记,就一定会忘记?

　　(11)为啥如果欧元升值了,相对来说,美元就贬值了?

例(9)和例(10)的疑问焦点是"是不是",例(11)的疑问焦点是"为啥",它们都位于句首。

B 类"只要"句如:

　　(12)为啥只要我说一句愿意,就有用处?

　　(13)怎样才能做到只要看到电子元器件就能说出它们的型号?

例(12)的疑问焦点是"为啥",例(13)的疑问焦点是"怎样",疑问焦点都位于句首。

在 B 类疑问句中,当疑问词位于句首时,疑问词的辖域是整句而不是前件。如在例(9)中,"是不是"的管辖范围是"如果笔记本长时间使用外接

---

①　有些句子在互换关联词后在可接受性上有程度的差别。

电源,最好取下电池"而不是前件"如果笔记本长时间使用外接电源"。这一点可以从疑问词的位置得到证明:此类句中的疑问词只能位于关联词"如果"和"只要"之前而不能位于其后,如果把疑问词移到关联词之后,则句子不合法:

(14)* 如果是不是笔记本长时间使用外接电源,最好取下电池?

(15)* 只要为啥我说一句愿意,就有用处?

当 B 类疑问句为是非问时,可以不用疑问词,用句末的升调形式或者在句末加上语气词"吗"表达疑问①。例如:

(16)只要我活着,你就永远不会死心?

(17)只要有人对我好,不必详究原因?

(18)只要看见有人抓狗,你就要马上去援救吗?

B 类"如果"句和"只要"句也没有表现出明显的差异,句中的"如果"和"只要"大多可以互换,互换以后,句子在表意上微有差异,但句子一般都能成立。

1.2.3 C 类疑问句

C 类疑问句的特点是针对后件提问。形式上,可以有疑问词,位于后件中。C 类疑问句只有"如果"句。例如:

(19)如果让它漫无限制地搞下去,会出现什么事情?

(20)如果世界和平被破坏,首先受害的是谁?

(21)施拉普纳如果留下来继续担任国家队教练,他的任务是什么?

(22)如果这代价必须付出,那又应该由谁来承受?

(23)据介绍,全国年产花椒约 1 万吨,如果有一半提炼成"精",情况会怎么样呢?

---

① 目前为止,学术界对于是非问句中疑问焦点的有无及疑问焦点的存在方式等问题尚有不同看法(参看尹洪波 2008)。但吕叔湘(1985)和林裕文(1985)都认为,是非问句是对整个陈述的疑问,是对整个句子的肯定或否定。这个问题在复句中表现得更为复杂(复句中的是非问既有可能是对整句的疑问,也有可能只是对后件的疑问),尚需进一步的研究。就我们所搜集到的材料来看,复句中的是非问句大多都是针对整句提问的,有很多都应当归入 B 类。

(24)他说,如果这样,那么又通过什么体制来实现人民政权呢?

(25)您现在已经是山西的省长了,如果让您发表施政演说,您向山西的人民说什么?

C类没有"只要"句,某些看似是 C 类的"只要"句,其实不是真正的 C 类句。例如:

(26)甲:只要你现在买房,一定能赚钱。

　　乙:什么? 你说只要我现在买房就能什么?

在例(26)中,"只要我现在买房就能什么?"似乎是一个 C 类"只要"句,但这是在对话中出现的,乙之所以在对话中使用了"只要",可能是受了甲的影响。因为甲先使用了"只要",乙在针对甲的说话内容进行提问时才引用了这个"只要"。这个"只要"是对甲的"回声",是语用影响的结果。如果这个句子不是一个回声问而是一个始发问,句中的"只要"要改成"如果",句子才显得顺畅。因此,这个句子并不是针对后件提问,不是真正的 C 类句。

1.2.4 D类疑问句

D类疑问句的特点是不出现后件,由前件加"呢"构成疑问。例如:

(27)大西北的这两条铁轨再也驮不动这么多的人和物了,如果把这两条轨变成四条轨呢?

(28)他要是去的话,我也跟着他去;可是,如果他不愿意呢? 如果他不去呢?

(29)只要你赢了,什么都好办;可是,如果输了呢?

需要说明的是,这类句子是对假设结果的询问,提问针对的是后件,需要对话者回答在某种假设的情况下会产生怎样的结果。

D类疑问句只有"如果"句,没有"只要"句。

1.2.5　小结

我们把"如果"句和"只要"句在四类疑问句中的分布情况列表于下:

表 4.1.1 "如果"和"只要"在疑问句中的分布

类别	疑问焦点	"如果"句	"只要"句
A 类	无	+	+
B 类	针对整句	+	+
C 类	针对后件	+	－
D 类	针对后件	+	－

分析上表可以发现,与"如果"句相比,"只要"句不能出现在 C 类和 D 类中。这两类句子的共同特点在于它们都是针对后件提问的。因此我们可以说,疑问形式的"如果"句与"只要"句的区别在于:"如果"句既可以针对后件提问,也可以针对整句提问,"只要"句只能针对整句提问而不能针对后件提问。

1.3 产生两类疑问句分布差异的原因

"只要"句只能针对整句提问,不能针对后件提问,这与"只要"句后件的确定性及"只要"句的视角有关。

使用关联词"只要"的复句,其后件一般都是确定无疑的。马林可(1994)指出,表达假设关系的"如果"引导的复句,其后件可以带有"可以""能""可能"等能愿动词,这些能愿动词可以表达某种不确定性;而"只要"句的目的结果一般都是确定的,是说话人明确认定了的。马林可(1994)还指出,"只要"句和"如果"句的视角不一样:"如果"的视角是从前往后,由未然因推未然果;"只要"句的视角是从后往前,由必然果推未然因。

"只要"句与"如果"句在结果的确定性程度和视角上的差异正是导致"如果"句可以针对后件提问而"只要"句不能针对后件提问的原因。在"如果"句中,说话人的视角由前往后,作为条件的前件是确定的,作为结果的后件不一定是确定的,因此可以针对后件提问;在"只要"句中,说话人的视角是由后往前,虽然从事理上来说,前件是条件,后件是结果,但是从说话人的视角来说,后件却是推论的前提,这个前提必须是确定无疑的,因而不能针对后件提问。

1.4 从"如果"与"只要"的差别看假设关系与条件关系的异同

"如果"和"只要"是现代汉语中常用的关联词语,"如果"表示的是假设关系,"只要"表示的是条件关系。(邢福义 2001)关于假设关系与条件关系的异同,学术界尚未达成共识。吕叔湘(1942)认为,假设句和条件句未尝不可以分为两类,这完全取决于我们对条件二字如何界说。我们既可以把条件界定为可能实现的事情;也可以把条件界定为必不可少的前提;还可以把条件当作原因的别名。由于有种种的区分方法,吕叔湘(1942)索性不去区分,统称为假设。胡裕树(1987:368)则将假设归入条件一并处理:"条件关系可以分为三种,一种是假设的条件;一种是特定的条件;还有一种是'无条件'。"与此相反,另一些学者则对假设与条件做了区分,认为二者是有差别的,如张志公(1979),黄伯荣、廖序东(1991),钱乃荣(1990),邢福义(2001)等。

事实上,假设与条件不是从同一角度划分出来的,假设关系和条件关系之间有交叉。条件是从前后分句之间关系的角度划分出来的,假设是从表达的内容与事实之间关系的角度划分出来的。假设表示的是前一分句与客观现实之间的关系,它并不表示两个分句之间的关系。由于在假设之后往往要说出假设的结果,因此,假设句前件之后一般都有表示结果的后件。如果从两个分句关系的角度来考虑,假设句中的大多数确实可以归入条件句。但是,并非所有的假设句都能纳入条件关系之中,有一部分假设句分句之间的关系是判断、说明、承接、推断等,这一部分假设句不能归入条件句,这些假设句中的"如果"也就不能换成"只要"。例如,邢福义(2001)指出,以下句子中的"如果"不能换成"只要":

(30)他错在哪里?如果他错了,谁还想做好事?谁还愿意卖力?

(31)如果您也是要求上片子的小姐,请直接报姓名,否则我只好挂电话了。

邢福义先生认为,以上两例的"如果"之所以不能换成"只要",是因为"如果"引出的情况都是一种纯粹虚拟的或内心假定的情况。但是,有时候,"只要"也可以引出一种纯粹虚拟的情况。例如对于例(30)和例(31),只要我们换一种说法,就可以将"如果"改成"只要":

(32)他错在哪里?他没有错,当时的情况是,只要他错了,就不会有人还想做好事,就不会有人再愿意卖力了。

(33)只要您也是要求上片子的小姐,我就可以接待您。

例(32)、(33)与例(30)、(31)相比,条件并没有变,条件的虚拟性当然也就没有变。但例(32)、(33)与例(30)、(31)相比,后件变了,前后件之间的语义关系也变了。例(30)的前后件之间是推论关系,例(31)的前后件之间是承接关系。例(32)和例(33)的前后件之间的关系则由例(30)、(31)的推论关系和承接关系变成了条件关系,因此可以使用关联词"只要"。可见,只要也可以引导纯粹虚拟的或内心假定的情况。例(30)、(31)的"如果"不能换成"只要"的根本原因不在于"如果"引导的情况的虚拟性,而在于前后件之间的语义关系。

在条件关系中,条件既可以是现实的,也可以是虚拟的。如果条件句的条件是虚拟的,那么它就可以纳入假设关系中,这类句子中的"只要"就可以换成"如果";如果条件句的条件不是虚拟的而是现实的,那么它就不能纳入假设关系中,这类句子中的"只要"也就不能换成"如果"。例如,邢福义(2001)指出,以下一例的"只要"不能换成"如果",因为"只要"所引导的是一个既定的事实:

(34)谁不知道您是教授?只要您是教授,您就可以坐软卧!

此外,本书的研究表明,假设关系与条件关系的不同还在于条件关系的后件是确定无疑的,不能针对后件提问;假设关系的后件不是确定无疑的,可以针对后件提问。因此,由"如果"引导的复句,如果疑问焦点在后件且是针对后件提问(C类),其中的"如果"就不能换成"只要";由前件加上"呢"构成的疑问句(D类)中的"如果"也不能换成"只要",因为这类疑问句实际上也是针对后件提问。邢福义(2001)所举的下面一例即包含了这两种情况:

(35)"你的心态似乎平衡得很好。"我笑道:"如果现在有一个非常让你动心的女人在诱惑你,你还会这么平衡吗?"

"能让我动心的女人非常少。既能让我动心又能诱惑我的女人更是少之又少——几乎没有的。"他笑道。

"如果有呢?"

这一例中的两个"如果"都不能换成"只要",邢福义(2001)认为原因在于它们都是"适应说话人的内心假设而使用的"。我们认为,不能替换的真正原因在于它们都是针对后件提问的疑问句,这与"只要"句的后件必须确定无疑的要求是冲突的。

第二节　先秦汉语连词"苟"用法考察[①]

2.1　引言

"苟"是古代汉语中很常用的一个连词。大多数学者都认为,古汉语中

---

① 本节主要内容又见于龚波(2014c)。

的连词"苟"的作用是表示假设,相当于"若"或"如"。王引之《经传释词》即云:"苟,若也。"刘淇《助字辨略》:"《中庸》:'苟无其德,不敢作礼乐焉。'此苟字,犹云如也,若也。"通行的古汉语教材(如王力1999;郭锡良等1999)及一些语法研究的专著(如马建忠1898;杨伯峻、何乐士2001)也大多持相同的看法,认为"苟"应当解释为"如果"。

　　用"若"或"如"解释"苟"是否恰当? 古汉语中的"苟"与"若""如"有没有区别? 如果它们词义完全相同,是一组绝对同义词(等义词)的话,为什么上古汉语的很多文献中既用"苟",也用"若""如"? 等义词不能长期共存,这已经是语言学界的共识。叶蜚声、徐通锵(2010)即明确指出:"等义词在语言中多半不能长期存在,因为语言要求经济,容不得可有可无、重复臃肿的东西。"①在汉语史的发展过程中,"苟"与"若""如"却长期并存,如果"苟"与"若""如"毫无差别,则这种长期并存是违背语言的经济性原则的。

　　据周法高(1961)的调查,"若"和"如"的差别大概是方言的不同:《尚书》《庄子》《左传》等书多用"若",《诗经》《论语》《孟子》等书多用"如"。在周氏调查的以上六部著作中,时代较早的《尚书》和《诗经》中没有连词"苟"的用例,时代稍晚的《左传》《论语》《庄子》和《孟子》中,"苟"的用例比较普遍(详下文)。在有些地方,"苟"与"若"或"如"还可接连出现。例如:

　　　　(1)孟庄子疾,丰点谓公鉏:"苟立羯,请雠臧氏。"公鉏谓季孙曰:"孺子秩固其所也。若羯立,则季氏信有力于臧氏矣。"(左·襄23)
　　　　(2)寡君以为苟有盟焉,弗可改也已。若犹可改,日盟何益?(左·哀12)

　　例(1)中,同样是"立羯"这样一个事件,丰点说"苟立羯"而公鉏说"若羯立",相连的两句话,一用"苟",一用"若";例(2)中,前一句说"苟有盟焉",用的连词是"苟",后一句说"若犹可改",用的连词是"若"。为什么同样的事实或连续的两句话要用不同的连词来引导? Bolinger(1977)认为,任何两个语言形式在意义和功能上不可能完全相同。连词"若"与"如"的区别在于地域,那"苟"与"若""如"的区别又何在? 这种区别是地域的还是语义和语法的? 这是本节将要探讨的问题。下文首先考察"苟"和"若""如"在先秦时期的代表性文献中的分布情况,然后比较分析"苟"与"若""如"的差异,并将其

---

　　① 叶蜚声、徐通锵著,王洪君、李娟修订《语言学纲要》(修订版)第130页,北京:北京大学出版社,2010年。

与现代汉语中的类似关联词语进行对比分析。希望通过本节的考察,揭示"苟"与"若""如"的主要区别。

2.2 连词"苟"在先秦文献中的分布情况

甲骨文和两周金文中都没有连词"苟"的用例。在相对而言比较可靠的早期传世文献,如今文《尚书》《诗经》和《春秋经》中,也没有连词"苟"的用例。

《诗经》中虽然还没有出现连词"苟",但已经出现了一些词义比较虚化的"苟"的用例。如:

> (3)鸡栖于桀,日之夕矣,羊牛下括。君子于役,苟无饥渴!(诗·王风·君子于役)
>
> (4)采苓采苓,首阳之巅。人之为言,苟亦无信。(诗·唐风·采苓)
>
> (5)采苦采苦,首阳之东。人之为言,苟亦无从。(诗·唐风·采苓)
>
> (6)采苦采苦,首阳之下。人之为言,苟亦无与。(诗·唐风·采苓)
>
> (7)舍旃舍旃,苟亦无然。人之为言,胡得焉!(诗·唐风·采苓)

朱熹《诗集传》认为"苟无饥渴"意谓"庶几其免于饥渴而已矣",把"苟"释为希冀之词;《经传释词》和《经义述闻》则认为此句中的"苟"相当于"尚",是"或许"的意思,表达揣测之意①;例(4)至例(7)中的"苟",毛传认为相当于"诚",郑笺则认为相当于"且"。前人对《诗经》中的"苟"的解释并不统一。这一方面是由于"苟"的用例过少,不能采用归纳汇证的训诂学方法来概括词义,另一方面也是由于诗歌语言的特殊性,其语义较为模糊。因此前人只能从各自的理解出发,随文释义。不过可以确定的是,这些用例中的"苟"都还不是连词。例(3)的"苟"按朱熹的解释是动词,按《经传释词》和《经义述闻》的解释是副词;例(4)至例(7)的"苟"则应当看成是副词。

"苟"字从艸,本义当与草有关,《说文解字》:"苟,艸也,从艸,句声。"但这个意义仅见于字典辞书(除《说文》外,《集韵》:"苟,草也。"《玉篇》:"苟,菜也。"),在文献中没有用例。"苟"在文献中的常用意义有两个,一是用作副词,表示"苟且""随便"之意,例如:"不以人子,吾子其可得乎? 吾不可以苟射故也。"(《左传·宣公十二年》)"若弃鲁而苟固诸侯,群臣敢惮戮乎?"(《国语·鲁语下》)二是用作连词,一般认为是表示假设或条件,例如:"苟子之不

---

① 参看宗福邦等(2003)、向熹(1986)。

欲,虽赏之不窃。"(《论语·颜渊》)"苟无恒心,放辟邪侈,无不为已。"(《孟子·梁惠王上》))这两个义项与"苟"的本义之间显然没有什么联系,因此段玉裁说:"孔注《论语》云:'苟,诚也。'郑注《燕礼》云:'苟,且也,假也。'皆假借也。"孔注《论语》指的是《论语·里仁》篇:"苟志于仁矣"孔安国注,《论语》中的这个"苟"是一个连词;郑注《燕礼》指的《仪礼·燕礼》:"宾为苟敬"郑玄注,《燕礼》中的这个"苟"是一个副词。段玉裁认为,不论是用作连词还是用作副词都是假借义。从副词"苟"和连词"苟"与本义之间的关系来看,段氏的这个说法是有道理的。

传世文献中,最早出现连词"苟"的文献是《左传》。《左传》中,连词"苟"与连词"若"并用,"如"则少见。从用例数量上看,"若"占着绝对的优势地位,共有 343 例[①];"苟"有 55 例;"如"仅 7 例,其中还有 4 例是引用《诗经》,实际仅 3 例。

这三个连词在先秦文献中的分布情况如下表所示[②]:

表 4.2.1 "若""如""苟"在先秦文献中的分布

	左传	国语	老子	论语	孟子	庄子	韩非子	墨子	管子	吕氏春秋	荀子
若	343	197	4	0	4	24	32	121	45	30	5
如	7	0	0	16	35	0	2	1	0	2	0[③]
苟	55	28	0	6	18	7	4	16	20	15[④]	12

根据"若"和"如"的使用情况(暂不考虑"苟"),这些文献可以分为四类:一类是只用"如"不用"若"的,代表文献是《论语》;第二类是只用"若"不用

---

① 周法高(1961)的统计为 392 例,管燮初(1994)的统计为 347 例。我们的数据接近于管燮初(1994),相差几例可能是因为我们排除了几例"若+NP"的用例,我们认为"若+NP"的"若"是一个引出话题的标记,相当于"至于……""说到……"。

② 本书对假设连词的判定采用比较严格的标准,凡有歧解之可能者均不计入统计数据,如文献中常见到"若此""若是""如是"之例,其中的"若"和"如"既可解释为"如果",也可解释为"像"。例如:

(1)若是,则弟子之惑滋甚。(孟·公孙丑上)

(2)若是,则夫子过孟贲远矣。(孟·公孙丑上)

(3)请以令令富商蓄贾百符而一马,无有者取于公家。若此,则马必坐长而百倍其本矣。(管子·轻重乙)

这种有两解可能的用例反映了连词"若"的来源及其语法化初期的状态。我们的目的在于说明连词"若"在文献中的分布情况,以与连词"苟"对比,因此不将这种有歧解的句子计入统计数据。本表的统计数据也不包括"若苟"这样的合用形式(即合用形式是"苟""若""如"的组合形式),但包括"苟为"这样的双音节形式("苟""若""如"分别与其他语素组合)。

③ 于峻嵘(2008)认为《荀子》中有连词"如"的用例,但所举均为"如是"之例。"如是"是有歧解,故本书不计入。

④ 殷国光(2008)统计的《吕氏春秋》中连词"苟"的用例是 17 个。

"如"的,代表文献是《国语》《老子》《庄子》《管子》和《荀子》;第三类是多用"如"而少用"若"的,代表文献是《孟子》;第四类是多用"若"而少用"如"的,代表文献是《左传》《韩非子》《墨子》和《吕氏春秋》。这四类可以合并为两类,即用"如"为主的一类(一、三类)和用"若"为主的一类(二、四类)。"若"与"如"的使用情况表现为一个比较清晰的连续统。我们既可以按"如"的出现频率递减而"若"的出现频率递增的顺序将这个连续统排列为正向的四段(依次为:一类、三类、四类和二类);也可以按照"如"的出现频率递增而"若"的出现频率递减的顺序将这个连续统排列为反向的四段(依次为二类、四类、三类和一类)。不管是正向还是反向,第一和第二类始终位于这个连续统的两端,它们代表的是比较典型的情况。这个调查结果印证了周法高(1961)的判断,即"若"与"如"的差别是方言的不同。舍此而外似乎没有更好的理论可以解释"若"和"如"的这种分布状态。

某些文献中的"若"与"如"的混用,大概是由于以下一些原因:一是引用他书的结果,本来作者的口语中是只用一个连词(或者是"若",或者是"如")的,但是由于要引用到别的方言区的文献,因此出现了混用的情况;二是方言之间的相互接触和影响,这种接触和影响使得本属不同方言区的两个词能够被不同地区的人理解和使用,从而导致混用情况的产生;三是某些先秦文献成书情况复杂,很多书籍并非成于一时一地一人之手,有些甚至著作权也难以断定,因其成于众手,故很难保证语言的纯洁性;四是文献传抄过程中可能出现妄改的情况。由于上述这些原因,我们很难确切地指出"若"与"如"到底是哪个地域的方言。但是,根据二者在先秦文献中的分布和使用情况,我们可以比较有把握地说,这两个词语的差别不在于语义和语法而在于地域。

"苟"的分布情况则与"若"和"如"不一样:

第一,在以上 11 部文献中,除《老子》以外,其余 10 部文献中都有"苟"的用例。由于《老子》的篇幅实在是太短了,我们很难据此认为在《老子》代表的语言中没有连词"苟"。《老子》中没有"苟"的用例是由于文献篇幅的原因,可以看成是例外。

第二,除《荀子》以外,其余 10 部文献中"苟"的用例均少于"若(如)"①。在用"若"为主的文献中,"苟"的用例少于"若",在用"如"为主的文献中,"苟"的用例少于"如"。《荀子》多用"苟"少用"若""如"可能跟个人习惯,以

---

① 由于"若""如"之别在于方言之不同,因而可以将它们看作是同一词在不同方言中的变体。下文中,当行文需要时,将它们记作"若(如)"。

及《荀子》的说理方式有关,这个问题尚待进一步研究。与其他 10 部文献相比,《荀子》"苟"的用例多于"若(如)"可以看成是一个例外。

第三,排除《荀子》和《老子》,"苟"在其余 9 部文献中占三个连词用例的比例分别是:13.58%(左传)、12.44%(国语)、27.27%(论语)、31.58%(孟子)、22.58%(庄子)、10.53%(韩非子)、11.59%(墨子)、30.77%(管子)和 31.91%(吕氏春秋)。"苟"的比例维持在五分之一到三分之一之间,没有极端的情况,即既没有只用"若(如)"不用"苟"的情况,也没有只用"苟"不用"若(如)"的情况。"苟"的分布不像"若"和"如"那样呈现出一种连续统的样态,而是相对均衡。

总之,"若"和"如"在先秦文献中的分布是不均衡的,有典型用"若"和典型用"如"之分;"苟"在先秦文献中的分布则是大致均衡的:除了篇幅很短的《老子》之外,其他文献都要用到连词"苟";除了《荀子》中"苟"的用例比较多以外,其他文献没有典型用"苟"与典型用"若(如)"之分。"苟"的这种分布状态提示我们,"苟"跟"若(如)"的性质可能不一样。"若"与"如"差别在于地域的不同,而"苟"是一个各地通用的连词,不论在以用"若"为主的方言还是在以用"如"为主的方言中都不可避免地要用到它。"苟"用得不如"若(如)"那样多,但又绝非罕见,对于绝大多数文献而言,"苟"的使用不可避免。"苟"与"若(如)"之间定然有语义或语法的不同,这种语义或语法的不同是保证"苟"在地域上的广泛分布及其在时间上与"若(如)"长期并用的基础。笼统地以"若"释"苟"或者以"如"释"苟"有可能失之偏颇。

2.3　连词"苟"用法考察

为了探明"苟"与"若(如)"之别,我们需要对先秦文献中"苟"的使用情况做一个详细的调查,并将之与"若(如)"对比。从句法角度来看,"苟"与"若(如)"的差别并不明显。它们都既可以位于主语之前,也可以位于主语之后。从频率上看,"苟"位于主语之后的用例比"若(如)"要少,但这种差异似乎并没有统计学的意义。我们认为"苟"与"若(如)"的差别不在句法而在语义。以下我们从前件虚拟性、前后件之间的语义关系及后件的确定性程度等方面来考察"苟"与"若(如)"引导的复句的差别,以期发现它们在语义上的不同。

2.3.1　前件虚拟性的考察

"苟"与"若(如)"引导的复句,其条件的虚拟性不一样。"苟"引导的条件可以是既定事实,也可以是虚拟的事件;"若(如)"引导的条件不能是既定事实,只能是虚拟的事件。

"苟"引导既定事实之例如:

(8)丘也幸,苟有过,人必知之。(论·述而)

(9)诸侯相吊贺也,虽不当事,苟有礼焉,书也,以无忘旧好。(左·文9)

(10)自公以下,苟有积者,尽出之。(左·襄10)

(11)左师为己短策,苟过华臣之门,必骋。(左·襄17)

以上诸例中的"有过""有礼""有积""过华臣之门"说的都是已然存在的事实,是说话人说话之前已经发生过的,说话人也明知这些事情真实地存在着,不存在主观虚拟的故意。

有时候,"苟"也可以引导一个虚拟的事件,例如:

(12)苟舍我,吾请纳君。(左·庄14)

(13)苟能治之,毁请从焉。(左·僖18)

(14)苟入而贺,何后之有?(左·僖27)

以上诸例中的"舍我""能治之""入而贺"等说的都不是已然存在的事实,而是一种虚拟的情况。

与"苟"不同的是,"若(如)"则只能引导虚拟事件而不能引导既定事实。"若(如)"引导虚拟事件之例如:

(15)若阙地及泉,隧而相见,其谁曰不然?(左·隐元)

(16)先君若问与夷,其将何辞以对?(左·隐3)

(17)君若伐郑,以除君害,君为主,敝邑以赋与陈、蔡从,则卫国之愿也。(左·隐4)

以上诸例,"若(如)"引导的都是虚拟的事件,是尚未发生的。在我们调查的文献中,没有发现"若(如)"引导既定事实之例。

当"苟"所引导的条件是一个既定事实时,如果将"苟"换成"若"或"如",从句法上来说,句子可能仍然站得住脚,但是从语义上来说,句子意思就会有所改变,甚至变得不可接受。如上举例(8)中,"苟有过"说的是已经经历的事情,这一句的上下文是:

(18)陈司败问:"昭公知礼乎?"孔子曰:"知礼。"孔子退,揖巫马期
而进之曰:"吾闻君子不党,君子亦党乎? 君取于吴,为同姓,谓之吴孟
子。君而知礼,孰不知礼?"巫马期以告。子曰:"丘也幸,苟有过,人必
知之。"(论·述而)

很明显,孔子说自己"苟有过,人必知之"是在孔子已经犯了过错且别人
已经指出了他的过错之后才说的。孔子慨叹自己只要犯了过错,别人都会
知道,觉得这是一件幸事。如果将其中的"苟有过"改为"如有过"①,整句意
思就会变为"如果我有了过错,别人一定会知道"。这时候,"如果有过错"不
能再指事实上已经发生的事情,只能是指事实上还没有发生但将来有可能
发生的事情。这样的意思与上下文不协调,因此该例中的"苟"是不能换成
"如"的。例(9)至例(11)是同样的道理:如果将其中的"苟"换成"若"②,则
"若有礼""若有积者""若过华臣之门"表示的不能是过去已发生之事而只
能是将来未实现之事;从这些句子的语境来看,将"苟"改为"若"都是不合
适的。

总之,"苟"引导的条件既可以是既定事实,也可以是虚拟事件;"若
(如)"引导的条件只能是虚拟事件,不能是既定事实。这是"苟"与"若(如)"
在语义上的一个重要差别。如果用语义特征来描述的话,可以说,"若(如)"
具有[+虚拟性]的语义特征,"苟"不具有这个语义特征。

2.3.2 前后件之间语义关系的考察

从前后件之间的语义关系来看,在前后件之间是否构成充分条件关系
这一点上,"苟"与"若(如)"有区别。根据欧文·M·柯匹、卡尔·科恩
(2007)的论述,一个事件能够发生的充分条件是,在它出现的情况下,事件
必定发生。充分条件的复句表示只要具备前件的条件,就一定能导致后件
的结果。"苟"引导的复句,前件一定是后件的充分条件;"若(如)"引导的复
句,前件不一定是后件的充分条件。

以《论语》为例。在《论语》中,连词"苟"一共有6例,这6例中的"苟"都
表示充分条件。例如:

(19)苟志于仁矣,无恶也。(论·里仁)

---

① 因《论语》用"如"不用"若",故改为"如"而不改为"若"。
② 因《左传》多用"若"少用"如",故改为"若"而不改为"如"。

(20)丘也幸,苟有过,人必知之。(论·述而)

(21)苟子之不欲,虽赏之不窃。(论·颜渊)

(22)苟有用我者,期月而已可也。(论·子路)

(23)苟正其身矣,于从政乎何有? 不能正其身,如正人何! (论·子路)

(24)其未得之也,患得之;既得之,患失之。苟患失之,无所不至矣。(论·阳货)

例(19)中,"无恶"的充分条件是"志于仁",意思是说,只要有志于仁,就不会有恶,满足了"志于仁"的条件,就会有"无恶"的结果。例(20)中,"有过"是"人必知之"的充分条件。只要"有过",别人一定"知之",满足了"有过"的条件,就会有"知之"的结果。例(21)中,"子之不欲"也是"虽赏之不窃"的充分条件。其余诸例类似。

与"苟"不同,"若(如)"引导的复句则只注重前件所述事件的虚拟性而不注重前后件之间的逻辑关系。因此,"若(如)"引导的前件既可以是充分条件,也可以不是充分条件。据龚波(2011)的研究,上古汉语假设句前后件之间的语义关系有多种,可以是言效、承接、转折、说明、推论等。"若(如)"是上古汉语表示假设关系的主要连词,由"若(如)"引导的复句,前后件之间的语义关系也可以是言效、承接、转折、说明、推论等;由"苟"引导的复句,前后件之间的语义关系是充分条件关系,属于上述五种关系中的推论关系。从前后件之间的语义关系来看,"苟"引导的复句前后件之间的语义关系比较单一,"若(如)"引导的复句前后件之间的语义关系比较多样。龚波(2011)列举了"若(如)"引导的表示各种语义关系的复句。例如::

承接关系:

(25)如有不嗜杀人者,则天下之民皆引领而望之矣。(孟·梁惠王上)

转折关系:

(26)如有一朝之患,则君子不患矣①。(孟·离娄下)

---

① 杨伯峻《孟子译注》释此句为:"即使一旦有意外飞来的祸害,君子也不以为痛苦了。"从语义上看,其前后件之间具有转折关系,不过此类由"如"引导的转折类假设复句数量较少。

说明关系:

(27)若大盗礼焉以君之姑姊与其大邑,其次皂牧舆马,其小者衣裳剑带,是赏盗也。(左·襄20)

推论关系:

(28)今吾子曰"必寻盟",若可寻也,亦可寒也。(左·哀12)

以上由"若(如)"引导的复句,如果从前后件之间的语义关系的角度来看,各个句子的前后分句之间的语义关系并不一样;如果只着眼于前件是否具有虚拟性这一点,则它们都有一个共同的特点,即它们的前件都有虚拟性。因此虽然各句前后件之间的语义关系并不一样,但它们又都可以归入假设复句的范畴。

总之,"苟"引导的复句,前后件之间的语义关系是充分条件关系;"若(如)"引导的复句,前后件之间的语义关系是复杂多样的。这是"苟"与"若(如)"在语义上的又一个差别。

充分条件关系与[＋限定性]语义特征密切相关。说明条件充分性的最简单最常用的方法就是对条件加以限定,指出需要符合哪一个(或哪一些)条件则可以达到"充分"的状态。"充分"与"限定"是彼此依存的:"限定"是界定"充分"的方法,"充分"是对条件进行"限定"而得到的结果。打个比方来说,可以把所有的条件看成是一些无序排列的点,每个点代表一个条件,指出某一事件的充分条件的过程实际上是将其中的一个(或多个)点勾勒出来的过程。这个勾勒的过程就是一种"限定"。充分条件与[＋限定性]语义特征的密切关系还可以得到语言的证明:现代汉语中表示充分条件关系的关联词是"只要",其中的"只"也可以表示限定,具有[＋限定性]的语义特征。

"苟"的[＋限定性]语义特征可以从"苟"的副词用法中看出端倪。王引之《经传释词》:

苟,犹"但"也,《易·系辞传》曰:"苟错诸地而可矣,藉之白茅,何咎之有?"言但置诸地而已可矣,而必藉之以白茅,谨慎如此,复何咎之有乎? 桓五年《左传》曰:"苟自救也,社稷无陨,多矣。"襄二十八年《传》曰:"小适大,苟舍而已,焉用坛?""苟"字并与"但"同义。

王氏用来解释"苟"的"但"是"仅仅、只"的意思。王氏说"苟置诸地"等于"但置诸地",用今天的话来说,意思是只需要放在地上(就可以了)。"苟自救也,社稷无陨,多矣"意思是只要能够自救,使国家免于灭亡就可以了。"小适大,苟舍而已,焉用坛?"意思是说小国到大国去,只需要草草地搭起棚舍就可以了,哪里用得着筑坛? 应当说明的是,王氏所举的这些例子中的"苟"并不是连词而是表限定的副词。但从来源上来说,连词"苟"与此类表限定的"苟"应当是密切相关的。连词"苟"的[＋限定性]语义特征应当是副词"苟"的[＋限定性]语义特征在语法化过程中的滞留。

2.3.3 后件确定性程度的考察——疑问复句中的"苟"与"若(如)"

为了考察"苟"与"若(如)"在语义上的差别,我们进一步对由它们引导的疑问复句进行考察。我们发现:"苟"引导的疑问复句全部是反问句(无疑而问,用疑问句的形式是为了加强语气),"若(如)"引导的疑问复句则既有反问句也有具有疑问焦点的真实疑问句(有疑而问,要求针对疑问焦点做出回答)。这个差别反映了"苟"与"若(如)"引导的复句在语义上的另一个差别:后件确定性程度不一样。

在上述 11 部先秦文献中,"苟"引导的疑问复句共有 31 例(《论语》1例,《吕氏春秋》2 例,《墨子》7 例,《国语》9 例,《左传》12 例;其余《老子》《庄子》《孟子》《荀子》《韩非子》《管子》等均为 0 例)。这些形式上的疑问句全部都是反问句。例如:

(29)苟正其身矣,于从政乎何有? 不能正其身,如正人何?(论·子路)

(30)今苟有衅,从之,不亦可乎?(左·僖 7)

(31)苟利众而百姓和,岂能惮君?(国·晋语一)

(32)苟得闻子大夫之言,何后之有?(国·越语上)

(33)亡人苟入扫宗庙,定社稷,亡人何国之与有?(国·晋语二)

(34)苟主社稷,国内之民,其谁不为臣?(左·庄 14)

(35)苟从是行也,临长晋国者,非女其谁?(国·晋语五)

(36)苟如是,则又可以出货而成私欲乎?(国·鲁语下)

(37)所言苟善,虽奋于取少主,何损?(吕·去宥)

(38)且谚曰:"心苟无瑕,何恤乎无家?"(左·闵元)

以上诸例中的很多表反问的疑问词和固定搭配形式可以表明它们的反

问句的性质。如例(29)的"何有"、例(30)的"不亦……乎"、例(31)的"岂"、例(32)的"何……之有"、例(33)的"何……之与有"等都是比较常见的表反问的形式。例(36)(37)和(38)虽然从形式上看不出是不是反问句,但是从上下文情况来看,这些句子确实是表反问的。反问句的功能不在于疑问而在于强调,因此,在很多标点本的古籍中这类句子的句末用感叹号而不用问号。例如:

(39)苟违其违,谁能惧之!(国·晋语二)①
(40)天苟兼而有食之,夫奚说以不欲人之相爱相利也!(墨·法仪)②

"若(如)"引导的假设句,其后件则既可以是反问句,也可以是一个事实上的疑问句。"若(如)"引导反问句之例如:

(41)若阙地及泉,隧而相见,其谁曰不然?(左·隐元)
(42)君若以德绥诸侯,谁敢不服?(左·僖4)
(43)若晋取虞,而明德以荐馨香,神其吐之乎?(左·僖公5)
(44)若筚门闺窦,其能来东底乎?(左·襄10)
(45)彼若谋害楚国,岂不为患?(左·襄26)

"若(如)"引导有疑问焦点的疑问句之例则如:

(46)如或知尔,则何以哉?(论·先进)
(47)如杀无道,以就有道,何如?(论·颜渊)
(48)若以大夫之灵,得保首领以没;先君若问与夷,其将何辞以对?(左·隐3)
(49)庄公之子犹有八人,若皆以官爵行赂劝贰而可以济事,君其若之何?(左·庄14)
(50)我若从之,其与我乎?(左·昭12)
(51)季平子曰:"然则意如乎!若我往,晋必患我,谁为之贰?"子服惠伯曰:"椒既言之矣,敢逃难乎? 椒请从。"(国·鲁语下)

---

① 在上海师范学院古籍整理组校点上海古籍出版社1978年出版的《国语》中,此例句末为叹号;在中华书局2002年出版的《国语集解》(徐元诰撰,王树民、沈长云点校)中,此例句末为问号。
② 孙诒让《墨子闲诂》第22页,孙启治点校,北京:中华书局,2007年。

(52)楚子问于公子曰:"子若克复晋国,何以报我?"(国·晋语四)

(53)公曰:"若周衰,诸姬其孰兴?"(国·郑语)

(54)若受吾币而不吾假道,将奈何?(吕·权勋)

(55)又曰:"若使秦求河内,则王将与之乎?"王曰:"弗与也。"(吕·应言)

(56)白公问于孔子曰:"人可与微言乎?"孔子不应。白公曰:"若以石投水,奚若?"孔子曰:"没人能取之。"白公曰:"若以水投水,奚若?"孔子曰:"淄、渑之合者,易牙尝而知之。"(吕·精谕)

(57)管仲有病,桓公往问之曰:"仲父之病病矣,若不可讳而不起此病也,仲父亦将何以诏寡人?"(管·小称)

以上诸例都出现在对话语境中,从对话人的答话中我们很容易判断出这些问句都是有疑而问,是需要针对疑问焦点做出回答的。如例(46)出自有名的"子路曾皙冉有公西华侍坐"章,在孔子问完了"如或知尔,则何以哉"之后,子路、曾皙、冉有、公西华等人分别做出了回答,阐述了自己的观点。可见孔子的发问是需要回答的,是有疑而问。其余诸例均类似。与"苟"所引导的疑问句相较,这一类句子很特殊。因为"苟"从不引导一个后件是有疑而问的疑问句。

"苟"与"若(如)"在疑问句中的这种分布情况绝非偶然。这反映了"苟"与"若(如)"引导的疑问句在后件确定性程度上的差异。无独有偶,现代汉语中也有类似的情况。龚波、谢明君(2012)对现代汉语中的"如果"和"只要"引导的疑问复句进行了考察后发现:"如果"引导的复句,后件可以是有疑而问的疑问句;"只要"引导的复句,后件一般不能是有疑而问的疑问句,当其后件为疑问形式时,只能是反问、回声问,或者实际的疑问焦点在整句而不在后件。也就是说,"如果"引导的复句,可以针对后件提问,"只要"引导的复句,不能针对后件提问。龚波、谢明君(2012)认为这与"如果"句和"只要"句在后件的确定性程度及视角上的不同有关。在"如果"句中,说话人的视角从前往后,作为条件的前件是确定的,作为结果的后件不一定是确定的,因此可以针对后件提问;在"只要"句中,说话人的视角是从后往前,虽然从事理上来说,前件是条件,后件是结果,但是从说话人的视角来说,后件却是推论的前提,这个前提必须是确定无疑的,因而不能针对后件提问。

"苟"与"若(如)"在疑问句中的差异跟现代汉语中"只要"和"如果"的差异是完全平行的:"苟"相当于"只要",不能针对后件提问;"若"和"如"相当于"如果",可以针对后件提问。造成这种分布差异的原因也是一样的:"苟"

所引导的是一个充分条件,说话人关注的是某一结果所需的条件是否具备,说话人的视角是从后往前,因此作为推论基础的结果部分不能是不确定的,故其结果分句不能是事实上的疑问句;"若(如)"引导的假设句关注在某一假定前提下会产生怎样的结果,其视角是从前往后,说话人可以就某一条件之下会产生怎样的结果进行发问,其后件可以是事实上的疑问句。

2.4 "苟"与"若(如)"之别对应于现代汉语中的"如果"与"只要"之别

先秦汉语中由"苟"与"若(如)"引导的疑问复句的区别恰好与现代汉语中"只要"和"如果"引导的疑问复句的区别形成清楚的对应关系。这种对应关系恐非偶然。由于相隔年代久远,现代人已经很难根据语感准确地判定出先秦时期的连词"苟"与"若(如)"的区别了。庆幸的是,以 Labov 为代表的社会语言学家们为我们找到了一条了解过去的语言状态和演变过程的行之有效的方法,即"用现在来解释过去(the use of the present to explain the past)"。Brugmann(1897)说:"五千年乃至一万年前支配语言演变的原则、定律跟我们今天所观察到的活语言演变的原则、定律基本上应该是一致的;要更好地理解古代文献可以通过观察现在活的语言而取得。"[①]社会语言学家们运用这个原则来研究语言演变,取得了卓越的成就。今天,当我们需要了解历史上的"苟"与"若(如)"之别时,我们也可以借用这个方法。上文的分析已经揭示了先秦汉语的"苟"与"若(如)"之别与现代汉语的"只要"与"如果"之别在疑问句中的对应关系。如果我们能够详细地观察现代汉语中的"只要"和"如果"在语义和功能上的种种区别,并与先秦汉语的"苟"与"若(如)"进行对比,一定有助于我们更好地把握"苟"与"若(如)"的差别。

现代汉语中的"如果"和"只要"是一对既有联系又有区别的关联词语。这两个关联词语之间的纠葛跟假设关系和条件关系之间的纠葛密切相关。早期的汉语语法研究者往往对假设和条件不加区分。吕叔湘(1942)即认为假设和条件可以有不同的区分标准,在西方语言里,反事实假设句有特殊的形式标记,把它们作为假设句从条件句中区分出来,是有语言的依据的。汉语里的假设和条件不易区分,也没有必要区分,条件和假设可以合二为一。吕叔湘(1942)不区分假设和条件,将条件关系纳入到假设关系之中。王力《中国现代语法》、赵元任《汉语口语语法》和丁声树等《现代汉语语法讲话》中都没有将假设句从条件句中区分出来。《中学语法教学暂拟系统》以后,一些语法学家仍然主张假设和条件不应区分,如胡裕树(1987)将假设归入

---

① 转引自陈忠敏(2007)。

条件,认为条件关系可以分为三种,一种是假设的条件;一种是特定的条件;还有一种是"无条件"。另一些学者则认为假设与条件是有区别的,二者不能相互包含。如张志公(1979),黄伯荣、廖序东(1991),钱乃荣(1990),邢福义(2001)等都将假设与条件单列,认为它们是互不相容的两种关系。对于假设与条件之间的区别何在这个问题,各家却又各持己见,众说纷纭。对于"只要",一般认为它既表条件,又表假设;因为表假设,所以跟"如果"有联系;因为表条件,所以跟"只有"有联系①。

在各家的论述中,我们觉得王维贤等(1994)的观点是比较中肯的。王文指出:"只要"是表示充分条件关系的关联词语;"如果"是表示假设关系的关联词语。"只要"表示充分条件,"如果"除了表示条件之外,还有很强的假设语气。正因为这一点,"如果"和"只要"并不是任何情况下都可以替换。例如②:

(58)只要你活着,我的心就算没有白费。
(59)只要有人说起老黄,父亲就显得很激动。
(60)他的烟卷盒儿,只要一掏出来,便绕着圈递给大家。

以上各例中,"只要"所引导的条件都是作为客观事实或经验而存在的,因而都不能换成"如果"。

拿王文所举的这几个例子和本节所举的例(8)至例(11)比较就可以发现,"只要"和"如果"之间的差别再一次在"苟"与"若(如)"之间得到了验证。在例(8)至例(11)中,"苟"所引导的都是既定事实,因而这些句子中的"苟"也都不能换成"若"或"如"。

王维贤等(1994)还指出,由于"如果"表示的是说话人的主观假定,因而可以引出反事实的条件。例如:

(61)假设(=如果)大姐婆婆的说法十分正确,我便根本不存在啊!
(62)如果上帝真是爱人类的,他决无力量做得起主宰。

"只要"引导的条件除了既定事实和客观规律、经验之外,还可以是可能发生的虚拟的情况,但不能引导反事实的假设。"如果"和"只要"的这个区

---

① 以上一段对前人研究成果和观点的概述参考了王维贤等(1994),各家观点的详细情况请参看该书。
② 例句转引自王维贤等(1994)。下文例(61)、例(62)同。

别同样存在于"苟"和"若(如)"之间:"若(如)"可以引导反事实的假设,而"苟"不能。"若(如)"引导反事实假设之例如:

(63)子若无言,吾几失子矣。(左·昭28)

(64)秦、晋围郑,郑既知亡矣。若亡郑而有益于君,敢以烦执事。越国以鄙远,君知其难也,焉用亡郑以陪邻?(左·僖30)

(65)荀偃曰:"改载书!"公孙舍之曰:"昭大神要言焉。若可改也,大国亦可叛也。"(左·襄9)

例(63)是对过去事实的否定,例(64)是说话人已认定亡郑必无益于君而假设"有益于君"的情况,例(65)是说话人明知载书之不可改而假设"可改"的情况,显然他们都是违反事实的假设。此类用法在"苟"引导的复句中是没有的。可见在能否引导反事实假设的问题上,先秦汉语中的"苟"与"若(如)"跟现代汉语中的"只要"与"如果"也是对应的:"苟"与"只要"对应,不能引导反事实的假设;"若(如)"与"如果"对应,可以引导反事实的假设。

沿着将"苟"与"若(如)"之别跟现代汉语中的"只要"与"如果"进行类比这个思路继续前进,我们会发现:凡是"如果"与"只要"之间存在着的语义的差别,都能够在"苟"与"若(如)"之间得到验证;反之亦然,凡是在"苟"与"若(如)"之间存在着的语义的差别也都能够在"只要"与"如果"之间得到验证。上文提到,龚波(2011)认为"若(如)"引导的复句,前后件之间的语义关系是多样的,包括言效、承接、转折、说明、推论等;"苟"引导的复句,前后件之间的语义关系则是单一的,即充分条件关系。王维贤等(1994)在对"如果"与"只要"的讨论中也有类似的论述。在明确指出"只要"表示的是充分条件关系而"如果"表示假设关系之后,王文还指出,假设句还有几种特殊的类型,包括违实性假设、时间性假设、对比性假设、解证性假设、倚变性假设等。这些类型大多是从考虑前后件之间的语义关系角度得出的。可见,在前后件之间的语义关系上,"如果"引导的复句是多样的,而"只要"引导的复句是单一的①。在前

---

① "如果"和"只要"关注的焦点不一样。林裕文(1984)指出:"假设同条件是从不同的角度说的。所谓假设,是指叙述的内容尚未证实,所谓条件,是指分句之间的一种关系。""如果"是表示假设关系的连词,在假设关系中,说话人侧重强调的是所提出的事件的虚拟性,对于前后件之间的逻辑联系,说话人并不关注。"只要"是表示条件关系的连词,说明某一结果的出现需要具备怎样的前提。在条件关系中,说话人关注的是前后件之间的关系,对于所提出的条件的虚拟性或现实性这个问题,说话人并不关注。关注焦点的不一致是造成"如果"句前后件之间语义关系多样而"只要"句前后件之间语义关系单一的重要原因。

后件语义关系上,"如果"与"只要"跟"苟"与"若(如)"再次有了对应关系。

综合王维贤等(1994)、龚波、谢明君(2012)及前文的研究,我们可以将"只要"和"如果"的区别列表于下:

表 4.2.2　"如果"和"只要"的区别

	引导既定事实	引导反事实假设	前后件语义关系	针对后件提问	视角	后件确定性程度	语义特征
如果	不可以	可以	多样	可以	从前往后	低	虚拟性
只要	可以	不可以	充分条件	不可以	从后往前	高	限定性

"苟"与"若(如)"的区别跟"只要"和"如果"的区别完全一致:

表 4.2.3　"苟"和"若(如)"的区别

	引导既定事实	引导反事实假设	前后件语义关系	针对后件提问	视角	后件确定性程度	语义特征
若(如)	不可以	可以	多样	可以	从前往后	低	虚拟性
苟	可以	不可以	充分条件	不可以	从后往前	高	限定性

2.5　结论和余论

综合上述,所有的证据都指向一个清晰的结论:先秦汉语的连词"苟"与"若(如)"有区别。"若"和"如"侧重表示条件的虚拟性,"苟"侧重表示条件的充分性。"苟"与"若(如)"之别类似于现代汉语中的"如果"与"只要"之别。

白兆麟(1998)认为:"就古代汉语复句之使用情况而言,假设句于古籍大量存在,且表示假设之关联词语十分丰富,而真正的条件句于古书中却很少见到,其专用的关联词语更是难以举出。"与白先生的看法相反,我们认为,古代汉语表条件的关联词语并非难以举出,在先秦汉语中,"苟"是表示充分条件关系的专用连词。

刘承慧(2010)详细讨论了先秦条件句标记"苟""若""使"在功能上的差别,其中关于"苟"的来源和功能的考察是目前所见到的关于"苟"的用法的最为细致和深入的讨论。刘文认为"苟"的作用在于"注记言说者祈愿实现的条件或绝对条件","若"的功能在于"注记言说者认为具有相对性、选择性或不确定性的条件"。刘文从标记起源与发展的角度详细辨析了这种差别,认为表示绝对条件的"苟"来自于用于祝祷时表示希冀义的"苟"。

"苟"与"若"的功能有差别,在这一点上,本书完全赞同刘承慧(2010)的观察。不过,关于"苟"与"若""如"差别的实质,本书与刘文观点有不同之处。

首先,我们不赞同刘承慧(2010)所说的"苟"的功能在于"记言说者祈

愿实现的条件"这一观察。因为我们可以很轻易地从文献中找出反例来。例如:

(66)丘也幸,苟有过,人必知之。(论·述而)

(67)苟为后义而先利,不夺不餍。(孟·梁惠王上)

(68)苟无恒心,放辟邪侈,无不为已。(孟·梁惠王上)

(69)苟不志于仁,终身忧辱,以陷于死亡。(孟·离娄上)

(70)苟信不继,盟无益也。(左·桓12)

(71)自始合,苟有险,余必下推车。(左·成2)

很显然,以上诸例的"有过""后义而先利""无恒心""不志于仁""信不继""有险"等都不是言说者祈愿实现的条件。相反,他们表达的都是一些负面的意义,应当是言说者不希望发生的。当"苟"引出一组正反相对的条件时,如果说"苟"所引导的条件都是言说者祈愿发生的,势必陷入自相矛盾的境地。例如:

(72)苟向善,虽过无怨,苟不向善,虽忠来恶。(老·第六章)

(73)苟能充之,足以保四海;苟不充之,不足以事父母。(孟·公孙丑上)

(74)故苟得其养,无物不长;苟失其养,无物不消。(孟·告子上)

以上三例中,"向善"与"不向善"对举,"能充之"与"不能充之"对举,"得其养"与"失其养"对举,它们都用"苟"引导,很难说哪一个是言说者祈愿发生的,哪一个是言说者祈愿不发生的。

其次,刘承慧(2010)认为,条件标记"苟"多用于注记交换条件,条件标记"苟"来源于祝祷时表示希望的"苟"。我们觉得这个假设尚缺乏足够的证据。我们认为条件标记"苟"与表希冀意义的"苟"之间的关系不如其与表仅只意义的"苟"之间的关系密切。解惠全等(2008)列举了诸书所列"苟"表仅只意义的用例。如:

(75)小适大,苟舍而已,焉用坛?(左·襄28)

(76)不吾知其亦已兮,苟余情其信芳。(楚辞·离骚)

(77)苟以是心至,斯受之而已矣。(孟·尽心下)

(78)诸侯相吊贺也,虽不当事,苟有礼焉,书也。(左·文9)

(79)苟有其备,何故不可。(左·昭5)

(80)效果之事大国也,苟免于讨,不敢求贶。(左·昭6)

(81)苟错诸地而可矣,藉之白茅,何咎之有?(易·系辞)

(82)非苟知之。(法言)

解惠全等(2008)认为表仅只义的"苟"与表姑且、权且义的"苟"及表充分条件义的"苟"均有关系:例(75)、例(80)、例(81)除可训为仅、只外,也可训为姑且、权且;例(76)至例(79)除训为仅、只外也可训为只要。按照解惠全等(2008)的论述,其引申关系当是:

姑且、权且>仅、只>只要

这个看法可能更接近事实,因为除了可以有上述两解的语句作为证据之外,从语义上来说,充分条件与限定义关系密切。如前所述,指明条件充分性的实质就是在众多的条件中对满足结果的条件进行限定。

再次,刘承慧(2010)认为先秦的条件标记"苟"注记绝对条件,本书对此尚有疑虑。关于什么是绝对条件,刘文并没有给出具体的定义。揣摩文意,所谓的绝对条件似乎是指不可更改、不可违背的条件。这一点似乎是从认为"苟"有注记言说者祈愿的条件的功能引申而来的。刘文认为:"大凡言说者的冀求或期待,都是希望成真的,这是以'苟'注记交换条件的心理基础。交换条件也可以说是言说者认定的绝对条件或唯一条件。"所举例为:

(83)晋侯归,谋所以息民。魏绛请施舍,输积聚以贷。自公以下,苟有积者,尽出之。(左·襄10)

(84)诸侯相吊贺也,虽不当事,苟有礼焉,书也,以无忘旧好。(左·文10)

(85)左师为己短策,苟过华臣之门,必骋。(左·襄17)

(86)夫差使人立于庭,苟出入,必谓己曰:「夫差! 而忘越王之杀而父乎?」(左·定14)

从上下文来看,刘文认为这些条件是绝对条件或唯一条件似也无不妥之处。不过,我们认为,所谓的绝对或唯一条件的绝对性和唯一性只是充分条件在具体语境中的一种表现。从逻辑上来说,充分条件并不等同于唯一条件或必要条件。但是,在语言运用中,充分条件与必要条件和唯一条件又有着天然的联系。当我们说明某个条件的充分性时,往往把条件往少了说,以证明其充分性。这使得充分条件往往就是唯一条件。现代汉语表示充分条件的关联词"只要"中的"只"很好地诠释了这种充分性和唯一性的天然联系。同时,由于充分条件往往就是唯一条件,因此,这个条件又是必不可少的,唯一条就具有绝对性,不可消除,否则就成了无条件了。因此,在具体语言环境中,充分条件往往是绝对的和唯一的。"苟"引导的是充分条件,这个说法并不否认其引导的条件的绝对性和唯一性。但言说者在使用"苟"时,主观上要强调的并不是它的唯一性和绝对性,而是它的充分性。

虽然存在上述分歧,但我们也注意到刘承慧(2010)的如下表述:

现代汉语最接近先秦"苟"的对应形式不是"如果"而是"只要"。解惠全(2008)指出传统注释为"但"的"苟"不仅与姑且义的"苟"有关,也与表示假设的"苟"有关,而假设连词"苟"大都相当于"只要"。这是符合先秦语言实情的诠释。

在"苟"类似于现代汉语的"只要"而非"如果"这一点上,本书与刘承慧(2010)及解惠全等(2008)不谋而合。

以上是就先秦汉语的考察而得出的结论。

至晚从汉代开始,"苟"的用法有了改变。如《史记》中的很多"苟"的用法已不同于先秦时期:

(87)苟如公言,不可徼幸邪?(史·淮南衡山王列传)

(88)王苟以错不善,何不以闻?(及)[乃]未有诏虎符,擅发兵击义国。以此观之,意非欲诛错也。(史·吴王濞列传)

(89)今诸王苟能存亡继绝,振弱伐暴,以安刘氏,社稷之所愿也。(史·吴王濞列传)

例(87)的后件"不可徼幸邪"是有疑而问的疑问句,这在先秦文献中是没有的;例(88)的"苟"所引导的前件是一个与事实相反的假设,这在先秦文献中也是没有的;例(89)的前件"今诸王苟能存亡继绝,振弱伐暴,以安刘氏"与后件"社稷之所愿也"之间并不构成充分条件与结果的关系,而是构成一个广义的判断句,后件是对前件性质的判定和说明,这也是先秦文献中没有的。这些例子中的"苟"应当翻译为"如果",不能翻译为"只要"。

事实上,相当于"如果"的"苟"在先秦时期即有用例。解惠全等(2008)认为以下几例的"苟"仍当视同"若""如":

(90)苟非其人,道不虚行。(易·系辞)

(91)苟无其德,不敢作礼乐焉。(礼·中庸)

(92)今之欲王者,犹七年之病求三年之艾也。苟为不畜,终身不得。苟不志于仁,终身忧辱,以陷于死亡。(孟·离娄上)

　　这几例中的"苟"确实不好用"只要"来翻译。我们认为,这是"苟"在使用过程中由功能扩展而产生的新用法。其演变方向和具体过程有待进一步研究。在现代汉语口语中,连词"苟"已经消失了。"苟"在口语中消失的具体时间是在什么时候?这也是汉语史的研究应当关注的问题。这些问题本书暂无力涉及。

　　在古汉语语法的研究中,虚词的研究向来是重点。在虚词的研究中,功能相近的虚词的辨析是一个难点和热点问题。例如代词研究中的"吾""我"之别,"汝""若"之别,否定词研究中"弗""不"之别,疑问词研究中"孰""谁"之别,介词中的"于""以"之别等问题都引起了学者们广泛的关注和热烈的讨论,功效卓著。但是,就本书所讨论的"苟"与"若(如)"之别而言,前人的关注还很不够,大家似乎都默认"苟"就相当于"若"或"如",认为"苟"与"若(如)"没有区别。这种局面的造成与研究的方法有关。在古汉语虚词研究中,传统的方法主要是靠文献考察、归纳汇证、语感和翻译。应当看到,这些方法都是行之有效的,在研究的过程中都曾经发挥过巨大的功用。但是,世界上没有完美的方法论,任何方法都是有缺陷的,都有自己的适用范围。超出了自己的适用范围,本来行之有效的方法就会"行之无效"了。就"苟"与"若(如)"的区别而言,以上这些方法都显得不大够用。因为二者之间的差别实在是非常细微,它们更多地体现了说话人的用意和视角(perspective)的不同,体现的是说话人的主观性(subjectivity)。由于差别细微,"苟"与"若(如)"在很多情况下似乎都可以互换,因此,归纳汇证的方法只能得出一个与事实相反的结论——"苟"与"若(如)"没有区别;对于几千年前的语言,要去揣摩说话人的主观性,显然难度很大,因此语感和翻译的作用也都没有了。幸好我们有新的方法可资利用——"用现在来解释过去";幸好我们有现代汉语可资比较——用"只要"和"如果"之别与"苟"与"若(如)"之别进行比较;幸好我们有丰富的历史文献——比较结果的正确与否可以在文献中一一得到验证。正是因为有了现代汉语和古代汉语两方面的材料作为支撑,有好的方法将现汉和古汉两方面的材料很好地结合在一起,才有可能对先秦汉语的"苟"与"若(如)"之别做出新的观察并得出新的结论。我们愿意在这方面进行更多的探索,至于本书研究的结论是否能够成立,敬请方家批评指正。

第三节　上古汉语"若"类话题转换标记考察①

3.1　引言

上古汉语中,"若"可以起到引出话题的作用,类似于现代汉语中的"至于""至于说到"。例如:

(1)无恒产而有恒心者,惟士为能;若民,则无恒产,因无恒心。(孟·梁惠王上)

(2)臣之罪大,尽灭桓氏可也。若以先臣之故,而使有后,君之惠也。若臣,则不可以入矣。(左·哀14)

(3)故学数有终,若其义,则不可须臾舍也。(荀·劝学)

例(1)先谈到士,认为只有士才能做到"无恒产而有恒心",然后用"若"引出一个新的话题——民,认为民"无恒产,因无恒心"。例(2)和例(3)类似,都是先言他事或他物,然后用"若"引出一个新的话题。

在上古汉语文献中,此种用法的"若"并不少见,但却没有引起研究者足够的重视。有的字典辞书甚至没有收录"若"的这一用法②。有一些辞书虽然收录了"若"的这个用法,但其解释颇有分歧。例如,《汉语大字典》将其解释为:"表示转折关系,相当于'至于'。"《汉语大词典》却解释为:"至于,用在句首以引起下文。"此类"若"的作用究竟是"表示转折关系"还是"用在句首以引起下文"这两部大型的语文工具书说法竟不一致。解惠全等编著的《古书虚词通释》(解惠全等2008)收录了杨树达《词诠》、孙经世《〈经传释词〉补》和刘淇《助字辨略》对此类"若"的解释。《词诠》解释为:"转折连词,说了

---

① 本节主要内容又见于龚波、庞硕(2016)。

② 如修订版《辞源》(商务印书馆1998年版)"若"字条(2630页)下共有十一个义项:1、选择;2、顺从;3、奈,怎样;4、好,好像;5、代词;6、连词;7、副词;8、助词;9、香草名;10、海神名;11、姓。其第六个义项"连词"条下又分为"假如,如果""或""至于,及于""与,和"及"而"等五个小项。虽然在"连词"条列了"至于,及于"的义项,但其所举唯一之例证为《国语·晋语》:"病未若死,祗以解志。"此例中"若"的意思为到达,应是动词而非连词。从实际举例来看,修订版《辞源》的诸多义项中并没有涉及引出话题的"若"。

一事别提一事时用之。"《〈经传释词〉补》解释为:"转语词也。"《助字辨略》解释为:"殊上之词也。"

从诸家的解释来看,"若"的这个用法可以翻译为"至于"大概是没有异议的。但这一用法的实质到底是"表转折"还是"用在句首以引起下文",或者是"说了一事别提一事时用之"则有待进一步探讨。此外,"若"还可以作为构词语素与别的语素组合成词表达同样的意义。在与别的语素组合时,"若"既可以作为前加语素,构成"若 X"结构;也可作为后加语素,构成"X若"结构。"若 X"主要包括"若夫""若乃"和"若至"等;"X 若"主要包括"乃若""至若"和"及若"等。这些"若 X"和"X 若"的功能及来源也有待探讨。

本节拟就上述问题展开讨论。

3.2 "若"的话题转换功能

我们在上古时期的 6 部代表性文献《左传》《国语》《孟子》《吕氏春秋》《史记》和《战国策》中共找到比较确定的表话题义的"若"17 例①。跟据"若"引出的话题与前一话题之间的语义关系,可以把这些"若"大致分为两类②:

第一类"若"引出的话题与前一话题之间构成"普遍—具体"的关系,"若"引出的话题及其述题是对前一较抽象话题的具体说明。例如:

(4)义而行之,谓之德、礼。无礼不乐,所由叛也。若吾子之德,莫可歌也,其谁来之?(左·文 7)

(5)若得天福,其当身乎!若刘氏,则必子孙实有祸。(国·周语下)

(6)岁之二七,其靡有微兮。若狄公子,吾是之依兮。(国·晋语三)

(7)法家不别亲疏,不殊贵贱,一断于法,则亲亲尊尊之恩绝矣。可以行一时之计,而不可长用也,故曰"严而少恩"。若尊主卑臣,明分职不得相逾越,虽百家弗能改也。(史·太史公自序)

在例(4)中,"若"前面的部分讨论的是"德"和"礼",是抽象的泛泛而论,"若"后面的部分说的是具体的一个人——"吾子"的德行,是对前面部分的具体化阐述。例(5)先说明一个普遍的道理——若得天福,当当其身;然后再用"若"引出一个具体的例证——刘氏。其余两例类似。

第二类"若"引出的话题与前一话题之间不是"普遍—具体"关系,而是

---

① 其中《左传》5 例,《国语》2 例,《孟子》4 例,《吕氏春秋》0 例,《史记》4 例,《战国策》2 例。

② 参看凌瑜(2010)的分类。

并列关系。"若"引出的话题与前一话题之间具有明显的对比性。例如:

(8)山川之神,则水旱疠疫之灾于是乎禜之;日月星辰之神,则雪霜风雨之不时,于是乎禜之。若君身,则亦出入、饮食、哀乐之事也,山川、星辰之神又何为焉?(左·昭元)

(9)当在宋也,予将有远行。行者必以赆,辞曰"馈赆",予何为不受? 当在薛也,予有戒心。辞曰:"闻戒,故为兵馈之。"予何为不受? 若于齐,则未有处也。(孟·公孙丑下)

(10)此所谓养口体者也。若曾子,则可谓养志也。(孟·离娄上)

(11)《国风》好色而不淫,《小雅》怨诽而不乱。若《离骚》者,可谓兼之矣。(史·屈原贾生列传)

例(8)中,"若"引出话题"君身",并与之前的两个话题"山川之神"和"日月星辰之神"对比;例(9)中,"若"引出的话题"于齐"与之前的"在宋"和"在薛"对比;例(10)中,"若"引出养志者曾子,并与之前的"养口体者"对比;例(11)中,"若"引出《离骚》,并与之前的《国风》和《小雅》对比。

从"若"引出的话题在语篇中的地位和作用来看,"若"引出的话题既有可能是前文已经出现过的,"若"的作用是将其重新引入;也有可能是前文没有出现过的,"若"起到引出一个相关话题的作用。以上文所举例(10)为例,其上下文为:

(12)曾子养曾晳,必有酒肉。将彻,必请所与。问:"有余?"必曰:"有。"曾晳死,曾元养曾子,必有酒肉;将彻,不请所与;问:"有余?"曰:"亡矣。"将以复进也。此所谓养口体者也。若曾子,则可谓养志也。事亲若曾子者,可也。(孟·离娄上)

"若"所引出的话题"曾子"是前文已经出现过的,用"若"重新引入,是为了与曾元进行对比。再看例(1)的上下文:

(13)王曰:"吾惛,不能进于是矣。愿夫子辅吾志,明以教我。我虽不敏,请尝试之。"曰:"无恒产而有恒心者,惟士为能;若民,则无恒产,因无恒心。苟无恒心,放辟邪侈,无不为已。及陷于罪,然后从而刑之,是罔民也。"(孟·梁惠王上)

在此段之前的对话中,孟子与齐宣王都没有提到民。"若"引出新的话题"民"以与"士"对比。引入的新话题依靠共同的认知框架与前一话题之间紧密联系①。

从"若"的用例来看,不管是重新引入前文已经出现的话题还是引入一个新的话题,在"若"引入的这个话题之前必须有另一相关话题。"若"不能用在语篇的开头引出一个全新的话题。

根据以上分析,说"若"的功能在于引出话题固然不错,但却并不十分准确。与一般的话题标记不同,"若"不能用于语篇的开头引出话题,而只能在同一认知框架内引出一个与前一话题相关的话题。因此我们认为,将"若"功能概括为话题转换更为确切,"若"可以看成是一个话题转换的标记②。

3.3 "若 X"和"X 若"

3.3.1 "若 X"

"若 X"主要有"若夫""若乃"和"若至"。

若夫

"若夫"之例较为常见,在上述六部著作中共有 35 例③。例如:

(14)鸟兽之肉不登于俎,皮革、齿牙、骨角、毛羽不登于器,则公不射,古之制也。若夫山林、川泽之实,器用之资,皂隶之事,官司之守,非君所及也。(左·隐 5)

(15)是故君子有终身之忧,无一朝之患也。乃若所忧则有之:舜,人也;我,亦人也。舜为法于天下,可传于后世,我由未免为乡人也,是则可忧也。忧之如何? 如舜而已矣。若夫君子所患,则亡矣。(孟·离娄下)

(16)待文王而后兴者,凡民也。若夫豪杰之士,虽无文王犹兴。(孟·尽心上)

蒲立本(2006)已注意到"若夫"的这个用法,他说:"'若夫'用于引进话

---

① 这里的认知话语框架是"恒产"与"恒心"的关系。

② 凌瑜(2010)也认为《史记》中的"若"具有话题转换标记的用法。以话题转换标记"若"为构词语素的"若 X"和"X 若"的功能与"若"一致,均用于标记话题转换。为行文方便,本书将其统称为"若"类话题标记或"若"类话题转换标记。

③ 其中《左传》3 例,《国语》5 例,《孟子》5 例,《吕氏春秋》8 例,《史记》11 例,《战国策》3 例。

题,这一话题跟前面所言事物形成对比。"蒲立本的观察是正确的,"若夫"所引出的话题绝大多数跟前一话题之间具有对比关系。

若乃

"若乃"的用法与"若夫"相同,在上述 6 部文献中只在成书时代较晚的《史记》《战国策》和《吕氏春秋》中有用例,共 7 例①。例如:

(17)燕则吾请以从矣;若乃梁者,则吾乃梁人也,先生恶能使梁助之?(史·鲁仲连邹阳列传)

(18)其容貌颜色,固已过绝人矣。若乃其眉目,准频权衡,犀角偃月,彼乃帝王之后,非诸侯之姬也。(策·中山策)

若至

"若至"只在《史记》中有用例,共 4 例。凌瑜(2010)认为"若至"是汉代新产生的话题转换标记。例如:

(19)越之亡,荧惑守斗;朝鲜之拔,星茀于河戍;兵征大宛,星茀招摇:此其荦荦大者。若至委曲小变,不可胜道。(史·天官书)

(20)入寿宫侍祠神语,究观方士祠官之意,于是退而论次自古以来用事于鬼神者,具见其表里。后有君子,得以览焉。若至俎豆珪币之详,献酬之礼,则有司存。(史·封禅书)

3.3.2 "X 若"

"X 若"主要有"乃若""至若"和"及若"。

乃若

"乃若"用例较少,在上述 6 部文献中,只在《孟子》中发现了 2 例。例如:

(21)是故君子有终身之忧,无一朝之患也。乃若所忧则有之:舜,人也;我,亦人也。舜为法于天下,可传于后世,我由未免为乡人也,是则可忧也。(孟·离娄下)

(22)乃若其情,则可以为善矣,乃所谓善也。若夫为不善,非才之

---

① 《史记》2 例,《吕氏春秋》2 例,《战国策》3 例。

罪也。(孟·告子上)①

蒲立本(2006)说"乃若"仅见于《孟子》,可能是孟子个人的语言习惯。

至若

"至若"在上述文献中只见于《史记》,凌瑜(2010)认为它跟"若至"一样,都是汉代新产生的。共计4例。例如:

(23)然此十人中,其廉者足以为仪表,其污者足以为戒,方略教导,禁奸止邪,一切亦皆彬彬质有其文武焉。虽惨酷,斯称其位矣。至若蜀守冯当暴挫,广汉李贞擅磔人,东郡弥仆锯项,天水骆璧推咸,河东褚广妄杀,京兆无忌、冯翊殷周蝮鸷,水衡阎奉朴击卖请,何足数哉! 何足数哉!(史·酷吏列传)

(24)然关中长安樊仲子,槐里赵王孙,长陵高公子,西河郭公仲,太原卤公孺,临淮儿长卿,东阳田君孺,虽为侠而逡逡有退让君子之风。至若北道姚氏,西道诸杜,南道仇景,东道赵他、羽公子,南阳赵调之徒,此盗跖居民闲者耳,曷足道哉! 此乃乡者朱家之羞也。(史·游侠列传)

及若

"及若"仅1例,见于《史记》。其例为:

---

① 蒲立本(2006)指出,在相互关联的一对话题中,"乃若"可以用于引出前一个话题。并举此例为证。例(22)的"乃若"确实在一对话题中引入前一个话题。如果单看这一句的话,说"乃若"是一个话题转换标记就不确切。不过,我们看看这一句的上下文,也许会改变这种看法。这一句的上下文是:

公都子曰:"告子曰:'性无善无不善也。'或曰:'性可以为善,可以为不善。是故文、武兴则民好善;幽、厉兴则民好暴。'或曰:'有性善,有性不善。是故以尧为君而有象;以瞽瞍为父而有舜,以纣为兄之子且以为君,而有微子启、王子比干。今曰'性善',然则彼皆非与?"孟子曰:"乃若其情,则可以为善矣,乃所谓善也。若夫为不善,非才之罪也。"(孟·告子上)

表面上看,"若"用在一对话题中引出前一个话题"其情",似乎"乃若"引出的是一个语篇开头的新话题。不过,如果仔细分析的话就会发现,"乃若"所引出的话题并不是与其后"若夫"引出的话题在同一层次上,而是与之前告子谈论的话题"性"在一个层次上。这里涉及"情"和"性"的关系问题。孟子所谓的"情"与下文的"才"同义,都是指人生而具有的本性。杨伯峻《孟子译注》:"情、才——皆谓质性,戴震《孟子字义疏证》云:'情犹素也,实也。'《说文》:'才,草木之初也。'草木之初曰才,人初生之性亦可曰才。"在这一段争论中,告子先提出问题,认为"性"可以为善,可以为不善;有性善,有性不善。孟子则指出,告子所谓的"性"还不是人之初的质性。为了与告子所论的"性"相区别,孟子用"情"和"才"来表示人的初生的本性。并用"乃若"引出"情",以与之前告子谈论的"性"相区别。所以这里的"乃若"和"若夫"的作用是一样的,仍然是转换话题:"乃若"的作用在于将话题由告子所说的争议转到更为本质的"其情";"若夫"的作用在于将话题由"其情"转到之前告子谈到的"为不善"。

(25)韩子曰："儒以文乱法,而侠以武犯禁。"二者皆讥,而学士多称于世云。至如以术取宰相卿大夫,辅翼其世主,功名俱著于春秋,固无可言者。及若季次、原宪,闾巷人也,读书怀独行君子之德,义不苟合当世,当世亦笑之。(史・游侠列传)

3.4　进一步的考察

3.4.1　其他文献中的"若"类话题转换标记

在上述 6 部上古汉语的代表文献中,"若"做话题转换标记的用例共有 17 例,"若 X"有 46 例,"X 若"共 7 例,合计 70 例。从绝对数量来看,并不算很多。但如果我们扩大考察的范围,则"若"类话题转换标记的用例还可以举出不少。"若"之例如：

(26)若圣与仁,则吾岂敢？ 抑为之不厌,诲人不倦,则可谓云尔已矣！(论・述而)

(27)若大国之攻小国也,大家之乱小家也,强之劫弱,众之暴寡,诈之谋愚,贵之敖贱,此天下之害也。(墨・兼爱)

(28)若越之闻大道,譬犹饮药以加病也,越愿闻卫生之经而已矣。(庄・庚桑楚)

"若 X"和"X 若"中尤以"若夫"最为常见,用例多达数百条。例如：

(29)若夫乘天地之正,而御六气之辩,以游无穷者,彼且恶乎待哉！(庄・逍遥游)

(30)若夫总方略,齐言行,壹统类,而群天下之英杰,而告之以大古,教之以至顺,奥窔之间,簟席之上,敛然圣王之文章具焉,佛然平世之俗起焉,六说者不能入也,十二子者不能亲也。(荀・非十二子)

(31)藏小大有宜,犹有所遁。若夫藏天下于天下而不得所遁,是恒物之大情也。(庄・大宗师)

(32)若夫规矩勾绳,巧之具也,而非所以为巧也。(文・自然)

偶见"若乃""至若"等。"若乃"之例如：

(33)若乃未始出其宗者,何为而不成死生同域,不可胁凌,又况官天地,府万物,返造化,含至和,而己未尝死者也精诚形乎内,而外谕于

人心,此不传之道也。(文·精诚)

（34）若乃人尽其才,悉用其力,以少胜众者,自古及今,未尝闻也。(淮·兵略)

"至若"在汉代之前仅见于《史记》,中古以后用例渐多,例如:

（35）周公名子曰禽,孔子名儿曰鲤,止在其身,自可无禁。至若卫侯、魏公子、楚太子,皆名虮虱;长卿名犬子,王修名狗子,上有连及,理未为通,古之所行,今之所笑也。(颜·风操)

（36）至若郭伯益、刘公干,虽其人皆往,善恶有定;然既友之于昔,不宜复毁之于今,而乃形于翰墨,永传后叶,于旧交则违久要之义,于子孙则扬人前世之恶。(《三国志·魏书·徐胡二王传》裴松之注)

3.4.2 "若 X"和"X 若"与其他话题标记的组合形式

除"若""若 X"和"X 若"之外,我们还发现了一些更为复杂的组合形式,如"今若夫""若乃夫""乃若夫""若乃至于"等,它们由话题转换标记"若 X"和"X 若"与其他话题标记复合而成。

今若夫

"今若夫"见于《墨子》及《淮南子》,当是由话题转换标记"今"与"若夫"复合而成①。4 例:

（37）今若夫攻城野战,杀身为名,此天下百姓之所皆难也。苟君说之,则士众能为之。(墨·兼爱)

（38）今若夫兼相爱,交相利,此自先圣六王者亲行之。(墨·兼爱)

（39）今若夫兼相爱、交相利,此其有利且易为也,不可胜计也,我以为则无有上说之者而已矣。(墨·兼爱)

---

① "今"可用作话题转换标记。例如:

(1)所谓大臣者:以道事君,不可则止。今由与求也,可谓具臣矣。(论·先进)

(2)吾闻之,其君贤也者,而又有师者王;其君中君也者,而又有师者霸;其君下君也者,而群臣又莫若君者亡。今我,下君也,而群臣又莫若不谷恐亡,且世不绝圣,国不绝贤;天下有贤而我独不得,若吾生者,何以食为?(说·君道)

以上各例的"今",其表时间的语义已相当虚化,接近于无,"今"的主要作用在于转换话题。关于话题转换标记"今"的来源及用法问题,容另文讨论。

(40)《周书》曰:"掩雉不得,更顺其风。"今若夫申、韩、商鞅之为治也,挣拔其根,芜弃其本,而不穷究其所由生。(淮·览冥)

若乃夫

"若乃夫"见于《庄子》及西汉枚乘《梁王菟园赋》,当是由话题标记"若乃"与话题标记"夫"复合而成①。2例:

(41)曰:"可。善游者数能。若乃夫没人,则未尝见舟而便操之也。"(庄·达生)

(42)仲尼曰:"善游者数能,忘水也;若乃夫没人之未尝见舟而便操之也,彼视渊若陵,视舟之覆犹其车却也。"(庄·达生)

(43)若乃夫郊采桑之妇人兮,袿褠错纡,连袖方路,摩盻长矇,便娟数顾。(枚乘《梁王菟园赋》)

乃若夫

"乃若夫"见于《墨子》和《列子》,当是由话题转换标记"乃若"与话题标记"夫"复合而成。2例:

(44)是故子墨子言曰:"乃若夫少食恶衣,杀身而为名,此天下百姓之所皆难也,若苟君说之,则众能为之。"(墨·兼爱中》)

(45)能游者可教也,善游者数能。乃若夫没人,则未尝见舟而谡操之者也。(《列子·黄帝》)②

若乃至于

"若乃至于"见于《淮南子》,由话题转换标记"若乃"和"至于"复合而成③。1例:

---

① "夫"可用作话题标记。蒲立本(2006)及董秀芳(2012)均有论及。例如:

(1)《诗》云:"他人有心,予忖度之"夫子之谓也。夫我乃行之,反而求之,不得吾心。(孟·梁惠王上)

(2)夫管子,天下之才也,所在之国,则必得志于天下。(国·齐语)

② 《列子》乃伪书,其实际成书年代当在魏晋时代,魏晋时代在汉语史的分期中属中古汉语时期。《列子》此句显然出自《庄子·达生》。其将《庄子》中的"若乃夫"改为"乃若夫"有可能是实际语言的反映,也有可能是作伪者的低级错误。本书倾向于认为是前者。因为《墨子》中也有"乃若夫",说明实际语言中是有可能存在"乃若夫"一词的。

③ "至于"也可看作话题转换标记,请参看廖秋忠(1986)、刘月华等(2001)、李秉震(2010、2012)等。

(46)若乃至于玄云素朝,阴阳交争,降扶风,杂冻雨,扶摇而登之,威动天坠,声震海内,蚖鳝着泥百仞之中,熊黑匍匐,丘山蘙岩,虎豹袭穴而不敢咆,狖颠蹶而失木枝,又况直蛇鳝之类乎?(淮·览冥)

3.4.3 "若"类话题转换标记与"者"和"也"的配合使用

传统语法称为"提顿词"或"表提顿语气"的句中语气词"者""也"可以看成是话题标记。(蒲立本2006;董秀芳2004,2012)"若"类话题转换标记经常与"者""也"配合使用。例如:

(47)南荣趎蹴然正坐曰:"若趎之年者,已长矣,将恶乎托业以及此言邪?"(庄·庚桑楚)

(48)长兄于病视神,未有形而除之,故名不出于家。中兄治病,其在毫毛,故名不出于闾。若扁鹊者,镵血脉,投毒药,割肌肤,而名出闻于诸侯。(鹖·世贤)

(49)物岂可谓无大扬攉乎? 一范人之形而犹喜。若人者,千变万化而未始有极也。(淮·俶真)

(50)闵子侍侧,訚訚如也;子路,行行如也;冉有、子贡,侃侃如也。子乐:"若由也,不得其死然。"(论·先进)

(51)故有忠臣者,外无敌国之患,内无乱臣之忧,长安于天下,而名垂后世,所谓忠臣也。若夫豫让为智伯臣也,上不能说人主使之明法术、度数之理,以避祸难之患;下不能领御其众,以安其国。(韩·奸劫弑臣)

(52)若夫俗世之学也则不然,擢德塞性,内愁五藏,外劳耳目,乃始招蛲振缱物之豪芒,摇消掉捎仁义礼乐,暴行越智于天下,以招号名声于世。(淮·俶真)

"若"类词可与话题标记"者"和"也"配合使用,说明"若"类词与"者""也"之间的成分以分析为话题为妥,也从侧面证明我们将"若"类词看作话题转换标记的分析是合理的。

3.5 结论和余论

通过上述考察,我们可以较有把握地说,"若"类词在上古汉语中确实可以用作话题转换标记。如果忽视了"若"的话题转换标记用法,则很有可能在理解和翻译古籍的过程中产生错误。例如《左传·定公元年》有如下的一段对话:

叔孙使告之曰:"公衍、公为实使群臣不得事君,若公子宋主社稷,则群臣之愿也。凡从君出而可以入者,将唯子是听。子家氏未有后,季孙愿与子从政。此皆季孙之愿也,使不敢以告。"

对曰:"若立君,则有卿士、大夫与守龟在,羁弗敢知。若从君者,则貌而出者,入可也;寇而出者,行可也。若羁也,则君知其出也,而未知其入也,羁将逃也。"

第二段中的 3 个"若"字,第一个是表假设的,第二个和第三个都是表话题转换的。"若从君者"的意思是"至于那些跟随国君的人"。因为在上一段中提到过"凡从君出而可以入者",此处用"若"再次引出,属于用"若"引出一个前文已经出现的话题的用法。杨伯峻、徐提《白话左传》将"对曰"一段译作:

子家子说:"如果立国君,那么有卿士、大夫和守龟的在那里,羁不敢参与。如果跟随国君的人,那么表面上跟着出国的,可以回去;和季氏结了仇而出国的,可以走开。至于羁,那么是国君知道我出国却不知道我回去的,羁准备逃走。

沈玉成《左传译文》也将其中的"若从君者"译作"如果跟随国君的人"。从语法上来说,"如果"的后面应当接一个谓词性的小句,"如果"后接名词短语,不符合现代汉语的语法;从意义上来说,这个"若"表示的不是假设,而是话题的转换。应当将这个"若"改译为"至于"或"至于说到"①。

本节"引言"部分提到各字典辞书对此类"若"的解释多不统一,但似乎都认为此类"若"可以用"至于"来对译。廖秋忠(1986)、刘月华等(2001)、李

---

① 对于这句话,前人有两种不同的理解。杨伯峻《春秋左传注》(1526 页)于"则"下注云:"假设连词,若也。"白兆麟(1998)则认为,这句话"偏句是'若从君者',而正句是由'貌而出者'和'寇而出者'两个分句并列组合而成,此两并列之分句本身又都是意合假设句。因此置于正句之首的'则'字,是与偏句之'若'字相呼应,当译解为'那么'"。两位先生均将"若从君者"的"若"解释为表示假设的连词。这句话出自定公元年,是昭公客死之后,叔孙成子往干侯逆丧,欲笼络随君出奔的子家子,子家子不愿见叔孙,叔孙派使者劝说时子家子的答话。原文"(子家子)对曰:'若立君,则有卿士、大夫与守龟在,羁弗敢知。若从君者,则貌而出者,入可也;寇而出者,行可也。若羁也,则君知其出也,而未知其入也,羁将逃也。'"句子意思应当是:"如果要立君,那么有卿士、大夫、守龟在,我不敢与闻。至于那些跟从国君(昭公)出奔的人,貌而出的(表面从君出,实际并不忠于君),现在就可以回去了;寇而出的(与季氏为寇仇),就可以走了。至于我呢,国君(昭公)知道我出,不知道我入,我将要逃。"这样的解释,文从字顺。可见"若立君"之"若"是表假设;而"若从君者"及"若羁也"之"若"均为引出话题的助词,可以译为"至于"。

秉震(2010,2012)等都认为"至于"的功能在于转换话题。既然诸家都同意此类用法的"若"可以用"至于"对译,这也从侧面说明将"若"看成话题转换标记是有根据的。

以往的研究大多认为话题具有对比性。如 Chafe(1976)、曹逢甫(2005)及徐烈炯、刘丹青(1998)等。话题的对比性特征可能是某些辞书将此类"若"看成是"转折连词""表示转折关系"的原因。对比的语义特征表明前后话题之间既有相同性,也有相异性。在特定的上下文中,这种相异的特性被理解成了转折关系。《词诠》虽然也认为它应当看成是"转折连词",但在描述其用法时说它是"说了一事别提一事时用之"。这个说法较为中肯。《助字辨略》释为"殊上之词",则是看到了"若"所引导的话题与前一话题之间的对比性。

解惠全等(2008)还提到了话题转换标记"若"的来源问题:"此项用法由动词及义或像义虚化而来,可译为至于。"他们提到了两个可能的来源:一是及义动词;二是像义动词。但他们并不能确定它的确切源头。根据 Haiman(1978)的研究,假设与话题之间有密切的联系,在世界语言范围内,多种语言的假设与话题共用相同的形式标记。作为上古汉语最常见的表假设关系的连词,表假设的"若"也极有可能与话题转换标记"若"具有密不可分的关系。话题转换标记"若"的来源及其语法化过程等问题还有待进一步研究。

第四节 先秦汉语中的同源多功能语法形式"若""如"考察
——从语义地图和语法化的角度

4.1 引言

"若"和"如"是先秦汉语中最常用的假设连词。除了在假设义位上形成同义关系以外,它们还在其他多个义位上形成同义关系:

1.表像似。"若"之例如:《书·盘庚上》:"若网在纲,有条而不紊;若农服田力穑,乃亦有秋。"《孟·公孙丑上》:"凡有四端于我者,知皆扩而充之矣,若火之始然,泉之始达。""如"之例如:《诗·王风·采葛》:"一日不见,如三秋兮。"《论·为政》:"吾与回言终日,不违如愚。退而省其私,亦足以发。"

2.表比较。"若"之例如:《孟·告子上》:"指不若人,则知恶之;心不若人,则不知恶。""如"之例如:《论·公冶长》:"子曰:'弗如也! 吾与女弗如也!'"

3.表选择,相当于"或"。"若"之例如:《左·襄13》:"若以大夫之灵,获保首领以殁于地,唯是春秋窀穸之事所以从先君于祢庙者,请为灵若厉。"《史·吴王濞传》:"其以军若城邑降者,卒万人,邑万户,如得大将。""如"之例如:《论·先进》:"安见方六七十如五六十而非邦也者?"《论·先进》:"宗庙之事,如会同,端章甫,愿为小相焉。"

4.表处置和对待,用于"若……何"与"如……何"结构中。

5.用作形容词词尾。"若"之例如:《易·离》:"出涕沱若,戚嗟若。"《诗·卫风·氓》:"桑之未落,其叶沃若。""如"之例如:《易·屯》:"屯如邅如,乘马班如。"

在如此众多的义位上形成同义关系,当非偶然。前人也多认为二者是有关联的。王力(1982)认为,"若"和"如"语音相通[①],在三个意义上有同源关系:在"如果"的意义上,二者同源;在"如同"的意义上,二者也同源;在用作形容词词尾的情况下,"如""若""而""然""尔"同源。周法高(1961)认为,当用作假设连词时,《尚书》《庄子》和《左传》多用"若",《诗经》《论语》《孟子》多用"如",可能是由于方音或习惯的差异。

语言类型学界将具有两个或两个以上的意义、用法或功能的虚词或语法构造称为"多功能语法形式"(multifunctional grams)。(张敏2010)"若"和"如"都是先秦汉语中的"多功能语法形式"。我们接受王力(1982)关于二者具有同源关系的认定,将它们称为"同源多功能语法形式"(cognate multifunctional grams)。

同源未必同流。"若"与"如"除了相通之处外,也有相异之处。"若"与"如"的相异处主要有两个:一是除了相同的义位之外,它们各有多个义位为各自独有。拿王力主编的《古汉语常用字字典》所列义位来说,该字典"如"字条下列9个义位(王力等2005:326—327):

(一)到……去;

(二)像,如同;

(三)连词。假如,如果;

[①] "如"古音在日母鱼部,王力拟音为"njia";"若"古音在日母铎部,王力拟音为"njiak"。鱼铎对转,音近义通。

（四）连词。相当于现代汉语的"而"；

（五）连词。相当于现代汉语的"或"；

（六）连词。相当于现代汉语的"和""同"；

（七）介词。于；

（八）形容词词尾。表示"……的样子"；

（九）【如何】1.怎样。2.怎么办，奈何。3.怎么，为什么。

"若"字条下列 8 个义位（王力等 2005:326—327）：

（一）像，如，好像；

（二）第二人称代词。你，你的；

（三）指示代词。此，这个；

（四）连词。假如，如果；

（五）连词。与，和；

（六）连词，相当于现代汉语的"或"；

（七）至，至于；

（八）奈，怎样。

除了相同义位之外，"若"和"如"尚有多个不同义位。例如"如"具有的"到……去"、"介词，于"等义位是"若"不具备的；"若"具有的"第二人称代词，你，你的""指示代词，此，这个"等义位是"如"不具备的①。二是就其相同义位而言，各个义位在文献中的分布情况不同。周法高（1961）就已指出，"若"和"如"用作假设连词时在文献中有不同的分布状况。

假设连词时"若"与"如"分布状况如周法高（1961）所言之外，其余几个义位的分布状况又是怎样？是否与用作假设连词时的分布状况平行？"若"与"如"各自独有的义位分别是哪些？为什么会产生这样的差异？这些都是值得探讨的问题。

"若"与"如"义位繁多，这些不同的义位之间是否存在联系？这是一个重要而又棘手的问题。张敏（2010）指出，某个语言如果用相同的一个形式负载两个或更多的意义，这些意义之间不一定具有内在的联系，有可能只是

---

① 《古汉语常用字字典》对"若"和"如"的某些义位的归纳似可商榷。如将表像似和表比较合为一个义位，用"像，如同"（如）或"像，如，好像"（若）来解释；漏收"若"的形容词词尾义等。不过，这不影响本书的讨论。

碰巧同音或者同形。对于"若""如"各个义位之间的关系,目前为止尚缺乏认真的讨论。由于它们的各个义位之间差别实在太大,从意义很实在的动词到意义很虚的连词,从主要动词到形容词词尾。在严肃认真的调查工作开展之前,我们很难遽然下结论说这些意义之间一定是偶然的同音关系或者是具有动因(motivated)的多义(polysemous)关系。这个工作要逐步地展开:先将能够系连在一起的义位归为一类,以此将它们的各个义位归为几个大类,然后再来讨论各个大类之间是否具有引申虚化的关系。

在这一点上,前人已有相关的研究。周法高(1961:201)在谈到这个问题的时候曾引用 Mullie 的说法①:

> 连词"如""若"的意义(假使)从动词"如""若"(像)出来的。"假如他来"是好像他来。比较法语"si beau"(如此美)和"s'il vient"(假如他来);荷兰语"zoo"义为"如此"和"假如"(假设联词)。

此段之下,周氏有一个按语:

> 按"若"有解作"如此"的,例如:
> 尔知宁王若勤哉!(书·大诰)《汉书·翟义传》载莽诰袭此文作"如此勤。"
> 正和法文"si"荷文"zoo"兼训"如此""假如"的情形相似。"若"字又有一种用法,作"若论"解,也有假设的意思,不过形式上是"若+宾语",例如:
> 若圣与仁,则吾岂敢。(论·述而)
> 有时用"若夫""若乃""至如"等。这相对于口语里的"至于""像"等。这种句式一方面和假设句的"若……则……"相似,一方面又和"动词'若'(像)+宾语"相似,也可以看出连词"若"、动词"若"和代词"若"(=如此)彼此间的关系来。

Mullie 看到了相似义和假设义之间的关联,并且举出了其他语言(法语和荷兰语)的例证;周法高(1961)的按语则进一步看到了代词"若"、连词(表假设)"若"、动词(表像似)"若"及起引出话题作用的"若"之间的关联。他指出表假设的"若"与表引出话题作用的"若"之间的关联深具意义。其后

不久,赵元任(1968)和 Haiman(1978)都从各自的角度出发,指出了假设句与话题句之间的关联。Haiman(1978)进行了详细的论证,认为假设句可以看成是话题句。他的主要论据是:在形式上,很多语言的话题句、疑问句、条件句使用相同的形式标记,而相同的形式标记往往意味着它们在深层语义上的联系。

前人的这些讨论可以作为我们进一步研究的基础。但他们的观点都还只是在讨论别的问题时附带谈到的,缺乏详细的论证和说明。也许正因为如此,Heine & Kuteva(2002)在《语法化的世界词库》里归纳世界语言里的假设标记来源时只提到了四个:(1)时间词;(2)言说动词;(3)是非问句标记;(4)系动词。Heine & Kuteva(2002)并没有提到像似义动词和话题标记等。

本节拟在前人研究的基础上探讨"若""如"的多个功能中与假设有关的功能。在上举"若"和"如"的 6 个共同义位中,我们认为,其中有 4 个义位之间是有联系的,即:假设义、像似义、比较义和选择义。除此以外,还有一个义位也与这四个义位密切相关,即《古汉语常用字字典》所列第七个义位"至,至于"。这个义位的"若"的功能其实是起引出话题的作用,为叙述方便,我们简称话题义。《古汉语常用字字典》"如"字条下未列此义位,但"如"也有话题义的用例(详下文)。因此,本书关注的"若"和"如"的共同义位主要是以下几个:

1.选择义;

2.比较义;

3.像似义;

4.假设义;

5.话题义。

除此以外,"若"和"如"还有其他的共同义位。一是表示处置和对待之义,用在"如何""若何"或"如……何""若……何"结构中;二是用作形容词的词尾。目前,我们还看不出这两个义位与选择、比较、像似、假设和话题等义位之间的关联。因此本书暂时将这两个义位排除在考察范围之外。需要澄清的是,我们绝非否认这两个义位与选择、比较、假设等义位之间可能存在关联,只是就目前的研究来看,我们还看不出二者的联系。我们不排除随着研究的深入,这两组义位之间也能建立起某种联系。不过这还不是本书的任务。

本节主要关注以下两个问题:

1.选择、比较、像似、假设、话题,这几个义位之间的关系是怎样的?

2.在这几个义位中,假设义位处于怎样的位置? 换句话说,假设义可以来自于哪些语义? 其引申虚化的下一步又可以是哪些语义?

这是两个密切相关的问题。要解决这两个问题,理想的方法是按年代先后顺序排比出"若""如"的各个义位,以此来确定它们的引申关系,先出现的引申出后出现的,依时间关系类推。然而,问题的复杂性在于,上古文献的产生年代问题极其复杂,传世文献的具体年代大多无法确定。再加上地域差别和后人改动等因素,这种按文献产生年代排比义位的方法显然会将我们的研究置于危险的境地。因此,我们必须寻找新的研究方法,以突破材料的局限。

由 Anderson(1982)、Croft(2001,2003)、Haspelmath(1997a,1997b)等倡导建立的"语义地图模型"理论为我们解决这个问题提供了良好的思路和分析方法。据张敏(2010:10—11)的概括,"语义地图模型"的基本思路是:

> 某个语法形式若具有多重意义/用法,而这些意义/用法在不同语言里一再出现以同一形式负载的现象,则其间的关联绝非偶然,应是有系统的,普遍的,可能反映了人类语言在概念层面的一些共性。这种关联可基于"语义地图连续性假说"(The Semantic Map Connectivity Hypothesis)将之表征为一个连续的区域(即概念空间)里。Croft (2003)将之表述为:"与特定语言及(或)特定构造相关的任何范畴必须映射到概念空间里的一个连续区域。概念空间里的多种意义/用法彼此间的关联格局反映的是共性,而不同语言/方言以及同一语言/方言在不同历史时期的变体都有可能在这张反映共性的底图上切割出不同的语义地图,只要切割的结果不造成非连续的区域。

"若"和"如"都是典型的"多功能语法形式",其大量的相同用法透露出它们的不同可能是方言的差异。既然不同的语言和方言可以反映人类语言在概念层面的共性,那么就可以通过比较不同文献中的"若"和"如"的用法,得出其不同意义和用法之间的合乎"语义地图连续性假说"的关联模式,从而窥探隐藏在背后的"可能反映人类语言在概念层面的一些共性"的"概念空间"(conceptual space)。

本节研究的目的在于探讨"若"和"如"共有的五个义位之间的关联模式和语义演变路径,特别是与假设语义相关的关联模式和演变路径。为了达到探讨语义关联模式的目的,我们借用语义地图的操作方法,通过考察不同文献中的"若""如"的各个义位的分布状况,勾勒出这五个义位之间的可能的语义关联模式。为了达到探讨语义演变路径的目的,同时也是为了检验用语义地图操作方法所勾勒的关联模式的可靠性,我们还必须借用其他历时的研究方法特别是语法化(grammaticalization)研究的成果。语法化研究的一个重要内容是词义的引申和虚化。如果根据语法化的研究可以证明两个义位之间存在词义引申的关系,那么其在语义地图和概念空间中的关联就坚实可靠。反之,若语法化的研究可以证明两个义位之间的关联而在语义地图和概念空间勾勒的结果中这两个义位相距甚远,那么不外乎两种可能,一种可能是这个语法化的过程可能是由某种外在的特殊因素所促动的过程,需要给出合理的解释;另一种可能则是我们对语义地图和概念空间的勾勒有可能存在问题。不管是哪种可能,都可以促使我们更深入地思考不同语义之间的关联,从而深化我们的研究。

　　以下,我们先用语义地图的研究方法调查先秦主要文献中的"若""如"各个义位的分布情况,以期勾勒出一个与假设语义相关的概念空间模型。在这一步的工作中,我们将先秦时期的每一部文献都看作是某一特定时代的某一地域语言的代表,类似于语义地图操作模式中的某一方言点。这个看法也许与实际情形不符。因为历史文献有各种复杂的情形,有可能某一文献所代表的并非某一具体方言而是几个方言的混合,这个混合的语言还有可能在流传的过程中掺杂进了别的异时异地的异质要素。即便如此,从方法论上来说,这也不对我们的研究构成威胁。因为正如潘秋平、王毓淑(2011)所言:

　　　　"语义地图模型"的假说是建立在实证精神的基础上,因此若某种语言的任何一个形式违反了"语义地图模型"的假说而在概念空间上出现了断链的现象,概念空间可以加以修改,以兼容新的材料。

　　建立在"实证精神"基础上的语义地图模型需要不断接受实证的检验,也"提醒我们切勿跌入生搬硬套、削足适履的陷阱"。语言作为一种人文现象,一些偶然的、和人类认知无关的历时因素也可能导致断链现象的产生(张敏 2010)。因此,在运用语义地图模型的研究过程中,正确的态度理应是(潘秋平、王毓淑 2011):

　　　　当面对断链现象时,我们除了可以修改和补充概念空间外,还应探讨是否存在一些语言内部的、与人类概念无关的因素导致了某个语言形式无法在概念空间里勾勒出一个连续的区域。

在处理历史文献的过程中,我们要特别警惕那些"语言内部的、与人类概念无关"的因素的干扰。这也是为什么我们在运用语义地图模型的过程中必须辅以其他的研究方法的原因,因为多种方法的结合才能使我们将犯错误的可能性降到最低。

我们研究工作的第二步是在确立了与假设语义相关的各个语义的概念空间的基础上讨论上述几个语义的演变方向,特别是假设语义的来源和演变方向。由于语义地图模型只确定义项之间的语义关联,并不确定语义演变的方向,因此我们还需要采取别的方法来确定语义演变的方向。(郭锐2012)在这方面主要是借助语法化研究的成果。

在语法化过程中,重新分析是重要的机制之一。语法化必然伴随着重新分析。例如,"把"中由连动式的前一动词(表握持义)重新分析为给后面动词介引受事的介词(参看王力 1980:476),"是"由指示代词变为系词的过程(参看贝罗贝、李明 2008)都经历了重新分析。处于重新分析过程中的可以有新旧两解的例句是语法化过程中重要的标志性现象,如果辅以可靠的历时材料的证明,也可以成为判断语义演变方向的重要证据。在"若""如"的与假设语义相关的语义演变过程中,也包含着语法化和重新分析的过程。为了确定"若""如"的语义演变方向,本节将借鉴语法化的研究方法,特别是通过考察处于重新分析过程中的例句来考察假设语义的前世与来生。

4.2　语义地图的操作模式和与假设相关的概念空间

4.2.1　语义地图的操作模式

语义地图的操作模式大致是这样的(张敏 2010):

1.如果一个语言中的某个形式 X 有 x1、x2 和 x3 三种不同的意义。如果不考虑词义的方向性,从理论上说,这些意义有三种可能的排列方式:(a)x1 - x2 - x3;(b)x1 - x3 - x2;(c)x2 - x1 - x3;

2.如果在另一个语言或方言中发现语言形式 X 只有 x1 和 x2,则选项 b 被排除,因为这个语言在 b 中勾勒出的区域是不连续的;

3.如果在另一个语言或方言中发现语言形式 X 只有 x1 和 x3,则

选项 a 被排除,因为这个语言在 a 中勾勒出的区域是不连续的;

4. 由此可以得出一幅最简单的一维语义地图(或称"概念空间""普遍的语义地图")[①]:x2 - x1 - x3

5. 这个概念空间排除了这样一种可能性:某个形式可以表示 x2 和 x3,却不能表示 x1。因为这会导致不相邻的切割。如果确有这种负载方式存在,则需另外解释,或者 x1、x2 和 x3 两两相关,其结果就是一幅不反映任何共性的三角形语义地图。

以下我们即按此操作方法考察"若"和"如"的上述五个义位在文献中的分布情况,以此来勾勒一个与假设语义相关的语义地图。为讨论方便,以下把选择、比较、像似、假设和话题五个义位分别记作"$M_{选择}$""$M_{比较}$""$M_{像似}$"、"$M_{假设}$"和"$M_{话题}$"。把表示这五个义位的"若"和"如"分别记作"若$_{选择}$""若$_{比较}$""若$_{像似}$""若$_{假设}$""若$_{话题}$"和"如$_{选择}$""如$_{比较}$""如$_{像似}$""如$_{假设}$""如$_{话题}$"。应当说明的是,以上五个义位的"若"和"如"的概括只是为讨论方便而架设的一个操作框架,这五个义位的设立是否合适以及在这五个义位之外是否还有别的义位与假设语义相关,将在其后的讨论过程中随文说明并根据研究的进展做出适当的修正。

4.2.2 与假设相关的概念空间

1997 年,Haspelmath 的著作 *Indefinite Pronouns* 在考察了 140 种语言里的不定代词的基础上,绘出了这些不定代词九种功能之间的关系的语义地图。这一研究首次为语义地图在取样、构图、分析、阐释等方面确立了相当完备的范式,被公认是语义地图研究中分量最重的一部专著。其后,语义地图研究的思路在很大程度上得到扩展,用于情态、语气、题元角色、语法构造的研究相继出现。

Haspelmath(1997a)研究的虽然是不定代词的语义地图,但其涉及的概念空间却与本书讨论的假设等语义不无关系。请看 Haspelmath(1997a)所提出的与不定代词有关的概念空间:

---

① 本书区别"语义地图"和"概念空间"这两个术语,用"概念空间"指"普遍的语义地图",即系统地、普遍地反映人类语言在概念层面的共性的语义间的关联;用"语义地图"指不同语言/方言或同一语言/方言在不同历史时期以不同的方式在"概念空间"的底图上切割出来的不同的区域。在某些文献中,这两个术语的使用稍嫌混乱。

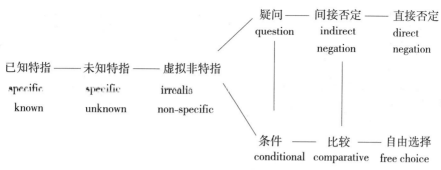

图 4.4.1　与不定代词有关的概念空间

　　在上图所示的概念空间中,由"虚拟非特指"往下的一条分支与本书的讨论有关,即"条件——比较——自由选择"的概念空间。Haspelmath(1997a)所说的条件即相当于本书所说的假设,Haspelmath(1997a)所说的自由选择相当于前文所说的选择。我们把这个分支从上图中截取出来,并将"条件"改为"假设",将"自由选择"改为"选择"①,得到一个与假设相关的初步的概念空间,如图 4.4.2 所示:

假设 ——— 比较 ——→ 选择

图 4.4.2　与假设有关的概念空间

　　图 4.4.2 是一个"最简单的一维语义地图"(张敏 2010)。它经过多种语言的检验,应当是可靠的。将其与我们讨论的"若""如"的 5 个义位比较,可以看出,这个图尚缺少"像似"和"话题"两个概念。本节的任务就是要通过对先秦汉语"若""如"各个义位在上古汉语中的分布情况的考察,将"像似"和"话题"两个概念加入到图 4.4.2 中的恰当区域,并探讨各概念间的演变方向,力图为各个概念间的横线加上方向的箭头。

4.3 概念空间的建立:从《诗经》和《论语》中的"若"和"如"看与假设相关的概念空间

4.3.1《诗经》中的"若"和"如"

4.3.1.1《诗经》中的"若"

《诗经》中的"若"极少,总共只有 5 例,其中 4 例解作"顺",与我们的讨论无关。另有 1 例"若_{话题}"之例:

---

　　① 西方语言学界的"conditional"既可指汉语语言学界的"条件",也可指"假设"。"自由选择"属于"选择"的下位概念。本书讨论的"若""如"的用例中既有自由选择也有非自由的选择,我们这里暂时用上位概念"选择"来代替下位概念"自由选择"。关于二者之间的关联,下文将有论述。

(1)舍彼有罪,既伏其辜。若此无罪,沦胥以铺。(诗·小雅·雨无正)

此例之"若此无罪"与"舍彼有罪"对言,意谓"至于这些无罪的人……",是比较典型的引出一个对比性话题的结构。不过,《诗经》只此1例,算是孤证。

4.3.1.2《诗经》中的"如"

《诗经》中的"如"一共出现了247例,其中与本节讨论相关的有208例。"如"的用法包括"如选择""如比较""如像似"和"如假设",没有"如话题"的用例。用例最多的是"如像似",共有183例。例如:

(2)肤如凝脂,领如蝤蛴,齿如瓠犀。(诗·卫风·硕人)

(3)一日不见,如三秋兮。(诗·王风·采葛)

(4)心之忧矣,如匪澣衣。(诗·邶风·柏舟)

(5)战战兢兢,如临深渊,如履薄冰。(诗·小雅·小旻)

用例次多的是"如比较",共有15例,仅用于否定句。例如:

(6)岂无居人? 不如叔也。洵美且仁。(诗·郑风·叔于田)

(7)岂曰无衣七兮? 不如子之衣,安且吉兮。(诗·唐风·有杕之杜)

(8)虽有兄弟,不如友生。(诗·小雅·常棣)

"如假设"有8例。例如:

(9)如可赎兮,人百其身。(诗·秦风·黄鸟)

(10)士如归妻,迨冰未泮。(诗·邶风·匏有苦叶)

(11)君子如届,俾民心阕。(诗·小雅·节南山)

"如选择"仅2例。例如①:

(12)鲜民之生,不如死之久矣。(诗·小雅·蓼莪)

① 此类选择与Haspelmath(1997a)所说的"自由选择"不同,是一种带有倾向性的选择。二者的联系和区别见下文。

（13）知我如此，不如无生。（诗·小雅·苕之华）

《诗经》表达假设语义及与之相关的其他几个语义时多用"如"少用"若"。值得注意的是，《诗经》中的"若"和"如"的义位呈现互补分布状态："如"有选择、比较、像似和假设义，没有话题义；"若"没有选择、比较、像似和假设义，有话题义。我们可以推断，在《诗经》的语言中，表达比较义、像似义和假设义时用"如"不用"若"；引出对比性的话题时，用"若"不用"如"。遗憾的是，《诗经》中的"若$_{话题}$"用例极少，这使得我们的这个推断尚待检验。

由于《诗经》中的"如"不见用作表话题之例，因此有一点可以作为假设提出以待验证：在语义地图上，M$_{话题}$应当是处在边缘的，它不大可能插入M$_{选择/比较/像似/假设}$之间①。即可能的概念空间的排列方式是：

$$M_{选择/比较/像似/假设} \text{——} M_{话题};$$

图 4.4.3 可能的概念空间之一

M$_{话题}$不大可能插入到M$_{选择/比较/像似/假设}$之间，因为这会造成《诗经》中的"如"的语义地图的不相邻切割。

4.3.2《论语》中的"若"和"如"

4.3.2.1《论语》中的"若"

《论语》中"若"的相关用例共 10 例。其中"若$_{比较}$"和"若$_{选择}$"各有 1 例。"若$_{比较}$"之例为：

（14）子贡曰："贫而无谄，富而无骄，何如？"子曰："未若贫而乐，富而好礼者也。"（论·学而）

"若$_{选择}$"之例为：

（15）且而与其从辟人之士也，岂若从辟世之士哉？（论·微子）

例（14）表示的是比较——将"贫而无谄，富而无骄"与"贫而乐，富而好礼"比较，结果是"贫而无谄，富而无骄"不如"贫而乐，富而好礼"。但这个比较的结果蕴含着选择，既然已经比较出了优劣，下一步就是进行选择——舍

---

① 由于M$_{选择}$、M$_{比较}$、M$_{像似}$和M$_{假设}$的内部结构尚不清楚，故用M$_{选择/比较/像似/假设}$表示，代表了它们内部的各种可能的排列方式。下文仿此。

弃"贫而无谄,富而无骄"而选择"贫而乐,富而好礼"。例(15)表示的是选择——在"辟人之士"与"辟世之士"之间选择了"辟世之士";但进一步深究的话,句中的"若"也可以说成是表示比较。该句的选择语义是从比较中得出的:拿"从辟人之士"与"从辟士之士"比较,得出结论——"从辟人之士"不如"从辟士之士",因此选择"从辟士之士"。从这两例可以看出,比较义与选择义密切相关。两相比较,就可以分辨出优劣,在比较的过程中往往蕴含着比较者的主观倾向——哪一个好,哪一个不好。有比较才会有选择,比较是选择的前提。从比较义发展出选择义是自然而然的事情。

例(14)和例(15)是由比较义发展到选择义的过程中,正在发生重新分析的例证。它们分别代表了这个发展过程中的前后两个阶段。例(14)代表这个发展过程的较前的阶段:主要是表示比较,但比较中蕴含着选择;例(15)代表的是这一过程的较后阶段:主要表示的是选择,但选择是比较的结果。这两个例子很好地说明了选择义和比较义之间的关联,同时也说明了二者之间的演变方向,即可能的演变方向是由比较义演变为选择义,而不大可能相反。因此,我们应该在图4.4.1的选择与比较之间用代表演变方向的箭头代替不能说明演变方向的直线:

假设 —— 比较 ⟶ 选择

图 4.4.4 修正的概念空间之一

《论语》中有"若$_{像似}$"5例,如:

> (16)微管仲,吾其被发左衽矣。岂若匹夫匹妇之为谅也,自经于沟渎而莫之知也。(论·宪问)
> (17)若季氏则吾不能,以季、孟之间待之。(论·微子)[①]
> (18)能问于不能,以多问于寡;有若无,实若虚,犯而不校,昔者吾友尝从事于斯矣。(论·泰伯)

从这些例子中我们可以看出比较和像似之间的关系。我们把这些例子中的"若"归入"若$_{像似}$"是因为它们翻译成现代汉语都可以用表像似的"像"代替。如果我们仔细分析的话,会发现这些语句其实都含有比较的意思:例(16)是拿管仲与匹夫匹妇比较,例(17)是拿待孔子之礼与待季氏之礼比较,例(18)是拿有与无、实与虚比较。从比较的前提来说,对事物进行比较一定

---

① 这句中的"若季氏"意思是"像季氏那样",而不是"至于说到季氏",因此是"若$_{像似}$",不是"若$_{话题}$"。

是因为两相比较的事物之间具有某种可以比照的共性,完全不同的事物是无须比较也无法比较的。相比较的两个事物之间一定会具有某种相通性,这是进行比较的前提。这正如同义词和反义词都要有共同的意义领域才能构成同义和反义关系一样。(蒋绍愚 2005)从比较的目的来说,拿两个具有一定相似性的事物来比较,目的不外乎两个:或是求同,或是求异。不论是求同还是求异,比较的结果最终都会归结为一点:相同还是不同(或相似还是不相似)。因此,比较义与像似义之间的关联在于:比较是像似的前提,像似是比较的结果。由动作义引申出结果义是常见的语义演变类型。在语义地图上,比较与像似应当紧邻,并且演变的方向应当是由比较发展到像似。据此,我们可以再对上述的概念空间进行修正:

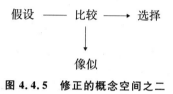

图 4.4.5　修正的概念空间之二

《论语》中还有 3 例"若_{话题}"之例:

(19)若圣与仁,则吾岂敢? 抑为之不厌,诲人不倦。(论·述而)
(20)若由也,不得其死然。(论·先进)
(21)子曰:"若臧武仲之知,公绰之不欲,卞庄子之勇,冉求之艺,文之以礼乐,亦可以为成人矣。"(论·宪问)

《论语》中的"若"没有"若_{假设}"的用例。

《论语》中的"若"有比较、选择、像似和话题义的用法而没有假设义的用法,这是一个重要的信号。正如《诗经》的"如"具有选择、比较、像似和假设义的用法而没有话题义的用法提示我们 M_{话题}应当处在 M_{选择/比较/像似/假设/话题}的边缘位置一样,《论语》中的"若"具有比较、选择、像似和话题义的用法而没有假设义的用法的分布状况也提示我们,M_{假设}也应当处在 M_{选择/比较/像似/假设/话题}的边缘位置。在语义地图上,M_{选择/比较/像似/话题}之间不能插入 M_{假设}。即,可能的分布方式是:

M_{假设}—M_{选择/比较/像似/话题};

图 4.4.6　可能的概念空间之二

这样,根据《诗经》的"如"建立的概念空间(图 4.4.3)和根据《论语》的

"若"建立的概念空间(图4.4.6)产生了矛盾:根据《诗经》中"如"的分布状况,M$_{话题}$应当处在M$_{选择/比较/像似/假设/话题}$的边缘位置;根据《论语》中"若"的分布状况,M$_{假设}$应当处在M$_{选择/比较/像似/假设/话题}$的边缘位置。这个矛盾不难解决。因为根据图4.4.5,我们已经建立了一个双向的分支结构,现在仅需要在图4.4.5的恰当位置添加上"话题"的概念以保证"假设"和"话题"都处在边缘位置就可以了。

话题义与哪些概念关系密切?这一点仅从上古汉语的"若"和"如"的语义分布不容易看得清楚。不过,前人和时贤已有诸多关于话题的讨论,从中可以看出一些端倪。根据赵元任(1968)和Haiman(1978)的论述,假设与话题密切相关,此外,据江蓝生(2002,2004)的研究,近代汉语的时间词"时"和"后"在语法化的过程中也经历了由假设语助词向话题标记的演化过程。据此,假设与话题之间具有密切的关联。在概念空间上,假设和话题应当连在一起。根据《论语》"若"的义项分布,话题义还应当与选择、比较或像似中的某一个(或更多)直接相关,这样才不至于在语义地图上形成不相邻的切割。我们认为,跟话题直接相关的是比较。根据徐烈炯、刘丹青(2007)的相关论述,话题有一个重要的语义特征是[+对比]。据徐烈炯、刘丹青(2007)的介绍,Chafe(1976)就已经注意到话题可能有对比的作用,甚至用焦点来描述它。话题的[+对比]的含义是在本句中以某个句外成分为背景。例如与例(19)中的话题"圣与仁"对比的是其他的相关品质,与例(20)的话题"由"对比的是其他人。徐烈炯、刘丹青(2007)还指出,上海话中的"末"在充当话题标记的同时还经常表示话题焦点(具体有对比性),跟语境中的另一个话题或者听说者心中共同了解的话题相对比。结合上古汉语的"若"和"如"都既可以表比较(对比)又可以表话题的事实及《论语》中"若"的义项分布状况,我们有理由在概念空间中将话题和比较连在一起,从而将图4.4.5修正为:

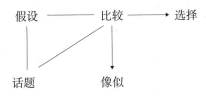

图4.4.7 修正的概念空间之三

4.3.2.2《论语》中的"如"

《论语》中"如"的用例较多,包括"如$_{选择}$""如$_{比较}$""如$_{像似}$""如$_{假设}$"和"如$_{话题}$"。"如$_{选择}$"共3例。例如:

(22)宗庙之事,如会同,端章甫,愿为小相焉。(论·先进)

(23)方六七十,如五六十,求也为之,比及三年,可使足民。(论·先进)

"如_{比较}"只用于否定句,16例。例如:

(24)夷狄之有君,不如诸夏之亡也。(论·八佾)

(25)曾谓泰山不如林放乎!(论·八佾)

"如_{像似}"37例。例如:

(26)吾与回言终日,不违如愚。退而省其私,亦足以发。(论·为政)

(27)知其说者之于天下也,其如示诸斯乎!(论·八佾)

"如_{假设}"17例。例如:

(28)善为我辞焉。如有复我者,则吾必在汶上矣。(论·雍也)

(29)富而可求也,虽执鞭之士,吾亦为之。如不可求,从吾所好。(论·述而)

"如_{话题}"1例:

(30)如其礼乐,以俟君子。(论·先进)

《论语》中"如"的用法包含了各种情况,这对我们构拟"如"的概念空间的参考价值不大。从语法化和重新分析的角度来看,值得注意的是例(22)和例(23)。将其与例(12)和例(13)比较可以看出,同是表示选择,例(22)和例(33)表示的选择跟例(12)和例(13)表示的选择并不同类。例(22)和例(23)的选择是一种没有倾向的选择,在两个(或多个)选项任意择一,可以称之自由选择,Haspelmath(1997a)研究不定代词的语义地图时所列的"自由选择"即属于此类;例(12)和例(13)的选择是一种有倾向性的选择,在两个(或多个)选项中取最优的一个而排除另外一个,可以称之为倾向性选择。Haspelmath(1997a)的研究表明,比较与自由选择是密切相关的。从例

(12)和例(13)来看,倾向性选择与比较之间也应是直接相关的。这从表示倾向性选择的例句都可以有表示比较的歧解可以看出来。因此,我们认为,在 $M_{选择}$ 之下还应当设立两个下位义项,即 $M_{自由选择}$ 和 $M_{倾向性选择}$,二者都与比较直接相关。据此,图4.4.7还应修正为:

图 4.4.8　修正的概念空间之四

4.4　概念空间的验证:《孟子》和《左传》中的"若"和"如"的语义地图

前文在 Haspelmath(1997a)工作的基础上,通过考察《诗经》和《论语》中"若"和"如"的用例情况及其语法化过程建立了一个初步的概念空间结构图(图4.4.8)。这个结构图虽然以前人的相关研究以及我们对《诗经》和《论语》中"若"和"如"各义位分布情况的考察为基础,但仍然显得较为粗糙。下文将通过对《孟子》和《左传》中的"若"和"如"的考察以达到两个目的:一是在已经建立的概念空间结构图上勾勒出《孟子》和《左传》中的"若"和"如"的语义地图,以验证上述概念空间的合法性;二是在勾勒语义地图的过程中对图4.4.8的概念空间进行深化、细化和修正。

4.4.1《孟子》中的"若"和"如"
4.4.1.1《孟子》中的"若"

《孟子》中"若"共出现了106次,与本书讨论相关的有96次。其中"若$_{选择}$"7例,全部是表示倾向性选择的。例如:

(31)如耻之,莫若师文王。(孟·离娄上)

(32)与我处畎亩之中,由是以乐尧舜之道,吾岂若使是君为尧舜之君哉?吾岂若使是民为尧舜之民哉?吾岂若于吾身亲见之哉?(孟·万章上)

《孟子》中的"若$_{比较}$"共19例。例如:

(33)指不若人,则知恶之;心不若人,则不知恶,此之谓不知类也。

(孟·告子上)

(34)不耻不若人,何若人有?(孟·尽心上)

(35)虽与之俱学,弗若之矣。(孟·告子上)

《孟子》中的"若"最常见的用法是"若$_{像似}$",共 48 例。如:

(36)方命虐民;饮食若流。(孟·梁惠王下)

(37)三年之丧毕,禹避舜之子于阳城,天下之民从之,若尧崩之后不从尧之子而从舜也。(孟·万章上)

(38)舍之! 吾不忍其觳觫,若无罪而就死地。(孟·梁惠王上)

(39)民望之,若大旱之望云霓也。(孟·梁惠王下)

(40)思以一豪挫于人,若挞之于市朝。(孟·公孙丑上)

《孟子》中的"若$_{假设}$"比较少见,仅 4 例。例如:

(41)若孔子主痈疽与侍人瘠环,何以为孔子?(孟·万章上)

(42)王若隐其无罪而就死地,则牛羊何择焉?(孟·梁惠王上)

《孟子》中的"若$_{话题}$"较为常见,共 18 例。例如:

(43)若寡人者,可以保民乎哉?(孟·梁惠王上)

(44)无恒产而有恒心者,惟士为能。若民,则无恒产,因无恒心。(孟·梁惠王上)

(45)君子创业垂统,为可继也。若夫成功,则天也。(孟·梁惠王下)

(46)八家皆私百亩,同养公田;公事毕,然后敢治私事,所以别野人也。此其大略也;若夫润泽之,则在君与子矣。(孟·滕文公上)

(47)若仲子者,蚓而后充其操者也。(孟·滕文公下)

我们可以将《孟子》中的"若"的语义地图在已经建立的概念空间(图4.4.8)中勾勒如下:

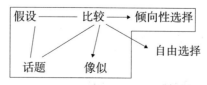

图 4.4.9 《孟子》"若"的语义地图

《孟子》"若"的语义地图并没有在图 4.4.8 的概念空间中勾勒出不连续的区域，初步验证了我们根据 Haspelmath（1997a）和《诗经》《论语》中的"若"和"如"的分布状况构建的概念空间是合理的。

4.4.1.2《孟子》中的"如"

《孟子》中"如"一共出现了 152 次，与本书讨论相关的有 110 次。其中"如选择"7 例，全部是倾向性选择。例如：

(48)如恶之，莫如贵德而尊士。（孟·公孙丑上）

(49)如耻之，莫如为仁。（孟·公孙丑上）

"如比较"16 例。例如：

(50)察邻国之政，无如寡人之用心者。（孟·梁惠王上）

(51)臣闻郊关之内，有囿方四十里，杀其麋鹿者如杀人之罪。（孟·梁惠王下）

(52)天时不如地利，地利不如人和。（孟·公孙丑下）

(53)仁言不如仁声之入人深也，善政不如善教之得民也。（孟·尽心上）

"如像似"49 例。例如：

(54)文王视民如伤。（孟·离娄下）

(55)君之视臣如手足，则臣视君如腹心；君之视臣如犬马，则臣视君如国人；君之视臣如土芥，则臣视君如寇雠。（孟·离娄下）

(56)仁者如射：射者正己而后发；发而不中，不怨胜己者，反求诸己而已矣。（孟·公孙丑上）

(57)立于恶人之朝，与恶人言，如以朝衣朝冠坐于涂炭。（孟·公孙丑上）

"如假设"38 例[①]。例如：

(58)王如知此，则无望民之多于邻国也。（孟·梁惠王上）

---

① 包括了 3 例"如使"的用例。

(59)王如施仁政于民,省刑罚,薄税敛,深耕易耨;壮者以暇日修其孝悌忠信,入以事其父兄,出以事其长上,可使制梃以挞秦楚之坚甲利兵矣。(孟·梁惠王上)

(60)王如改诸,则必反予。(孟·公孙丑下)

(61)王如用予,则岂徒齐民安,天下之民举安。(孟·公孙丑下)

在《孟子》中没有发现"如_{话题}"的用例。

《孟子》中"如"的语义地图可勾勒如下:

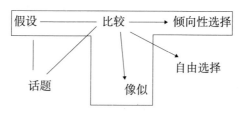

图 4.4.10　《孟子》"如"的语义地图

《孟子》"如"的语义地图也没有在图 4.4.8 的概念空间中勾勒出不连续的区域,进一步验证了我们根据 Haspelmath(1997a)和《诗经》《论语》中的"若"和"如"的分布状况构建的概念空间是合理的。

4.4.2《左传》中的"若"和"如"
4.4.2.1《左传》中的"若"

《左传》中"若"一共出现了 540 次,与本书讨论相关的有 360 次。《左传》中的"若"最常见的用法是"若_{假设}",共有 343 例。例如:

(62)若弗与,则请除之。(左·隐元)

(63)若掘地及泉,遂而相见,其谁曰不然。(左·隐元)

(64)若师徒无亏,王薨于行,国之福也。(左·庄4)

(65)若晋取虞,而明德以荐馨香,神其吐之乎?(左·僖5)

(66)若晋君朝以入,则婢子夕以死;夕以入,则朝以死。唯君裁之!
(左·僖15)

用例次多的"若_{话题}",共有 8 例。例如:

(67)若夫山林、川泽之实,器用之资,皂隶之事,官司之守,非君所

及也。(左·隐 5)

(68)若君身,则亦出入、饮食、哀乐之事也,山川、星辰之神又何为焉?(左·昭元)

(69)若寡君之二三臣,其即世者,晋大夫而专制其位,是晋之县鄙也,何国之为?(左·昭 19)

(70)若从君者,则貌而出者,入可也;寇而出者,行可也。若羁也,则君知其出也,而未知其入也,羁将逃也。(左·定元)

再次是"若_{像似}",有 6 例。例如:

(71)周之盛也,其若此乎!(左·襄 29)

(72)非令德之后,谁能若是?(左·襄 29)

(73)其命书云:"王曰:胡! 无若尔考之违王命也!"(左·定 4)

《左传》中的"若_{选择}"和"若_{比较}"均有用例,但都很少见。"若_{选择}"有 2 例。1 例是倾向性选择,其例为:

(74)若以与我,皆丧宝也,不若人有其宝。(左·襄 15)

1 例是自由选择,其例为:

(75)孟氏使半为臣,若子若弟。叔孙氏使尽为臣,不然不舍。(左·襄 11)

"若_{比较}"有 1 例,其例为:

(76)古人有言曰:"知臣莫若君"(左·僖 7)

相比我们调查的其他文献如《诗经》《论语》《孟子》等而言,《左传》的篇幅是比较长的,计有约 28 万字①。在一部 28 万字的文献中,一两例的用例实在不足为据,且其中还有引用古人之言,如例(76)。因此,我们将《左传》

---

① 28 万的数字是根据电子本的统计,统计数据包括了《春秋》经。

中的"若_{选择}"和"若_{比较}"看成是例外,认为它们不是实际语言的反映。

据此,则《左传》中的"若"只有"若_{假设}""若_{话题}"和"若_{像似}",根据已经建立的概念空间(图4.4.8),"像似"义和"假设"义之间并没有直接的关联,"像似"义和"话题"义之间也没有直接的关联。为了将三者联系起来,我们还必须对图4.4.8再次进行修正,在"若_{假设}""若_{话题}"和"若_{像似}"之间建立联系。

按周法高(1961)所引Mullie的说法,"假设"义和"像似"义共用相同的形式并非汉语所特有,在荷兰语和法语中都有用例。荷兰语的zo(Mullie拼写为zoo)可以表示假设,例如(孔泉1995):

Zo hij het wist,zou zij het were zeggen.
如果他知道,她会说的。

也可以表示像似,例如:

Ik heb al lang zo iets gemerkt.
这样的事我早就注意到了。

法语的si同样既可表假设,也可表像似。si表假设之例如[①]:

Si la France était dans la zone équatoriale,son climat serait différent.
如果法国位于赤道,其气候就不同了。
S'il venait,je serais content.
要是他来,我将很高兴。

表像似之例如:

Il me traite comme si j'étais son frère.
他待我就像待他的兄弟一样。
Il se retira d'un pas aussi léger que si ses semelles eussent été doublées de feutre.
他退出去,脚步轻得就好像鞋底上贴了毡。

---

① 法语用例及译文均转引自法语学习网站:http://www.frdic.com/dicts/fr/si%20。

据此,我们有理由在"像似"与"假设"之间建立关联。我们将图 4.4.8 修正为:

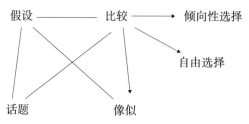

图 4.4.11 修正的概念空间之五

《左传》中"若"的语义地图可以勾勒为:

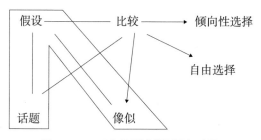

图 4.4.12 《左传》"若"的语义地图

4.4.2.2《左传》中的"如"

《左传》中"如"一共出现了 886 次,与本书讨论相关的有 337 次。其中使用最多的是"如$_{像似}$",共 207 例。例如:

(77)遂为母子如初。(左·隐元)

(78)是以尧崩而天下如一,同心戴舜,以为天子。(左·文 17)

(79)他日我如此,必尝异味。(左·宣 4)

(80)有喜而忧,如有忧而喜乎?(左·宣 12)

(81)如是则神听之,介福降之。立之,不亦可乎?(左·襄 7)

(82)八年之中,九合诸侯,如乐之和,无所不谐。(左·襄 11)

其次是"如$_{选择}$",共 84 例。全部是倾向性选择。可以分为两类,一类是否定形式,例如:

(83)姜氏何厌之有? 不如早为之所,无使滋蔓!(左·隐元)

(84)子般怒,使鞭之。公曰:"不如杀之。"(左·庄 32)

(85)若不能败,为辱已甚,不如还也。(左·成6)

(86)吾又重之,不如亡也。(左·昭21)

(87)图之,莫如尽灭之。(左·哀6)

另一类是肯定形式,例如

(88)天欲杀之,则如勿生。(左·僖21)

(89)若爱重伤,则如勿伤;爱其二毛,则如服焉。(左·僖22)

(90)然则如叛之。病而后质焉,何迟之有?(左·定8)

(91)君若爱司马,则如亡。(左·昭21)

“如比较”,有39例。例如:

(92)民苟利矣,迁也,吉莫如之!(左·文13)

(93)臣之壮也,犹不如人。(左·僖30)

(94)鲍庄子之知不如葵,葵犹能卫其足。(左·成17)

(95)君子谓子重于是役也,所获不如所亡。(左·襄3)

(96)今诸侯之事我寡君不如昔者,盖言语漏泄,则职女之由。(左·襄14)

“如假设”的用例很少,总共只有7例。其中有3例是引用《诗经》的,其余4例为:

(97)君不忘先君之好,施及下臣,贶之以大礼,重之以备乐。如天之福,两君相见,何以代此?(左·成12)

(98)如天之福,两君相见,无亦唯是一矢以相加遗,焉用乐?(左·成12)

(99)火如象之,不火何为?(左·昭6)

(100)君若爱司马,则如亡。死如可逃,何远之有?(左·昭21)

在这4例中,成公12年的两例都是“如天之福”,另有两例出现在昭公6年和昭公21年。“如天之福”可能是当时的一个习语,这个习语产生于某个“如假设”用例比较普遍的方言区,后来逐渐扩散到各个地区。《左传》中的“如天之福”都是说话人在交谈过程中引用这个习语,因此这两例的“如假设”

可能不是《左传》作者实际语言的反映。昭公 6 年和 21 年的两例则更值得怀疑,因为根据何乐士(2000a,2000b)的研究,《左传》前八公和后四公之间有诸多的语法差异,可能不是一人所作。而这两例的"如_{假设}"恰好出现在后四公(襄、昭、定、哀)中,所占比例也极低。因此我们觉得《左传》中的"如_{假设}"是极个别和极特殊的情况。在语义地图上,我们用虚线来表示。

《左传》中没有"如_{话题}"的用例。

根据上述,可以将《左传》中"如"的语义地图勾勒如下:

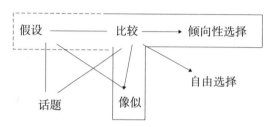

图 4.4.13 《左传》"如"的语义地图

4.5 小结

本节详细调查了上古时期的代表性文献《诗经》《论语》《孟子》《左传》中的同源多功能语法形式"若"和"如"的五个语义(选择、比较、像似、假设、话题)的分布状况。现将前文所述整理为下表:

表 4.4.1 "若""如"语义的分布状况

		选择		比较	像似	假设	话题
		自由选择	倾向性选择				
诗经	如	0	2	15	183	8	0
	若	0	0	0	0	0	1
论语	如	3	0	16	37	17	1
	若	0	1	1	5	0	3
孟子	如	0	7	16	49	38	0
	若	0	7	19	48	4	18
左传	如	0	84	39	207	7	0
	若	1	1	1	6	343	8

根据"若"和"如"的语义分布状况,我们可以将上述先秦时期的四部代表文献分为三类:《诗经》和《论语》为一类,它们的相似度最高。在"比较""像似"和"假设"意义上,它们多用"如"而少用(或不用)"若",在"话题"意义上,它们多用"若"而少用(或不用)"如"。《诗经》和《论语》代表的可能是同一种语言变体。《左传》为一类,它所代表的语言变体在"像似""比较"和"选

择"意义上多用"如"少用"若",这与《诗经》和《论语》有相似之处。但在"假设"意义上,《左传》多用"若"而少用"如",这与《诗经》《论语》相反。《孟子》代表的语言变体则体现出另一种性质。在"假设"和"话题"意义上,《孟子》与《诗经》《论语》相似——"假设"义多用"如"而话题义多用"若";但在"倾向性选择""比较"和"像似"三个意义上,《孟子》的"若"与"如"用例相差无几。这既不同于《左传》,也不同于《诗经》和《论语》。

本节通过对《诗经》和《论语》中的同源多功能语法形式"若"和"如"的各个义位的分布状况的考察,勾勒出了一个反映"选择""比较""像似""假设"和"话题"等五个义位之间关系的概念空间结构图。并通过《孟子》和《左传》中的"若"和"如"的各个义位的检验,结合其他语言的例证,对这个概念空间进行修正,提出了一个修正的概念空间结构图——图 4.4.11。这个概念空间结构图仍有进一步修正的余地。如图中的"假设"与"话题"、"假设"与"比较"、"假设"与"像似"及"话题"与"比较"之间的连线是没有方向的,因为根据我们所调查的文献还不能看出这些语义之间的引申方向。我们希望今后的研究能够解决这些问题。但这已不是本书所能完成的任务了。

我们已经在现有的概念空间结构图上勾勒出了《孟子》和《左传》中的"若"和"如"的语义地图。至于《诗经》和《论语》中的"若"和"如"的语义地图,限于篇幅,此处从略。

上文提到,Heine & Kuteva(2002)归纳世界语言里的假设标记来源时只提到了四个:(1)时间词;(2)言说动词;(3)是非问句标记;(4)系动词。从我们考察的情况来看,Heine & Kuteva(2002)的概括恐怕还不够全面。从概念层面来看,假设义至少还与比较、像似和话题义直接相关。从话题标记到假设标记及从像似义动词到假设标记的发展均有实例可以证明。虽然其详细的演变过程还缺乏细致的描写,但这两类演变过程的存在应当是没有疑问的。我们应当在假设标记来源中再加上话题标记和像似义动词两类。至于比较义和假设义的关联性则 Haspelmath(1997a)及本书中均有明证。遗憾的是,我们还没有发现有哪些假设标记是由表比较义的词直接发展而来的。这方面还有待进一步的探索。

第五章 假设句的语义特征和句法功能

本章探讨与假设句密切相关的几个理论问题。包括假设句的语义特征、假设句的句法功能、假设标记的语义特征与句法功能及假设与条件之别等。

第一节 假设句的语义特征[①]

假设句的语义特征可以概括为四个方面：主观假定性、对比性、指称性和论断性。

1.1 主观假定性

假设句表达的是假设性虚拟范畴，是在某一主观假定条件下所能产生的结果，因此假设句都具有主观假定性。主观假定性不等同于非真实性或非现实性。它比非真实性或非现实性的语义内涵更为丰富。"如果 VP"的语义内涵不是"[非真实]VP"，也不是"[非现实]VP"。"如果我去"并不是"我没去"，也不是"我不去"，而是主观认定某一非现实或非真实情境为真实，即"以[非现实] VP 为真实"或"以[非真实] VP 为真实"。可以表示为"[主观性真实][非现实]VP"或"[主观性真实][非真实]VP"。"[主观性真实][非现实]VP"即可能假设，它的主观假定性低，"[非现实]VP"一般具有实现的可能性；"[主观性真实][非真实]VP"为违实假设，"[非真实]VP"与事实或事理违背，说话人主观认定其不具有实现的可能性。由于[非真实]也可以看成是一种特殊的[非现实]，我们可以用"[主观性真实][非现实]VP"来概括假设前件的语义特征。

有时候，假设句的前件可以是已知的事实，这时候，似乎不存在主观假定性。例如：

---

① 本节主要内容又见于龚波(2010a)。

(1)甲:我决定明天不去公司了。

　　乙:如果你不去公司,那我们就去春游吧。

(2)甲:外面下雨了。

　　乙:如果下雨了,那我们就别出去了。

(3)甲:我昨天没去图书馆呀?

　　乙:如果你没去,那我看到的会是谁?

例(1)中,乙在甲已经告知其不去公司的情况下仍然说"如果你不去",似乎并没有主观假定性,但其实甲乙双方谈论的是未来的事情,甲是否去公司并未成为既定事实,因此乙说的话仍然是一种主观的推测,说的是一种可能性,这个句子仍然具有一定的主观假定性。例(2)谈论的虽然是当时的事情,但是很明显,乙并没有看到下雨的事实。如果乙已经看到了下雨的事实,那他绝不可能说出"如果下雨了"[①]这样的话来。这个句子也具有主观假定性。例(3)谈论的是过去的事情,而且甲已经将其没有去过图书馆的事实告诉了乙,在这种情况下似乎不应该再有任何的主观假定性。但是,在这个对话中,其实乙对甲陈述的事实并不确定,"如果你没去"是一种姑且认定的假设。

1.2　对比性

假设句的另一个语义特征是对比性。这种对比性可以体现在两个方面:可能世界与现实世界之间的对比和可能世界与可能世界之间的对比。假设句的对比性在排比句中表现得最为明显。例如:

(4)天子不仁,不保四海;诸侯不仁,不保社稷;卿大夫不仁,不保宗庙;士庶人不仁,不保四体。(孟·离娄上)

(5)君之视臣如手足,则臣视君如腹心;君之视臣如犬马,则臣视君如国人;君之视臣如土芥,则臣视君如寇仇。(孟·离娄下)

(6)主尊贵之,则恭敬而僔;主信爱之,则谨慎而嗛;主专任之,则拘守而详;主安近之,则慎比而不邪;主疏远之,则全一而不倍;主损绌之,则恐惧而不怨。(荀·仲尼)

(7)财利至,则善而不及也,必将尽辞让之义,然后受;福事至,则和而理;祸事至,则静而理。富则广施,贫则用节。(荀·仲尼)

---

① 通常情况下,当乙看到了下雨的事实时,他会说"既然下雨了"。

例(4)中,"天子不仁""诸侯不仁""卿大夫不仁""士庶人不仁"互相之间构成对比关系;例(5)将"君之视臣如手足"与"君之视臣如犬马"和"君之视臣如土芥"对比;例(6)的"主尊贵之""主信爱之""主专任之""主疏远之"等构成对比;例(7)的"财利至""福事至""祸事至"构成对比。这些句子都是前件提出某种可能的假设,后件说明此种情况可能导致的结果,由于采取了排比句的形式,其对比性是显而易见的。这种对比属于可能世界之间的对比,不论在现代汉语还是古代汉语中,这种排比形式的假设句都不乏其例。

也许有人会说,这种对比性是由排比句式带来的,与假设句无关。但是,当假设句不采用排比形式的时候,很多假设句仍然存在着或隐或显的对比性。例如:

(8)公子若反晋国,则何以报不谷?(左·僖23)

(9)若废其教而弃其制,蔑其官而犯其令,将何以守国?(国·周语)

(10)如果你下岗了,你将如何对待?

(11)我们认识到,对于这样的学生,拓展他们的知识领域非常重要,如果你再给他们教授更多的数学之类的课程,那么你就不是在培养管理人。

(12)如果明天就是世界末日,你最想做什么?

"公子若反晋国"是一种可能性,说话人将这种可能性与另一种可能性即不能返回晋国相对比,我们完全可以在这一句之前加上"公子若不得反晋国,则不论也"之类的话。"若废其教而弃其制,蔑其官而犯其令"也是一种可能性,说话人将这种可能性与现实世界对比。其余几例类似:"如果你下岗了"是与现在的未下岗相对比;"再给他们教授更多的数学之类的课程"是与"拓展他们的知识领域"相对比;"如果明天就是世界末日"是与事实上的明天不可能是世界末日相对比。任意一个假设句都是对可能世界的一种虚拟,说话人之所以进行这样的虚拟,是为了说明在某种特定的虚拟的条件中会有怎样的结果,以此与现实世界或别的可能条件下的情况相对比。因此,假设句对比性的根源在于其虚拟性,而虚拟性是假设句的本质特征,如果一个句子没有虚拟性,那么它就不能纳入假设的范畴,故对比性也应看成是假设句的本质特征之一。

1.3 指称性

假设句前件的VP具有指称性。这种指称性至少表现在以下几个方面:

第一，某些语言可以用名词做前件(何莫邪 1983—1985)①，这证明了前件的 VP 与名词具有相通之处。我们认为，这种相通之处在于假设句前件具有指称化的倾向，因此在某些语言中，通常表示指称的名词可以作为假设句的前件。

第二，假设句可以用指称化的谓词性结构做前件，这一点突出地表现了假设句前件的指称性。关于这个问题，请参看第三章第三节。

第三，一部分结果引导词由代词虚化而来，这个代词的作用是复指前件。上古用"兹""是""斯""此"等。例如：

(13)尔克永观省，作稽中德，尔尚克羞馈祀，尔乃自介用逸；兹乃允惟王正事之臣。(书·酒诰)

(14)圣人，吾不得而见之矣；得见君子者，斯可矣。(论·述而)

(15)动容貌，斯远暴慢矣；正颜色，斯近信矣；出辞气，斯远鄙倍矣。(论·泰伯)

(16)王无罪岁，斯天下之民至焉。(孟·梁惠王上)

(17)君行仁政，斯民亲其上，死其长矣。(孟·梁惠王下)

(18)如知其非义，斯速已矣，何待来年？(孟·滕文公下)

(19)得其民，斯得天下矣。(孟·离娄上)

(20)若封须句，是崇皞、济而修祀、纾祸也。(左·僖 21)

(21)若取之，是无申、吕也。(左·成 6)

(22)右师反，必讨，是无桓氏也。(左·成 15)

(23)若大城城父，而置太子焉，以通北方，王收南方，是得天下也。(左·昭 19)

(24)且苟所附之国重，此必使王重矣。(史·苏秦列传)

(25)如其伏法，而太后食不甘味，卧不安席，此忧在陛下也。(史·田叔列传)

近现代用"那"。例如：

(26)然小弟性命还是小事，若此风声一露，那小姐性命也不可保了。(二刻·29 回)

---

① 此据朱德熙(1988)。据朱德熙(1988)的介绍，用名词化形式表示假设，除汉语之外，还可以在科因耐希腊语(Koinē Greek)和许多汉藏语里找到例证。

(27)我若记不的了那书,那玉皇还要我做甚?(醒世·42 回)

(28)倘若你作的文章不好,反倒不及他们,那可就不成事了。(红·115 回)

(29)前面万全山,若遇见个打梦(闷)棍的,那才是早(糟)儿糕呢。(三侠·24 回)

(30)他若是持刀威吓,那就不是侠客的行为了。(三侠·29 回)

第四,某些假设句的前件可以分析为判断句的主语。例如:

(31)彼若谋害楚国,岂不为患?(左·襄 28)

(32)若让之以一矢,祸之大者,其何福之为?(左·成 12)

(33)若公子宋主社稷,则群臣之愿也。(左·定元)

(34)若虚其请,是弃善人也。(左·成 16)

(35)若兴诸侯,以取大罚,非慎之也。(左·成 2)

(36)夫诸侯望信于楚,是以来服。若不信,是弃其所以服诸侯也。(左·襄 27)

以上诸例中的语气词"也"和判断词"为""非"等表明了它们的判断句的属性。王力(1943)是这样定义判断句的:"判断句是用来断定主语所指和谓语所指同属一物,或断定主语所指的人物属于某一性质或种类的。"许嘉璐(1992)的定义是:"判断句是用谓语所指对主语所指进行判断的句子,用以断定两者是否属同一事物,断定主语所指的属性或类别。谓语通常由名词或名词性结构充当。"向熹(1993)的定义是:"判断句表示某种事物是什么东西或不是什么东西,某种事物属于某一类或不属于某一类。"各家的表述稍有不同,但有一点是确定的,即判断句的主语必须是事物或者是可以指称的事件或属性。事实上,指称性并非判断句主语才具有的属性,而是所有主语都具有的属性。据曹逢甫(1979)的介绍,E. L. Keenan(1976)谈到主语有三十多个特征,他认为这些特征是普遍的,而其中的一个重要特征就是主语比宾语及其他成分更具有指称性。只是由于判断句的特殊属性,即,用于断定某一事物与另一事物同属一物或属同类,使我们可以清楚地看到判断句主语的指称性。因为如果判断句的谓语是某种事物的话,和它具有同一性的判断句的主语也必然是某种事物。如果这个主语是 VP,那它一定是指称性的 VP。在上举各例中,例(31)至例(33)判断句的谓语均为 NP,例(34)至例(36)判断句的谓语为 VP。很明显,这个 VP 具有指称性,与之对应的判断句的主语,即前件,也应当是具有指称性的 VP。

关于假设句的指称性,吕叔湘(1942b)已有涉及。他认为,假设属"指事之辞"。指事之辞不同于"述事之辞",指事之辞"浑沦有类名物"。用我们的话来说就是假设句的前件具有指称化的倾向。

1.4　论断性

假设句的另一个语义特征是论断性。根据句子的表述功能,可以把句子分为叙事句、描写句和论断句等几种类型①。叙事句叙述事物的动作或变化,描写句描述事物的情状,论断句说明事物的属性或事物之间的关系。论断句一般不用于陈述事实,而用于表示认识的结果。论断句还可以分为两类,即论述句和判断句。论述句用于论述和说明各种关系,如假设、条件、转折、目的、因果等等。通行语法体系中所谓的复句除表示并列、承接和选择关系的一部分可以归入叙述句和描写句之外,其余绝大多数都可以归入论述句的范畴。假设句是论述句中的一类,具有很强的论断性,假设句从不用于描述事实,只用于论述和判断。正因为假设句的论断性,故其可与表引发议论的发语词"夫"②,表进一步议论的"且""且夫""然则"等连用。例如:

(37)夫诸侯之贿聚于公室,则诸侯贰。若吾子赖之,则晋国贰。诸侯贰,则晋国坏;晋国贰,则子之家坏,何没没也? 将焉用贿?(左·襄 24)

(38)夫国君好仁,天下无敌。(孟·离娄上)

(39)夫苟好善,则四海之内,皆将轻千里而来告之以善;夫苟不好善,则人将曰:"訑訑,予既已知之矣。"(孟·告子下)

(40)夫以人徇己,则己贵而人贱;以己徇人,则己贱而人贵。(史·李斯列传)

(41)夫君欲利则大夫欲利,大夫欲利则庶人欲利,上下争利,国则危矣。(史·魏世家)

(42)且苟所附之国重,此必使王重矣。(史·苏秦列传)

(43)且夫俭节仁义之人立于朝,则荒肆之乐辍矣;谏说论理之臣闲于侧,则流漫之志诎矣;烈士死节之行显于世,则淫康之虞废矣。(史·李斯列传)

---

① 对于句型的划分参照了王力(1943)和李佐丰(2005)。
② 《马氏文通》(277 页)说:"'夫'字必用于论事之文。"

(44)然则王若欲置相于秦,则莫若向寿者可。(史·樗里子甘茂列传)

还可以在假设句之前加上表结果的"故""是以"等,以表示所做的假设是一种结论。例如:

(45)故以国则废名,以官则废职,以山川则废主,以畜牲则废祀,以器币则废礼。(左·桓6)

(46)是以政成而民听,易则生乱。(左·桓2)

(47)是以圣人果可以利其国,不一其用;果可以便其事,不同其礼。(史·赵世家)

总而言之,假设句的语义特征主要包括:主观假定性、对比性、指称性和论断性。

第二节　假设句的句法功能

2.1　假设句与复句

按照大多数学者的观点,假设句属于复句中的一类。

自黎锦熙《新著国语文法》将复句的概念引入到汉语语法研究之后,关于汉语是否应当设立复句以及怎样划分单句和复句问题的讨论就从来没有停止过。吕叔湘(1982:550)就曾经说过,单复句的划分是讲汉语语法令人挠头的问题之一。多年以来,一直都有人赞成取消复句,但是直到今天,还是没能取消得了;一直都有人赞成保留复句,但是直到今天,关于复句的一些基本问题,如什么是复句,怎样判定单句和复句,在汉语语法研究中设立复句是否符合汉语实际等等问题,仍然没有一个让人信服的答案。

汉语复句的划分经历了由三分向二分的发展,即由之前的包孕复句、等立复句和主从复句的对立(黎锦熙1924)到其后取消包孕复句的说法,将包孕复句划入单句,只保留等立复句和主从复句两类(黎锦熙、刘世儒1957等)。这种划分的方法,源头是印欧语句子类型的 simple sentence、compound sentence、complex sentence 三分体系。孙良明(2000)将汉语已有的单复句划分法分为成分划分法、高一层次法、复合命题法、共同成分有无法、谓读多少法、硬性规定法、主谓复杂说、界限不清无害说等八类，并分别进行了评价。孙文认为汉语没有单复句之分，认为区分单句、复句是因袭、套用印欧语的语法，不符合汉语的语法实际。

中国的第一部汉语语法著作《马氏文通》中没有设立"复句"的概念，而是将句法单位分为字、读、句三级。马氏深谙印欧语法，但是，他却没有照搬印欧语法中的 simple sentence、compound sentence 的概念，而是在字与句之间设立了读的概念。这是马氏在印欧语法的基础上依据自身对汉语的深刻观察而做出的创新。在马氏的系统里面，句是句子谓语的核心；读是处于非谓语核心位置上的谓词性结构，是指称化的谓词性成分。（宋绍年 2004）虽然马氏也将"若""如""虽"等条件引导词归入连词（属推拓连字），但马氏认为，这些连字之后的成分都是读而不是句，并且将这些连词称为"弁读之连字""读之记"。宋绍年（2007:61）指出：

> 在《文通》的句类系统里，没有所谓偏正复句的位置。一般所谓偏正复句的从属分句，也就是马氏的"推拓连字＋读"组合，在《文通》里都属于状读（状语）的范畴，也就是说，所谓偏正复句在《文通》里都是状中结构的单句。……赵元任先生在《中国话的文法》中也不承认汉语有所谓偏正复句，他指出："咱们干脆把附属分句当作（分句）主语看，而把主要分句当作谓语。"

然而，马氏设立"读"的创举却并没有引起其后汉语语法学界的足够重视。吕叔湘、王海棻（2000）即批评马建忠的这个做法，说：《文通》讲句读，犯了术语不够用，问题说不清的毛病。讲句读至少要有单句、复句、主句（正句）、从句（副句、偏句），或者再加上母句、子句（名词子句等），才大致够用，而《文通》仅仅依靠'句'和'读'这两个术语，怎么能不左支右绌，没法把问题说清楚呢？"

诚然，马氏文通的"读"有概念不清、前后矛盾之处。但是，马氏敏锐地感觉到了汉语中其所谓的"读"与印欧语的从句之间的不同之处。即，印欧语的从句的动词大多是所谓的定式动词，从句与主句构成两个相对独立的分句，构成一个复合句（compound sentence），从句不能分析为主句的一个句法成分。汉语则不同，汉语的动词没有定式与不定式的区别，谓词性结构可以充任主宾语而无需变化形态。所谓偏正复句中的偏句其实起着修饰、限制主句的作用。既然谓词性成分可以做主宾语，那么与之同样的具有指称化倾向的起修饰限制作用的成分也就可以而且应该被分析为状语（状读）

了。这样的分析,诚如宋绍年(2007)所说,更科学、更简明,更具有一致性,因而,也就更具有说服力。

根据汉语假设句的实际,本书基本赞同马建忠的看法,将绝大多数假设句的前件看成是状语,将整个句子看成是状中结构的单句①。由于构成前件的成分大多是谓词性结构成分,这种谓词性结构成分限制其后结果发生的条件。这完全符合状语修饰、限制 VP 的功能要求。同时,前件大多是谓词性的,虽然它们都有指称化的倾向,但这并不能改变其 VP 的性质。它们虽然有话题化的倾向,但与典型的话题之间又存在着明显的差别②。所以本书一般不将其看成是话题(赵元任所说的主语即是话题),也不将其看成是独立的分句,而认为它们是具有话题化倾向的状语,其中有少部分可以分析为话题③。

2.2 前件与话题

Haiman(1978)是一篇讨论假设句性质的重要文章。他认为,条件句④是话题。他的论述从形式标记和语义内容两方面展开,主要以他研究的胡阿语(Hua)语为例,也举了英语、汉语、日语等其他语言的例子。他的主要论据是,在形式上,很多语言的话题句和条件句使用相同的形式标记,而相同的形式标记往往意味着它们在深层语义上的联系。同时,话题和条件句信息属性相同,都是已知信息;话语功能也相同,都是为下面话语提供框架。

对汉语假设句的类似看法可以追溯到赵元任(1968)⑤。赵元任认为,汉语的主语就是话题,谓语就是说话人对话题的述评;汉语主谓之间的关系是话题与述评的关系。同时,他认为,条件句可以看成是主语(=话题)(赵元任 1968:47、61)。他的一个重要论据就是,条件句之后的语助词跟普通主语(=话题)后的语助词平行,同时跟问句后的语助词平行。例如赵元任(1968:63):

要是下起雨来,咱们就甭出去了。

---

① 详见下文。
② 参看下节。
③ 当假设句的前件与后件构成一个广义的判断句,特别是后件有指代词复指时,前件可以看成是话题。详见下文。
④ Haiman 所说的条件句大致相当于我们所说的假设句的前件。下同。
⑤ Haiman(1978)在文章末尾的小注中提到了赵元任的观点。

要是下起雨来么，咱们就甭出去了。
要是下起雨来呢，咱们就甭出去了。
要是下起雨来吧，咱们就甭出去了。
要是下起雨来啊，咱们就甭出去了。

其中的"么""呢""吧""啊"等语助词都既可以用于假设句前件后，也可以用于主语(＝话题)和疑问句后，证明三者之间具有同一性[①]。

曹逢甫(1979,1990)支持赵元任(1968)和 Haiman(1978)的观点，认为汉语的条件句、时间句、让步句和原因句都应当看成是主题(＝话题)。曹逢甫(1990：263—267)从六个方面提出了更为充分的理由：1.停顿助词的位置；2.一些非强制的名词组中心语；3.子句的位置；4.子句的指称限制；5.子句为"把"字宾语名词组、"连"字成分和比较项名词组；6.子句主题与词组主题的平行关系。

徐烈炯、刘丹青(2007)根据汉语尤其是上海话的实际，着重从句法特别是话题标记出发来探讨汉语条件句的性质问题。他们认为，上海话使用提顿词表示条件关系，不是个别的偶然兼用现象，而是整个提顿词类的系统性功能。这说明在上海话的语言心理中，条件句的确是和话题归在一类的。根据形式标记，至少有足够的根据把带提顿词的条件句看作话题。他们认为，假设句与话题的一致性可以追溯到先秦和汉代。先秦的"则"在话语功能上与上海话的"末"很接近，"'则'是古代汉语(也沿用至现代汉语书面语)的述题标记，它加在述题前表示其后成分是述题，同时标明其前的成分是话题，而且常常是对比性话题"。

刘丹青(2005)从话题标记来源的角度证实了条件句与话题的相关性。话题标记可以来源于疑问标记，也可以来源于时间语标记。两种语法化机制虽然起点不同，但都要经历一个共同中介——条件句标记。可见条件句在话题标记的语法化过程中扮演着关键角色，条件句标记是很多话题标记的直接前身。

从上古汉语的情况来看，前件与话题的相通之处至少表现在以下几个方面：

第一，从形式上看，二者可以共用相同的形式标记。这种共用的形式标记包括两类，一类是话题和前件之后的提示词，一类是话题和前件之前的引

[①]　赵元任(1968)认为话题与疑问句具有同一性，即，句子有一种主语作为问话、谓语作为答话的性质。

导词。前者以"者""也"为代表，后者以"若"为代表。"者""也"可以用作条件煞尾词（见上文），同时，"者""也"也可以用作话题之后的提示词（蒲立本1995）。例如：

(1)夫明堂者，王者之堂也。（孟·梁惠王下）

(2)大人者，言不必信，行不必果，惟义所在。（孟·离娄下）

(3)此二君者，异于子干。（左·昭13）

(4)夫子之求之也，其诸异乎人之求之与！（论·学而）

(5)由也，千乘之国，可使治其赋也。（论·公冶长）

(6)赤也，束带立于朝，可使与宾客言也。不知其仁也。（论·公冶长）

(7)始吾于人也，听其言而信其行；今吾于人也，听其言而观其行。（论·公冶长）

(8)回也，其心三月不违仁；其余，则日月至焉而已矣。（论·雍也）

(9)丈夫之冠也，父命之，女子之嫁也，母命之。（孟·滕文公下）

常用的假设句条件引导词"若"也可以用在话题句中引出话题。例如：

(10)若从君者，则貌而出者，入可也；寇而出者，行可也。（左·定元）

(11)若羁也，则君知其出也，而未知其入也，羁将逃也。（左·定元）

(12)无恒产而有恒心者，惟士为能。若民，则无恒产，因无恒心。（孟·梁惠王上）

(13)臣固愚忠，若御史大夫汤，乃诈忠。（史·酷吏列传）

(14)若汤之治淮南、江都，以深文痛诋诸侯，别疏骨肉，使蕃臣不自安。（史·酷吏列传）

以上五例中的话题"从君者""羁""民""御史大夫汤""汤之治淮南、江都"，均由"若"引出，"若"可以译解为"至于"或"说到"。至于以"若"为构词语素的"若夫""若乃""至若"等词语，更是经常用于引介话题。例如：

(15)君子创业垂统，为可继也；若夫成功，则天也。（孟·梁惠王下）

(16)若夫润泽之，则在君与子矣。（孟·滕文公上）

(17)燕，则吾请以从矣；若乃梁者，则吾乃梁人也，先生恶能使梁助

之？（史·鲁仲连邹阳列传）

（18）至若北道姚氏，西道诸杜，南道仇景，东道赵他、羽公子，南阳赵调之徒，此盗跖居民闲者耳，曷足道哉！（史·游侠列传）

第二，从功能上看，假设句前件和话题都可以作为言谈的起点，为其后的话语提供框架和参照。曹逢甫（1979）多次提到主题（话题）可将其语义范围延伸到几个句子。主题范围内的句子形成一个主题串（topic chain），具有这种功能的主题起的就是串联作用。例如：

（19）那棵树，花小，＿＿＿叶子大，＿＿＿很难看，所以＿＿＿我没买。

在提及"那棵树"之后，说话人就可以谈论"花""叶子"，当然也可以谈论树本身，而主题串不至中断。假设句的前件也有类似的作用，表现在一个假设条件可以引出多个假设的结果。例如：

（20）假令韩信学道谦让，不伐己功，不矜其能，则庶几哉，＿＿＿于汉家勋可以比周、召、太公之徒，＿＿＿后世血食矣。（史·淮阴侯列传）

（21）必秦国之所生然后可，则是夜光之璧不饰朝廷，＿＿＿犀象之器不为玩好，＿＿＿郑、卫之女不充后宫，＿＿＿而骏良駃騠不实外厩，＿＿＿江南金锡不为用，＿＿＿西蜀丹青不为采。（史·李斯列传）

例（20）在提出了"假令韩信学道谦让，不伐己功，不矜其能"的假设条件之后，先对此假设所能导致的结果进行总体的评论——"则庶几哉"，接着谈论此假设对于他自身以及对其后代所能产生的结果，对自身而言，"于汉家勋可比周、召、太公之徒"；对其后代而言，"后世可血食也"。假设条件的语义范围延伸到后件的几个分句中，起到串联的作用，与话题的作用有相似之处。

第三，从语义上看，话题和前件都具有对比性。曹逢甫（1979）认为，汉语的话题可以用来做对比，特别是说话人要比较两个或两个以上的东西时，这些东西都放在对比句子的话题位置上。例如（曹逢甫1979:98—99）：

（22）饭不吃了，菜再用一些。

（23）衣裳新的好，朋友旧的好。

(24)C：这里不是都是横的吗？都在地面上。

　　T：对的。

　　C：他那里就在半山腰上。

假设句也具有对比性,本章第一节已论证。兹再引其例于下：

（25）主尊贵之,则恭敬而僔；主信爱之,则谨慎而嗛；主专任之,则拘守而详；主安近之,则慎比而不邪；主疏远之,则全一而不倍；主损绌之,则恐惧而不怨。（荀·仲尼）

（26）财利至,则善而不及也,必将尽辞让之义,然后受；福事至,则和而理；祸事至,则静而理。富则广施,贫则用节。（荀·仲尼）

正因为话题与前件的诸多相通之处,有些句子究竟是假设句的前件还是话题就不好判断。例如：

（27）凡公女嫁于敌国,姊妹,则上卿送之,以礼于先君；公子,则下卿送之。（左·隐元）

（28）所爱者,挠法活之；所憎者,曲法诛灭之。（史·酷吏列传）

例（27）中,“姊妹”可以理解为“如果是姊妹”,“公子”可以理解为“如果是公子”,这时,可以把句子理解为以 NP 为前件的假设句,同时,也可以把句子看成是话题句,“姊妹,则上卿送之”释为：“姊妹呢,就派上卿去送”,“公子,则下卿送之”释为：“公子呢,就派下卿去送”；例（75）中的“所爱者”与“所憎者”也可以做类似的分析。我们认为,这样的句子以分析为话题句为妥。

2.3　前件的句法功能

以上研究证明了假设句前件确实具有话题性。但是,前件是否完全等同于话题呢？对此,Haiman 的回答是非常肯定的,这从他文章的题目就可以看出来——《条件句是话题》(conditonals are topics)。在 Haiman(1978)的论述中,其形式标记的论述部分非常成功,假设句确实在很多语言里与话题共用相同的形式标记。但是,其关于条件句的信息属性部分却引起了较大的争议。条件句是否是已知信息？如何界定已知信息？对此,学术界尚有不同的看法①。

前件和话题尽管密切相关,但也具有明显的区别。吴福祥(2007)指出二者之间最明显的差别是:在包含条件小句的句子里,条件小句与后面的结果小句之间具有一种推导的逻辑关系;而在包含话题的句子里,话题与后面的述题之间只是一种说明或解释关系:话题是说明或解释的对象,述题是说明或解释的内容。

Li and Thompson(1976)指出话题有以下特征:

1. 话题总是有定的。

2. 话题未必与句中动词有选择关系。

3. 话题并非由动词决定。

4. 话题的功能可以概括为注意的中心。

5. 话题与动词无一致关系。

6. 话题总是居于句子的首位。

7. 话题在反身,被动,同等名词组删略,系列动词,祈使等过程中不起作用。

曹逢甫(1979)在 Li and Thompson(1976)研究的基础上将汉语话题的特征概括为:

1. 话题总是据话题串首位。

2. 话题可以由提顿语气词"啊(呀),呢,嘛,吧"之类与句子的其他成分隔开。

3. 话题总是有定的。

4. 话题是语段概念,常常可以将其语义范围扩展到一个句子以上。

5. 话题在话题串中控制同指名词组代名化或删略。

6. 话题在反身,被动,同等名词组删略,系列动词,祈使等过程中不起作用,除非它在句中本身也是主语。

曹逢甫(1979)之所以去掉 Li and Thompson(1976)的第四条,是因为这条标准太含糊,很难检验;之所以去掉第五条,是因为汉语动词本无形态变化;所加上的第二条是汉语的特点,是符合汉语实际的。用曹逢甫

---

① 具体情况请参看徐烈炯、刘丹青(1998)。艾皓德(1991)在讨论近代汉语中"时"的用法时曾涉及这个问题,他认为假设句表达的既不是新信息也不是旧信息。我们认为,总的来看,如果把新信息和旧信息看成是一个连续统的话,假设句前件更接近于靠近旧信息的一端而不是靠近新信息的一端。

(1979)的标准来检验可以看出,假设句前件符合曹文所列的第 1、2、4、5、6 几个特征①。由于前件大多是谓词性成分,不存在有定无定之别②,所以其第三条特征无从检验。

Li and Thompson(1976)和曹逢甫(1979)都将有定性作为了话题的典型特征。从他们对有定性讨论所举的例子来看,有定性的话题也全部是名词或名词性成分。虽然假设句前件的 VP 有指称化的倾向,但这种指称事件的谓词性成分很难说是有定还是无定。正是在这一点上,我们认为,前件与典型的话题之间是有区别的。当然,这个问题牵涉到话题的定义、范围及其在句法结构中的地位等等复杂的问题③,不是本书力所能及的,还需要理论语言学界的进一步讨论。

根据前后分句之间的语义和句法关系,假设句可以分为两类。第一类前件与后件构成一个广义的判断句,一般以语气词"也"煞尾,即如例(29)至例(31),这一类相对较少。

    (29)王不行,示赵弱且怯也。(史·廉颇蔺相如列传)

    (30)左右皆曰贤,未可也;诸大夫皆曰贤,未可也;国人皆曰贤,然后察之,见贤焉,然后用之。(孟·梁惠王下)

---

① 对于第一个特征(即话题总是居于句子首位),还需要做一些说明。有时候,条件可以置于结果之后,表示一种追加的条件或进一步的说明。例如:

(1)真理,这个任务太大,任何人也不能担当,还是留给上帝独自担当吧,如果真有一个上帝的话。

(2)10 名"被错误"驱逐到南黎巴嫩的巴勒斯坦人"今天"可以回来,如果他们愿意的话。

(3)什么时候去看看陈文忠跑步吧,如果你无缘目睹刘易斯、伯勒尔英姿的话。

虽然曹逢甫(1979,1995)把条件句的这种特性看成是其与话题相通的一个证据,因为话题也可以置于句末表示追述,如:

(4)a.那种纸,一张五分钱。

    b.一张五分钱,那种纸。

但是,一个很明显的区别是,无论是话题还是假设句前件,当它们置于句末的时候,它们之后都不能再带上话题标记"吧""么""呢""啊"等,如:

(5)a.那种纸嘛,一张五分钱。

    b.*一张五分钱,那种纸嘛。

(6)a.要是你不去嘛,我也不去。

    b.*我也不去,要是你不去嘛。

这个事实说明,这两种后置的成分恐怕不宜看作话题。话题与条件都能后置,但这并不能成为二者相通的证据。但总的说来,二者都以居于句首为常,所以我们还是认为条件句符合居于句首的这个特征。

② 通常来说,"有定""无定"是与名词性成分相关的概念。请参看陈平(1987)。

③ 如是否应当将名词短语以外的成分都排除在话题之外,话题是一个语用概念还是一个句法概念等问题。

(31)不以舜之所以事尧事君,不敬其君者也;不以尧之所以治民治民,贼民者也。(孟·离娄上)

(32)假令诛臣而为秦得黔中之地,臣之上愿。(史·张仪列传)

例(29)中,"王不行"是主语,"示赵弱且怯"是谓语;例(30)中,"左右皆曰贤"和"诸大夫皆曰贤"是主语,两个"未可也"是谓语;例(31)中,"不以舜之所以事尧事君"和"不以尧之所以治民治民"是主语,"不敬其君者"和"贼民者"是谓语。以上三例都是不带条件引导词的假设句,带有条件引导词的假设句同此,如例(32)。此类假设句中的前件是一个话题化的主语,可以称之为话题主语。当后件中有代词"是"复指的时候,代词应当分析为主语,前件应当分析为话题。例如:

(33)而居尧之宫,逼尧之子,是篡也,非天与也。(孟·万章上)

(34)知而使之,是不仁也;不知而使之,是不智也。(孟·公孙丑下)

(35)若大盗礼焉以君之姑姊与其大邑,其次皂牧舆马,其小者衣裳剑带,是赏盗也。(左·襄20)

(36)即有取者,是商贾之事也,而连不忍为也。(史·鲁仲连邹阳列传)

例(33)中的"居尧之宫,逼尧之子"是话题,"是"是主语,"篡也"和"非天与也"是谓语。例(34)中的"知而使之"和"不知而使之"是话题,两个"是"是主语,"不仁也"和"不智也"是谓语。余两例仿此。

另一类假设句中,前件与后件构成一个论述句。这类假设句句末一般不带语气词,如果有语气词,则一般为"矣"。例如:

(37)若以相,夫子必反其国。(左·僖23)

(38)若欲得志于鲁,请止行父而杀之。(左·成16)

(39)君若以德绥诸侯,谁敢不服?(左·僖4)

(40)公子若反晋国,则何以报不谷?(左·僖23)

(41)偏败,众乃携矣。(左·桓8)

这类假设句的前件对后件起着限制作用,我们采用《马氏文通》的看法,将其看成是状语(状读),只不过我们也承认,这种状语在很多方面表现出与话题的相似性,它们应当被看成是一种有话题化倾向的状语[①]。

总之,假设句的前件是否可以看成是话题不可一概而论。当前件与后件构成一个广义的判断句时,前件应该看成是话题,特别是后件有指代词"是"复指时,这个前件以分析为话题为妥;当前件与后件构成一个论述句时,前件应当分析为状语,是一种有话题化倾向的状语。

第三节 假设标记的语义特征和句法功能

3.1 条件引导词的语义特征和句法功能

3.1.1 条件引导词的语义特征

条件引导词可以传达说话人对于所述条件实现的可能性的判断。吕叔湘(1942a)认为古汉语使用"使""令""设"等关系词的句子多半表示与事实相反的假设,"向使"这个词限用于与事实相反的假设。赵元任(1968:62)则说:

> 表示条件或假设用下列的"假设词"如:"要是"(语源上等于"若是")、"要""假如""若是"("如"跟"若"仅限于文言)、"倘若""假若""假使""倘使"跟"设若"。这些词排列的先后次序,是根据:(1)出现的频率;跟(2)假设的程度,也就是说,越后头的假设词表示跟事实相左的程度越大。

两位先生的看法不尽相同,赵元任(1968)所举例证也似乎涵盖了古今。但从两位先生的论述中可以看出,他们都认为,假设引导词除了引出前件之外,还可以标示假设的程度。Quirk 等(1985)将英语中的假设分为真实条件假设和非真实条件假设两类,二者不但在实现的可能性上有差别,在语言形式上也有区别:英语用时制后移的形式来标记非真实条件假设。但是,汉语缺乏时态变化,标记非真实条件假设不可能用时制后移的方式。吕叔湘(1942a)认为古汉语使用"使""令""设"等关系词的句子多半表示与事实相反的假设。但是,这条规则有很多的例外,"使""令""设"也可以表示可能假。例如:

---

① 不但假设句前件有话题化的倾向,表示时间、处所、让步、原因等的状语也都有话题化的倾向。曹逢甫(1990)认为它们统统都应当分析为话题。

（1）使宋舍我而赂齐、秦，藉之告楚。我执曹君，而分曹、卫之田以赐宋人。楚爱曹、卫，必不许也。（左·僖28）

（2）使文能取胜，则善矣。文不能取胜，则歃血于华屋之下，必得定从而还。（史·平原君虞卿列传）

（3）此弹丸之地弗予，令秦来年复攻王，王得无割其内而媾乎？（史·平原君虞卿列传）

（4）令事成归王，事败独身坐耳。（史·张耳陈余列传）

（5）此特帝在，即录录，设百岁后，是属宁有可信者乎？（史·魏其武安侯列传）

（6）尔今偶游至此，设如堕落其中，则深负我从前谆谆警戒之语矣。（红·5回）

"向使"这个词虽然只能用于非真实条件假设，但是它只能用于与过去事实相反的假设，不能用于与现在或将来事实相反的假设。这显然与它的来源有关。同时，有很多表示假设的关系词（如"若""如"等），它们既可以用于真实条件假设，也可以用于非真实条件假设。某些句子如果脱离了具体的语言环境，就很难判断它到底是真实条件假设还是非真实条件假设。这在古代汉语和现代汉语中，情况都是一样的。例如：

（7）他要是改掉自己的臭脾气的话，夫妻俩的关系就不至于那么紧张了。

这句话可以是真实条件假设，也可以是非真实条件假设。当其作为非真实条件假设的时候，说话人只是提出一种可能性，不对这种可能性能否实现发表看法，这时，"他能改掉自己的坏脾气"可能实现，也可能不实现；当其作为非真实条件假设的时候，在说话人的心目中，"他能改掉自己的坏脾气"是不大可能实现的，说话人这样说的目的，只是将这种不可能实现的情况与现实世界相对比，这时，可以在句子前面加上"他啊，就是脾气坏了点"或者"他啊，就是臭脾气永远也改不了"之类的话；这句话甚至可以是表示与过去事实相反的违实假设，即说的是过去的事情，意思是他当初要是改掉臭脾气的话，夫妻俩的关系就不至于那么紧张了，事情已然过去，便是既定事实，与之相反的条件自然是无法成为事实的了。英语通过动词时态的变化等语法手段来表示这几种不同的意思，但在汉语中，不同的意思可以采用相同的句法形式，它们之间的差别靠语境或语气来体现。

汉语中的非真实条件假设表现形式并不固定,可以使用条件引导词,也可以不使用条件引导词。例如:

> (8)子若无言,吾几失子矣。(左・昭28)
> (9)乡使管子幽囚而不出,身死而不反于齐,则亦名不免为辱人贱行矣。(史・鲁仲连邹阳列传)
> (10)嗟乎,令冬月益展一月,足吾事矣!(史・酷吏列传)
> (11)微太子言,臣愿谒之。(史・刺客列传)
> (12)我不能射,女遂不言不笑夫!(左・昭28)
> (13)以三十万之众守梁七仞之城,臣以为汤、武复生,不易攻也。(史・穰侯列传)

以上六例都是非真实条件假设,例(8)至例(10)用了条件引导词"若""乡使"和"令",例(11)至例(13)则没有使用条件引导词。

在可能假设内部,也有实现可能性大小的问题。这可以通过使用不同的条件引导词来体现。如由"倘""倘或""一旦"等引导的条件,其实现的可能性就小于由"若""如"等引导的条件;而由"诚""信""必"等引导的条件,其实现的可能性则大于由"若""如"等引导的条件。但这种情况也只是一种倾向性,并不绝对。

上古汉语条件引导词与条件实现可能性之间的关系如下表所示:

表5.3.1　条件引导词与条件实现的可能性

	非真实条件假设		真实条件假设		
	过去	现在/将来	可能性小	无判断	可能性大
若(X)①	+	+		+	
如(X)	+	+		+	
使(X)	+	+		+	
令(X)	+	+		+	
设(X)	+	+		+	
假(X)	+	+		+	
向(X)	+				
倘(X)、一旦			+		
诚、必、信、果					+

---

① "若(X)"代表"若"及以"若"为第一个构词语素的"若使""若令""若果"等多音节条件引导词。下同。

鉴于条件引导词与真实或非真实条件之间复杂的对应关系,我们认为,汉语非真实条件假设并不能像英语那样用固定的语法手段来标示,真实条件与非真实条件的区分主要靠语境的作用,条件引导词起着辅助的作用。与英语不同的是,汉语可以通过使用不同条件引导词来表示条件实现的可能性的大小,这使得它的作用更接近于副词而不是连词①。

3.1.2　条件引导词的句法功能

在《马氏文通》的词类系统中,条件引导词属于连词(连字)。《文通》连字有四类:提起连字、承接连字、转捩连字、推拓连字。推拓连字又分为四类:一是"拓开跌入之辞",如"虽""纵"等;二是"事之未然而假设之辞",如"若""苟""使""如""设""令""果""即""诚""向使""假设""假令""浸假""有如""诚使""矧""与其"等;三是"用以递进者",如"宁""将""抑""其""非惟""非独""不惟""岂惟"等。条件引导词属推拓连字中的"事之未然而假设之辞"。

其后的语法著作大多沿袭马氏将条件引导词归入连词的做法,只是在小类的划分和收字多少上微有差别。宋绍年(2007)指出:"《文通》把标示条件的词语归入连词,这一处理方式明显是对西方语法观念的搬用。""英语用后接成分的语法性质作为介词和连词的分野是合理的,因为连词后接的谓词性结构里的动词都是所谓定式动词,所以这个谓词性结构定位为从句,前面的成分定位为连词。……显然,这个标准不大适合汉语。汉语基本上没有形态,汉语的动词没有定式、不定式之别,一般所谓连词后面的谓词性句法结构根本不具有从句的性质。"

同时,马氏的这个做法与《文通》所体现的句类观也是不符的。《文通》没有复句之名,后代所谓的偏正复句,马氏认为是"(读)状句中之动字者"。也就是说,他把偏正复句中的偏句看成是状语。这样,《文通》就得到一个奇怪的句法组合,即"(连词+状语)+VP"。状语修饰VP,确实有时候可以有连词,如"拱手而问""率尔而对""登高而招""大风从西北而起"②等中的"而"即是一个连词。但是,这个连词是位于状语与中心语之间的。"(连词+状语)+VP"的结构在汉语中找不到别的例证。按照《文通》的语法体系,将状语之前的"读之记"处理为连词是不合适的。

---

① 这也是汉语条件引导词数量较多的原因之一。

② "拱手而问"出自《管子·霸形》,"率尔而对"出自《论语·先进》,"登高而招"出自《荀子·劝学》,"大风从西北而起"出自《史记·项羽本纪》。

　　马氏之后,伴随着复句概念的引入(黎锦熙1924),前件不再被看成是状语,而被看成是从句。这样,状语之前一般不需要连词的问题是没有了。但是,将指称化的谓词性结构处理为从句却并不适合汉语这样的基本不存在形态变化的语言。宋绍年(2004:83—84)指出:"我们既然承认汉语的谓词性词组可以充任主语、谓语、宾语、定语、补语五种句法成分,从而把上述类型的句子分析为单句,那么,为什么不能承认谓词性词组也可以充任状语,从而把主从复句也分析为单句呢!取消主从复句,把一般认为从属分句的成分分析为表示某种情况或背景的状语,似乎更具有理论上的彻底性。"因此,宋绍年(2004,2007)赞同金兆梓(1922)的看法,将后代认作连接从属分句的连词都归入引介从属小句的介词。

　　两相比较,我觉得将前件看成状语更符合汉语的实际,因此本书采用这个看法①。但是,在将条件引导词归入何种词类的问题上,我们认为,将其归入连词固然是受了印欧语语法的影响,并不合适;可将其归入介词,同样并不十分妥当。将条件引导词归入介词的最大问题是,从句法功能上来看,介词所介引的一般是名词或名词性成分,而条件引导词所引导的一般是谓词性成分②。词类的划分,应坚持以功能(function)和分布(distribution)为主的标准。语法功能方面的特征才是词类的本质特征。如果将介词的介引对象不适当地扩展到谓词和谓词性成分,就会混淆副词与介词之间的界限,给汉语的词类划分问题带来新的困惑,我们将很难给介词下一个明确的定义。

　　另外,将条件引导词归入介词,在处理本书所说的乙类假设句(条件引导词位于前件主语之前)时会碰到困难,试比较:

　　(14)如果我不去,你怎么办?
　　(15)我如果不去,你怎么办?

　　对于例(14),还可以说"如果"介引的是"我不去",但例(15)又怎么处理呢?如果说"如果"介引的是"不去",将"不去"分析为介词的宾语,那"我"怎么分析?如果说"如果"介引的是"我不去",那怎么会插入到了"我"和"不去"之间呢?对此,还需要说明。

　　本书认为,条件引导词的句法功能更接近于副词,而与连词和介词有较

---

① 当前件与后件构成广义判断句时则不认为前件是状语。
② 虽然这种谓词性成分有指称化的倾向,但这只是它在语义上表现出来的特征,其功能属性——谓词性并没有改变。

大差别。论述如下:

首先,很显然,汉语语法分析中"连词"概念借自于印欧语语法体系。我们的意思并不是说借来的东西就一定不能用,但这个借来的东西是否符合汉语的实际则还需要进一步审查。让我们先来看看在印欧语中"连词"这个概念的内涵及其在印欧语语法体系中的地位。在印欧语语法体系中,conjunction(连词)指"给词做语法分类时的一个词项或过程","其主要功能是把词或其他构式连接起来"①。这种起连接作用的词项通常分为两类,一类是并列连词,如 and(和),or(或),but(但是)等等,一类是主从连词,如 if(如果),when(当……的时候),because(因为)等等。把并列连词称作连词是没有任何问题的,因为它们的作用就是在两个成分之间起连接作用,汉语里面的"和""跟""同""与""及"等即属于此类。但是,所谓的主从连词的语法作用其实并不是连接,而是引导。它们都用于引导一个分句,而不是连接两个分句。确切地说,应当将其称之为"引导词"而不应当称为"连词"。但是,将 if 等归入连词又有其特殊的理由。为什么呢?这与印欧系语言句子的结构基础有关。

徐通锵(1997)指出,印欧系语言的结构基础是"主语—谓语"结构,它的结构本位是"句"。这种结构框架的结构规则是:必须有一个由名词充任的主语,但也只允许有一个主语;必须有一个由动词充任的谓语,但也只允许有一个谓语;主语和谓语之间由一致关系相联系。这种结构基础可以表示为:

1 个句子 = 1 个主语 × 1 个谓语(1 个句子由一个主语和一个谓语构成)②

印欧语系的这种结构基础决定了在由 if 引导的句子中,if 应当被分析为连词,因为此类句子的结构是这样的:

1 个句子 = If + (1 个主语 × 1 个谓语),1 个主语 × 1 个谓语。

在这个句子中,有两个主语和两个谓语,而且这两个主语和两个谓语之间分别是有一致关系的。这与印欧语系"1 = 1 × 1"的结构基础相矛盾。为了解决这个问题,印欧系语言的语法学家们引入了"分句"和"复句"的概念。承认分句中的"1 个主语 × 1 个谓语"结构"句"的地位,但认为其语义上并不完整,只是一个"分句",两个"分句"构成一个语义完整的"复句"。既然承认了 if 所引导的成分的"句"的地位,那么这个引导词"if"被分析为连词就有了一定的理由。因为可以认为它的作用在于系联两个分句,但事实上,它的作用仍然不是连接而是引导。

---

① 戴维·克里斯特尔(1997:76)。
② 这个公式可以简写为"1 = 1 × 1",参看徐通锵(1997:92)。

印欧系语言的"if"等被分析为连词不是因为这些词语本身有连接的作用,而是为了维护印欧语系的"1=1×1"的结构基础,为了解决理论上的矛盾。事实上,还有一些词语,它们本身是副词,却也经常被称为"连接成分"(conjunctive)或称"连接副词"(conjunct)。例如"however"(然而)、"moreover"(此外)、"indeed"(确实)等等(戴维·克里斯特尔 1997)。从分布上来看,这些词语更有资格被称作"连词",因为它们可以用于两个分句之间,但从语义上看,它们更接近于副词而不是连词。这反映出印欧系语言中连词与副词的纠葛及其理论上的矛盾之处。

汉语与印欧系语言截然不同,汉语的结构基础不是"1=1×1"的主谓结构关系。徐通锵(1997)说:"汉语的句子结构没有主谓一致关系的控制,因而是一种开放性的结构,一个句子能否成立,并不决定于它有无'主语'和'谓语',也不决定于是一个'主语'和'谓语'还是几个'主语'和'谓语',而决定于一个事件的相对完整的叙述,因而无法把它纳入"主语—谓语"的封闭性结构框架去研究。"在汉语中,一个句子可以有多个主语,也可以有多个谓语,还可以有所谓的"兼语"。由于缺乏一致关系的控制,对于同一段话,哪个地方应该使用逗号,哪个地方应当使用句号,不同的人往往有不同的看法。也就是说,说汉语的人对于"句"的概念是模糊的,而对于"字"的概念则比较清晰。(赵元任 1968;徐通锵 1997)

正是因为汉语与印欧系语言结构基础的不一致,汉语无须使用偏正复句的概念,所谓的偏正复句都应当分析为状中关系。因为在汉语中没有主谓一致关系的控制,谓词性成分可以自由充任其他句法成分而无须改变形式,将所谓的偏正复句分析为复句既无理由也无必要。既然偏正复句的概念是生搬印欧语法的结果,所谓偏正复句中的前件的"句"的地位在汉语中是没有的,那么它的引导词也就失去了被分析为连词的基础。

其次,汉语中的条件引导词与副词的分布接近而与介词的分布相距较远。通常情况下,副词和条件引导词之后都是谓词或谓词性结构。[①] 上古汉语"若""如"之后可以有"N 之 VP"或"其 VP"结构。这种结构有指称化的倾向,但仍以分析为谓词性结构为宜(宋绍年 2004)[②]。"N 之 VP"和"其

[①] 某些副词可以修饰名词或名词性成分,如"只两尺布、炕上净人、屋里光书、今天已经星期六了"等,但"副+名"结构中的名词性成分具有谓词性,应当理解为"状·中"关系。参看邢福义(1962)、杨荣祥(2005)等。

[②] 例如:若事之捷,孙叔为无谋矣。不捷,参之肉将在晋军,可得食乎(左·宣 12)/大夫之许,寡人之愿也;若其不许,亦将见也(左·成 2)/ 若其弗赏,是失信也,何以庇民(左·昭 15)/ 若其不还,君退臣犯,曲在彼也(左·僖 28)。参看本书第三章第三节。

VP"结构类似于英语中的不定式,它们表示的语法意义都是对事件的指称,也都可以用于假设句的前件中。它们都是谓词性结构。从其后接成分的语法功能来看,条件引导词接近于副词而不是介词。

再次,副词与条件引导词在句法位置上的相通之处还表现在:某些副词既可以用在主语之前,也可以用在主语之后(杨荣祥 2005);与之相似,某些条件引导词也既能用在前件主语之前,也能用在前件主语之后。副词之例如①:

(16)前后不经所(数)旬,裹(果)然司天太监,夜观虔(乾)象,知随州杨坚限百日之内,合有天分,具表奏闻。(敦煌变文,二,197)

(17)一切天人皆到会,果然见一病维摩。(敦煌变文,五,579)

(18)正心,修身,今看此段,大概差错处皆未在人欲上。(朱子语类,一六,351)

(19)此章大概是皆从挈矩上来。(朱子语类,一六,351)

例(16)中,副词"果然"位于主语"司天太监"之前;例(17)中,副词"果然"位于主语"一切天人"之后。例(18)中,副词"大概"位于主语"差错处"之前,例(19)中,副词"大概"位于主语"此章"之后。

条件引导词之例如:

(20)先君若问与夷,其将何辞以对?(左·隐 3)

(21)君若伐郑,以除君害,君为主,敝邑以赋与陈、蔡从,则卫国之愿也。(左·隐 4)

(22)若寡人得没于地,天其以礼悔祸于许,无宁兹许公复奉其社稷,唯我郑国之有请谒焉,如旧昏媾,其能降以相从也。(左·隐 11)

(23)若师徒无亏,王薨于行,国之福也。(左·庄 4)

(24)王如施仁政于民,省刑罚,薄税敛,深耕易耨;壮者以暇日修其孝悌忠信,入以事其父兄,出以事其长上,可使制梃以挞秦楚之坚甲利兵矣。(孟·梁惠王上)

(25)王如善之,则何为不行?(孟·梁惠王下)

(26)如水益深,如火益热,亦运而已矣。(孟·梁惠王下)

(27)如智者亦行其所无事,则智亦大矣。(孟·离娄下)

---

① 转引自杨荣祥(2005:18),出处照录。

"如""若"既能位于主语之前,如例(22)、例(23)、例(26)和例(27),也能位于主语之后,如例(20)、例(21)、例(24)和例(25),这与副词"果然""大概"类似①,而与介词不相类。同时,这与英语中的"if""because""when"等也不相类,不能因为"if"等被分析为连词就认为"如""若"等也应当被分析为连词。

第四,从语义上看,条件引导词与副词相类,起修饰限制的作用。这种修饰和限制作用表现在两个方面。一方面,某些句子是否加上条件引导词,意思是完全不一样的。加上,表示假设的条件,是假设句;不加上,则不一定表示假设的条件,不一定是假设句。例如:

(28)他去,我也去。

(29)如果他去,我也去。

例(28)没有出现条件引导词,有多种理解的可能,不一定是假设句②。例(29)则只能理解为假设句。这体现了条件引导词的限制功能。

条件引导词的语义限制功能还可以从它的一种特殊用法中表现出来,即在现代汉语中,条件引导词"如果"可以进入"我说的是如果""某某没有如果"或其他类似的结构中表示强调或追加的说明。这种用法说明,条件引导词和副词一样,都可以起到限制事件发生条件的作用。条件引导词和副词的修饰、限制作用在这种句式中表现得非常明显。某些副词也有类似的用法,介词和连词则不具备此类用法。例如:

(30)如果说,我说如果。有一天我们失去的时刻。请回头看看我们的过去,和曾经拥有过的快乐。(网络语料)

(31)贝克汉姆的点球踢进了的话,英格兰队或许早早就锁定胜局,但足球场上没有如果,足球的残酷性就在于此,其吸引力也在于此。(新华社 2004 年新闻稿)

(32)一个是我不愿意说如果,这个东西已经是历史了,没有如果了。(百家讲坛·李银河《性学前沿的女行者》)

(33)如果我说,爱我没有如果,错过就过,你是不是会难过。(歌词)

---

① 同时,某些连词也具备此类用法(如"则")。因此,这一条应当看成是副词和连词的共有特征。

② 有可能是并列句,也有可能是因果句。当理解为并列句时,"他去"和"我也去"是并列的两项,互相之间没有因果关系;当理解为因果句时,"他去"是"我去"的原因。

副词之例如：

　　(34)曾以为时间算不了什么，但只是一厢情愿的念想罢了，再道来，原来我说的，全部是曾经。（网络语料）
　　(35)你的温暖，我细碎的快乐，支撑着我最美好的年华。我指曾经。（网络语料）

　　第五，从功能上看，条件引导词可以分析为状语。通行的语法著作并不将条件引导词分析为状语，这是因袭《马氏文通》的做法，将条件引导词与印欧语中引导分句的连词比附的结果。事实上，条件引导词既然有修饰和限制其后谓词性成分的作用，理应分析为谓词性成分的状语。这样，条件引导词与谓词性成分构成"状·中"结构，这个"状·中"结构本身又是后件的状语。
　　条件引导词具有引导功能。这也是很多语法著作将条件引导词归入连词的主要原因。我们承认条件引导词的引导功能。但这种引导功能是经常用于假设构式中，由于其特殊的句法位置——经常用于前件 VP 之前，而逐渐获得的一种附加的功能。这与某些副词，如"就""又""也"等，由于经常位于假设构式或其他关系构式后件的 VP 之前，而逐渐获得引导后件 VP 的附加功能类似，也与英语中的"however""moreover""indeed"[1]等副词因其特殊的句法位置而具有的连接功能类似。引导功能是连词、副词和条件引导词都具有的功能，属于三者的共性。
　　综合上述，可以把条件引导词与连词、介词、副词在语义、功能和分布上的特征列表于下[2]：

表 5.3.2　条件引导词与副词、连词及介词特征对比

	修饰限制功能	引导功能	分析为状语	VP 前	主语前	主语后
条件引导词	＋	＋	＋	＋	⊕[3]	＋
副词	＋	＋	＋	＋	⊕[4]	＋
连词	－	＋	－	＋	＋	＋
介词	－	＋	－	－	○	○

---

　　[1]　在印欧语的语法体系中，这些词语的此类地位就比较尴尬，已见前述。
　　[2]　"＋"表示有此项功能，"－"表示无此项功能，"⊕"表示有此项功能，但存在条件限制，"○"表示不适用于此项标准。
　　[3]　条件引导词位于主语之前是有限制的，表现为类似"诚""必""信"之类的条件引导词不能位于主语之前。
　　[4]　副词位于主语之前也是有限制的，并非所有的副词都能位于主语之前，如"既、又"等就不能位于主语前，同时，前置主语的副词之后往往会有语音停顿。

分析上表不难发现,条件引导词所具有的各项特征,不论是句法的(做状语、引导功能)、语义的(修饰限制功能)还是分布的(VP前、主语前、主语后)特征,都与副词完全吻合。与介词相比,只有一项特征吻合(引导功能),但此项特征并非最重要的特征。与连词相比,有四项特征吻合,但有两项特征不吻合(修饰限制功能和做状语),且所不吻合的两项是重要的语义和句法功能。

在以往关于连词和副词划界标准问题的讨论中,是否可以出现在主语之前,位于主语之前是否能自足往往被看成是两个很重要的标准。黄盛璋(1957)就说:"1.凡能用于主语前面的,一定是连词不是副词,所以'而且'、'但是'、'然而'等都是连词。2.凡是不能用于主语前面的,一定是副词不是连词。3.虽然能用于主语前头,但是能单独一句站得住,那也是副词不是连词。4.凡能用于主语前头,但又不能单独一句站得住,必须有上下文,是连词不是副词。"吕叔湘(1979)也说:"可以出现在主语前边,也可以出现在主语后边的是连词,如'虽然、如果'等;不能出现在主语前边(指没有停顿的),只能出现在主语后边的是副词,如'又、越、就、才'等。"杨荣祥(2005:17)归纳为:"凡在一个句子形式中永远不能出现在主语前面,只能出现在主语之后、谓语之前的,是副词;凡能出现在主语之前(并不排斥也能出现在主语之后、谓语之前),但单独一个句子(必定是分句)不能自足的,是连词。根据这个原则,上举搭配形式①中的'又、越、也、既、却、就'都是副词,而'虽然、但是、因为、所以、即使、如果'都是连词。"

对于这个标准,我们有以下几个疑问:第一,以能否位于主语之前和语义上的自足与否作为判断连词与副词的标准,理由是什么? 也就是说,我们为什么要拿这两个标准来作为判断介词和连词的标准?标准背后的依据是什么?标准的制定者并没有给出之所以设立这两个标准的充足的理由。第二,既然连词和副词都既能位于主语之前,也能位于主语之后②,那么为什么还要再将其作为区别二者的条件之一呢? 第三,我们承认条件引导词引导的前件是不能自足的。但是,这也不能成为将其划归连词的依据。一方面,某些公认的副词引导的分句也是不自足的,如"既……又……""越……

越……""虽……也……"等引导的分句,单用含"既、又、越、也"的分句也不能自足①。另一方面,这种不自足,既不是因为有连词,所以不自足;也不是因为不自足,所以要用连词。这种不自足,是由构式本身的语义关系决定的。语义上的自足与否与某个词是否应该分析为连词恐怕没有什么必然的联系。拿汉语中大量存在的无标记假设句来说,没有条件引导词的前件在语义上也是不自足的。所以,我们没有理由根据自足与不自足来确定某些词语是不是应该分析为连词。

杨荣祥(2005:11)将副词定义为:"在句法结构中,一般只能充当谓词性结构的修饰成分而从不充当被修饰成分的词","以其能在句法结构中充当结构成分,它与其他虚词,如介词、连词、语气词等区别开来,因为介词、连词、语气词等是不能在句法结构中充当结构成分的;以其在句法结构中从来不充当被修饰成分,它与其他实词,如名词、动词、形容词等区分开来。"条件引导词在功能、分布和意义等方面都与典型的副词存在相通之处而与连词相距甚远。分布上,条件引导词与副词一样,其后接成分一般为谓词或谓词性结构;意义上,条件引导词与副词一样,都对其后的谓词或谓词性结构起修饰和限制的作用。功能上,条件引导词可以分析为其后的谓词性成分的状语。条件引导词与副词有诸多的共性,从理论上来说,条件引导词应当归入副词,应当在副词中单独列出一类假设副词或条件副词②。不过,由于将条件引导词归入连词的观点早已深入人心,贸然把条件引导词划入到连词中去并不利于学术的交流和传承,一时之间恐难被接受,因此本书对此姑且置而不论,在行文中,有时候为了叙述的方便也将条件引导词称为连词。不过,我们应当心中有数,即便把条件引导词归入连词,它也是一类特殊的连词,不论是语义上还是句法功能上,它都更接近于副词。

---

① 杨荣祥(2005)也指出了这一点。

② 把条件引导词分析为副词,在分析假设句的前件与后件构成一个广义的判断句时可能会遭遇到困难,因为我们是将这部分句子中的前件看成是一个话题的,在话题之前加上一个副词的结构也许会让人觉得难以理解。这个问题涉及话题的定义和范围的问题。如果我们承认动词短语可以做话题,那么在动词短语之前加上一个副词做话题就是完全说得过去的。动词短语能否做话题的问题目前学术界尚有争议,但"有关话题及话题化的讨论的确常在话题成分中包括了名词短语以外的成分,如动词短语,甚至小句"(徐烈炯、刘丹青 2007)。例如:

(1)去吧,大家又都不想去;不去吧,大家又觉得应该去一趟。

这个句子中的话题"不去"正是在动词"去"之前加上副词"不"而构成的。在动词短语之前加上一个条件引导词(副词)而构成的话题也可以做类似的分析。

此外,汉语中确实存在着"副词+VP+连词"做修饰语修饰另一个 VP 的结构,如"不劳而获""不战而胜""不战而屈敌之兵"等都是这样的结构形式,这与条件引导词(副词)引导一个 VP 再加上一个连词(结果引导词)修饰另一个 VP(后件)的情形是类似的。

3.2 条件煞尾词的语义特征和句法功能

前件的末尾可以用语气词煞尾，这一点在马建忠在《马氏文通》中已有论述。在谈到"也"字的时候，马建忠说：

读之为悬设也，有助"也"字者。《孟·万上》："非其义也，非其道也，禄之以天下，弗顾也，系马千驷，弗视也。非其义也，非其道也，一介不以与人，一介不以取诸人。""非义""非道"皆悬设之词。《孟·滕下》："丈夫之冠也，父命之，女子之嫁也，母命之。"设为"男冠""女嫁"以申其体也。

在谈到"焉"字的时候，马建忠说：

设事之读，有助'焉'字者。《礼·大学》："心不在焉，视而不见，听而不闻，食而不知其味。""心不在焉"者，犹云"心如不在"也，此所谓设事之读，即假设一境以观后效也。《孟·梁上》："见贤焉，然后用之。"又："见不可焉，然后去之。"又："见可杀焉，然后杀之。"又《公下》："欲有谋焉，则就之。"所引皆设事之读也。

在谈到"矣"字的时候，马建忠说：

又"矣"字间助设事之读者。《论语》云："苟志于仁矣，无恶也。"《中庸》云："果能此道矣，虽愚必明，虽柔必强。"《左传·隐公十一年》云："天而既厌周德矣，吾其能与许争乎！"三节，设事之读，皆助"矣"字者，犹云浸假而已有此矣也。

"者"也有类似的用法。马氏说：

《孟·梁下》："乐民之乐者，民亦乐其乐，忧民之忧者，民亦忧其忧。"其句意若云"人君如能乐民之乐，忧民之忧，民亦乐其乐而忧其忧矣"。《孟·离下》："其有不合者，仰而思之。"犹云"如有不合道，则必仰而思之"云。《史·项羽本纪》："猛如虎，很如羊，贪如狼，强不可使者，皆斩之"犹云"军中若是之人"云。又《平准书》："有能告者，以其半畀

之。"犹云"如有能告之者,以其半与之"也。又《汲郑列传》:"合己者善
待之,不合己者不能忍见。"犹云"其人如合己者,则善待之,否则不能忍
见"也。其他如一切誓词,皆含"如有"二字,即在此例。《左·文十三》:
"所不归尔帑者,有如河。"犹云"余如有不归尔帑之事,则有如河"云,又
《定·二》:"余所有济汉而南者,有若大川。"又《哀·十四》:"所不杀子
者,有如陈宗。"皆假设之词也。

马氏所举诸例中,有的"焉""也""者"其实并非条件煞尾词。如"心不在
焉"的"焉"完全可以理解为代词。"心不在焉"就是"心思不在这里"。"丈
夫之冠也"与"女子之嫁也",中的"也"可以看成是一个附于表示时间的 VP
之后的提示助词①。所举"者"例中,大多都还可以理解为转指的标记。
如"乐民之乐者"也可以理解为"以民之乐为乐的那个人"②;"其有不合者"
可以理解为"如果有不合道义的事情"③;"强不可使者"可以理解为"强不
可使的人"。"能告者""合己者""不合己者"中的"者"都可以做类似的理
解。尤其是它们之后大多有代词"之"复指,理解为转指标记似乎更恰当。
真正没有疑义的条件煞尾词"者"的用例,除了马氏所举誓词中的"者"外,
又如④:

(36)鲁无君子者,斯焉取斯。(论·公冶长)
(37)使城坏者,不得复筑也。(管·霸形)
(38)使武安侯在者,族矣。(史·魏其武安侯列传)
(39)使古而无死者,则太公至今犹存。(韩诗外传)

"焉"之例又如:

(40)若不礼焉,则请杀之。(国·晋语)
(41)若使轻者肆焉,其可。(左·文 13)

---

① 杨伯峻(2005)即将其释为"男子举行冠礼的时候"和"女子出嫁的时候"。蒲立本(1995)则
将"丈夫之冠"和"女子之嫁"看成是由动词短语名物化而形成的话题,认为"也"是标记话题的小品
词。在上古汉语中,"也"既可以用于时间词或表时间的 VP 之后,也可以用于话题和假设句前件之
后,三者之间是有联系的。
② 杨伯峻(2005:34)释为:"以百姓的快乐为快乐的"。
③ 杨伯峻(2005:192)释此句为:"如果有不合当日情况的。"
④ 本书绪论和第二章中已经举出了诸多条件煞尾词的用例,以下诸例有的已见前述,有的是
补充的他书之例。

(42)臣问其诗而不知也,若问远焉,其焉能知之?(左·昭12)

"也"之例又如:

(43)子曰:"听讼,吾犹人也。必也,使无讼乎。"①(论·颜渊)

(44)国亡矣,死者若有知也,可以歆旧祀,岂惮焚之?(左·定5)

(45)今吾子曰"必寻盟",若可寻也,亦可寒也。(左·哀12)

(46)若得视卫君之事君也,则固所愿也。(左·哀15)

(47)若子季孙欲其法也,则有周公之籍矣;若欲犯法,则苟而赋,又何访焉。(国·鲁语下)

(48)死者若可作也,吾谁与归?(国·晋语)

(49)若果立瑶也,智宗必灭。(国·晋语)

(50)是若果是也,则是之异乎不是也,亦无辩;然若果然也,则然之异乎不然,亦无辩。(庄·齐物论)

(51)朔之妇有遗腹,若幸而男,吾奉之;即女也,吾徐死耳。(史·赵世家)

此外,语气词"乎""耶(邪)"和"欤(与)"都可以兼用作条件煞尾词。"乎"之例如:

(52)能以礼让为国乎,何有! 不能以礼让为国,如礼何!(论·里仁)

(53)君若将欲霸王举大事乎,则必从其本事矣。(管·霸形)

(54)为善乎,毋提提,为不善乎,将陷于刑。(管·白心)

(55)利人乎即为,不利人乎即止。(墨·非乐上)

"耶(邪)"之例如:

(56)文公之所以先雍季者,以其功耶,则所以胜楚破军者,舅犯之谋也;以其善言耶,则雍季乃道其后之无复也,此未有善言也。(韩·难一)

(57)使文王所以见恶于纣者,以其不得人心耶,则虽索人心以解恶

---

① 此句解释为:"孔子说,在听讼方面,我本无异于人,如果一定要说有什么不同的话,那就是我着意在平时使民众知礼化德而无生争讼之事。"(李运富1987)

可也。(韩·难二)

(58)将以为智邪,则愚莫大焉;将以为利邪,则害莫大焉;将以为荣邪,则辱莫大焉;将以为安邪,则危莫大焉。(荀·荣辱)

(59)以为亲邪,则周姬姓也,而彼姜姓也;以为故邪,则未尝相识也;以为好丽邪,则夫人行年七十有二,齫然而齿堕矣。(荀·荣辱)

(60)将以为利邪,则大刑加焉;……将以为害邪,则高爵丰禄以持养之;生民之属,孰不愿也!(荀·议兵)

(61)今诚以人之性固正理平治耶,则有恶用圣王恶用礼义矣哉?(荀·性恶)

"欤(与)"之例如:

(62)我之大贤与,于人何所不容? 我之不贤与,人将拒我,如之何其拒人也?(论·阳货)

(63)将从先君之命与,则国宜之季子者也;如不从先君之命与,则我宜立者也,像恶得为君乎?(左·襄29)

(64)将由夫愚陋淫邪之人与,则彼朝死而夕忘之;然而纵之,则是曾鸟兽之不若也,彼安能相与群居而无乱乎! 将由夫修饰之君子与,则三年之丧,二十五月而毕,若驷之过隙,然而遂之,则是无穷也。(荀·论礼)

(65)为其布与,赤子之布寡矣;为其累与,赤子之累多矣。(庄·山木)

这些条件煞尾词大致可以分为两类。一类以"者""也"为代表,除了用作条件煞尾词之外,它们还可以用作话题主语的标记(例证见本章2.2)。另一类包括"乎""耶(邪)"和"欤(与)",它们是疑问语气词兼做条件煞尾词。事实上,疑问、条件、话题三者可以共用相同的形式标记。赵元任(1968:63)认为主语(=话题)的本质是问话,而谓语的本质是答话。他说:"做主语的条件分句,跟做问句的主语,还有相同的地方,那就是主语、问句跟条件分句都有同样的停顿或停顿语助词。不但如此,他们还跟英语中的旧式条件分句相似。这种英文句子是用颠倒的语序来代替 if。例如:Should it rain to-morrow(| , | ~ | ? |)that would be too bad. 其中 | , | 跟 | ? | 的分别,在发音上是听不出来的。中文里也有这样模棱两可的语调跟语助词,比

如:"明儿下起雨来呐(|,|~|？|)那就坏了。"

话题、条件、疑问三者在形式标记上的相通性暗示了它们在语义上可能有某种相通之处。赵元任(1968)虽然指出了三者在形式上的共通性,可是并没有就存在这种相通性的原因做进一步的说明。我们认为,三者之间的共通性在于它们都具有[⁺探究]或[⁻完整]的语义特征。话题是与述题相对而言的,说话人提出一个话题的目的是为了对其加以说明,因而只有话题的句子是不完整的,话题之后必然紧跟述题。话题具有[⁻完整]的语义特征。汉语中话题之后的停顿语气词的作用之一就在于提示这种语义的非完整性,使听话人明白语气词之前的成分为一话题,其后将会有对话题的说明。疑问句具有[⁺探究]的语义特征,提出疑问的目的是为了求得解答,在疑问之后都会有对于回答的期待。因而[⁺探究]与[⁻完整]二者之间具有相通之处,疑问语气词可以用作话题标记。条件句也具有[⁺探究]和[⁻完整]的语义特征,说话人假设某个条件的目的是为了对这个条件所能导致的结果做出说明,因而仅有条件的句子也是不完整的,条件之后必然会有结果。与话题之后的停顿助词作用类似,条件煞尾词的作用也在于提示前件语义的非完整性,使听话人明白其前的分句并非一个完整的句子,而只是假设的条件,其后会有对结果的说明。正是因为在[⁺探究]和[⁻完整]这两个特征上的相似之处,话题、条件和疑问这三个范畴之间才能够共用相同的形式标记。

除了与话题句和疑问句共用的标记之外,条件煞尾词尚有"焉"和"矣"两个需要讨论。"焉"是一个有指代作用的语气词,它的作用在于提示对话人注意所叙述的事实;"矣"表示报道性的陈述语气(郭锡良 1988)。在假设句前件中,它们仍然起着同样的作用。需要说明的是,在前件中,"焉""矣"的辖域与"者""也""欤(与)""耶(邪)""乎"等不同。在具有条件引导词的前件中,"者""也""欤(与)""耶(邪)""乎"的辖域是整个前件,包括条件引导词。而"焉""矣"的辖域是条件引导词所引导的条件,不包括条件引导词。例如,在"苟志于仁矣,无恶也"中,"矣"的辖域是"志于仁",而不是"苟志于仁"[①];在"若不礼焉,则请杀之"中,"焉"的辖域是"不礼",而不是"若不礼"。而在"若果立瑶也,智宗必灭"中,"也"的辖域是"若果立瑶"而不是"果立瑶";在"使武安侯在者,族矣"中,"者"的辖域是"使武安侯在"而不

---

① 参看宋绍年(2004:283)。

是"武安侯在"。

总之,上古汉语的条件煞尾词包括三类:第一类以"者""也"为代表,是借用的话题标记;第二类以"欤(与)""耶(邪)""乎"为代表,是借用的疑问标记;第三类以"焉""矣"为代表,它们表达的语气与在句末时没有区别。严格说来第三类算不上是真正的条件煞尾词,因为它们的辖域范围并不是整个前件,而是前件中的叙述或说明部分,这一类也不应当看成是假设句的标记。

3.3　结果引导词的句法功能

结果引导词是连词或具有连接功能的副词。现代汉语中主要包括"那(那么)""就""便"等,它们位于后件中,都不是专用的假设标记。这些词语的性质并不完全一样,试看下面的例子:

(66)你不去,那我也不去。
　　*你不去,我那也不去。
(67)如果你不去的话,那我也不去。
　　*如果你不去的话,我那也不去。
(68)你不去,我就不去。
　　*你不去,就我不去。
(69)如果你不去的话,我就不去。
　　*如果你不去的话,就我不去。

可以看出,"那(那么)"与"就"句法位置上的区别在于:"那(那么)"只能位于后件的主语之前,而"就"一般位于后件的主语之后。当把"那"移位到主语之后时,句子不能成立,当把"就"移位到主语之前时,句子也不能成立。这种位置上的互补关系实际上反映的是其来源和功能的不一致。"那(那么)"由指示代词虚化而来①。在假设句中,"那(那么)"既具有回指作用,也具有承接作用,通过回指上文所述的假设性条件来达到引出后件的目的。因此,"那(那么)"只能位于后件主语之前而不能位于主语之后。"就""便"与"那(那么)"不同,它们来源于具有篇章连接作用的副词。由于副词的句法位置通常是在主语之后,谓语之前,假设句中的"就""便"一般只能位于主

---

① "那么"的来源可能是"指示代词'那'+语气词'么'",待考。

语之后而不能提前①。当后件的主语缺失时,两者位置叠加,"那(那么)"与"就""便"就可以连用,但"那(那么)"一定前置于"即""就""便"。例如:

(70)真要死了,那就累赘多了。(儿女·3回)

(71)假如果然始终顺着他的性儿,说到那里应到那里,那就只好由着他当姑子去罢!(红·23回)

在上古汉语中,与"那(那么)"性质接近的是"是"和"斯",它们都来源于指代词,一般位于后件主语之前。与"就""便"类似的是"乃""即""遂""因"等,它们来源于副词,一般位于后件主语之后。

"则"字的用法比较复杂。在大多数情况下,"则"类似于"那(那么)",用于引出后件。例如:

(72)如有复我者,则吾必在汶上矣。(论·雍也)

(73)上好礼,则民莫敢不敬;上好义,则民莫敢不服;上好信,则民

---

① 下面的句子似乎违背了这个规则:

(1)如果比赛真的取消,就太阳从西边出来了。

"就"为什么可以跑到主语"太阳"之后呢?这与句子的概念域的不同有关。沈家煊(2003)在谈到关联词语的辖域时说,复句中关联词在语义上的辖域会因复句所处的概念域不同而有差别。例如:

(2)如果明天下雨,比赛就取消了。[行域]

(3)如果比赛取消了,昨天就下雨来着了。[知域]

(4)如果比赛真的取消,太阳就从西边出来了。[言域]

以上三句中,关联词"就"的辖域可以分别表示为:

比赛[就 VP[取消了]]

就[(推断)S[昨天下雨来着]了]

就[(说)S[太阳从西边出来]了]

行域内"就"的辖域只限于 VP;知域内"就"的辖域扩大到整个命题,实际上是管辖"推断 S",尽管句中没有出现"推断"一词。言域内"就"的辖域也扩大到整个命题,实际是管辖"说 S",尽管句中没有出现"说"一词。行域的"就"移到小句主语头上受到限制,但知域和言域的"就"都可以移到小句的开头,差别是知域的"就"可以(有时还必须)说成"就是":

(5)*如果明天下雨,就比赛取消了。[行域]

(6)如果比赛取消了,就(是)昨天下雨来着了。[知域]

(7)如果比赛真的取消,就太阳从西边出来了。[言域]

表面上看起来,在知域和言域中,关联词"就"可以提到后件之前,似乎违背了"就""便"等词不能位于后件主语之前的规律。但是,正如沈文所说,知域的"就"之后其实隐含了"推断"一词,言域的"就"之后隐含了"说"一词。这两类"就"之前其实还隐含了一个没有说出来的主语"我"或"我们"。我们可以把知域和言域内"就"的辖域改写为:

如果[S],(我/我们)就[(推断/说)S]

可见,在深层结构中,"就"仍然位于后件的主语"我们"之后,谓语"推断/说"之前。这也有可能是为什么有些句子的"就"必须说成"就是"的原因。

莫敢不用情。（论·子路）

(74)子若欲战，则吾退舍，子济而陈，迟速唯命。（左·僖33）

　　这类句子在古汉语中大量存在。不仅如此，"则"还可以用在话题为名词性成分的典型性话题性结构中，引出述题。例如①：

(75)俎豆之事，则尝闻之也。（论·卫灵公）

(76)我则异于是，无可无不可。（论·微子）

(77)滕君则诚贤君也，虽然，未闻道也。（孟·滕文公上）

(78)子女玉帛，则君有之；羽毛齿革，则君地生焉。（左·僖23）

　　刘丹青(2005)将"则"看作话题敏感算子，要求其前一定要有个具有话题性的成分，在句子中的作用于话题标记很相近。这个观点能够解释以上诸例。因为不管是在典型的名词性话题之后，或是在具有话题化倾向的前件之后，"则"确实要求其前的成分具有一定的话题性。但是，在古汉语中，还有另外一种类型的"则"。例如：

(79)我若受秦，秦则宾也；不受，寇也。（左·文7）

(80)先君有约言焉。若大国讨，我则死之。（左·宣12）

(81)女不从誓言，予则孥戮女，无有攸赦。（史·殷本纪）

　　在以上诸例中，"则"并非直接位于分句式话题之后，而是位于述题的主语之后，其作用与"就"相当，不是引出述题，而是引出后件的谓语。若要把以上诸例翻译为现代汉语，"则"都应当翻译为"就"。在这种情况下，"则"之前的成分并不能分析为话题。再说"则"是话题敏感算子，就显得比较牵强。事实上，在假设句中的标记系统中，"则"可以分为两类。"则$_1$"与"那（那么）"功能相似，位于后件的主语之前；"则$_2$"与"便""就"功能相似，位于后件的主语之后。

---

① 以下诸例转引自董秀芳(2008)。

结　　论

本书对上古汉语假设句的研究基于我们搜集到的 4800 多个假设句的用例①。本书的研究遵循从意义到形式的研究思路,从意义入手,以标记为纲。文章从事实描写、现象解释和理论探讨三个方面展开②。

(一) 事实描写

在事实描写方面,本书观察到的现象主要包括:

第一,汉语假设句从商代到汉代的发展经历了一次标记转换的过程:由主要依靠副词"其"标记演变为主要依靠条件引导词、结果引导词等标记。这个过程并非仅仅是历时的过程,其中还掺杂着地域因素及语言的交流和融合等其他的复杂因素。

第二,上古汉语条件引导词经历了从无到有,从简单到复杂的发展过程,且表现出一定的地域差异和时代特征。

第三,上古汉语假设句的结果引导词从无到有,且表现出一定的地域差

---

① 从各时期语料中搜集到的假设句用例情况如下表所示:

时代	文献	用例数
商代	甲骨文	158
	尚书·商书	13
西周	金文	13
	尚书·周书	50
	逸周书	5
春秋战国	左传	872
	论语	208
	孟子	387
	吕氏春秋	约 500
西汉	史记	933
	淮南子	908
	说苑	763
总计		约 4800

② 各部分内容并非完全独立,而是相互参照、相互印证。

异和时代特征。

第四,上古汉语假设句的条件煞尾词从无到有。

第五,上古汉语假设句前件中的指称化的谓词性结构"其 VP"和"N 之 VP"从无到有,最后又消失不见。

第六,前人认为是假设连词或假设义类词的词语有很多是误释,是把构式的语义强加到了虚词身上。

(二)　现象解释

在现象解释方面,本书的结论主要是:

第一,甲骨文假设句中前件否定词绝大多数用"勿""弜",而极少用"不""弗"或"亡";后件否定词绝大多数用"不""弗"或"亡",而极少用"勿""弜"。两者呈现出比较严整的互补关系。这种互补关系反映了甲骨文否定词功能的区别:"勿""弜"是甲骨文非直陈式的否定词,"不""弗"是甲骨文中直陈式的否定词。

第二,"诚""必""信""果"等副词可以表示假设是吸收了构式语义的结果。先秦汉语中的连词"苟"与"若""如"有区别。"苟"表示的是充分条件关系。

第三,指称化的谓词性结构"其 VP""N 之 VP""VP 者""所 VP 者"等可以做假设句前件与假设句前件的指称化倾向有关。

第四,先秦汉语中表假设的"所"来源于指代词"所"。

第五,假设句句末语气词可以用"也"也可以用"矣",这与语气词的辖域有关。

第六,先秦汉语中的"若"除了可以用作假设标记之外,还可以用作话题转换标记。"若夫""若乃""乃若""至若""及若""今若夫""若乃夫""乃若夫""若乃至于"等也可用作话题转换标记。

第七,假设语义的来源除了 Heine & Kuteva(2002)提到的时间词、言说动词、是非问句标记和系动词之外,至少还与比较、像似和话题义直接相关。

(三)　理论探讨

在理论探讨方面,本书的结论主要是:

第一,假设句可以看成是一种构式。形式上,假设构式可以包含一种基本形式和七种变化形式;意义上,假设构式前后件之间的关系包括言效、承接、说明、推论四种。

第二,在假设构式中,有八个位置在体现假设构式的形式和意义特征等

方面具有一定的作用,本书称之为假设构式的敏感位置,它们是:

1.构式之初。

2.前件之初。

3.前件 VP 及其前后成分。

4.前件之末。

5.后件之初。

6.后件 VP 及其前后成分。

7.后件之末。

8.构式之末。

第三,假设标记一般都出现在假设构式的敏感位置上。

第四,假设句的语义特征可以概括为四个方面:主观假定性、对比性、指称性和论断性。

第五,假设句的前件应当分析为话题或状语:当前件与后件构成一个广义的判断句时,前件可以看成是话题,特别是后件有指代词"是"复指时,这个前件以分析为话题为妥;当前件与后件构成一个论述句时,前件应当分析为状语,是一种有话题化倾向的状语。

第六,条件引导词功能更接近于副词而与连词、介词相距较远。

吕叔湘先生的《中国文法要略》(1942a)是汉语语言学界较早从表达论的角度对汉语进行研究的重要著作。在《要略》中,吕叔湘先生从范畴和关系两个方面深入探讨汉语中意义与形式之间的关系。范畴部分包括"数量""指称(有定和无定)""方所""时间""正反·虚实""传信""传疑""行动·感情"等语义类别,关系部分则包括"离合·向背""异同·高下""同时·先后""释因·纪效""假设·推论""擒纵·衬托"等语义关系。

《要略》充分反映了吕叔湘先生注重语言交际功能的语法思想,吕叔湘先生是用功能语法的思想对汉语进行研究的先驱(张伯江 2009)。徐通锵(1997:288)指出:"语言研究有所谓'从外到内'和'从内到外'两条路子,前者就是从表达形式到意义内容,后者则取相反的途径;印欧系语言的研究多取'从外到内'的路子,而汉语的研究应该充分考虑'从内到外'的途径。"《要略》即对汉语语法做了"从内到外"的描写。然而,遗憾的是,吕叔湘先生的语法研究思想并没有得到汉语研究界充分的重视。其后的三四十年时间里,在结构主义思潮的冲击之下,汉语研究很少沿着吕叔湘先生开创的道路前进。直到上世纪 80 年代,由于一些学者系统引入了美国功能主义的语法思想,吕叔湘先生的思想才重新开始受到重视。

在《要略》中,吕叔湘先生将"假设·推论"单列一节,放在表达论部分的

"关系"部分中进行讨论。在这一节中,吕叔湘先生对条件与假设的联系和区别、时间关系与条件关系的联系与区别、充足条件与必要条件的关系以及一些常用的假设标记如"要""若""使""令""就""便""则""而"等的用法等问题进行了探讨和说明。他的研究虽然是一种泛时的研究,但其中的很多真知灼见对本书有关上古汉语假设句的研究仍然具有指导意义。

石毓智(1992)比较详细地探讨汉语中现实句与虚拟句差别。石文在第三章"现实句与虚拟句"一节中列举了假设句等虚拟句与陈述句在句法上的六个差别,并认为汉语跟印欧语一样可以明确地划分出现实句与虚拟句两种。

前人的上述研究成果对本书研究思路的形成有着重要的影响,本书正是沿着吕叔湘先生所开辟的道路,遵循从意义到形式的"从内到外"的原则来考察汉语中的假设性虚拟范畴在上古阶段的语言表现形式及其演变过程。

本书的研究还只是一个尝试,受研究水平的限制,得出的结论也有可能失之偏颇。但笔者坚信,这种"从内到外"的研究方法在汉语研究中是有用武之地的。这是吕叔湘先生身体力行的研究方法,也是徐通锵(1997)所指明的最适合于汉语这种"语义型语言"的研究方法。我们坚信,只要坚持这种研究方法来观察和研究汉语,就一定能够对汉语研究做出自己应有的贡献。

本书若能起到抛砖引玉之功,则是作者最大的心愿。

参 考 文 献

艾皓德　1991　近代汉语以"时"煞尾的从句,《中国语文》第 6 期。

白兆麟　1998　《左传》假设复句研究,郭锡良主编《古汉语语法论集》,北京:语文出版社。

白兆麟　2000　《国语》与《左传》之假设句比较,《淮北煤师院学报》(哲社版)第 1 期。

贝罗贝、李　明　2008　语义演变理论与语义演变和句法演变研究,沈阳、冯胜利主编《当代语言学理论和汉语研究》,北京:商务印书馆。

曹逢甫　1979　《主题在汉语中的功能研究——迈向语段分析的第一步》,谢天蔚译,北京:语文出版社,1995 年。

曹逢甫　1990　《汉语的句子与子句结构》,王静译,北京:北京语言大学出版社,2005 年。

陈国华　1988　英汉假设条件句比较,《外语教学与研究》第 1 期。

陈梦家　1954　《殷墟卜辞综述》,北京:中华书局,1988 年。

陈　平　1987　释汉语中与名词性成分相关的四组概念,《中国语文》第 2 期。

陈　平　1988　论现代汉语时间系统的三元结构,《中国语文》第 6 期。

陈　颖　2001　现代汉语假设分句末尾的"吧"和"呢",《四川师范大学学报》第 1 期。

陈永正　1986　西周春秋铜器铭文中的联结词,《古文字研究》第 15 辑,北京:中华书局。

崔希亮　2008　认知语言学理论与汉语位移事件研究,沈阳、冯胜利主编《当代语言学理论和汉语研究》,北京:商务印书馆。

崔永东　1994　《两周金文虚词集释》,北京:中华书局。

大西克也　1994　秦汉以前古汉语中的"主之谓"结构及其历史演变,高思曼、何乐士主编《第一届国际先秦汉语语法研讨会论文集》,长沙:岳麓书社。

大西克也　2005　出土简帛资料和先秦汉语语法的地域性差异,《湖南省博物馆馆刊》第 2 期。

大西克也　2009　上古汉语"使"字使役句的语法化过程,中国社会科学院语言研究所语言学一室编《何乐士纪念文集》,北京:语文出版社。

戴维·克里斯特尔　1997　《现代语言学词典》(第四版),沈家煊译,北京:商务印书馆,2004 年。

董莲池　1990　假设分句主谓之间"而"字新探,《古汉语研究》第 2 期。

董秀芳　2008　汉语动转名的无标记性与汉语语法化模式的关联,《历史语言学研究》第 1 辑,北京:商务印书馆。

董秀英、徐　杰　2009　假设句句法操作形式的跨语言比较,《汉语学报》第 4 期。

段德森　1991　副词转化为连词浅说,《古汉语研究》第 1 期。

方 梅 1994 北京话句中语气词的功能研究,《中国语文》第 2 期。

方 梅 2002 指示代词"这"和"那"在北京话中的语法化,《中国语文》第 4 期。

冯春田 2004 《聊斋》俚曲里的假设助词"着"及相关问题,《中国语文》第 3 期。

高本汉 1926a 《中国音韵学研究》,赵元任、李方桂、罗常培译,北京:商务印书馆,1995 年。

高本汉 1926b 《左传真伪考及其他》,陆侃如译,上海:商务印书馆,1936 年。

高名凯 1948 《汉语语法论》,北京:商务印书馆,1986 年。

高名凯 1963 《语言论》,北京:商务印书馆。

龚 波 2010a 假设句的语义特征,《重庆三峡学院学报》第 1 期。

龚 波 2010b 从假设句的否定形式看甲骨文中的"勿""弜"与"不""弗"之别,《中国语文》第 2 期。

龚 波 2011a 上古汉语的假设构式,《汉语史研究集刊》第 14 辑,成都:巴蜀书社。

龚 波 2011b "所"表假设来源考,《重庆文理学院学报》第 6 期。

龚 波 2011c 构式语义的吸收——"必"类副词表假设探源,《乐山师范学院学报》第 10 期。

龚 波 2012 古汉语假设义类词辨析,《语言学论丛》第 46 辑,北京:商务印书馆。

龚 波 2014a 上古汉语无标记假设句考察,《汉语史研究集刊》第 17 辑,成都:巴蜀书社。

龚 波 2014b 语气词的辖域与古汉语中的"也""矣"之辨,《语林传薪——胡奇光教授八十华诞庆寿论文集》,四川教育出版社。

龚 波 2014c 先秦汉语连词"苟"用法考察,《汉语史研究集刊》第 18 辑,成都:巴蜀书社。

龚 波 2016 上古指称化谓词性结构作假设句前件及其解释,《古汉语研究》第 1 期。

龚 波、庞 硕 2016 上古汉语"若"类话题转换标记考察,《汉语史研究集刊》第 21 辑,成都:巴蜀书社。

龚 波、谢明君 2012 疑问句中"如果"与"只要"的功能差别及其解释,《汉语学习》第 3 期。

古川裕 2006 关于"要"类词的认知解释——论"要"由动词到连词的语法化途径,《世界汉语教学》第 1 期。

顾颉刚、刘起釪 2005 《尚书校释译论》,北京:中华书局。

郭沫若 1933 《卜辞通纂》,北京:科学出版社,1983 年。

郭沫若 1931 《西周金文辞大系图录考释(下)》,上海:上海书店出版社,1999 年。

郭锡良 1988 先秦语气词新探(一),《古汉语研究》第一期。

郭锡良 1989 先秦语气词新探(二),《古汉语研究》第一期。

郭锡良、唐作藩、何九盈、蒋绍愚、田瑞娟 1999 《古代汉语》(修订本),北京:商务印书馆。

郭 锐 2000 "吗"问句的确信度和回答方式,《世界汉语教学》第 2 期。

郭 锐 2003 "把"字句的语义构造和论元结构,《语言学论丛》第 28 辑,北京:商务印书馆。

郭 锐 2012 共时语义演变和多义虚词的语义关联,《山西大学学报》(哲社版)第 3 期。

管燮初　1953　《殷虚甲骨刻辞的语法研究》，北京：中国科学院。

管燮初　1981　《西周金文语法研究》，北京：商务印书馆。

管燮初　1994　《左传句法研究》，合肥：安徽教育出版社。

何九盈　2005　《中国现代语言学史》（第三版），广州：广东教育出版社。

何乐士　2000a　论《左传》前八公与后四公的语法差异，《古汉语语法研究论文集》，北京：商务印书馆。

何乐士　2000b　再论《左传》前八公与后四公的语法差异，《古汉语语法研究论文集》，北京：商务印书馆。

何乐士　2000c　《左传》的语气词"也"，《古汉语语法研究论文集》，北京：商务印书馆。

洪　波　1991　兼指代词的原始句法功能，《古汉语研究》第 1 期。

洪　波　1994　兼指代词语源考，《古汉语研究》第 21 期。

洪　波　1999　周秦汉语第一人称代词"吾""卬"的来源及其与"余（予）""我""朕"的功能分别，《语言研究论丛》，天津：南开大学出版社。

洪　波　2008　周秦汉语"之 s"的可及性及相关问题，《中国语文》第 4 期。

洪　波　2010　周秦汉语"之 s"可及性问题再研究，《语言研究》第 1 期。

胡明扬　1981　北京话的语气助词和叹词（上）（下），《中国语文》第 5、6 期。

胡敕瑞　2009　"正尔"与"今尔"——兼论时间与空间的关系，《历史语言学研究》第二辑，北京：商务印书馆。

胡光炜　1928　《甲骨文例》，广州：中山大学语言历史学研究所。

胡裕树　1987　《现代汉语》，上海：上海教育出版社。

黄伯荣、廖序东　1991　《现代汉语》，北京：高等教育出版社。

黄国营　1994　句末语气词的层次地位，《语言研究》第 1 期。

黄怀信　1999　《文白对照传世藏书文库·逸周书》，西安：三秦出版社。

黄怀信、张懋镕、田旭东（撰），李学勤（审定）　2007　《逸周书汇校集注》（修订本），上海古籍出版社。

黄盛璋　1957　论连词跟副词的划分，《语文教学》第 8 期。

霍盖特　1958　《现代语言学教程》，索振羽、叶蜚声译，北京：北京大学出版社。

姜　红　2008　《陈述、指称与现代汉语语法现象研究》，合肥：安徽大学出版社。

姜　南　2008　基于梵汉对勘的《法华经》语法研究，北京大学博士论文。

江蓝生　2002　时间词"时"和"后"的语法化，《中国语文》第 4 期。

江蓝生　2004　跨层非短语结构"的话"的词汇化，《中国语文》第 5 期。

蒋绍愚　1989　《古汉语词汇纲要》，北京：商务印书馆，2005 年。

蒋绍愚　2005　《近代汉语研究概要》，北京：北京大学出版社。

蒋绍愚、曹广顺（主编）　2005　《近代汉语语法史研究综述》，北京：商务印书馆。

蒋　严　2000　汉语条件句的违实解释，《语法研究与探索》（十），北京：商务印书馆。

吉仕梅　2003　《睡虎地秦墓竹简》连词考察，《乐山师范学院学报》第 2 期。

金国泰　2003　《连词"则"的起源和发展》商榷，《中国语文》第 4 期。

金立鑫　1988　"那么"的词类问题，《中国语文》第 2 期。

金兆梓　1922　《国文法之研究》，北京：中华书局，1955 年。

孔　泉　1995　《现代荷汉词典》，北京：大世界出版有限公司。

黎锦熙　1924　《新著国语文法》，北京：商务印书馆，1992 年。

黎锦熙、刘世儒　1957　汉语复句学说的源流和解决问题的方法，《中国语文》第 6 期。

李杰群　2001　连词"则"的起源和发展，《中国语文》第 6 期。

李晋霞　2009　"如果"与"如果说"，《汉语学报》第 4 期。

李立成　1998　《醒世姻缘传》甲的句末语气词"可"，《中国语文》第 4 期。

李孝定（编述）　1970　《甲骨文字集释》，"中研院"史语所专刊（五十），台北："中研院"历史语言研究所。

李运富　1987　《论语》里的"必也，P"句式，《中国语文》第 3 期。

李佐丰　2003　《马氏文通》与助词"也"，姚小平主编《〈马氏文通〉与中国语言学史——首届中国语言学史研讨会论文集》，北京：外语教学与研究出版社。

李佐丰　2005　《古代汉语语法学》，北京：商务印书馆。

林裕文　1984　《偏正复句》，上海：上海教育出版社。

刘承慧　2010　先秦条件句标记"苟"、"若"、"使"的功能，《清华学报》新四十卷第二期。

刘丹青　2005　话题标记从何而来？——语法化中的共性与个性续论，沈家煊、吴福祥、马贝加主编《语法化与语法研究》（二），北京：商务印书馆。

刘丹青、唐正大　2001　话题焦点敏感算子"可"的研究，《世界汉语教学》第 3 期。

刘丹青、徐烈炯　1998　焦点与背景、话题及汉语"连"字句，《中国语文》第 4 期。

刘 利　2005　上古汉语的双音连词"然而"，《中国语文》第 2 期。

刘 利　2008　连词"然而"的词汇化过程及其动因，《北京师范大学学报》（社科版）第 5 期。

刘红曦　2000　试析重庆方言的单音节语气词，《三峡学院学报》第 4 期。

刘敏芝　2006　宋代结构助词"底"的新兴用法及其来源，《中国语文》第 1 期。

刘 翔、陈 抗、陈初生、董 琨（编）　1989　《商周古文字读本》，北京：语文出版社。

刘永耕　2001　《马氏文通》的指称理论，侯精一、施关淦主编《〈马氏文通〉与汉语语法学——〈马氏文通〉出版百年纪念文集》，北京：商务印书馆。

柳士镇　1992　《魏晋南北朝历史语法》，南京：南京大学出版社。

陆俭明　1980　汉语口语句法里的易位现象，《中国语文》第 1 期。

陆俭明　1982　由"非疑问形式＋呢"造成的疑问句，《中国语文》第 6 期。

陆俭明　1984　关于现代汉语里的疑问语气词，《中国语文》第 5 期。

陆俭明　1991　现代汉语里的事物化指代现象，《语言研究》第 1 期。

陆俭明　2004　《八十年代中国语法研究》（重排本），北京：商务印书馆，1993 年。

陆俭明　2004　"句式语法"理论与汉语研究，《中国语文》第 5 期。

陆俭明　2008　构式语法理论的价值与局限，《南京师范大学文学院学报》第 1 期。

陆俭明　2010　《汉语语法语义研究新探索——2000—2010 演讲集》，北京：商务印书馆。

罗进军　2008　"如果说 p 的话，q"类有标假设复句检视，《汉语学习》第 5 期。

罗晓英　2006　现代汉语假设性虚拟范畴研究，暨南大学博士论文。

吕叔湘　1942a　《中国文法要略》，见《吕叔湘文集》（第 1 卷），北京：商务印书馆，1990 年。

吕叔湘　1942b　论毋与勿，原载《华西协和大学中国文化研究所集刊》1 卷 4 期，此见于《吕叔湘文集》（第 2 卷），北京：商务印书馆，1990 年。

吕叔湘　1944　《文言虚字》,上海:上海教育出版社,1962 年。

吕叔湘　1955　《汉语语法论文集》,北京:科学出版社,此见于《吕叔湘文集》(第 2 卷),
　　北京:商务印书馆,1990 年。

吕叔湘　1979　《汉语语法分析问题》,北京:商务印书馆。

吕叔湘　1985　《近代汉语指代词》,见《吕叔湘文集》第 3 卷,北京:商务印书馆,1992 年。

马贝加　2002　"要"的语法化,《语言研究》第 4 期。

马承源(主编)　1988　《商西周青铜器铭文及注释》,北京:文物出版社。

马建忠　1898　《马氏文通》,北京:商务印书馆,1983 年。

马林可　1994　因果、假设、条件复句的区分,《毕节师专学报》第 1 期。

马庆株　1995　指称义动词和陈述义名词,《语法研究和探索》(七),北京:商务印书馆。

马悦然　1982　关于古代汉语表达情态的几种方式,《中国语文》第 2 期。

欧文・M・柯匹、卡尔・科恩　2007　《逻辑学导论》(第 11 版),张建军、潘天群等译,
　　北京:中国人民大学出版社。

潘秋平、王毓淑　2011　从语义地图看《左传》中的"以",《语言学论丛》第 43 辑,北京:
　　商务印书馆。

蒲立本　1995　《古汉语语法纲要》,孙景涛译,北京:语文出版社,2006 年。

钱乃荣　1990　《现代汉语》,北京:高等教育出版社。

钱乃荣　2004　上海方言中的虚拟句,《方言》第 2 期。

裘锡圭　1979　说"弜",《古文字研究》(一),北京:中华书局。

裘锡圭　1988　关于殷墟卜辞的命辞是否问句的考察,《中国语文》第 1 期。

裘锡圭　1992　谈谈地下材料在先秦秦汉古籍整理工作中的作用,载《古代文史研究新
　　探》,南京:江苏古籍出版社。

邵　京　1988　语言差别与思维差异——汉英反事实假设研究综述,《外语教学与研
　　究》第 1 期。

邵敬敏　1989　语气词"呢"在疑问句中的作用,《中国语文》第 3 期。

邵敬敏　1992　回声问的形式特点和语用特征,《华东师范大学学报》第 2 期。

邵永海　2003　《韩非子》中的使令类递系结构,《语言学论丛》第 27 辑,北京:商务印书
　　馆。

帅志嵩　2006　中古汉语[+完成]语义研究,北京大学博士论文。

沈家煊　1989　不加说明的话题——从"对答"看"话题—说明",《中国语文》第 5 期。

沈家煊　1995　"有界"与"无界",《中国语文》第 5 期。

沈家煊　1999　《不对称和标记论》,南昌:江西教育出版社。

沈家煊　2003　复句三域"行、知、言",《中国语文》第 3 期。

沈家煊　2004　再谈"有界"与"无界",《语言学论丛》第 30 辑,北京:商务印书馆。

沈家煊、完　权　2009　也谈"之字结构"和"之"字的功能,《语言研究》第 2 期。

沈　培　1991　《殷墟甲骨卜辞语序研究》,北京大学博士论文。

石毓智　2001　《肯定和否定的对称与不对称》(增订本),北京:北京语言文化大学出
　　版社。

石毓智　2005　论判断、焦点、强调与对比之关系——"是"的语法功能和使用条件,《语
　　言研究》第 4 期。

宋绍年　1998　古代汉语谓词性成分的指称化和名词化,郭锡良主编《古汉语语法论集》,北京:语文出版社。

宋绍年　2004　《〈马氏文通〉研究》,北京:北京大学出版社。

宋绍年　2007　吸收与创新——《马氏文通》介词和连词问题的研究给我们的启迪,《湖北大学学报》第 4 期。

孙良明　2000　汉语单复句划分标准评析,《山东师大学报》(社科版)第 1 期。

孙锡信　1999　《近代汉语语气词》,北京:语文出版社。

太田辰夫　1958　《中国语历史文法》,蒋绍愚、徐昌华译,北京:北京大学出版社,1987 年。

太田辰夫　1988　《汉语史通考》,江蓝生、白维国译,重庆:重庆出版社,1991 年。

唐钰明　1986　卜辞"我其已宾乍帝降若"解,《中山大学学报》第 1 期。

唐钰明　1990　其、厥考辨,《中国语文》第 4 期。

王春辉　2010　假设性等级与汉语条件句,《汉语学报》第 4 期。

王洪君　1987　汉语表自指的名词化标记"之"的消失,《语言学论丛》第 14 辑。

王红旗　2007　论无指成分,《语言学论丛》第 35 辑,北京:商务印书馆。

王克仲　1990　意合法对假设义类词形成的作用,《中国语文》第 6 期。

王　力　1932　中国文法学初探,《清华学报》第 11 卷 1 期。

王　力　1943　《中国现代语法》,北京:商务印书馆,1985 年。

王　力　1947　新训诂学,《开明书店二十周年纪念文集》,北京:中华书局,1985 年。

王　力　1955　《中国语法理论》,上海:商务印书馆。

王　力　1980　《汉语史稿》(修订本),北京:中华书局。

王　力　1981　《古代汉语》,北京:中华书局。

王　力　1982　《同源字典》,北京:商务印书馆。

王　力　1984　"之""其"构成的名词性词组,《语言研究》第 7 期。

王　力　1989　《汉语语法史》,北京:商务印书馆。

王　力　1999　《古代汉语》(校订重排本),北京:中华书局。

王　力、岑麒祥、林　焘等(主编)　2005　《古汉语常用字字典》(第四版),蒋绍愚、唐作藩、张万起等修订,北京:商务印书馆。

王维贤、张学成、卢曼云、程怀友　1994　《现代汉语复句新解》,上海:华东师范大学出版社。

王晓凌　2009　《非现实语义研究》,上海:学林出版社。

魏德胜　2000　《〈睡虎地秦墓竹简〉语法研究》,北京:首都师范大学出版社。

吴福祥　1996　《敦煌变文语法研究》,长沙:岳麓书社。

吴福祥　2007　汉语方所词语"後"的语义演变,《中国语文》第 6 期。

席　嘉　2006　与"组合同化"相关的几个连词演化的考察,《语言研究》第 3 期。

向　熹　1993　《简明汉语史》,北京:高等教育出版社。

解惠全、崔永琳、郑天一　2008　《古书虚词通解》,北京:商务印书馆。

邢福义　1962　关于副词修饰名词,《中国语文》第 5 期。

邢福义　1979　定名结构充当分句,《中国语文》第 1 期。

邢福义　2001　《汉语复句研究》,北京:商务印书馆。

邢向东　2002　神木话表虚拟的语气词，郭芹纳主编《汉语言文字学论集》，西安：陕西人民出版社。

邢向东　2006　陕北晋语沿河方言假设类虚拟范畴的表达手段及其语法化过程，《中国语言学报》第 12 期。

徐李洁　2004　英汉条件句：if 与"如果"和"如果说"，《外国语》第 3 期。

徐烈炯、刘丹青　2007　《话题的结构与功能》（增订本），上海：上海教育出版社。

徐烈炯、刘丹青（主编）　2003　《话题与焦点新论》，上海：上海教育出版社。

徐通锵　1997　《语言论》，长春：东北师范大学出版社。

薛凤生　1991　试论连词"而"的语意与语法功能，《语言研究》第 1 期。

杨伯峻　1960a　《论语译注》，北京：中华书局，2005 年。

杨伯峻　1960b　《孟子译注》，北京：中华书局，2005 年。

杨伯峻　1990　《春秋左传注》（修订本），北京：中华书局，2005 年。

杨伯峻　1981　《古汉语虚词》，北京：中华书局。

杨伯峻、何乐士　2001　《古汉语语法及其发展》（修订本），北京：语文出版社。

杨逢彬　2003　《殷墟甲骨刻辞词类研究》，广州：花城出版社。

杨逢彬　2003　论殷墟甲骨刻辞中不能肯定存在连词，《古汉语研究》第 3 期。

杨荣祥　2005　《近代汉语副词研究》，北京：商务印书馆。

杨荣祥　2008　论"名而动"结构的来源及其语法性质，《中国语文》第 3 期。

杨树达　1951　甲文中之先置宾词，《杨树达文集》之五《积微居甲文说》，上海古籍出版社，1986 年。

姚孝遂（主编）　1989　《殷墟甲骨刻辞类纂》，北京：中华书局。

姚振武　1994　关于自指和转指，《古汉语研究》第 3 期。

姚振武　1995　现代汉语的 N 的 V 与上古汉语的 N 之 V，《语文研究》第 2、3 期。

姚振武　1996　汉语谓词性成分名词化的原因及规律，《中国语文》第 1 期。

姚振武　1998　"为"字的性质与"为"字式，郭锡良主编《古汉语语法论集》，北京：语文出版社。

姚振武　2000　指称与陈述的兼容性与引申问题，《中国语文》第 6 期。

殷国光　2008　《吕氏春秋》词类研究，北京：商务印书馆。

于峻嵘　2008　《〈荀子〉语法研究》，保定：河北教育出版社。

于省吾（主编）　1979　《甲骨文字诂林》，北京：中华书局。

袁毓林　2002　汉语话题的语法地位和语法化程度——基于真实自然口语的共时和历时考量，《语言学论丛》第 25 辑，北京：商务印书馆。

曾晓洁　2004　隋前佛经中假设类复音连词调查，《湖南第一师范学报》第 3 期。

张伯江　1993　"N 的 V"结构的构成，《中国语文》第 4 期。

张伯江　2009　《从施受关系到句式语义》，北京：商务印书馆。

张伯江、方　梅　1996　《汉语功能语法研究》，南昌：江西教育出版社。

张丽丽　2006　从使役到条件，《台大文史哲学报》第 65 期。

张　敏　2010　"语义地图模型"：原理、操作及在汉语多功能语法研究形式研究中的运用，《语言学论丛》第 42 辑，北京：商务印书馆。

张文国　2006　"苟富贵，无相忘"正解，《古籍整理研究学刊》第 4 期。

张小峰　2008　先秦汉语语气词"也"的语用功能分析,《古汉语研究》第 1 期。

张雪平　2008　"非现实"研究现状及问题思考,《解放军外国语学院学报》第 5 期。

张雪平　2009　非现实句和现实句的句法差异,《语言教学与研究》第 6 期。

张玉金　1993　甲骨文"不""弗"异同论,《中国语言与中国文化论集》,香港:亚太教育书局。

张玉金　1994　《甲骨文虚词词典》,北京:中华书局。

张玉金　1995　论殷墟卜辞命辞的语气问题,《古汉语研究》第 3 期。

张玉金　1998　论甲骨文中表示两事先后关系的虚词,《古汉语研究》第 3 期。

张玉金　2001　《甲骨文语法学》,上海:学林出版社。

张玉金　2004　《西周汉语语法研究》,北京:商务印书馆。

张玉金　2006　《西周汉语代词研究》,北京:中华书局。

张志公　1979　《汉语知识》,北京:人民教育出版社。

赵　诚　1986　甲骨文虚词探索,《古文字研究》第 15 辑,北京:中华书局。

赵　诚　2001　金文的"者",《中国语文》第 3 期。

赵长才　2008　《杂宝藏经》的连词系统,《历史语言学研究》第 1 辑,北京:商务印书馆。

赵国军　2009　表假设的"吧"与"的话",《汉语学习》第 4 期。

赵京战　1994　关于假设义类词的一些问题,《中国语文》第 4 期。

赵元任　1968　《中国话的文法》,丁邦新译,香港:中文大学出版社,1980 年。

周　刚　2002　《连词与相关问题》,合肥:安徽教育出版社。

周法高　1961　《中国古代语法·造句编(上)》,"中研院"史语所专刊(三十九),台北:"中研院"历史语言研究所。

周法高(主编)　1974　《金文诂林》,香港中文大学出版社。

周守晋　2005　《出土战国文献语法研究》,北京:北京大学出版社。

朱德熙　1956　单句、复句、复句的紧缩,《朱德熙文集》第 2 卷,北京:商务印书馆,1999 年。

朱德熙　1961　关于动词形容词"名物化"的问题,《北京大学学报》(人文科学版)第 4 期,见《朱德熙文集》第 2 卷,北京:商务印书馆,1999 年。

朱德熙　1978　"的"字结构和判断句,《中国语文》第 1、2 期,见《朱德熙文集》第 2 卷,205—230 页。北京:商务印书馆,1999 年。

朱德熙　1982　《语法讲义》,北京:商务印书馆。

朱德熙　1983　自指和转指:汉语名词化标记"的、者、所、之"的语法功能和语义功能,《方言》第 1 期。

朱德熙　1988　关于先秦汉语里名词的动词性问题,《中国语文》第 2 期。

朱景松　1997　陈述、指称与汉语词类理论,《语法研究和探索(八)》,北京:商务印书馆。

朱歧祥　1990　《殷墟卜辞句法论稿——对贞卜辞句型变异研究》,台北:台湾学生书局。

朱庆之　1990　试论汉魏六朝佛典里的特殊疑问词,《语言研究》第 1 期。

Anderson,Lloyd B.　1982　The"Perfect"as a Universal and as a Language-particular Categeory. In Paul J. Hopper(ed.),*Tense-Aspect:Between Semantics & Pragmatics*. Amsterdam:Benjamins,pp.227—264.

Athanasiadou, A. & Dirven, R. (ed.)　1997　*On Conditionals Again*,Amsterdam:John

Benjamins.

Comrie   1986   Conditionals: a typology, In Traugott et al. (ed.), Cambridge: Cambridge University Press, pp. 77—99.

Croft, William   2001   *Radical Construction Grammar*. Oxford: Oxford University Press.

Croft, William   2003   *Typology and Universals*. Second edition. Cambridge: Cambridge University Press.

Ferguson. C. A, Reilly. J. S, Meulen. A. ter & Traugott E. C.   1986   *Overview*, In Traugott E. C. et al. (ed.), Cambridge: Cambridge University Press, pp. 3—20.

Goldberg Adele E.   1995   *Constructions: A Construction Grammar Approach to Argument Structure*, Chicago: Chicago University Press.

Haiman, J.   1978   Conditionals are topics, Language 54, pp. 564—589.

Haiman, J. (ed.)   1985   *Iconicity in Syntax*, Amsterdam: John Benjamins.

Haspelmath, Martin   1997a   *Indefinite Pronouns*. Oxford: Clarendon.

Haspelmath, Martin   1997b   *From Space to Time: Temporal Adverbials in the World's Languages*. München: Lincom.

Heine, B. and T. Kuteva.   2002   *World Lexicon of Grammaticalization*. Cambridge: Cambridge University Press.

Hopper, P. & Traugott, E. C.   2001   *Grammaticalization*, Cambridge: Cambridge University Press.

Lakoff, G. & Johnson, M.   1980   *Metaphors we live by*, Chicago: University of Chicago Press.

Quirk Randolph, Sidney Greenbaum, Geoffrey Leech, & Jan Svartvik   1985   *A Comprehensive Grammar of the English Language*, London and New York: Longman.

Traugott, E. C.   1985   Conditional markers, In Haiman(ed.), pp. 289—307.

Traugott, E. C., Meulen, A. ter, Reilly, J. S. & Ferguson, C. A. (ed.)   1986   *On Conditionals*, Cambridge: Cambridge University Press.